Christiane Krüpe-Gescher

Die Überwachung der Telekommunikation nach den §§ 100a, 100b StPO in der Rechtspraxis

Schriftenreihe des Max-Planck-Instituts für ausländisches und internationales Strafrecht

Kriminologische Forschungsberichte

Herausgegeben von Hans-Jörg Albrecht und Günther Kaiser

Band K 127

Max-Planck-Institut für ausländisches und internationales Strafrecht

Die Überwachung der Telekommunikation nach den §§ 100a, 100b StPO in der Rechtspraxis

Christiane Krüpe-Gescher

Duncker & Humblot · Berlin

Bibliografische Information der Deutschen Bibliothek

Die Deutsche Bibliothek verzeichnet diese Publikation in der Deutschen Nationalbibliografie; detaillierte bibliografische Daten sind im Internet über <http://dnb.ddb.de> abrufbar.

c/o Max-Planck-Institut für ausländisches und internationales Strafrecht
Günterstalstraße 73, 79100 Freiburg i.Br.
http://www.mpicc.de
Vertrieb in Gemeinschaft mit Duncker & Humblot GmbH, Berlin
http://www.duncker-humblot.de

Titelbild: Mit freundlicher Genehmigung der
RpunktDESIGN Werbeagentur GmbH Hannover/2005.
Druck: Stückle Druck und Verlag, Stückle-Straße 1, 77955 Ettenheim
Printed in Germany

ISSN 1861-5937
ISBN 3-86113-073-4 (Max-Planck-Institut)
ISBN 3-428-12041-8 (Duncker & Humblot)

Gedruckt auf alterungsbeständigem (säurefreiem) Papier
entsprechend ISO 9706 ♾

Geleitwort

Verdeckte oder heimliche Ermittlungsmethoden haben sich, befördert von dramatischen Darstellungen organisierter Kriminalität und neuerdings des internationalen Terrorismus, zu einem von der Praxis als unverzichtbar eingeschätzten und häufig genutzten Instrument sowie zu einem brisanten rechtspolitischen Dauerthema entwickelt, das bislang allerdings weitgehend auf normativer Ebene und informiert bloß durch die jährlichen Veröffentlichungen zu durchgeführten Telefonüberwachungen erörtert wurde.[1] Insbesondere hat die Einführung der Wohnraumüberwachung verfassungsrechtliche Debatten zum Kernbereich verschiedener Grundrechte sowie zum Verhältnismäßigkeitsgrundsatz ausgelöst, die in der Entscheidung des Bundesverfassungsgerichts vom 3. März 2004[2] zum „Großen Lauschangriff" Antworten gefunden haben, deren Relevanz weit über die strafprozessualen Regelungen zur Wohnraumüberwachung hinausreicht.

Die Befugnisse der Strafverfolgungsbehörden zur Überwachung der Telekommunikation nach den §§ 100a, 100b StPO und zur Überwachung des Wohnraums nach § 100c I Nr. 3 StPO sowie die Nutzung dieser Befugnisse sind vor allem wegen ihres grundrechtsinvasiven Charakters und angesichts einer seit Mitte der neunziger Jahre deutlich zunehmenden Zahl von Telefonüberwachungen umstritten. Praktiken der Kommunikationsüberwachung und Reformüberlegungen müssen die konfligierenden Interessen aus Grundrechtsschutz einerseits und effektiver Strafverfolgung, insbesondere im Bereich der organisierten Kriminalität, andererseits in einen Ausgleich bringen. Mit solchen Überlegungen wird auf Nutzen und Kosten der Überwachungsmaßnahmen abgestellt, somit selbstverständlich auf empirische Untersuchungen, die der kriminologischen Implementations- und Evaluationsforschung zuzurechnen sind.

Die am Max-Planck-Institut für ausländisches und internationales Strafrecht durchgeführten und nunmehr in drei Bänden veröffentlichten Untersuchungen zur Rechtswirklichkeit und Effizienz der Überwachung der Telekommunikation nach den §§ 100a, 100b StPO und der Wohnraumüberwachung nach §100c StPO gehen

---

[1] Vgl. zum Stand empirischer Forschung zu Ermittlungsmethoden *Albrecht*, Rechtstatsachenforschung.

[2] BVerfG, Urteil vom 3.3.2004, 1 BvR 2378/98; 1 BvR 1084/99.

auf einen Auftrag des Bundesministeriums der Justiz zurück, mit dem für weitere Reformen notwendige Grundlagenforschungen initiiert, jedoch auch die gesetzliche Berichtspflicht gemäß §100e II StPO gegenüber dem Parlament erfüllt werden sollten. Im Mittelpunkt der Untersuchungen standen Fragen zur Implementation und Evaluation der Telekommunikations- und Wohnraumüberwachung. Ein Abschlussbericht zur Untersuchung der Telekommunikationsüberwachung wurde im Jahr 2003 veröffentlicht.[3] Die bis zu diesem Zeitpunkt erhobenen Datengrundlagen wurden nach Fertigstellung des Gutachtens erweitert und in dem hier vorliegenden Forschungsbericht von *Christiane Krüpe-Gescher* bezogen auf Fragestellungen der Implementation und im Rahmen eines weiteren Berichts von *Claudia Dorsch*[4] im Hinblick auf Fragestellungen der Effizienz vertiefend analysiert. Ein dritter Bericht, der von *Hannes Meyer-Wieck* erstellt wurde[5], befasst sich mit den Ergebnissen der empirischen Untersuchung zur Wohnraumüberwachung.

Den Untersuchungen liegt eine einheitliche Konzeption zugrunde, in die verschiedene Datenerhebungsmethoden wie Aktenanalyse, Befragung und Interviews in Form von Expertengesprächen eingebunden sind. Während sich die Untersuchung der Telekommunikationsüberwachung auf eine Stichprobe von Ermittlungsverfahren, die im Jahre 1998 erledigt worden waren, stützt, erfasst die Studie zur Wohnraumüberwachung alle zwischen 1998 und 2001 durchgeführten Ermittlungsverfahren, in denen Maßnahmen nach §100c StPO zum Einsatz kamen.

Die vorliegenden Untersuchungen konnten nur deshalb erfolgreich durchgeführt und abgeschlossen werden, weil sich das Gesamtprojekt auf die Förderung einer Vielzahl von Personen und Institutionen aus dem Justiz- und Innenbereich hat stützen können. Insbesondere gilt mein Dank Bundesjustizministerin Brigitte Zypries.

Herr Ministerialdirektor Bernd Netzer, Herr Ministerialrat Winfried Schreiber und Herr Regierungsdirektor Udo Weinbörner vom Bundesministerium der Justiz haben die Untersuchung stets mit großem Verständnis, anhaltender Aufmerksamkeit und vor allem mit unschätzbarem Rat begleitet. Ihre sachverständigen Hinweise und ihre beständige Unterstützung waren für die Realisierung der Studie von zentraler Bedeutung.

Die Mitglieder des projektbegleitenden Beirates haben anlässlich mehrerer Sitzungen während der Projektdurchführung durch kritische und konstruktive Anregungen zur inhaltlichen Gestaltung der Berichte wie auch zur Interpretation der Daten ganz wesentlich beigetragen.

---

[3] *Albrecht/Dorsch/Krüpe*, Rechtswirklichkeit und Effizienz der Überwachung der Telekommunikation nach den §§ 100a, 100b StPO und anderer verdeckter Ermittlungsmaßnahmen, Freiburg 2003.

[4] *Dorsch*, Die Effizienz der Überwachung der Telekommunikation nach §§ 100a, 100b StPO, Freiburg 2005.

[5] *Meyer-Wieck, Hannes*, Der große Lauschangriff – Eine empirische Untersuchung zu Anwendung und Folgen des § 100c Abs.1 Nr.3 StPO, Freiburg 2005.

Die Landesjustizverwaltungen und die Polizeidienststellen der Länder, ferner Landeskriminalämter und das Bundeskriminalamt haben durch eine stets verlässliche und hilfreiche Kooperation bestmögliche Arbeitsbedingungen und den Zugang zu Informationen geschaffen, ohne die solche Untersuchungen nicht hätten durchgeführt werden können.

Darüber hinaus haben die Staatsanwaltschaften aller Bundesländer sowie die Generalbundesanwaltschaft für die logistische Bewältigung der Aktenversendung gesorgt. Besonderen Dank schulde ich Herrn Oberstaatsanwalt Krombacher von der Staatsanwaltschaft Stuttgart. Er hat wertvolle Anregungen zur Durchführung der empirischen Untersuchung und Interpretationshilfen zu den Daten aus einer justiz- und ermittlungspraktischen Perspektive gegeben.

Ferner möchte ich an dieser Stelle allen Teilnehmerinnen und Teilnehmern der schriftlichen Befragungen und der mündlichen Experteninterviews aus Polizei und Justiz danken. Ihre Hilfsbereitschaft und Offenheit dem Untersuchungsinhalt gegenüber haben zum Gelingen der Untersuchung entscheidend beigetragen.

Freiburg, im Juli 2005 Prof. Dr. Dr. h.c. Hans-Jörg Albrecht

Vorwort

Die vorliegende Arbeit wurde im Wintersemester 2004 von der Rechtswissenschaftlichen Fakultät der Albert-Ludwigs-Universität Freiburg als Dissertation angenommen.

Die Idee zur Durchführung dieser Untersuchung entstand am Max-Planck-Institut für ausländisches und internationales Strafrecht im Rahmen des breit angelegten Forschungsprojektes zu Rechtswirklichkeit und Effizienz verdeckter Ermittlungsmaßnahmen auf Initiative meines sehr verehrten Doktorvaters und Direktors des Institutes, Herrn Prof. Dr. Dr. h.c. Hans-Jörg Albrecht. Ihm gilt daher vor allen anderen mein besonderer Dank nicht nur für die Ermöglichung einer Promotion am Institut und die außergewöhnlich gute Betreuung und Unterstützung. Vielmehr möchte ich ihm auch für das entgegengebrachte Vertrauen bei der Übertragung der Projektaufgaben und für die ausgesprochen konstruktive und stete Förderung des gesamten Forschungsvorhabens meinen besonderen Dank aussprechen.

Herrn Prof. Dr. Josef Kürzinger danke ich herzlich, dass er die Arbeit als Zweitgutachter bewertet hat und insbesondere auch für die zügige Erstellung des Gutachtens. Der Max-Planck-Gesellschaft möchte ich für die finanzielle Förderung durch ein Doktorandenstipendium danken.

Eingeschlossen in meinen Dank seien ausdrücklich auch die bereits im Geleitwort benannten Personen, insbesondere Herr Ministerialrat Winfried Schreiber und Herr Regierungsdirektor Udo Weinbörner vom Bundesministerium der Justiz sowie Herr OStA Helmut Krombacher von der Staatsanwaltschaft Stuttgart.

Das Freiburger Max-Planck-Institut für ausländisches und internationales Strafrecht hat mich in den vergangenen Jahren durch ausgezeichnete Arbeitsbedingungen, eine diskussionsfreudige, offene und herzliche Atmosphäre unter Direktoren, Gästen und Mitarbeitern der Forschungsgruppen, der Bibliothek, des Verlages, der EDV-Abteilung und auch der Verwaltung in wissenschaftlicher aber auch privater Hinsicht begeistert. Das Privileg, an diesem Institut und unter diesen Bedingungen forschen zu dürfen, habe ich sehr genossen.

Ein besonderes Dankeschön gilt dabei zwei Personen: so hätte ohne Herrn Dr. Volker Grundies diese Arbeit nur schwerlich abgeschlossen werden können. Seine

Gelassenheit sowie seine Geduld bei der Beantwortung der immerselben Fragen sind kaum genug zu würdigen. Mit meiner Co-Projektleiterin und Dissertationsschwester Claudia Dorsch verbindet mich eine Freundschaft, die auch auf den gemeinsam erlebt und erlittenen schönen, anstrengenden und aufregenden MPI-Zeiten beruht. Ihre Sorgfältigkeit und Ruhe haben das Projekt sicher durch schwierige Wochen gesteuert. Besser konnte ein Team wohl nicht funktionieren.

Ein weiterer Dank für viel Aufmunterung, inhaltliche Anregung und gemeinsam verbrachte Zeit gilt Carina Tetal, Juliane Laule und Christian Bareinske. Herr Priv.-Doz. Dr. Jörg Kinzig und vor allem auch Harald Arnold waren wichtige Ansprechpartner in der inhaltlichen Diskussion, aber auch in Zeiten schwindenden wissenschaftlichen Mutes. Herr Dr. Michael Kilchling hat insofern ebenfalls zum Gelingen dieses Projektes beigetragen. Herrn Michael Knecht, der die Arbeit im Rahmen der Veröffentlichung betreut und das Manuskript durchgesehen hat, danke ich für seine Sorgfalt und Hilfsbereitschaft.

Ferner war mein Arbeitszimmer 131 Quell steter Freude und Unterstützung: Anna Luczak, Irini Kiriakaki, Maria Elena (Luli) Zegada, Bettina Lang, Wei Wu und Yen Ching-Chao sind mir liebe Freunde und Kollegen.

Außerhalb des Institutes gilt mein Dank vielen Freunden, vor allem jedoch natürlich meiner Familie. Mein Vater Dr. Hartmut Krüpe und meine Mutter Lore Krüpe-Donay haben mir eine akademische Ausbildung ermöglicht und dabei jeden denkbaren Freiraum gelassen. Neben ihrer finanziellen Unterstützung war und bin ich mir dabei stets ihres Vertrauens bewusst gewesen und dankbar für diese Eltern.

Meinem Mann Johannes danke ich für seinen unerschütterlichen Glauben an mein Leistungsvermögen, für mein wundervolles Leben und für Martha.

Freiburg, im März 2005 — Christiane Krüpe-Gescher

Inhaltsverzeichnis

Einleitung

Die Überwachung der Telekommunikation nach den §§ 100a, 100b StPO (TKÜ) war im Jahr 2003 Gegenstand zweier Gutachten und steht nicht erst seither in einer umfassenden Reformdiskussion.[1] Diese gliedert sich in die Debatte um Überwachungsmaßnahmen zu Strafverfolgungszwecken ebenso ein, wie in diejenige um Kontroll- und Überwachungsinstrumente im Polizeirecht.

Zu nennen ist die Entscheidung des Bundesverfassungsgerichts vom 3. März 2004 zur Wohnraumüberwachung mit der Feststellung, dass die Vorschriften der StPO zur Durchführung dieser Maßnahme den verfassungsrechtlichen Anforderungen im Hinblick auf die Artikel 1 I, 19 IV und 103 I GG nicht in vollem Umfang genügen.[2] Weiter werden in den Ländern derzeit verschiedentlich Gesetzesvorhaben zur so genannten präventiven TKÜ vorangetrieben und umgesetzt.[3]

---

[1] *Albrecht/Dorsch/Krüpe*; *Backes/Gusy*. Vorschläge und Gesetzesentwürfe zur Reform durch die 66. Konferenz der Datenschutzbeauftragten des Bundes und der Länder am 25./ 26. September 2003 in Leipzig, abrufbar unter http://www.bfd.bund.de/information/ DS-Konferenzen/66dsk_ent2.pdf; Positionspapier der Grünen zur Überwachung der Telekommunikation vom 15. Mai 2003, abrufbar unter http://www.gruene-fraktion. de/rsvgn/rs_datei/0,,2501,00.pdf; Antrag der FDP-Bundestagsfraktion vom 24. September 2003 BT-Drs. 15/1583; Gesetzesantrag der Länder Hessen und Bayern „TKÜ-Verbesserungsgesetz" BR-Drs. 163/04 vom 23. Februar 2004; zum Entwurf eines Gesetzes des Landes Baden-Württemberg Positionspapier der damaligen Justizministerin *Werwigk-Hertneck* vom 15. Juli 2004, abrufbar unter http://www.baden-wuerttemberg.de/; Bundesjustizministerin *Zypries* bei einer Veranstaltung des „Netzwerk Berlin" am 16. Oktober 2003, abrufbar unter http://www.bmj.bund.de/enid/89449e0e5c0251ba2857f548f6ca 0f3a,0 /fv.html; Staatssekretär *Hartenbach* in einer Sitzung des Deutschen Bundestages am 24. Juni 2004, abrufbar unter http://www.bmj.bund.de/enid/bb035bb66a10efd1657f6e 2733 f9c9ab,0/ng.html.

[2] Siehe Kabinettsentwurf vom 22. September 2004, abrufbar unter http://www.bmj. bund.de/enid/9d1f175fe2b9f5babeeade23be582692,8061c370726573736561727469 6b656c5f6964092d0931363531093a096d795f79656172092d0932303034093a096d795f6d6f6e7 468092d093039/58.html.

[3] § 34a I Thüringer Gesetz zur Änderung des Polizei- und Sicherheitsrechts vom 20. Juni 2002, GVBl Thüringen 3/7, 27. Juni 2002, S. 247; §33a NGefAG, LT-Drs. Niedersachsen, 15/240 vom 17. Juni 2003, LT-Drs. 15/599 vom 25. November 2003; Rheinland-Pfalz LT-Drs. 14/2287 vom 24. Juni 2003, Gesetzesentwurf. Von breitem Interesse in Medien und Öffentlichkeit im Bereich einer zunehmenden polizeilichen Überwachung zur Gefahrenabwehr ist auch die Frage der Videoüberwachung auf öffentlichen Plätzen. Zu Rechts-

Die Diskussionen, die die Gerichtsentscheidungen[4] wie auch die Gesetzgebungsvorhaben hinsichtlich der Wohnraumüberwachung und der TKÜ begleiten, sind dabei im Spannungsfeld von funktionstüchtiger Strafrechtspflege einerseits und effektivem Grundrechtsschutz bei äußerst eingriffsintensiven Maßnahmen andererseits anzusiedeln. Im Kern geht es um die Frage, wie die scheinbar zunehmende Bereitschaft zu mehr und intensiveren Überwachungsbefugnissen durch Rechtsgrundlagen abgesichert werden kann, die verfassungsrechtlichen Anforderungen umfassend Rechnung tragen. Dabei muss der Eindruck vermieden werden, dass Grundrechtsschutz allein auf dem Gesetzespapier erfolgt, während sich die gesetzgeberischen Überlegungen im Einsatz der Maßnahmen als untauglich in der Praxis erweisen. Allen derzeitigen Überlegungen sind Fragen zur Kontrolle des Eingriffsinstrumentariums zentral: einerseits auf „interner“ Ebene durch eine verbesserungswürdige richterliche Überprüfung und andererseits „extern“ durch die Einführung oder Erweiterung von Berichtspflichten. Dem liegt die Einsicht zugrunde, dass sich Maßnahmen mit hoher Grundrechtsrelevanz und einer erheblichen Auswirkung auch auf unbeteiligte Personen auf Dauer nur dann rechtfertigen lassen, wenn der Nachweis gelingt, dass sie gesetzmäßigen und maßvollen Einsatz finden.

Die empirische Forschung zu Ermittlungsmethoden war bislang als defizitär einzustufen[5]. In letzter Zeit ist mit den Gutachten des Max-Planck-Institutes für ausländisches und internationales Strafrecht im Auftrag des Bundesministeriums der Justiz zur Wohnraumüberwachung[6] und zur Überwachung der Telekommunikation ebenso wie durch die Studie der Universität Bielefeld zur Wirksamkeit von Richtervorbehalten[7] und die Habilitationsschrift von *Kinzig* zur organisierten Kriminalität ein Umschwung festzustellen.

Die vorliegende Arbeit stellt gemeinsam mit derjenigen von *Dorsch* eine Weiterführung der Erkenntnisse aus der TKÜ-Untersuchung des Max-Planck-Institutes dar; sie erweitert und vertieft das im MPI-Gutachten zu den §§ 100a, 100b StPO vorgelegte Datenmaterial.

Im Ersten Teil werden die Grundlagen der Überwachungsmaßnahme in rechtlicher Hinsicht vorgestellt und vor ihrem geschichtlichen, verfassungsrechtlichen und strafprozessualen Hintergrund beleuchtet. Weiter wird die am Einsatz der

---

fragen in diesem Zusammenhang siehe etwa *Roggan*, NVwZ 2001, 134 ff. Zur automatisierten Erkennung amtlicher KfZ-Kennzeichen als polizeilicher Maßnahme mit einer der Videoüberwachung vergleichbaren Stoßrichtung siehe *Schieder,* NVwZ 2004, 778ff.

4 Aktuell zur TKÜ etwa BVerfG in NJW 2003, 1787ff. (Auslegungsbedürftigkeit der §§ 12 FAG, 100a, 100b StPO durch § 53 I Nr.5 StPO, Zeugnisverweigerungsrecht von Journalisten); Beschluss des BGH in NJW 2003, 368ff. (Anforderungen an den Ermittlungsrichter und das Tatgericht bei der Begründung einer TKÜ).

5 Siehe Überblick über den Forschungsstand bei *Albrecht/Dorsch/Krüpe*, 110ff.

6 *Meyer-Wieck*.

7 *Backes/Gusy*.

Maßnahme wie auch an ihrer gesetzlichen Grundlage geäußerte Kritik zusammenfassend im Überblick vorgestellt. Im Zweiten Teil wird die Methode der Untersuchung mit Blick auf Aktenanalyse und Befragungen geschildert. Der Dritte Teil stellt die Grunddaten vor und gibt einen Einblick in den Ablauf von Verfahren mit TKÜ-Maßnahmen. Der Vierte Teil befasst sich mit der Überwachungsintensität, während der Fünfte Teil Auskunft über die Kontrolle der TKÜ gibt. In den Teilen Drei bis Fünf finden sich zudem Ausführungen zu katalogtat- und bundeslandspezifischen Unterschieden in der Handhabung der TKÜ. Im Sechsten und letzten Teil werden die Erkenntnisse zusammengefasst, Schlussfolgerungen gezogen sowie Vorschläge zur Reform der §§ 100a, 100b, 101 StPO und zur Einführung von Berichtsblättern gegeben.

[illegible]

Erster Teil
Grundlagen

Die Überwachung der Telekommunikation findet ihre Grundlage in den §§ 100a, 100b StPO und § 101 StPO. Nachfolgend sollen die genannten Vorschriften in ihrem Regelungsgehalt und vor ihrem geschichtlichen und verfassungsrechtlichen Hintergrund vorgestellt werden. Es folgen Ausführungen zu der an der TKÜ geäußerten Kritik aus Rechtswissenschaft, Politik und Praxis sowie die Schilderung der hierauf vorgebrachten Repliken. Weiter wird ein Überblick über die Entwicklung der TKÜ-Zahlen in den vergangenen Jahren gegeben, ehe ein Ausblick auf den Gang dieser Untersuchung folgt.

A. Die TKÜ nach §§ 100a, 100b StPO – Rechtsgrundlage und Entstehungsgeschichte

Die Telekommunikation kann in Deutschland derzeit[1] auf Grundlage der §§ 100a, 100b StPO, §§ 100g, 100h StPO, § 100i StPO, Regelungen der nachrichtendienstlichen Überwachung[2] und aufgrund einzelner Polizeigesetze / Gefahrenabwehrgesetze der Länder[3] als Erkenntnisquelle für die Ermittlungen genutzt werden.[4]

---

1 Stand der vorliegenden Arbeit: Juni 2004.

2 G 10; § 8 BverfSchG; § 10 MAD-Gesetz; § 8 BND-Gesetz.

3 § 34a I Thüringer Gesetz zur Änderung des Polizei- und Sicherheitsrechts vom 20. Juni 2002, GVBl Thüringen 3/7, 27. Juni 2002, S. 247; § 33a NGefAG, LT-Drs. Niedersachsen, 15/240 vom 17. Juni 2003, LT-Drs. 15/599 vom 25. November 2003; Gesetzesentwurf Rheinland-Pfalz LT-Drs. 14/2287 vom 24. Juni 2005.

4 Für das Zollkriminalamt besteht gem. § 39 AWG die Möglichkeit, zur Verhütung von Straftaten nach dem KWKG und dem AWG den Fernmeldeverkehr zu überwachen. Das Bundesverfassungsgericht hat jedoch mit Beschluss vom 3. März 2004 (NJW 2004, 2213, 2215ff.) die §§ 39-41 AWG als mit Art. 10 GG unvereinbar erklärt. Die Rechtslage sei bis zum 31. Dezember 2004 hinnehmbar, bis dahin sind die Regelungen ohnehin befristet. Bei einer Reform sind sodann die Grundsätze der bundesverfassungsgerichtlichen Urteile vom 14. Juli 1999 (zum Gesetz zu Art. 10 GG, NJW 2000, 55-68) und vom 3. März 2004 (zum sog. Großen Lauschangriff, NJW 2004, 999-1022) zu berücksichtigen.

I. Untersuchungsgegenstand

Gegenstand dieser Untersuchung ist die Rechtspraxis der Überwachung der Telekommunikation nach den §§ 100a, 100b StPO im Rahmen der Strafverfolgung. Dabei stellt die TKÜ einen schweren Eingriff in das Brief-, Post- und Fernmeldegeheimnis aus Art. 10 I GG sowie in das Allgemeine Persönlichkeitsrecht nach Art. 2 I GG dar.[5] Strafrechtlich ist das Fernmeldegeheimnis durch § 206 StGB und § 148 TKG n.F. geschützt, fernmelderechtlich durch §§ 88ff TKG n.F.[6]

Voraussetzung für die Verfassungsmäßigkeit eines solch grundrechtsintensiven Eingriffs ist vor allem, dass seine Grundlage und Durchführung den Grundsatz der Verhältnismäßigkeit wahren.[7] Um also die konfligierenden Interessen aus Grundrechtsschutz einerseits und effektiver Strafverfolgung andererseits in Ausgleich zu bringen, beinhalten die §§ 100a, 100b, 101 StPO verschiedene materiell- und verfahrensrechtliche Sicherungsmechanismen und gestalten sich wie folgt:

- die Überwachung und Aufzeichnung darf nur die Telekommunikation und damit Gesprächsinhalte, Verbindungs- und Bestandsdaten betreffen
- es muss ein Tatverdacht aufgrund bestimmter Tatsachen bestehen
- dieser Verdacht muss sich auf eine der in § 100a S.1 Nr.1 bis 5 StPO enumerativ aufgezählten Straftaten beziehen
- die Maßnahme darf nur subsidiär angeordnet werden, das heißt wenn die Ermittlungen ohne sie aussichtslos oder wesentlich erschwert erscheinen
- die Maßnahme wird nach § 100b StPO durch den zuständigen Richter oder bei Gefahr im Verzug durch den Staatsanwalt angeordnet
- die Dauer der Überwachung darf drei Monate nicht überschreiten, der Einsatz ist jedoch verlängerbar

---

5 Dazu im Einzelnen in diesem Teil unter A II.

6 Das TKG ist weiter für die Umsetzung der Überwachung von Bedeutung. Gemäß § 100b III StPO ist jeder, der geschäftsmäßig Telekommunikationsdienste erbringt oder daran mitwirkt, verpflichtet, dem Richter, der Staatsanwaltschaft und ihren im Polizeidienst tätigen Hilfsbeamten die Überwachung der Telekommunikation zu ermöglichen, wenn eine staatsanwaltschaftliche oder richterliche Anordnung vorliegt. § 100b III StPO wurde aufgrund des neuen TKG vom 22. Juni 2004, BGBl. 2004 I, S.1190 dahingehend geändert, dass § 88 TKG a.F. durch § 110 TKG n.F. ersetzt worden ist. Die Pflicht, entsprechende Voraussetzungen zu schaffen, ergibt sich damit aus § 110 TKG n.F. (TKG) und der auf seiner Grundlage erlassenen Telekommunikations-Überwachungsverordnung (TKÜV).

7 Dass dies nicht die einzigen Anforderungen an eine verfassungsgemäße Ausgestaltung der normativen Grundlage und der folgenden Rechtsanwendung ist, ist selbstverständlich. Für diese Darstellung ist die Frage der Verhältnismäßigkeit jedoch der wesentliche Anknüpfungspunkt materiell- und verfahrensrechtlicher Reformansätze. A II.

- der zu Überwachende muss als Täter oder Teilnehmer einer Katalogtat verdächtig oder zumindest als Nachrichtenmittler[8] oder Anschlussinhaber i.S.d. § 100a S.2 StPO identifiziert sein
- die Maßnahme ist unverzüglich zu beenden, sobald ihre Voraussetzungen nicht mehr vorliegen, § 100b S.4, S.5 StPO
- es bestehen Benachrichtigungs- und Vernichtungspflichten aus § 101 I S.1 StPO sowie § 100b VI StPO.

Die Befugnis der Strafverfolgungsbehörden zur Überwachung und Aufzeichnung der Telekommunikation ist durch §§ 100a, 100b StPO abschließend geregelt.[9]

II. Überblick: Geschichtlicher Hintergrund der TKÜ in Deutschland

Die Regelung der §§ 100a, 100b StPO zur Überwachung der Telekommunikation wurde 1968 geschaffen. Seither war sie häufig Gegenstand von Gesetzesänderungen. Diese bezogen sich nahezu ausschließlich auf die Ausgestaltung des enumerativen Straftatenkataloges und stellten in diesem Zusammenhang immer eine Ausdehnung der Eingriffsbefugnisse dar.

1. Ausgangspunkt für die Überwachung der Telekommunikation: Notstandsgesetzgebung 1968

1968 wurden im Rahmen der Notstandsgesetzgebung mit dem Gesetz zur Beschränkung des Brief-, Post- und Fernmeldegeheimnisses (Gesetz zu Art. 10 GG) durch Art. 2 G 10 auch die §§ 100a, 100b StPO eingeführt.[10] Mit der Implementation dieser Vorschriften wurden die Vorbehaltsrechte aus Art. 5 II des Deutschlandvertrages abgelöst, die den alliierten Westmächten zur Sicherung ihrer in Deutschland stationierten Streitkräfte Eingriffe in das Brief-, Post- und Fernmeldegeheimnis gestattet hatten. Mit Inkrafttreten erloschen diese Rechte der Alliierten, mit Ausnahme des Gebietes Berlin.

Bis zu diesem Zeitpunkt stand den (deutschen) Behörden lediglich ein auf § 12 FAG gestütztes Auskunftsrecht zur Verfügung, das sich jedoch nach überwiegender Ansicht ausschließlich auf die Verbindungsdaten des in der Vergangenheit

---

[8] Als Nachrichtenmittler gelten Personen, die für den oder von dem Beschuldigten Nachrichten entgegennehmen.

[9] *Nack,* in: KK, §100a, Rdn. 1.

[10] Art. 2 Nr. 2 Gesetz zur Beschränkung des Brief-, Post- und Fernmeldegeheimnisses vom 13. August 1968, BGBl. 1968 I S. 949. In Kraft getreten am 01. November 1968.

stattgefundenen Fernmeldeverkehrs bezog.[11] Daneben dienten Maßnahmen der Postbeschlagnahme nach § 99 StPO als Erkenntnisquelle hinsichtlich des Kommunikationsverhaltens des Beschuldigten.

Die strafprozessuale Überwachung der Telekommunikation war damit ein Nebenprodukt der Regelung geheimdienstlicher Überwachungskompetenz. Gedacht als *ultima ratio*[12] für Fälle schwerster Kriminalität, war sie von den verfassungsrechtlichen Kontroversen um das G 10 nicht betroffen.[13] Später gewann die TKÜ an Bedeutung durch Änderungen des Straf- und Strafprozessrechtes im Zusammenhang mit dem Terrorismus der 1970er Jahre. Es folgte eine Phase relativer Ruhe in den 1980er Jahren, ehe in den 1990er Jahren eine Zunahme der Zwangsmittel und vor allem der heimlichen Ermittlungsmaßnahmen zu verzeichnen ist.[14]

2. *Technologischer Fortschritt*

Im Verlauf der Jahre beeinflusste vor allem der immense technologische Fortschritt die Überwachung der Telekommunikation. Hierin liegen neue Möglichkeiten der Kontrolle und Überwachung begründet, aber auch die dringende Notwendigkeit, die rechtlichen Voraussetzungen der staatlichen Abhörmöglichkeiten zu überprüfen.

Die Ursprungsfassung der Regelung formulierte noch, dass „die Überwachung und Aufnahme des Fernmeldeverkehrs auf Tonträger“ zum Zwecke „des Mithörens des Fernsprechverkehrs und des Mitlesens des Fernschreibeverkehrs“ zugelassen werde. Galten 1968 im Rahmen der Telekommunikationsüberwachung das gesprochene Wort und die so weitergegebene Nachricht als primäres Ziel der Maßnahme, änderte sich dies mit den Entwicklungen neuer Kommunikationsformen und -techniken. Art. 4 des Poststrukturgesetzes vom 08.06.1989 erstreckte den Eingriff bereits auf den gesamten Datenverkehr, der in Form des Fernmeldeverkehrs abgewickelt wurde (Befugnis zur „Überwachung und Aufzeichnung des Fernmeldever-

---

11 *Neuhaus*, in: FS Riess, S. 380. Zu § 12 FAG und insbesondere der Frage nach der Grundlage für in die Zukunft gerichtete Verbindungsdaten, siehe Fußnote 22 und spätere Ausführungen zu § 12 FAG.

12 *Joecks*, JA 1983, 58; *Rudolphi*, in: SK, § 100a, Rdn. 13; *Welp*, Strafprozessuale Überwachung, S. 67; *Welp*, Verteidigung und Überwachung, S. 289.

13 *Welp*, Verteidigung und Überwachung, S. 289. Einen Überblick über die Kontroverse und das Urteil des BVerfG vom 15.12.1970 in BVerfGE 30, 1ff. gibt *Zimmermann* auf Seiten 5-62. Allerdings sah sich die Nachrichtenmittlungsregelung des § 100a S.2 StPO bereits damals Kritik ausgesetzt, siehe *Zimmermann*, S. 61; sowie in diesem Teil B IV. Auch Unausgewogenheiten des Kataloges wurden früh moniert, etwa durch *Hall*, JA 1968, 162 und Kaiser, NJW 1969, 19, siehe *Zimmermann*, S. 61, dazu B II.

14 *Kühne*, Rdn. 519. In diesem Zusammenhang sind insbesondere das OrgKG und das Verbrechensbekämpfungsgesetz sowie die Diskussion um die sog. Organisierte Kriminalität zu nennen.

kehrs“).[15] Das Begleitgesetz zum Telekommunikationsgesetz vom 17.12.1997 ersetzte in den §§ 100a, 100b StPO die Worte „des Fernmeldeverkehrs“ durch „der Telekommunikation“.[16] Hiermit sollte jedoch keine inhaltliche Änderung, sondern allein eine redaktionelle Anpassung an den modernen Sprachgebrauch erfolgen.[17]

Aus § 3 Nr. 16 und 17 TKG a.F.[18] ergibt sich, was heute unter Telekommunikation zu verstehen ist und damit in den Anwendungsbereich des § 100a StPO fällt: der technische Vorgang des Aussendens, Übermittelns und Empfangens von Nachrichten jeglicher Art in der Form von Zeichen, Sprache, Bildern oder Tönen mittels technischer Einrichtungen oder Systeme, die als Nachrichten identifizierbare elektromagnetische oder optische Signale senden, übertragen, vermitteln, steuern oder kontrollieren können. Kurz: § 100a StPO erfasst alle Formen der Nachrichtenübermittlung unter Raumüberwindung in nicht körperlicher Weise mittels technischer Einrichtungen.[19] Unproblematisch ist es somit, Kommunikation via Mobiltelefonen, SMS, Fax und E-Mail als Telekommunikation i.S.d. § 100a StPO zu begreifen.

In diesem Zusammenhang erklären sich auch Ausweitungen der Eingriffsbefugnisse, etwa auf die *Stand-by*-Daten[20] eines Mobiltelefons und die damit einhergehende Möglichkeit, ein sog. Bewegungsbild zu erstellen. Ein solches gibt die über einen bestimmten Zeitraum festgestellten Aufenthaltsorte einer Person wieder. Sein kriminalistischer Nutzen liegt darin, für bestimmte Zeitpunkte den Standort von Personen oder Objekten zu ermitteln. Seine Schwierigkeit, insbesondere für den Bereich der Standortermittlung über Mobilfunkdaten, besteht darin, retrospektiv nicht nur das Gerät und irgendeinen Nutzer desselben, sondern auch den Beschuldigten zu einer bestimmten Zeit an einem bestimmten Ort zu lokalisieren. Der Streit darüber, ob § 100a StPO die geeignete und zulässige Grundlage für die Erstellung eines Bewegungsbildes bietet, entzündete sich für die Sachverhaltsgestaltung, in der ein lediglich empfangsbereites Gerät (mit dem aktuell nicht telefoniert wurde[21]) die entsprechenden Daten lieferte. Im Schrifttum wurde gegen eine Anwendung der StPO-Regelung maßgeblich eingewandt, dass der Normzweck der §§ 100a, 100b StPO nicht auf Observation ausgerichtet sei. Anders dagegen ent-

---

15 BGBl. 1989 I, S. 1026.

16 BGBl 1997 I, S. 3108, 3113.

17 Siehe BR-Dr. 369/97, S. 45.

18 Jetzt § 3 Nr. 22, 23 TKG n.F.

19 BGH (Ermittlungsrichter) in NStZ 1997, 247; *Meyer-Gossner*, § 100a, Rdn. 2; *Neuhaus*, in: FS Riess, S. 382; *Nack*, in: KK, § 100a, Rdn. 4.

20 *Stand-by*-Daten sind solche Daten, die bei der Nutzung eines Mobilfunkgerätes als Standortdaten permanent und unabhängig davon anfallen, ob der Nutzer gerade mit dem (eingeschalteten) Mobilfunkgerät telefoniert.

21 Für Bewegungsdaten im Rahmen von tatsächlich stattfindender Kommunikation bietet § 100a StPO nach einhelliger Auffassung hinreichende Voraussetzungen.

schieden einige Landgerichte und zuletzt auch der BGH[22], die eine derartige Ermittlungstätigkeit als von § 100a StPO gedeckt ansehen.

3. Neuregelungen: §§ 100g, 100h StPO und § 100i StPO

Den technologischen Entwicklungen und Änderungen auf dem Telekommunikationsmarkt sowie einem veränderten Täterverhalten tragen auch die Einführung der §§ 100g, 100h StPO[23] und vor allem § 100i StPO[24] Rechnung.

3.1 §§ 100g, 100h StPO als Nachfolgeregelung des § 12 FAG

Durch das Gesetz zur Änderung der Strafprozessordnung vom 20.12.2001 wurde § 12 FAG[25] durch §§ 100g, 100h StPO ersetzt.[26] Das Auskunftsersuchen war an das Vorliegen der folgenden Voraussetzungen geknüpft:

- das Auskunftsersuchen wird durch den Richter oder bei Gefahr in Verzug durch den Staatsanwalt gestellt
- die Auskunft ist für die Untersuchung von Bedeutung
- die Auskunft wird über[27] die Telekommunikation verlangt
- die Mitteilungen waren an den Beschuldigten gerichtet oder es liegen Tatsachen vor, aus denen zu schließen ist, dass die Mitteilungen von dem Beschuldigten herrührten oder für ihn bestimmt waren[28].

---

22 LG Aachen in StV 1999, 590; LG Dortmund in NStZ 1998, 577; LG Hamburg in NStZ-RR 1999, 82; LG Berlin in DuD 1998, 725; BGH (Ermittlungsrichter) in NJW 2001, 1587. Zur Kritik siehe *Bernsmann,* NStZ 2002, 103f., *Kudlich,* JuS 2001, 1168, die sich insbesondere mit der Frage auseinandersetzen, ob §§ 100a, 100b StPO die Überwachung der Telekommunikation oder des Kommunizierenden rechtfertigen. Siehe zur Subsumtion der Bewegungsdaten unter den Begriff „Telekommunikation" *Gercke.*

23 Verkündet am 20.12.2001, BGBl I 2001, S. 3879, in Kraft getreten am 01.01.2002, BT-Drs. 14/7579. Die Novellierung des § 12 FAG, der bereits zum 31.12.1997 außer Kraft treten sollte, hat sich über einen langen Zeitraum hinweg gezogen. Die aktuelle Fassung der §§ 100g, 100h StPO befristet. § 12 FAG hatte in der Praxis besondere praktische Relevanz, weil er keine Begrenzung auf Katalogtaten enthielt und so einen einfach zu realisierenden Ermittlungsansatz bot, *Bär,* MMR 2002, 358. § 100g III Nr.1 StPO enthält die ausdrückliche Einschränkung auf Daten, die im Fall einer Verbindung herausverlangt werden können. Somit fallen die *Stand-by*-Daten aus dem Anwendungsbereich der Norm.

24 Eingeführt m.W.v. 14.08.2002 durch Gesetz vom 06.08.2002, BGBl. I 2002, S. 3018.

25 In seiner Ursprungsfassung erlassen im Gesetz über Fernmeldeanlagen vom 14.01.1928.

26 Eine umfassende Kritik an §§ 100g, 100h StPO findet sich bei *Roggan,* KritV 2003, 84ff. Auch im Rahmen der Untersuchung des MPI bemängelten Praktiker die Ausgestaltung der Regelung, siehe *Albrecht/Dorsch/Krüpe*, S. 204.

27 § 12 FAG stellte nicht ausdrücklich klar, auf welchen Inhalt das Auskunftsersuchen gerichtet sein konnte. Aus der Formulierung „über" wird geschlossen, dass sich Anspruch nicht auf Gesprächsinhalte, sondern auf die Umstände der Kommunikation bezog.

In Anbetracht des Schwerpunktes dieser Untersuchung wird auf eine vertiefte Darstellung der Entwicklung und Diskussion hinsichtlich § 12 FAG verzichtet.

3.2 § 100 i StPO

Mit § 100i StPO wurde durch das Gesetz zur Änderung der Strafprozessordnung vom 06.08.2002 der *IMSI-Catcher* eingefügt.[29] Noch im Jahr 2001 wurde der Einsatz dieses Gerätes durch die Bundesregierung als von §§ 100a, 161 StPO gedeckt angesehen, wohingegen eine explizite Regelung von datenschutzrechtlicher Seite bereits seit längerem angemahnt worden war.

Mittels des IMSI-Catchers können die Ermittlungsbehörden die IMSI feststellen und in der Folge mit Hilfe der Mobilfunkbetreiber (§ 89 VI TKG a.F.[30])auch Namen und Anschrift des Nutzers erfahren. Die IMSI (International Mobile Subscriber Identity) ist eine weltweit eindeutige Kennnummer, die den Vertragspartner eines Netzbetreibers identifiziert. Sie ist auf der SIM-Karte (Subscriber Identity Module) gespeichert. Mit Hilfe der IMSI können ein Vertragspartner, aber auch seine Mobilfunktelefonnummer identifiziert werden. Die IMEI (International Mobile Station Equipment Identity) identifiziert jedes Mobiltelefon, also das Gerät selbst und nicht die auf der SIM gespeicherte IMSI, weltweit eindeutig. Das Gerät überträgt ab dem Zeitpunkt der Einschaltung diese Nummer an den jeweiligen Netzbetreiber. Dort wird die Nummer mit einem Register (Equipment ID Register) abgeglichen. In der Folge können auch das Netz, der Ort und die Zeit des Geräteeinsatzes überprüft, und es kann mittels der Verknüpfung mit den SIM-Daten der Besitzer ermittelt werden. Der Catcher generiert eine stärkere als die reguläre Funkzelle, in die sich das Mobilfunkgerät einloggt, so dass für einen bestimmten

---

[28] In diesem Zusammenhang war die zeitliche Dimension des Auskunftsanspruchs auf Grundlage von § 12 FAG umstritten. Durch die Verwendung des Imperfekts war nach einer Auffassung klargestellt, dass der Anspruch sich auf Kommunikationsvorgänge beziehen musste, die in der Vergangenheit lagen, so Entscheidungen der LGe Berlin, Oldenburg, Aschaffenburg, Bremen, der OLGe Hamm und Celle sowie *Meyer-Gossner*, § 100a, Rdn. 3; *Welp,* Überwachung und Kontrolle, S. 52f; *Welp*, NStZ 1994, 213f. Die LGe Frankfurt, Traunstein und München I sahen dagegen die Telekommunikationsunternehmen auch als verpflichtet an, zukünftig anfallende Daten zu übermitteln, da die Unternehmen sich der Verpflichtung zur Auskunft über retrograde Daten nicht dadurch entziehen können sollten, diese Daten gar nicht erst zu speichern. Zum Ganzen siehe *Bär,* MMR 2002, 358ff.

[29] BGBl. 2002 I, S. 3018.

[30] Jetzt § 113 TKG n.F.

Moment und einen bestimmten Umkreis alle in dieser Funkzelle befindlichen Geräte bei dem IMSI-Catcher angemeldet werden.[31]

In den Niederlanden bestehen Regelungen, die die TKÜ auf die Überwachung der IMEI und somit des Gerätes selbst beziehen, unabhängig von der Frage, unter welchen Rufnummern ein Abgehörter kommuniziert (§§ 126na und 126ua nlStPO). Im Rahmen des MPI-Gutachtens äußerten Praktiker vereinzelt den Wunsch, mit der Anordnung nicht (nur) einen Anschluss des Beschuldigten, sondern den Tatverdächtigen selbst mit allen ihm zur Verfügung stehenden Kommunikationsmitteln kontrollieren zu können, ohne für jede einzelne Rufnummer eine gesonderte Anordnung herbeiführen zu müssen.[32]

Das große Interesse der Strafverfolgungsbehörden am IMSI-Catcher resultiert aus der Möglichkeit, auch unbekannte Rufnummern einer Person zu erfahren, die möglichst umfassend überwacht werden soll. Diese Notwendigkeit kann vor allem in den Fällen bestehen, in denen *prepaid*-Handys überwacht werden sollen.[33]

4. *Verständnis und Handhabung der §§ 100a, 100b StPO in Rechtsprechung, Wissenschaft und Praxis*

Neben den Änderungen und Ergänzungen der Überwachungsregelungen durch den Gesetzgeber als Reaktion auf rechtspolitische Forderungen und faktische Veränderungen auf dem Telekommunikationsmarkt[34] haben Rechtsprechung, wissenschaftliche Literatur und die Praxis Einfluss auf Handhabung und Verständnis der TKÜ genommen. In diesem Zusammenhang ist die Möglichkeit des Mithörens durch die Polizei anzuführen, sofern ein Gesprächsteilnehmer dieser „Überwachung" zustimmt.[35] Weiterhin fallen hierunter die zahlreichen Rechtsprechungsentscheidungen zu den Verwertungsmöglichkeiten von Zufallsfunden. Zuletzt hat auch die Überwachung von E-Mail[36] und Mailboxen[37] ihren Anwendungsbereich in

---

[31] In anderer Funktion kann auch eine schwächere Funkzelle generiert werden, um ein bereits bekanntes Handy zu orten. Weiterhin besteht bei leicht veränderter Technik auch die Möglichkeit, die ausgehenden Gespräche eines eingefangenen Gerätes abzuhören.

[32] *Albrecht/Dorsch/Krüpe*, S. 197, 199.

[33] Zur Kritik am IMSI-Catcher siehe *Roggan,* KritV 2003, 86ff; Zur Einschätzung des § 100i StPO durch die Praxis siehe *Albrecht/Dorsch/Krüpe,* S. 198ff..

[34] Siehe dazu unten B.

[35] BGHSt 42, 139; BGH NJW 1996, 2940ff.

[36] Vgl. Etwa LG Hanau, NJW 1999, 3647; *Grote,* KritV 1999, 38ff.

[37] Diese mag als rechtlich weitgehend geklärt gelten. Jedoch bereitet in der Praxis mitunter die Beurteilung der Rechtsgrundlage (Beschlagnahme nach §§ 94, 99, 162 StPO oder Grundlage in §§ 100a, 100b StPO) Schwierigkeiten, soweit es das Herunterladen bereits auf dem E-mail-Server gespeicherter Informationen betrifft. Ebenso ist die Überwachung der auf Mailboxen gespeicherten Nachrichten nach einer BGH-Entscheidung (BGH (Ermittlungsrichter) in NJW 1997, 1934; *Bär*, CR 1995, 498f.) in den Anwendungsbereich der

§ 100a StPO gefunden. Letztere werden jedenfalls dann als individuelle und so von Art. 10 I GG umfasste Kommunikation begriffen, wenn der Zugang zu ihnen passwortgeschützt ist.

5. *Gutachten des Max-Planck-Institutes und der Universität Bielefeld*

Im Sommer 2003 wurden zwei Gutachten vorgelegt, die sich mit der Überwachung der Telekommunikation nach §§ 100a, 100b StPO auseinander setzten. Zum einen handelte es sich um eine Untersuchung des Max-Planck-Institutes für ausländisches und internationales Strafrecht Freiburg, das im Auftrag des Bundesministeriums der Justiz die Rechtswirklichkeit und Effizienz der Maßnahme evaluieren und beschreiben sollte.[38] Zum anderen wurde eine Studie der Universität Bielefeld zur Wirksamkeit von Richtervorbehalten durchgeführt, die auch denjenigen aus § 100a StPO einer Überprüfung unterzog.[39] Beide Untersuchungen kamen, obgleich völlig unabhängig von einander durchgeführt, bei unterschiedlicher Schwerpunktsetzung und abweichenden Untersuchungsdesigns in weiten Bereichen zu ähnlichen Ergebnissen. So wurde die Effizienz der TKÜ kaum in Frage gestellt, jedoch die Rechtsanwendung und dabei vor allem die Durchsetzungskraft des Richtervorbehaltes und der Umgang mit den Benachrichtigungspflichten massiv bemängelt.

In Folge dieser Erkenntnisse ist seitens des Gesetzgebers eine umfassende Reform der TKÜ-Regelungen eingeleitet worden.[40]

---

§§ 100a, 100b StPO einzubeziehen, wenn auch in der Literatur ablehnende oder differenzierende Auffassungen bestehen. Von dieser Problematik betroffen sind sowohl gesprochene Nachrichten und ihre Begleitdaten auf Mailboxen als Anrufbeantworter von Festnetz- und Mobilfunkanschlüssen als auch gespeicherte E-Mails in Mailboxen als Briefkästen im Internet. Der BGH (Ermittlungsrichter) hat diesbezüglich ausgeführt, dass § 100a StPO vor dem Hintergrund des technischen Fortschrittes in der Weise ausgelegt werden müsse, dass er auch den Zugriff auf die in einer Mailbox abrufbereit gespeicherten Informationen zulasse (BGH a.a.O, *Roggan*, KritV 2003, 78). Gegen diese Auffassung regt sich im Schrifttum Widerspruch. Dieser richtet sich jedoch nicht gegen die Möglichkeit, überhaupt auf die gespeicherte Information zugreifen zu können. Vielmehr wird die Frage der Befugnisnorm diskutiert und dabei teilweise auf §§ 94, 99, 162 StPO und somit die Beschlagnahmevorschriften rekurriert (*Palm/Roy*, NJW 1997, 1905). Einige Stimmen sprechen sich zudem für ein Drei-Phasen-Modell beim Zugriff auf Mailbox-Informationen aus. Dabei wird zwischen dem Absenden der Nachricht bis zum Ankommen auf dem Speicher, dem Ruhen der Nachricht auf dem Speicher und dem Abrufen der Nachricht von dort durch den Empfänger unterschieden. Für die Phasen eins und drei soll sodann § 100a StPO Anwendung finden, für die mittlere Phase hingegen § 94 StPO einschlägig sein (*Nack,* in: KK, § 100a, Rdn. 7ff.).

38 *Albrecht/Dorsch/Krüpe.*

39 *Backes/Gusy.*

40 So etwa Bundesjustizministerin *Zypries* anlässlich der Entscheidung des Bundesverfassungsgerichtes zur Wohnraumüberwachung, Pressemitteilung des Bundesministeriums der Justiz vom 3. März 2004 sowie am 16. Oktober 2003 bei einer Veranstaltung des

III. Verfassungsrechtlicher Hintergrund

Maßnahmen nach §§ 100a, 100b StPO stellen einen schweren Eingriff vor allem in das durch Art. 10 I GG geschützte Brief-, Post- und Fernmeldegeheimnis dar.[41] Art. 10 II S.1 GG beinhaltet einen Gesetzesvorbehalt, der unter anderem durch die strafprozessualen Überwachungsregelungen ausgefüllt wird. Diese Rechtsgrundlagen wie auch die Maßnahme selbst müssen zur Wahrung der Verfassungsmäßigkeit des Eingriffs insbesondere dem Grundsatz der Verhältnismäßigkeit Rechnung tragen. Ausführliche Erläuterungen zu den grundrechtlichen, sonstigen verfassungs- wie auch europarechtlichen Fragen finden sich vor dem Hintergrund einer Effizienzbetrachtung der Maßnahme in der Arbeit von *Dorsch*. Daher wird hier im Folgenden nur ein Überblick über die grundrechtlichen Bezüge der Überwachung nach §§ 100a, 100b StPO gegeben.

1. Art. 10 GG

1.1 Schutzgut, Eingriff und Gesetzesvorbehalt

Schutzgut des Art. 10 I GG ist die Vertraulichkeit der Mitteilung zwischen bestimmten Kommunikationspartnern als Teil der Privatsphäre.[42] So sollen private Gespräche ohne die Befürchtung geführt werden können, dass diese heimlich auf-

---

„Netzwerk Berlin“: *„(...)Die Ausführungen in den gerichtlichen Anordnungen sind zu einem erheblichen Teil nicht in der wünschenswerten Weise begründet. Es finden sich zu viele gerichtliche Beschlüsse, in denen die gesetzlichen Anordnungsvoraussetzungen letztlich nur floskelhaft und ohne hinreichenden Einzelfallbezug wiedergeben werden. (...) Einem außenstehenden Betrachter erschließt sich dies aber nicht hinreichend, so dass es an der erforderlichen Transparenz und Nachvollziehbarkeit mangelt. Wir werden deshalb prüfen, ob die Anforderungen an die Begründung gerichtlicher Anordnungen im Gesetz detaillierter als bisher festgeschrieben werden sollten. Als weiterer kritischer Punkt hat sich ergeben, dass die im Gesetz – in § 101 der Strafprozessordnung – vorgesehene Pflicht, die Beteiligten nach Abschluss der Maßnahme von deren Durchführung zu benachrichtigen, nicht zufrieden stellend beachtet wird. (...) Hier ist allerdings nicht in erster Linie der Gesetzgeber gefragt. Dieser hat ja bereits die Pflicht zur Benachrichtigung im Gesetz verankert; insoweit kommt allenfalls eine noch präzisere Benennung des zu benachrichtigenden Personenkreises in Betracht. (...)“*, abrufbar unter http://www.bmj.bund.de/enid/8944 9e0e5c 0251ba2857f548f6ca0f3a,0/fv.html)

[41] Weiterhin sind auch das Allgemeine Persönlichkeitsrecht aus Art. 2 I GG i.V.m. Art. 1 II GG betroffen sowie auch eine Verletzung der Meinungsäußerungsfreiheit und Pressefreiheit aus Art. 5 I GG (hierzu etwa die Journalistenentscheidung des Bundesverfassungsgerichts in NJW 2003, 1792), der Unverletzlichkeit der Wohnung aus Art. 13 I GG, der Berufsfreiheit aus Art. 12 I GG (etwa Entscheidung des Bundesverfassungsgerichts zu Verteidigern als Nachrichtenmittlern BVerGE 30, 1, 32ff; Mitwirkungsverpflichtung der Telekommunikationsanbieter als – zulässige – Indienstnahme Privater, Kostentragungspflicht, §100b III S. 1, 2 StPO, § 110 TKG n.F.) und der Eigentumsgarantie aus Art. 14 I GG denkbar. Ausführungen zu dieser Problematik finden sich bei *Dorsch*.

[42] BVerfGE 67, 157, 171; BVerfGE 85, 386, 396; BVerfGE 34, 238, 247; *Bizer*, in: Denninger/Hoffmann-Riem/Schneider/Stein, Art. 10, Rdn. 37, 39; BVerfGE 34, 238, 247.

genommen oder ohne bzw. gegen den Willen der Gesprächspartner verwertet werden können. Das in Art. 10 I GG gewährleistete Fernmeldegeheimnis[43] schützt damit den privaten und geschäftlichen Fernmeldeverkehr vor Eingriffen der öffentlichen Gewalt.[44]

Der dynamische[45] Schutzbereich des Art. 10 I GG trägt dem technologischen Fortschritt Rechnung. So sind neben dem Gesprächsinhalt auch die näheren Umstände der Kommunikation vom Schutz des Art. 10 I GG umfasst. Sie werden bei der TKÜ vor allem durch die anfallenden Verbindungsdaten fixiert, die Angaben zu den Gesprächspartnern, zur Dauer der Gespräche, zur Häufigkeit der Kommunikation und zu den verwendeten Kommunikationsmedien beinhalten (können). Die anfallenden Mobildaten liefern Informationen zum Aufenthaltsort der Kommunizierenden, durch die Rückanbindung an die Dienstleister werden Erkenntnisse zur Kennung des Endgerätes, ggf. zur postalischen Anschrift, erlangt.[46]

Als Abwehrrecht wird das Fernmeldegeheimnis vor staatlichen Eingriffen geschützt.[47] Ein Eingriff ist jede „Kenntnisnahme, Aufzeichnung und Verwertung" kommunikativer Daten.[48] Unerheblich ist dabei, ob eine bestimmte Person final in ihrer Kommunikation überwacht wird oder von einer pauschalen Überwachung einzelne Personen erfasst werden.[49]

---

43 Als Grundrecht hatte es bereits in Art. 117 der Weimarer Reichsverfassung vom 11. August 1919 seinen Niederschlag gefunden. Der gewährte Schutz wurde jedoch bereits durch § 1 der „Verordnung des Reichspräsidenten zum Schutz von Volk und Staat" am 28. Februar 1933 außer Kraft gesetzt. Nach dem Krieg wurde dem Fernmeldegeheimnis mit Art. 10 GG grundrechtlicher Schutz gewährt. Seit dem 24. Juni 1968 und dem 17. Gesetz zur Änderung des Grundgesetzes ist Art. 10 GG nicht mehr geändert worden.

44 BVerfGE 67, 157, 172 (std. Rspr.); *Bizer*, in: Denninger/Hoffmann-Riem/ Schneider/Stein, Art. 10, Rdn. 38. Zur Frage, ob sich auch die Telekommunikationsunternehmen in ihrer Tätigkeit als vermittelnde Stellen auf den Schutz des Art. 10 GG berufen können oder aber als Grundrechtsträger auf Art. 12 GG zurückgeworfen werden, siehe *Dorsch*. (Im Ergebnis kein Schutz aus Art. 10 I GG, da den Unternehmen kein schutzwürdiges Interesse an den Inhalten ihnen unbekannter und unternehmensfremder Kommunikation zukommt; *Gusy*, in: v.Mangoldt/Klein/Starck, Art. 10, Rdn. 49; *v.Arnauld*, DÖV 1998, 437.)

45 BVerfG 46, 120, 143; *Krüger/Pagenkopf*, in: Sachs, Art. 10, Rdn. 14.

46 BVerfGE 100, 313, 358; BVerfGE 67, 157, 172; BVerfGE 58, 386, 396: „Dazu gehört insbesondere, ob, wann und wie oft zwischen welchen Personen oder Fernmeldeanschlüssen Fernmeldeverkehr stattgefunden hat oder versucht worden ist."; BVerfG Urteil vom 12.März 2003, NJW 2003, S. 1787ff.; siehe auch *Bizer*, in: Denninger/Hoffmann-Riem/Schneider/Stein, Art. 10, Rdn. 40, 66.

47 Zur Frage der Einwilligung siehe *Dorsch* unter Verweis auf *Dürig*, in: Maunz/Dürig, Art. 10, Rdn. 30.

48 BVerfGE 85, 386, 398; *Bizer*, in: Denninger/Hoffmann-Riem/Schneider/Stein, Art. 10, Rdn. 70ff: mit Blick auf datenschutzrechtliche Formulierungen, also das Erheben, Speichern, Nutzen und Übermitteln von Daten.

49 BVerGE 100, 313, 366f. Jedoch kein Eingriff, wenn die Erfassung von Kommunikationsvorgängen ungezielt, bedingt durch die Technik erfolgt, und sie unmittelbar und spurlos nach der Signalerfassung wieder ausgesondert werden.

Aus Art. 10 I GG resultiert auch der Anspruch auf (nachträgliche) Kenntnis von Überwachungsmaßnahmen, da die Betroffenen nur durch solches Wissen die Unrechtmäßigkeit der Erfassung und Kenntnisnahme ihrer Fernmeldekontakte und etwaige Rechte auf Löschung und Benachrichtigung geltend machen können.[50]

Art. 10 II S.1 GG stellt das Brief-, Post- und Fernmeldegeheimnis unter Gesetzesvorbehalt. Der Gesetzgeber muss bei einem entsprechenden Eingriffsgesetz insbesondere den Zweck des Eingriffs, seine Voraussetzungen, den Umfang und die Verwendung der erlangten Erkenntnisse bestimmt und normenklar darlegen; mit zunehmender Schwere des Eingriffs steigen dabei die Anforderungen.[51]

1.2 Verhältnismäßigkeit

Das Eingriffsgesetz ist nur dann verfassungsmäßig, wenn es verhältnismäßig, zur Zielerreichung also geeignet[52] und erforderlich[53] ist sowie angemessen unter Abwägung von Art und Intensität des Grundrechtseingriffs und der Zahl der Betroffenen gegen das Gewicht und die Wahrscheinlichkeit der Gefahren, die mit Hilfe der TKÜ erkannt und aufgeklärt werden sollen.[54] Für die Angemessenheit sind die konfligierenden Interessen aus Grundrechtsschutz einerseits und Effektivität der Strafrechtspflege andererseits in Ausgleich zu bringen. In diesen Abwägungsprozess sind vor allem die nachfolgenden Erwägungen einzustellen:

- unter welchen Voraussetzungen sind welche und wie viele Grundrechtsträger wie intensiven Beeinträchtigungen ausgesetzt?[55]
- wie hoch ist die Wahrscheinlichkeit der Aufklärung schwerer Straftaten?[56]

---

50 BVerfGE 100, 313, 361.

51 BVerfGE 100, 313, 372; *Bizer*, in: Denninger/Hoffmann-Riem/Schneider/Stein, Art. 10, Rdn. 79.

52 Auf Gesetzesebene also nicht von vornherein untauglich, sondern dem gewünschten Erfolg förderlich, BVerfGE 67, 157, 175. Die Geeignetheit kann auf der Ebene der Anwendung im Einzelfall durch verfahrensrechtliche Vorkehrungen gesichert werden, *Albers*, S. 231ff.

53 Der Gesetzgeber darf kein gleich wirksames, dabei weniger grundrechtseinschränkendes Mittel für wirksam angesehen haben; BVerfGE 67, 157, 176f.

54 BVerfGE 67, 157, 178; BVerGE 100, 313, 391.

55 BVerfGE 100, 313, 376.

56 *„Das Bundesverfassungsgericht hat wiederholt die unabweisbaren Bedürfnisse einer wirksamen Strafrechtspflege hervorgehoben, das öffentliche Interesse an einer möglichst vollständigen Wahrheitsermittlung im Strafverfahren betont und die Aufklärung gerade schwerer Straftaten als einen wesentlichen Auftrag des rechtsstaatlichen Gemeinwesens bezeichnet“:* BVerfG, Urteil vom 12. März 2003, NJW 2003, 1789; BVerfGE 29, 183,

- bleiben die Gesprächsteilnehmer als Personen anonym, welche Umstände der Kommunikation werden erfasst und welche Nachteile drohen unverdächtigen Personen aufgrund der Überwachungsmaßnahme bzw. werden von ihnen nicht ohne Grund befürchtet?[57]
- die Schwere der Tat, der Grad des Tatverdachtes, eine gesicherte Tatsachenbasis insbesondere bei der Überwachung nicht beschuldigter Anschlussinhaber / Nachrichtenmittler[58].

§§ 100a, 100b StPO sehen zur Wahrung der Verhältnismäßigkeit im weiteren Sinne eine Vielzahl von Sicherungsmechanismen vor, die hier noch einmal angeführt werden sollen[59]:

- eine Tatverdachtsschwelle
- den Straftatenkatalog
- eine Subsidiaritätsklausel
- eine Beschränkung des Personenkreises, der überwacht werden darf
- eine gesetzlich fixierte (wenn auch verlängerbare) Maximalfrist der Überwachung
- die Anordnung muss qualifizierten Anforderungen (Art, Umfang, Dauer, § 100b II StPO) genügen, u.a. damit sie für den Betroffenen im Fall einer nachträglichen Benachrichtigung nachprüfbar ist und um ggf. eine nachträgliche gerichtliche Überprüfung zu ermöglichen[60]
- Vernichtungs-, Benachrichtigungs- und Verwendungsregelungen.

194; BVerfGE 77, 65, 76; BVerfGE 100, 313, 388f. Für die Funktionstüchtigkeit der Strafrechtspflege maßgebend ist BVerfGE 33, 367. In der inhaltlichen Konkretisierung weist diese zwei Elemente aus: die Sicherstellung des Verfahrensablaufs und den Schutz vor verfahrensfremden Einwirkungen. Der Verfassungsrang der Funktionstüchtigkeit wird vom BVerfG und der herrschenden Literatur aus dem Rechtsstaatsprinzip abgeleitet, jedoch von einer großen Diskussion in der Literatur begleitet.

57 BVerGE 100, 313, 376; BVerfG Urteil vom 12. März 2003, NJW 2003, 1791: *„Betroffen sind Personen, die sonst nicht verdächtig sind. Wird die Kommunikation Unverdächtiger erfasst, so schafft die Erhebung der Verbindungsdaten für sie das Risiko, Gegenstand staatlicher Ermittlungen zu sein, welches zu dem allgemeinen Risiko hinzutritt, einem unberechtigten Vorwurf ausgesetzt zu sein.“*.

58 BVerfG, Urteil vom 12. März 2003, NJW 2003, 1791.

59 Vergleiche hierzu bereits oben A I. Zur kriminalpolitischen Reformdiskussion und Kritik unter dem Gesichtspunkt der Verfassungswidrigkeit siehe ebenfalls in diesem Teil B.

60 *Bizer*, in: Denninger/Hoffmann-Riem/Schneider/Stein, Art. 10, Rdn. 102.

1.3 Verfassungsrechtliche Evaluierungspflicht

Das Bundesverfassungsgericht räumt dem Gesetzgeber in ständiger Rechtsprechung eine Einschätzungsprärogative dahingehend ein, ob die von ihm zur Zweckerreichung vorgesehenen Mittel geeignet und erforderlich sind.[68] Gleichwohl besteht auch eine verfassungsrechtliche Evaluierungspflicht hinsichtlich der Eignung und Erforderlichkeit einer Maßnahme zur Erreichung ihrer Ziele. Dem Grundrechtsträger kann nicht unbegrenzt zugemutet werden, Maßnahmen mit ungewisser, wenn auch wahrscheinlicher, Erfolgsaussicht unterzogen zu werden, obwohl Erkenntnisse über die Wirksamkeit der Maßnahme gewonnen werden könnten.[69] Diese Pflicht zur Evaluierung resultiert für die Überwachung der Telekommunikation nach §§ 100a, 100b StPO aus dem Verhältnismäßigkeitsprinzip, aber auch aus einer objektiv-rechtlichen Verpflichtung des Staates, seiner Beobachtungs- und Nachbesserungspflicht nachzukommen, die ihm Art. 10 GG auferlegt.[70] Sie wird für die TKÜ dadurch verstärkt, dass der Eingriff heimlich, zudem gegenüber Unbeteiligten und Kontaktpersonen erfolgt und die Maßnahme teilweise bereits im Vorfeld der Straftatverfolgung eingesetzt wird.[71]

Als wesentliche Punkte einer solchen Evaluation erscheinen neben Sach- und Personalkosten vor allem die Zahl der überwachten Personen, Anzahl, Dauer und Art der überwachten Kommunikation sowie die Effizienz der Maßnahme.[72]

Die Untersuchung des Max-Planck-Institutes ist im Rahmen der Forderung nach einer Evaluierung zu werten und stellt dennoch in erster Linie Datenmaterial zur Diskussion zur Verfügung, nicht aber eine kritische Evaluation dieser Daten. Vertiefende Ausführungen zur Überwachungsintensität erfolgen in dieser Arbeit und zur Effizienz in der von *Dorsch*.

2. Art. 2 I iVm Art. 1 I GG

Art. 10 GG ist als kommunikatives Selbstbestimmungsrecht gegenüber dem informationellen Selbstbestimmungsrecht[73] des Art. 2 I GG speziell[74] und bildet ei-

---

68 *Bizer*, in: Denninger/Hoffmann-Riem/Schneider/Stein, Art. 10, Rdn. 106.

69 *Bizer*, in: Denninger/Hoffmann-Riem/Schneider/Stein, Art. 10, Rdn. 106ff.

70 *Bizer*, in: Denninger/Hoffmann-Riem/Schneider/Stein, Art. 10, Rdn. 102.

71 *Bizer*, in: Denninger/Hoffmann-Riem/Schneider/Stein, Art. 10, Rdn. 106, 107ff.

72 *Bizer*, in: Denninger/Hoffmann-Riem/Schneider/Stein, Art. 10, Rdn. 111.

73 … und den weiteren hier in Rede stehenden Ausprägungen des Allgemeinen Persönlichkeitsrechtes (Achtung der Privat- und Intimsphäre, Recht am eigenen Wort). Ausführlich *Dorsch*.

74 *Bizer*, in: Denninger/Hoffmann-Riem/Schneider/Stein, Art. 10, Rdn. 117.

nen „sektoralen Teilsausschnitt“[75] daraus ab. Die im Volkszählungsurteil entwickelten Grundsätze werden durch das BVerfG auch auf die speziellere Garantie des Art. 10 GG übertragen.[76] Der speziellere Schutz des Art. 10 I GG reicht somit weiter als der des Art. 2 I i.V.m Art. 1 I GG und darf nicht hinter ihn zurückfallen.[77]

3. *Art. 19 IV GG*

Art. 19 IV GG garantiert jedermann lückenlosen gerichtlichen Rechtschutz gegen behauptete rechtswidrige Eingriffe des Staates in seine Rechte.[78] Im Strafprozessrecht und insbesondere im Ermittlungsverfahren tritt diese Rechtsschutzgarantie in Konflikt zur Funktionstüchtigkeit der Strafrechtspflege. Diese wird dem Rechtsstaatsprinzip entlehnt und dient der Durchsetzung von Gerechtigkeit. Inwieweit sich im Rahmen der TKÜ effektiver Rechtsschutz und effektive Strafrechtspflege gegenseitig aufheben, wird in der Arbeit von Dorsch thematisiert.[79]

B. Der Inhalt der gesetzlichen Regelung in der Kritik durch Rechtspolitik und Literatur

Die Regelung der strafprozessualen Überwachung der Telekommunikation nach §§ 100a, 100b StPO steht in einer umfassenden Reformdiskussion. Auslöser für diese Debatte war die Kritik aus Praxis, Wissenschaft und Rechtspolitik, die die Gesetzeslage seit ihrem Inkrafttreten im Jahr 1968 begleitete. Stets wurde vor allem gerügt, dass es der Bundesregierung nicht möglich sei, aussagekräftige Daten über das Ausmaß, den Umgang und die „Erfolgsbilanz“ der Ermittlungsmethode vorzulegen. Da empirische Evaluationen nicht vorgenommen wurden und jährlich auch nur allgemein gehaltene Daten zur TKÜ durch die Landesjustizverwaltungen und die Regulierungsbehörde für Telekommunikation und Post vorliegen, die aufgrund ihrer unterschiedlichen Bezugsgrößen in keiner Weise kompatibel sind[80], bestand das Bedürfnis und die verfassungsrechtlich gegebene Pflicht[81] zur Evaluation der Rechtswirklichkeit und Effizienz der Überwachung der Telekommunikation. Die-

---

75 *Münch,* Art. 10 Rdn. 43.

76 Siehe zum Ganzen *Bizer*, in: Denninger/Hoffmann-Riem/Schneider/Stein, Art. 10, Rdn. 117; BVerfGE 100, 313, 359f.

77 *Gercke*, S. 72f; *Lammer*, S. 24; *Lücking*, S. 11.

78 So etwa BVerfGE 78, 88; BVerfGE 22, 110.

79 Siehe neben anderen auch *Bachmann*, S. 39ff.

80 Siehe unten in diesem Teil C.

81 Siehe *Bizer*, in: Denninger/Hoffmann-Riem/Schneider/Stein, Art. 10, und *Bizer*, Kriminologisches Journal 2003 sowie in diesem Teil unter A II 1.3.

ses Gutachten wurde durch das Max-Planck-Institut für ausländisches und internationales Strafrecht im Auftrag des Bundesministeriums der Justiz erstellt und im Mai 2003 in Form eines Abschlussberichtes vorgelegt.

Nach der derzeitigen Regelung in §§ 100a, 100b, 101 StPO darf die TKÜ durch den Richter und bei Gefahr in Verzug durch den Staatsanwalt angeordnet werden, wenn bestimmte Tatsachen den Verdacht begründen, dass jemand als Täter oder Teilnehmer eine der in § 100a StPO aufgeführten Katalogtaten begangen hat oder in den Fällen, in denen der Versuch strafbar ist, zu begehen versucht hat, oder durch eine Straftat vorbereitet hat. Weiter ist Eingriffsvoraussetzung, dass die Ermittlung des Aufenthaltsortes oder die Erforschung des Sachverhaltes ohne die TKÜ aussichtslos oder wesentlich erschwert wären (Subsidiaritätsgrundsatz). Die Anordnung darf sich gegen den Beschuldigten richten, gegen Personen, die für ihn oder von ihm Nachrichten entgegennehmen, und gegen Dritte, sofern deren Anschlüsse durch Beschuldigte genutzt werden. Die Überwachung ist auf maximal drei Monate zu befristen, kann aber unbegrenzt oft auf weitere drei Monate verlängert werden. Sobald die Voraussetzungen der TKÜ nicht mehr vorliegen, ist die Maßnahme unverzüglich zu beenden. Die aus der Überwachung erlangten Unterlagen sind zu vernichten. Die Beteiligten einer Überwachung sind von der Maßnahme zu unterrichten, sobald dies ohne Gefährdung des Untersuchungszweckes, der öffentlichen Sicherheit, von Leib und Leben einer Person sowie der Möglichkeit der weiteren Verwendung eines Verdeckten Ermittlers (VE) geschehen kann.

Im Folgenden sollen Kritikpunkte aus Rechtswissenschaft, Politik und Praxis im Überblick dargestellt, aber auch die Erwiderungen aus der Praxis auf diese Vorwürfe skizziert werden. Hierbei werden nicht alle Gesichtspunkte der Kritiker angeführt[82] und auch nicht alle Repliken vorgestellt. Die Auswahl erfolgte vor allem anhand der Bereiche, die in den nachfolgenden Teilen durch die Ergebnisse der Aktenanalyse und der Befragungen weiter betrachtet werden sollen. Sie deckt die wohl wesentlichen Ansatzpunkte für eine notwendige Reform ab.

Im Kern lässt sich die Kritik an folgenden Regelungsinhalten ausmachen: der Weichheit des Tatverdachts, den Mängeln in dem enumerativ ausgestalteten Straftatenkatalog, der Handhabung des Richtervorbehaltes, der „Streuwirkung“ der Überwachung auch auf unbeteiligte Dritte und an dem Umgang mit der Benachrichtigungspflicht aus § 101 I 1 StPO. Daneben wird angeführt, dass die Überwachung im Laufe der Jahre um ein Vielfaches zugenommen habe, ohne dass über ihre Rechtswirklichkeit und Effizienz zuverlässige Erkenntnisse vorlägen. Zu diesem letzten Gesichtspunkt wird bei der Betrachtung der Entwicklung in diesem Teil unter C Stellung genommen.

---

[82] Insbesondere keine Ausführungen zur Vernichtung der aus der TKÜ erlangten Unterlagen und zur Verwertung der TKÜ-Erkenntnisse, insbesondere Zufallsfunden.

I. Tatverdacht

Gemäß § 100a StPO müssen bestimmte Tatsachen den Verdacht einer Katalogstraftat begründen, damit eine Überwachungsmaßnahme angeordnet werden kann.[83] Als bestimmte Tatsachen gelten schlüssige Tatsachen der inneren und äußeren Geschehenswelt. Kriminalistische Erfahrung kann genügen, bloße Vermutungen indes nicht.[84] Der Verdacht darf zudem nicht unerheblich sein.[85]

Die Anforderungen sind also gering[86], insbesondere bedarf es keines gesteigerten Verdachtsgrades. Dem Anordnenden wird zudem ein Beurteilungsspielraum eingeräumt.[87]

In der Kritik stehen zum einen die Weite des Tatverdachtes[88], zum anderen die vom BGH vertretene Auffassung des Beurteilungsspielraumes bei der Feststellung dieser Eingriffsvoraussetzung.[89] In Folge dieser Rechtsprechung kommt dem Tatrichter und dem Revisionsgericht im Rahmen der (inzidenten) Überprüfung der Rechtmäßigkeit einer TKÜ für die Frage der Verwertbarkeit der gewonnenen Erkenntnisse eine nur eingeschränkte Prüfungskompetenz zu.

II. Straftatenkatalog

Zum Zeitpunkt der Einführung der Überwachungsregelung hegte der Gesetzgeber die Befürchtung, dass unter dem Schutz des Fernmeldegeheimnisses „Staatsfeinde sowie Verbrecher der Schwerkriminalität“[90] Aktionen vorbereiteten, während die Hüter des Staates an der Abwehr der drohenden Gefahren und Schäden

---

83 Dieser Verdachtsgrad entspricht dem in § 100c I Nr.2 StPO („großer Lauschangriff“).

84 BGHSt 41,30, 33; *Meyer-Gossner*, § 100a Rdn. 6 mit weiteren Nachweisen.

85 BGHSt 41,30, 33.

86 Es ist weder ein hinreichender Tatverdacht im Sinne des § 203 StPO, noch der dringende des § 112 StPO erforderlich (so die herrschende Meinung, *Meyer-Gossner*, § 100a Rdn. 6; *Schäfer*, in: Löwe/Rosenberg, § 100a Rdn. 12. Für die Fälle der bloßen Aufenthaltsortsermittlung wird teilweise verlangt, dass mindestens die Voraussetzungen für die vorläufige Festnahme nach §§ 127 II, 112 StPO vorliegen, *Nack,* in: KK, § 100a Rdn. 25, *Rudolphi*, in: SK, § 100a, Rdn. 113.

87 BGHSt 41,30, 33.

88 Zu den Ergebnissen der Befragung von Praktikern hinsichtlich der Verschärfung des Verdachtsgrades siehe *Albrecht/Dorsch/Krüpe,* S. 195.

89 Für die Kritiker etwa *Küpper,* JR 1996, 214; *Störmer*, StV 1995, 655; *Schlothauer,* StraFo 1998, 405; *Bernsmann,* NStZ 1995, 513.

90 BT-Drs. V/1880, S. 7.

gehindert seien.[91] Vor allem an Fällen der Kindesentführung richteten sich die Erwägungen im Gesetzgebungsverfahren aus.[92]

Der Straftatenkatalog des § 100a StPO umfasst heute mehr als 100 Straftatbestände und lässt sich einteilen in die Gruppe der Staatschutzdelikte (§ 100a Nr.1 StPO), die Gruppe der Schwerkriminalität (§ 100a Nr.2 StPO), Waffendelikte (§ 100a Nr.3 StPO), Straftaten gegen die Volksgesundheit (§ 100a Nr.4 StPO) und Straftaten nach dem Aufenthaltsgesetz und dem Asylverfahrensgesetz (§ 100a Nr.5 StPO). Möchte man nach dem Deliktscharakter differenzieren, so handelt es sich um Verbrechen und Vergehen, Fahrlässigkeitsdelikte, Gefährdungsdelikte und Organisationsdelikte. Der Katalog wurde mehrfach unmittelbar in seinem Wortlaut erweitert sowie mittelbar durch die Verweise auf die Tatbestände des § 129 StGB und – früher – des § 138 StGB.

Der enumerativ ausgestaltete Katalog sollte seiner ratio nach eine begrenzende Funktion ausüben, da die Maßnahme einen erheblichen Eingriff in Grundrechte darstellt und auch unbeteiligte Dritte von ihr betroffen sein können. Der Ursprungsfassung lag die Überlegung zugrunde, dass die TKÜ nur bei Straftaten mit äußerst hohem Unrechtsgehalt eingesetzt werden sollte[93]: „Die Aufnahme einer Norm des Besonderen Teils des StGB in den Katalog ist eine Bewertung dieses Deliktes als besonders schwerwiegend und bedrohlich"[94]. Bereits frühzeitig wurde jedoch bemängelt, dass sich die gesetzgeberische Begründung der Bekämpfung von Schwerstkriminalität nur schwer in dem äußerst breit angelegten Straftatenkatalog widerspiegele.[95] Weiterhin wurde die Aufnahme einiger Delikte in den Katalog gerügt, da dieser nicht nach „empirisch nachgewiesenen kriminalpolitischen Notwendigkeiten" erstellt worden sei.[96] Im Gegensatz zu den nur schwerlich durch eine TKÜ aufklärbaren Delikten Mord und Totschlag sei das sog. *white-collar-crime* nicht in den Katalog eingebunden worden, obwohl gerade in diesem Bereich über eine TKÜ Erfolge zu erzielen seien.[97] Es sei damit ausdrücklich darauf hingewiesen, dass neben den massiven Forderungen nach einer Beschränkung des Kataloges andererseits auch seine Ausweitung gefordert wird.[98]

---

91 *Neuhaus*, in: Festschrift für Peter Riess, S. 381.

92 BT-Drs. V/1880, 7.

93 *Niehaus*, S. 38ff. führt daneben weiter aus, dass für die Aufnahme in den Katalog auch eine erhöhte Aufklärungschance durch die Überwachung der Telekommunikation streiten kann (allerdings neben dem Schwerekriterium) sowie kriminalpolitische Interessen bei der Verfolgung bestimmter Delikte entscheidend seien.

94 BT-Drs. V/1880, S. 12.

95 *Hall*, JZ 1968, 162.

96 *Dünnebier*, in : Löwe/Rosenberg, § 100a Anm.1.

97 *Kaiser*, NJW 1969, 18.

98 *Rohe*, S. 195; *Müller/Wabnitz/Janovsky*, S. 250.

Die Kritik wendete sich von Beginn an vor allem gegen die Heterogenität und die kontinuierliche Ausweitung des Kataloges. Letztlich wird es als erheblicher Mangel gewertet, dass die an ihm vorgenommenen Änderungen nie Ausdruck einer langfristigen Reform waren, sondern dass § 100a StPO ein Reaktiv auf allgemeine kriminalpolitische Diskussionen darstelle und eine klare Linie an Auswahlkriterien nicht (mehr) ersichtlich sei.[99] Die Existenz des Kataloges scheint nach Auffassung vieler weniger eine Begrenzungsfunktion zu behaupten als immer neue Aufnahmeforderungen nach sich zu ziehen.[100] *Welp* formuliert:

> *„Wie die Erfahrung zeigt, hält der Katalog dem rechtspolitischen Druck nicht stand und ufert aus. Es ist nicht möglich, ihn in seiner changierenden Gestalt aus dem Verhältnismäßigkeitsprinzip abzuleiten. Es ist vielmehr die Aufgabe des Gesetzgebers, diese Grenze festzulegen“.*[101]

III. Fehlende richterliche Kontrolle

Als weiterer Kritikpunkt tritt in der Diskussion die inhaltliche Qualität der richterlichen Anordnungen auf: es würden sich regelmäßig pauschal die staatsanwaltschaftlichen Ausführungen wiederholen, wenn nicht ohnehin nur die Unterzeichnung vorgefertigter Beschlüsse erfolge. In diesem Zusammenhang wird weiterhin das ermittlungsrichterliche System in seiner gesetzlichen Ausgestaltung und Umsetzung durch die Praxis angegriffen. Der Richtervorbehalt versage als Kontrollinstrument und wird dementsprechend als „rechtsstaatliches Trostpflaster“[102] qualifiziert.

1. Richtervorbehalt

Gemäß § 100b I S.1 StPO wird die Überwachung der Telekommunikation durch den Richter angeordnet. Besteht Gefahr in Verzug ist nach §§ 100b I S.2, 3 StPO der Staatsanwalt anordnungsbefugt.

Dieser Richtervorbehalt bedeutet eine Vorwegnahme des Rechtsschutzes. Da die Maßnahme heimlich erfolgt und der Betroffene sich in Unkenntnis ihrer nicht gegen sie zur Wehr setzen kann, dient der Vorbehalt der Kontrolle durch eine unabhängige und neutrale Instanz[103], ob die Voraussetzungen der § 100a, 100b StPO

---

99 *Staechlin*, KritJ 1995, 474.

100 *Niehaus*, S. 92 mit weiteren Nachweisen in Fußnote 419.

101 *Welp*, Überwachung und Kontrolle, S 7.

102 *Asbrock*, ZRP 1998, 17.

103 BVerfGE 57, 346, 355f; BVerfGE 76, 83, 91; *Amelung*, NStZ 2001, 338.

durch die Polizei und die Staatsanwaltschaft hinreichend überprüft und dargelegt sind.[104]

Richtervorbehalte finden sich bei einer Reihe von Maßnahmen bereits in der StPO vom 01.02.1877, etwa für Durchsuchungen und Beschlagnahmen. Die meisten Richtervorbehalte sind jedoch in neueren Regelungen festgeschrieben, so etwa in den §§ 81a, 81c, 161a, 163a und eben § 100b StPO. Aus den Materialien zur StPO ergibt sich, dass das Erfordernis einer richterlichen Prüfung und Anordnung bei bestimmten Ermittlungsmaßnahmen, die tief in Rechte von Beschuldigten eingreifen, daraus resultiert, dass in diesen Fällen besonderer Schutz gegen unberechtigte Eingriffe gewährt werden sollte.[105] Für die Begründung von Richtervorbehalten bei neueren Regelungen wird ebenfalls regelmäßig angeführt, dass gewichtige und tief wirkende Eingriffe in grundrechtlich geschützte Rechtspositionen (auch von Unschuldigen) kontrolliert werden sollen.[106]

2. *Verhältnis richterliche Anordnung / Eilmaßnahme*

Im Bereich der Durchsuchungen und Beschlagnahmen wird seitens der Praxis seit langem bemängelt, dass sich das Anordnungsverhältnis zwischen richterlichem Beschluss und staatsanwaltschaftlicher Eilmaßnahme verschoben habe.[107] Die Eilanordnung sei die Regel, obwohl dies das Gesetz nicht so vorsehe und die Maßstäbe an das Vorliegen von Gefahr in Verzug restriktiv[108] zu bemessen seien. Dies wird sodann als Beleg für die Umgehungsmöglichkeit der richterlichen Kontrolle und damit für das Versagen des Richtervorbehaltes als Grundrechtssicherung gewertet.

Für die TKÜ lässt sich ein solches Missverhältnis anhand der Daten bis 1999 nicht in dieser Form feststellen. So liegt der Anteil an richterlichen Anordnungen im Jahr 1999 bei über 80%, in den übrigen Erhebungszeiträumen noch wesentlich darüber (siehe die absoluten Zahlen in *Tabelle 1*).

---

104 A.A. *Kühlewein*, S. 447ff. Danach gewährleiste der Richtervorbehalt im eigentlichen Sinne keine Kontrolle der Exekutive, sondern stelle nur eine „gewisse Kompetenz bei der Anordnung von Maßnahmen sicher". Weiterhin könne der Richtervorbehalt auch keine begrenzende Funktion im Einsatz von Zwangsmitteln einnehmen. So sei die Kritik nicht gerechtfertigt, da ihm von vornherein Aufgaben (nämlich Kontrolle und Begrenzung) beigemessen würden, die er niemals erfüllen könne.

105 *Hahn*, Die gesamten Materialien zur Strafprozessordnung und dem Einführungsgesetz, Bd. I (1880), Bd. II (1881), 628.

106 *Schulte-Nover*, S. 377.

107 Insbesondere für Durchsuchungen und Beschlagnahmen. *Asbrock*, StV 2001, 332f.; *Amelung*, NStZ 2001, 337; siehe in diesem Zusammenhang BVerfG in NJW 2001, 1121f.

108 BVerfG in NJW 2001, 1121ff. Die niedergelegten Grundlagen sind mit *Amelung*, NStZ 2001, 342 auf vergleichbare Maßnahmen mit Eilkompetenzen übertragbar.

Tabelle 1: Verhältnis der TKÜ-Anordnungen durch Richter zu denen durch die Staatsanwaltschaft

TKÜ-AO durch	*1992*	*1993*	*1994*	*1995*	*1996*	*1997*	*1998*	*1999*
Richter	3433	3883		3596		7356	8446	10832
StA	66	81		71		420	1356	1819
gesamt	3499	3964	3730	3667	6428	7776	9802	12651

Quellen: BT-Drs. 12/5269; 12/7116; 12/8306; 13/3618; 13/11354; 14/1522; 14/4863; DuD 1996, S. 227; RegTP, Tätigkeitsbericht 1998/99, S. 94.

3. Niedrige Ablehnungszahlen, Begründungsinhalt

Mag somit zwar das Anordnungsverhältnis bei der Überwachung der Telekommunikation der Regel-Ausnahme-Ausgestaltung entsprechen, bezweifeln Kritiker[109], dass der Richtervorbehalt seiner zugedachten Funktion als prozessualer Vorabsicherung und damit einer inhaltlichen Auseinandersetzung mit dem Sachverhalt gerecht wird. Da nur eine geringe Anzahl an Ablehnungen staatsanwaltschaftlicher Anträge erfolge, zudem der Ermittlungsrichter nur den Erkenntnishorizont habe, den die Ermittlungsbehörden ihm aufzeigten, und er keine eigenen Ermittlungsmöglichkeiten habe[110], kann nach Auffassung vieler nur ein Scheitern des Kontrollsystems angenommen werden. So finden sich Bezeichnungen wie „Augenwischerei“, „Wachhund, der weder bellt noch beißt“[111], „Mythos“ und „rechts-

[109] Diese Kritik erhebt sich allgemein gegen den Richtervorbehalt sowie speziell für den Bereich der Telekommunikationsüberwachung.

[110] *Paeffgen,* in: Festschrift für Claus Roxin, S. 1308f.; *Geppert*, DRiZ 1992, 410; *Kühne*, Rdn. 410. *Paeffgen,* in: Festschrift für Claus Roxin, S. 1308, formuliert darüber hinaus, dass der Richter als Teil der Exekutive agiere, einen exekutivischen Rechtsakt freigebe und gerade nicht als ein beide Seiten hörender und unabhängiger Teil der Justiz auftrete. In diesem Zusammenhang ist ein Blick nach Dänemark interessant. Dort muss der Richter vor der Entscheidung über die Überwachung dem Tatverdächtigen von Amts wegen einen Rechtsanwalt bestellen, dem Gelegenheit zu geben ist, auf den Antrag der Polizei Stellung zu beziehen. So soll eine kontradiktorische Verhandlung ermöglicht werden, und die Interessen des Tatverdächtigen und weiterer Betroffener rücken ins Blickfeld; siehe *Cornils/Greve*, S. 44f.

[111] *Geppert*, DRiZ 1992, 411.

staatliches Trostpflaster"[112] oder die „Illusion besonders intensiver und rechtsstaatlicher Kontrolle"[113].

Die kritischen Stimmen finden ihre Bestätigung auch in den Ergebnissen der Untersuchungen des Max-Planck-Institutes und der Universität Bielefeld, die gleichermaßen feststellten, dass sich die richterlichen Begründungen häufig in der bloßen Wiedergabe der staatsanwaltschaftlichen Anträge erschöpften, Unterschriften auf durch die Staatsanwaltschaft vorgefertigten Anordnungen erfolgten und letztendlich bereits die Begründungen der Polizei eins zu eins übernommen wurden.[114] Darüber hinaus erfolgten solche „Kopiervorgänge" in der Regel nicht nur bei guten, sondern auch bei schlechten, das heißt unvollständigen oder gar fehlerhaften Vorlagen.[115]

Wenn also dem Ermittlungsrichter die Aufgabe der Vorabkontrolle zukommt, ist klärungsbedürftig, wie sich deren Vornahme äußern muss. Die Prüfung- und Begründungsanforderungen werden dabei in der Theorie sehr hoch angesetzt, in der Praxis finden sich jedoch regelmäßig formelhafte und formularmäßige Begründungen.

3.1 Richterlicher Prüfungsumfang

Gemäß § 162 III StPO prüft der Richter die gesetzliche Zulässigkeit der Maßnahme. Im Rahmen einer Rechtmäßigkeitsprüfung kontrolliert er dabei das Vorliegen der tatbestandlichen Voraussetzungen. Er stellt grundsätzlich keine Zweckmäßigkeits- oder Notwendigkeitserwägungen an.[116] Die Prüfung der Zweckmäßigkeit ist aber dann vorzunehmen, wenn sie (wie bei der TKÜ) zum Tatbestand der Maßnahme gehören. Hier tritt sie als Prüfung der Voraussetzungen zu Tage, nicht als Kontrolle ermittlungstaktischer Fragen.[117] Weiterhin ist die Wahrung der Verhältnismäßigkeit unterhalb von Zweckmäßigkeitserwägungen zu prüfen.[118]

---

[112] *Asbrock*, ZRP 1998, 17.

[113] *Schulte-Nover*, S. 387; *Kühne*, Rdn. 412.

[114] *Albrecht/Dorsch/Krüpe*, S. 216ff; und Fünfter Teil; *Schulte-Nover*, S. 379. Übereinstimmungen in Antrags- und Anordnungsinhalten wurden auch in einer Untersuchung zur Untersuchungshaft festgestellt und dahingehend interpretiert, dass nicht der Haftrichter die Untersuchungshaftpraxis kontrolliere, sondern dem Staatsanwalt die entscheidende Rolle zukomme: *Langner,* S. 208f.

[115] Siehe dazu *Backes/Gusy*, S. 47ff und Fünfter Teil.

[116] *Meyer-Gossner*, § 162 Rdn. 14; weitere bei *Schulte-Nover*, S. 380f; *Rieß*, NStZ 1991, 515: Der Richter habe zu prüfen, ob die Maßnahme durchgeführt werden darf, nicht ob sie vorgenommen werden soll. Damit unterliegen ermittlungstaktische Fragen nach Zweckmäßigkeit, Erfolgseignung und Notwendigkeit nicht seiner Prüfung, soweit sie nicht tatbestandlich vertypt sind oder das verfassungsrechtliche Verhältnismäßigkeitsprinzip betreffen.

[117] *Schulte-Nover*, S. 381.

[118] *Rieß*, NStZ 1991, 515, *Meyer-Gossner*, § 162 Rdn. 14.

Für die Überwachung der Telekommunikation hat der Richter somit zumindest das Vorliegen des Tatverdachtes sowie einer Katalogtat zu prüfen und der Frage der Subsidiarität nachzugehen.

3.2 Subsidiaritätserfordernis des § 100a StPO

So wie der Straftatenkatalog oder auch die Kompetenzverteilung als Einschränkung der Überwachungsmöglichkeit dienen sollen, hat die Subsidiaritätsklausel des § 100a S.1 StPO die Wahrung des Verhältnismäßigkeitsgrundsatzes zum Ziel und ist auch Ausdruck der gesetzgeberischen Grunderwägung, dass die TKÜ nur als *ultima ratio* eingesetzt werden soll.[119] Ziel der Subsidiaritätsregelungen in der StPO ist die Begrenzung des Einsatzes von Ermittlungsmaßnahmen, die mit besonders schwerwiegenden Eingriffen in grundrechtlich geschützte Bereiche verbunden sind.[120] Dieses Erfordernis ist als flankierende Schutz- und Sicherheitsvorkehrung gedacht und hat unbedingte Wirkung.[121] Die Ermittlung des Aufenthaltsortes oder die Erforschung des Sachverhaltes müssen ohne die Maßnahme aussichtslos oder wesentlich erschwert sein, damit den Anforderungen Genüge getan ist. Damit steht die TKÜ als Ermittlungsmethode nur dann offen, wenn zuvor alle anderen Aufklärungsmittel vergeblich ausgeschöpft worden sind.[122] Dabei kann berücksichtigt werden, dass andere Aufklärungsmöglichkeiten einen unvertretbar großen Arbeits- und Zeitaufwand erforderten, der eine Vernachlässigung anderer Ermittlungsverfahren nach sich zöge.[123]

Für die Beurteilung, ob die Subsidiarität gewahrt wurde, wird dem Richter wie auch für die Frage des Tatverdachtes ein Spielraum eingeräumt.[124] Diese Rechtsprechung des BGH ist in ihrer Konsequenz starker Kritik ausgesetzt. Das Gericht erläutert, dass das System der Subsidiaritätsklauseln so fein abgestimmt sei, dass eindeutige Grenzziehungen als nicht möglich erscheinen.[125] Die Literatur hingegen lehnt es ab, richterliche Entscheidungen durch die Einräumung eines derart verstandenen Beurteilungsspielraumes faktisch jeglicher gerichtlichen Kontrolle zu

---

119 *Welp,* Strafprozessuale Überwachung, S. 67; *Kaiser*, NJW 1969, 19.

120 *Rieß*, in: Gedächtnisschrift für Karlheinz Meyer, S. 289.

121 *Meyer*, in: Festschrift für Rudolf Schmitt, S. 334; *Rudolphi*, in: SK, § 100a Rdn.13; *Welp*, Strafprozessuale Überwachung, S. 68.

122 BVerfGE 30, 1, 22.

123 *Nack*, in: KK, § 100a Rdn. 25.

124 BGHSt 41, 33. Siehe aber insbesondere zur Überprüfung des Vorliegens der Subsidiarität *Schulte-Nover*, S. 386, die die für diese Prognose erforderlichen kriminalistischen Erkenntnisse bei der Polizei verortet, die durch Staatsanwaltschaft und Ermittlungsrichter selbst nicht aufgebracht werden könnten. Sofern die Polizei die Aussichtslosigkeit oder Erschwernis vortrage, könne der Ermittlungsrichter diese Annahme kaum entkräften.

125 BGHSt 41, 34.

entziehen.[126] Gerade die feinen Grenzziehungen ermöglichten eine systematisch kontrollierbare und kontrollbedürftige Abgrenzung, da der Gesetzgeber sich sonst mit Einheitsbegriffen hätte begnügen können.[127]

Den Richtern wird vorgeworfen, dass eine Auseinandersetzung mit der Frage der Subsidiarität nicht stattfinde, sich jedenfalls aber aus den Akten nicht nachvollziehen lasse, auf welcher Grundlage die Subsidiarität angenommen wird.[128]

3.3 Dokumentation der richterlichen Überprüfung

Die Gerichte haben in letzter Zeit die Anforderungen an den Inhalt der richterlichen Anordnungen deutlich formuliert.

Interessant erscheint ein Beschluss des BGH aus dem Jahr 2002.[129] Darin erfolgt auch eine Auseinandersetzung mit der Frage, wie sich die richterliche Begründungstätigkeit in der Anordnung niederschlagen muss.

> „Bei der Prüfung eines hinreichenden, auf bestimmte Tatsachen gestützten Tatverdachts und des Fehlens oder der Erschwernis anderer Ermittlungsmöglichkeiten räumt das Gesetz dem zur Entscheidung berufenen Ermittlungsrichter oder Staatsanwalt (§ 100a I StPO) jedoch einen Beurteilungsspielraum ein. Als rechtsstaatswidrig - mit der Folge eines Verwertungsverbots - stellt sich die Anordnung der Überwachungsmaßnahme nur dann dar, wenn die Entscheidung diesen Spielraum überschreitet und daher nicht mehr vertretbar ist. (…) Die Einhaltung der dargestellten Maßstäbe muss verfahrensrechtlich überprüfbar sein. Sie ist daher aktenmäßig zu dokumentieren. Aus diesem Grunde hält es der Senat für erforderlich, dass der - gem. § 34 StPO zu begründende - ermittlungsrichterliche Beschluss, der die Überwachung der Telekommunikation anordnet (§ 100b I S. 1 StPO) oder bestätigt (§ 100b I S. 3 StPO), zumindest eine knappe Darlegung der den Tatverdacht begründenden Tatsachen und der Beweislage enthält, um die Überprüfung der Rechtmä-

---

126 *Schlothauer*, StraFo 1998, 406; *Küpper*, JR 1996, 216.

127 *Küpper*, JR 1996, 21; *Bernsmann*, NStZ 1995, 512.

128 Zu Kritikpunkten siehe etwa auch *Albrecht/Dorsch/Krüpe* und *Backes/Gusy*. Zudem *Schulte-Nover*, S. 386, die hier eine eigenständige Prüfung durch den Ermittlungsrichter ohnehin als leer laufend verortet. Weiterhin finden sich Ausführungen zu den Daten dieser Untersuchung im Fünften Teil.

129 BGH, NJW 2003, 368ff.; BGH, StV 2003, 2f. Zur Entscheidung und ihren Folgen siehe *Schlothauer*, StV 2003, 208ff.

ßigkeit der Maßnahme zu ermöglichen (…). Dabei kann in geeigneten Fällen auch eine konkrete Bezugnahme auf Aktenteile genügen.[130]

(…) Für den erkennenden Richter gilt: Er hat die Verwertbarkeit von Erkenntnissen aus der Überwachung von Telekommunikation nach obigen Maßstäben stets von Amts wegen zu prüfen, das heißt insbesondere auch zu untersuchen, ob die dem Ermittlungsrichter unterbreitete Verdachts- und Beweislage die Anordnung der Maßnahme vertretbar erscheinen ließ (…). Hat der Ermittlungsrichter den Anordnungs- oder Bestätigungsbeschluss mit Gründen versehen und werden von keinem Verfahrensbeteiligten Einwände erhoben, kann der erkennende Richter die Prüfung darauf beschränken, ob die ermittlungsrichterliche Entscheidung eine die Maßnahme nach § 100a StPO begründende Verdachts- und Beweislage plausibel darlegt. Fehlt eine derartige Begründung, führt dies für sich nicht zur Unverwertbarkeit der aus der Überwachungsmaßnahme gewonnenen Beweise (…). In diesem Falle, aber auch wenn konkrete Einwände gegen die Rechtmäßigkeit der Maßnahme vorgebracht werden, hat der Tatrichter vielmehr den Ermittlungsstand zum Zeitpunkt der ermittlungsrichterlichen Entscheidung eigenständig zu rekonstruieren und auf dieser Grundlage die Vertretbarkeit der Anordnung zu untersuchen. Dies erfordert eine Sichtung des Aktenbestands, wie er sich dem Ermittlungsrichter bei dessen Entscheidung bot."

Ebenfalls von erheblicher Bedeutung für die Frage der richterlichen Begründungstätigkeit sind die folgenden bundesverfassungsgerichtlichen Ausführungen:

„Es ist die Aufgabe und die Pflicht des Ermittlungsrichters, sich eigenverantwortlich ein Urteil zu bilden und nicht etwa die Anträge der Staatsanwaltschaft auf Übermittlung der Verbindungsdaten nach einer nur pauschalen Überprüfung einfach gegenzuzeichnen. Zur richterlichen Einzelentscheidung gehören eine sorgfältige Prüfung der Eingriffsvoraussetzungen und eine umfassende Abwägung zur Feststellung der Angemessenheit des Eingriffs im konkreten Fall. Schematisch vorgenommene Anordnungen vertragen sich mit dieser Aufgabe nicht. Die richterliche Anordnung des Eingriffs in das Fernmeldegeheimnis muss den Tatvorwurf so beschreiben, dass der äußere Rahmen abgesteckt wird, innerhalb dessen sich der Eingriff halten muss."[131]

---

130 Anmerkung der Verfasserin: Zur Widersprüchlichkeit vergleichbarer Formulierungen *Schulte-Nover*, S. 279 und Fn. 1230.

131 BVerfG, Urteil vom 12. März 2003, NJW 2003, 1792. Vergleiche auch BVerfGE 103, 142, 151. Erneut in der Entscheidung vom 3. März 2004 zur teilweisen Verfassungswidrigkeit des sog. Großen Lauschangriffs, NJW 2004, 1014.

Aus einer weiteren Entscheidung des Bundesverfassungsgerichtes zu den Anforderungen an die richterlichen Anordnungen – allerdings bei Durchsuchungsbeschlüssen - ergibt sich folgendes Bild[132]:

> „Der Richter muss die beabsichtigte Maßnahme eigenverantwortlich prüfen; er muss dafür Sorge tragen, dass die sich aus der Verfassung und dem einfachen Recht ergebenden Voraussetzungen der Durchsuchung genau beachtet werden (...). Als Kontrollorgan der Strafverfolgungsbehörden trifft ihn die Pflicht, durch eine geeignete Formulierung des Durchsuchungsbeschlusses im Rahmen des Möglichen und Zumutbaren sicherzustellen, dass der Eingriff in die Grundrechte messbar und kontrollierbar bleibt. Der Durchsuchungsbeschluss muss den Tatvorwurf so beschreiben, dass der äußere Rahmen abgesteckt wird, innerhalb dessen die Zwangsmaßnahme durchzuführen ist. Dies versetzt den Betroffenen zugleich in den Stand, die Durchsuchung seinerseits zu kontrollieren und etwaigen Ausuferungen im Rahmen seiner rechtlichen Möglichkeiten von vornherein entgegenzutreten (...). Seine[133] verfassungsrechtlich begründete Pflicht, sich die notwendige Zeit für die Prüfung eines Durchsuchungsantrags zu nehmen und sich Kenntnis von der Sache sowie das erforderliche Fachwissen zu verschaffen, kann er nur bei einer entsprechenden Geschäftsverteilung, ausreichender personeller und sächlicher Ausstattung seines Gerichts, durch Aus- und Fortbildungsmöglichkeiten sowie vollständige Information seitens der Strafverfolgungsbehörden über den Sachstand erfüllen."

Es bleibt festzuhalten, dass nach Auffassung der höchstrichterlichen und verfassungsgerichtlichen Rechtsprechung zumindest gewisse Anstrengungen in den Anordnungen unternommen werden müssen, die auf eine Kontrolle der Voraussetzungen durch den Ermittlungsrichter rückschließen lassen und diese Überprüfung dokumentieren.

4. Richtervorbehalte in der Kritik am Ermittlungsrichtersystem

Wenn auch der Richtervorbehalt als Kontrollinstrument notwendig erscheint, erfüllt er nur in dem Rahmen seine Funktion, den der Richter ihm beimessen kann. Die Kritik am Richtervorbehalt vor allem im Rahmen der TKÜ-Diskussion beinhaltet die Bemängelung des gesamten Ermittlungsrichtersystems, das von Prakti-

---

132 Zur Übertragbarkeit dieser Grundsätze auf andere Zwangsmaßnahmen siehe *Amelung*, NStZ 2001, 342ff.

133 Die des Richters, Anmerkung der Verfasserin.

kern wie auch in Politik und Wissenschaft sehr geschätzt wird, jedoch in vielen Belangen als degeneriert erscheint.

Die richterliche Kontrolle im Ermittlungsverfahren obliegt grundsätzlich dem Amtsgericht, in dessen Bezirk die Untersuchungshandlung vorzunehmen ist. Gem. §§ 162 StPO, 21e GVG betraut das Präsidium im Wege der Geschäftsverteilung einen Amtsrichter mit dieser Aufgabe.[134] Sofern es sich um größere Amtsgerichte handelt, wird in der Regel ein Ermittlungsrichter eingesetzt, der neben dieser Aufgabe keine Spruchtätigkeit ausübt.

Der strukturelle Mangel wird vor allem darin gesehen, dass es den Ermittlungsrichtern an zeitlichen Kapazitäten fehle und sie nicht als unabhängiger Teil der Justiz auftreten, sondern einen exekutivischen Rechtsakt freigeben.[135] Allgemein werden Forderungen nach einer Stärkung des Systems erhoben, die sich auf das Fachwissen, die Kompetenz und Unabhängigkeit sowie das Selbstbewusstsein des Richters gegenüber dem Ermittlungsapparat beziehen.

Im Zusammenhang mit den Pflichten, die einem Richter zur Kontrolle im Ermittlungsverfahren obliegen, werden vor allem die folgenden Punkte als „Schwäche des Systems" gewertet[136]:

- die Möglichkeit, dass insbesondere bei kleinen Amtsgerichten kein ausgewiesener Strafrichter, sondern ein Zivilrichter über zum Teil komplexe strafprozessuale Fragen befinden müsse
- der Umstand, dass häufig junge Richter (zum Teil auch Richter auf Probe) als Ermittlungsrichter eingesetzt würden[137], am Wochenende und bei sonstigem Bereitschaftsdienst teilweise auf Zivilrichter zurückgegriffen werden müsse
- die Tatsache, dass der Richter sich nur punktuell[138] und zeitlich sehr begrenzt[139] mit der Sache befassen könne

---

134 Der Begriff des Ermittlungsrichters findet sich nicht in der StPO, folgt jedoch aus § 21e I S.1 GVG: „Das Präsidium bestimmt die Besetzung der Spruchkörper, bestellt die Ermittlungsrichter, regelt die Vertretung und verteilt die Geschäfte.".

135 *Paeffgen,* in: Festschrift für Claus Roxin, S. 1308

136 *Lilie*, ZStW 1999, 817f.; *Asbrock*, ZRP 1998, 19; *Geppert*, DRiZ 1992, 410.

137 Bei dieser Kritik dürfte jedoch anzumerken sein, dass solche „jungen" Richter immerhin Verhandlungen führen und Urteile sprechen.

138 Mit der Folge, dass er sich später mit seiner eigenen Entscheidung nicht erneut befassen muss: *Schulte-Nover*, S. 386; *Kühne*, Rdn. 410.

139 Zur Frage der Arbeitsbelastung siehe etwa *Kühne*, Rdn. 410 mit dem Verweis auf den Pensenschlüssel. Nach dem Pebb§y-Gutachten der Beratungsfirma Arthur Andersen über ein analytisches und fortschreibbares Personalbedarfsberechnungssystem werden

- ein enormes Arbeitspensum, das zwangsläufig zu Abstrichen in der Kontrolldichte führen müsse
- keine eigenständige Ausbildung zum Ermittlungsrichter, daher auch fehlende Kompetenz und mangelndes Fachwissen etwa in den Bereichen OK, Wirtschaftskriminalität etc: der Ermittlungsrichter könne (wie vielleicht auch der Staatsanwalt) keine Erfolgsprognose bilden, da ihm die bei modernen Ermittlungsformen zwangsläufig notwendigen kriminalistischen Erkenntnisse in der Beurteilung nicht erkennbar würden. Er könne aufgrund seiner fehlenden kriminalistischen Erfahrung die Behauptung der Polizei, dass keine Ermittlungsalternativen bestünden, kaum entkräften[140].

5. Erwiderungen aus der Praxis

Selbstverständlich bleibt die vorgetragene Kritik nicht ohne Erwiderung aus der Praxis.

So wird ausgeführt, dass fehlende oder als schlecht empfundene Begründungen kein Beleg für einen Ausfall in der Kontrollintensität durch den Richter seien. Zum einen werde durch die Strafverfolgungsbehörden als sach- und fachkundige Stellen solide Vorarbeit geleistet. Zum zweiten könnten Beschlüsse aus Textbausteinen zusammengesetzt werden, so dass eine inhaltsreiche Begründung ohne jegliche Prüfung des Sachverhaltes erstellt werden, während ein marginaler Inhalt durchaus „unsichtbar" kontrolliert worden sein könne. Damit scheide aber der Begründungstext der Anordnungen, abgesehen von der Notwendigkeit aller gesetzlich vorgegebenen Tatbestandsmerkmale, als zulässiges Messinstrument für die Kontrolltätigkeit der Richter aus.

Niedrige Ablehnungsquoten schließlich könnten auch daraus resultieren, dass die TKÜ auf Anregungs- und Antragsebene, also durch Polizei und Staatsanwaltschaft, so weit auf ihre Zulässigkeit festgeklopft würden, dass sie in der Anordnung durch den Richter tatsächlich „durchgewunken" werden könnten.

Zuletzt mache sich keiner der Kritiker eine Vorstellung darüber, wie arbeitsintensiv der Einsatz einer TKÜ sei. In den Worten eines Praktikers sei dies *„nichts,*

---

etwa 24 Minuten pro Verfahren eines Ermittlungsrichters kalkuliert (4239 Ermittlungsrichtersachen pro Jahr), siehe zum Gutachten etwa http://www.drb.de. Selbstverständlich muss mit solchen Zeitangaben äußerst vorsichtig umgegangen werden, sie decken sich jedoch erstaunlich exakt mit Selbsteinschätzungen aus den Experteninterviews, siehe dazu Teil Fünf. Zur Frage der inhaltlich und zeitlich begrenzten Möglichkeiten der Ermittlungsrichter siehe auch Baden-Württ. LT-Drs. 11/4888, Bericht und Beschlussempfehlung des Untersuchungsausschusses „Praxis der Telefonüberwachung", Zeugenaussagen S. 185; *Kühne*, Rdn. 412.

140 *Schulte-Nover*, S. 386, Fn. 1252.

was man mal so macht, weil einem gerade nichts Besseres einfällt". In Anbetracht fehlender personeller und sachlicher Ressourcen werde getan, was möglich erscheine. Ein detailliertes Aktenstudium vor jeder einzelnen Anordnung auf Überwachung sei aber gerade nicht möglich.[141]

IV. Betroffene der Überwachung

Die Überwachung der Telekommunikation darf sich gem. § 100a S.2 StPO nur gegen Beschuldigte des Verfahrens, gegen deren Nachrichtenmittler richten oder aber gegen Anschlussinhaber, deren Telefonanschlüsse von Beschuldigten genutzt werden. Insbesondere die letztgenannte Personengruppe erweist sich als in besonderem Maße von der TKÜ betroffen, da es sich regelmäßig um völlig unverdächtige Menschen handelt.[142] Die TKÜ wirkt sich jedoch auf weitere Personen aus. Hierbei handelt es sich um Gesprächspartner des Beschuldigten sowie all diejenigen, die den überwachten Anschluss als Anrufer oder Angerufene nutzen. Nicht nur nach Auffassung der Kritiker ist somit ein sehr weit gefasster Personenkreis potentiell von einer TKÜ betroffen; auch das Bundesverfassungsgericht erkennt die hohe Streuwirkung der Maßnahme an, sieht es aber als unvermeidbar an, dass durch die Maßnahme auch unbeteiligte Dritte betroffen sind.[143]

Es wird weiter bemängelt, dass die Regelung in Bereichen, die in der StPO ansonsten ausdrücklich respektiert werden, nur unzureichenden Schutz biete. Diese Rüge zielt auf die weder im Gesetzestext noch in den Gesetzesberatungen ausdrücklich vorgenommene Auseinandersetzung mit verfassungsrechtlich geschützten Vertrauensverhältnissen einzelner Berufsgruppen.[144] So besteht über §§ 100a, 100b StPO eben auch die Möglichkeit, Dritte abzuhören, die sich auf den Schutz der §§ 52, 53 StPO berufen könnten.

Bereits in einer der Verfassungsbeschwerden gegen das G 10 von 1968 wandte sich der Beschwerdeführer gegen die Möglichkeit, dass auch die Anschlüsse von Nachrichtenmittlern oder anderen Anschlussinhabern, deren Telefone von Beschuldigten genutzt werden, nach § 100a S.2 StPO überwacht werden können. Er sah sein Grundrecht auf freie Berufsausübung nach Art. 12 I GG verletzt, da er als Strafverteidiger häufig Kontakt zu Personen habe, denen Taten aus dem Katalog des § 100a StPO vorgeworfen würden. Das BVerfG kam indes zu der Überzeu-

---

141 *Albrecht/Dorsch/Krüpe*, Erkenntnisse aus der Schriftlichen Befragung und den Experteninterviews. Siehe auch in den Teilen Drei und Fünf dieser Arbeit.

142 Das Bundesverfassungsgericht hat dies jedoch in BVerfGE 30, 1, 32f. ausdrücklich gebilligt, da anderenfalls die Überwachungsmaßnahme in ihrer Wirksamkeit unterlaufen werden könnte.

143 BGHSt 29, 29; BVerfGE 30,1, 22.

144 *Rudolphi*, ZRP 1976, 167; *Rudolphi,* in: Festschrift für Friedrich Schaffstein, S. 435.

gung, dass § 100a S.2 StPO mit dem GG vereinbar sei. Soweit durch diesen eine Beschränkung der Berufsausübung von Rechtsanwälten zu sehen sei, sei dies durch das Überwiegen vernünftiger Erwägungen des Gemeinwohls gerechtfertigt.[145] Erst 1985 musste sich der BGH mit dieser Rechtsfrage erneut auseinandersetzen. Im Schrifttum hatte sich die Auffassung gebildet, dass in Anwendung des § 148 StPO und damit der Garantie des freien Verkehrs mit dem Verteidiger die Anschlüsse von Rechtsanwälten von der Überwachung auszunehmen seien.[146] Diese Auffassung wurde durch BGHSt 33, 347ff. bestätigt. Das Gericht befand, dass § 100a StPO einschränkend durch § 148 StPO auszulegen und anzuwenden sei.

Handelt es sich bei den Dritten um sonstige Berufsgeheimnisträger, die in § 53 StPO genannt werden, komme auf Grundlage von Erwägungen der Verhältnismäßigkeit eine einschränkende Auslegung mit Blick auf (den allerdings nicht für anwendbar erklärten) § 97 II S.3 StPO in Betracht.[147] Sofern jedoch der Beschuldigte einen Anschluss dieser Personen (mit-) nutzt, entfällt eine Einschränkung schon unter dem Gesichtspunkt der wirksamen Überwachungsmöglichkeit.[148]

In jüngster Zeit hatte das Bundesverfassungsgericht über die Reichweite des Journalisten gewährten Zeugnisverweigerungsrechtes aus § 53 I S. 1 Nr. 5 StPO zu entscheiden.[149]

Im Gegensatz zu einschränkenden Möglichkeiten zum Schutz des Personenkreises des § 53 StPO besteht für die in § 52 StPO genannten Personen nach allgemeiner Auffassung keine spezielle Beschränkung der TKÜ: hier werde nicht in Berufsgeheimnisse eingegriffen, die über ein privates Interesse hinaus auch im öffentlichen Interesse vor Dritten zu schützen seien.[150]

Zeugnisverweigerungsrechte haben einen Niederschlag bislang im Bereich der Überwachungsmaßnahmen nur in §§ 100d III und 100h II StPO gefunden. Vor diesem Hintergrund ist auch der Entwurf eines Gesetzes zur Änderung der Strafprozessordnung vom Mai 2002 zu sehen, der von Arbeitskreis Strafprozessrecht und Polizeirecht (ASP) gefertigt wurde.[151] Vorgesehen ist dort ein einheitliches

---

145 BVerfGE 30, 1, 32f. Das Urteil des Bundesverfassungsgerichts sah sich großer Kritik ausgesetzt, die sich bereits in dem Sondervotum dreier Richter andeutete. In Einzelnen siehe *Zimmermann*, S. 60f.

146 *Welp*, JZ 1972, 428; *Welp*, in: Festschrift für Wilhelm Gallas, S. 421; *Welp*, Überwachung und Kontrolle, S. 196ff., Nachweise bei BGHSt 33, 350.

147 *Nack*, in: KK, § 100a Rdn. 31, für die Frage der Überwachung von Abgeordneten siehe Rdn. 32.

148 *Nack*, in: KK, § 100a Rdn. 27.

149 BVerfG NJW 2003, 1792.

150 *Nack*, in: KK, § 100a Rdn. 33. Weitere Ausführungen zu Zeugnisverweigerungsrechten und TKÜ bei *Zimmermann*, S. 83ff.

151 *Wolter/Schenke*. Dort finden sich auch die Journalisten mit einem Zeugnisverweigerungsrecht aufgenommen. Das Bundesverfassungsgericht hat jedoch in der Entscheidung vom 12. März 2003, NJW 2003, 1793 eine entsprechende Regelungslücke verneint: „(…)

Regelungskonzept eines § 52b StPO-E, das auch den Grundrechtsschutz aus Art. 10 I GG und Art. 2 I GG betont.

V. Benachrichtigung

Massiver Kritik ist die Handhabung der nach § 101 I 1 StPO erforderlichen nachträglichen Unterrichtung der Beteiligten einer Überwachungsmaßnahme ausgesetzt.[152] Sowohl die Untersuchung des Max-Planck-Institutes wie auch diejenige der Universität Bielefeld belegen eindeutig, dass der Unterrichtungspflicht nicht in dem gesetzlich vorgegebenen Umfang Rechnung getragen wird.[153] Die Gründe hierfür mögen nachvollziehbar sein und dürften vor allem in der praktischen Unmöglichkeit einer umfassenden Benachrichtigung der von einer TKÜ betroffenen Beteiligten liegen; dennoch bleibt die derzeitige Praxis zu rügen und ist zu korrigieren. Weitere Ausführungen zu dieser Frage finden sich im Fünften Teil.

In diesem Zusammenhang ist auch die Diskussion darüber zu werten, wer von einer durchgeführten Überwachung zu unterrichten ist. § 101 I. S.1 StPO spricht von den „Beteiligten". Aus BT-Drs. V/1880, 13 geht hervor, dass der Gesetzgeber mit dieser Formulierung offen lassen wollte, welche Personen von der Überwachung zu benachrichtigen sind.[154] Wer als Beteiligter einer Überwachung anzusehen ist, wird folgrichtig in der Literatur und Rechtspraxis durchaus kontrovers diskutiert.[155] So sind nach einer Auffassung diejenigen Personen von der Überwachung in Kenntnis zu setzen, gegen die die Anordnung ergangen ist: das einzelne Gespräch sei die Durchführung der Anordnung, keine selbständige Maßnahme, daher seien nicht alle Gesprächsteilnehmer zu informieren.[156]

Nach anderer Auffassung sind die in § 100a S. 2 StPO genannten Personen zu benachrichtigen sowie diejenigen, mit denen der Beschuldigte den überwachten

---

Der Eingriff in das Grundrecht des Art. 5 I S.2 GG ist verfassungsrechtlich gerechtfertigt. Die Fachgerichte haben § 12 FAG, § 100a StPO dahin gehend ausgelegt, dass die Vorschriften keine Regelungslücke aufweisen, die zum Schutz des Grundrechts durch eine entsprechende Anwendung des in § 53 I S. 1 Nr. 5 StPO normierten Zeugnisverweigerungsrechts geschlossen werden müsste. Diese Auslegung ist verfassungsrechtlich nicht zu beanstanden. (...)".

[152] *Albrecht/Dorsch/Krüpe*, S. 268ff.; *Backes/Gusy*, S. 71ff.

[153] Siehe dazu umfassend Fünfter Teil.

[154] Siehe *Maiwald*, in: Wassermann, § 101 Rdn. 2; *Schumacher*, S. 337, der weiter darauf verweist, dass auch in der Aussprache vor dem Bundestag keine Erklärung dafür gegeben wurde, warum der Begriff abweichend zu dem des „Betroffenen" in § 100b StPO gewählt wurde.

[155] Siehe bereits *Schumacher*, S. 337ff.

[156] *Müller*, in: KMR, § 101 Rdn. 4, in der Konsequenz könne damit in Einzelfällen auch die Unterrichtung des Beschuldigten selbst entfallen.

Fernmeldeverkehr unterhalten hat.[157] *Nack* etwa erläutert, dass Beteiligter der Beschuldigte ist, und in den Fällen des § 100a S.2 StPO Beteiligte die Personen sind, gegen die sich die Maßnahme richte. Daneben seien auch die Personen beteiligt, in deren Rechtskreis bei der Durchführung eingegriffen werde; so der Gesprächspartner eines überwachten Telefongespräches.[158] Einige Autoren formulieren, dass Beteiligte im Sinne des § 101 I 1 StPO Personen sind, in deren materielle Rechte durch die heimliche Maßnahme eingegriffen wird.[159]

Innerhalb dieser weiten Grundauffassung finden sich einzelne Besonderheiten. Die Benachrichtigung nur eines Betroffenen oder nur des Beschuldigten genügt nicht.[160] Unbekannte Betroffene müssen jedoch nicht ermittelt werden.[161] Stets sei der Beschuldigte zu unterrichten, da er in seinen Verfahrensrechten verletzt werde.[162] Nach einer weiteren Ergänzung ist der Anschlussinhaber nur dann zu informieren, wenn er tatsächlich über den Anschluss telefonierte.[163]

VI. Zusammenfassung Reformdiskussion und Kritik

Es steht wohl bei allen Kritikern außer Frage, dass die Überwachung der Telekommunikation ein unabdingbares Ermittlungsmittel der Strafverfolgungsbehörden darstellt. Mit ihr lassen sich gut und gezielt Erkenntnisse herbeiführen, die mit anderen Maßnahmen nicht hätten gewonnen werden können. In Kombination mit und als Wegbereiterin für andere Ermittlungsmethoden wie dem Einsatz Verdeckter Ermittler, Observationen und anschließenden Durchsuchungen gibt sie den Ermittlungsbehörden ein geeignetes Instrument zur Strafverfolgung an die Hand. Dennoch werden Schwachpunkte des Gesetzes bemängelt und die Praktiker, dabei ins-

---

157 Benachrichtigung des Beschuldigten, der von ihm verschiedenen Anschlussinhaber und aller Gesprächspartner und Drittnutzer: *Lücking*, S. 28f.; *Welp*, Strafprozessuale Überwachung, S. 113f; *Meyer-Gossner*, § 101 Rdn. 2; Schäfer, in: Löwe/Rosenberg, § 101 Rdn. 3, 4; *Schumacher*, S. 344; *Rudolphi*, in: SK, § 101 Rdn. 2; *Maiwald*, in: Wassermann, § 101 Rdn 2.

158 *Nack*, in: KK, § 101 Rdn. 3.

159 *Maiwald*, in: Wassermann, § 101 Rdn. 2; *Welp*, Strafprozessuale Überwachung, S. 113; *Kaiser*, NJW 1969, 19, aber unklar.

160 *Nack*, in: KK, § 101 Rdn. 4; *Schäfer*, in: Löwe/Rosenberg, § 101 Rdn. 4; *Meyer-Gossner*, § 101 Rdn. 2; *Welp*, Strafprozessuale Überwachung, S.113.

161 *Meyer-Gossner*, § 101 Rdn. 2; *Schumacher*, S. 344; *Schäfer*, in: Löwe/Rosenberg, § 101 Rdn. 4; *Nack*, in: KK, § 101 Rdn. 4; *Maiwald*, in: Wassermann, § 101 Rdn. 2; *Kaiser*, NJW 1969, 19. Auch hier abweichende Auffassungen, etwa *Welp,* Strafprozessuale Überwachung, S. 113f.; *Rudolphi*, in: SK, § 101 Rdn. 3.

162 Der Beschuldigte selbst dann, wenn er keinen eigenen Fernmeldeanschluss besitze: *Schumacher*, S. 337. A.A. *Müller*, in: KMR, § 101 Rdn. 4.

163 *Hölscher*, S. 222. Diese Beschränkung erscheint in Anbetracht der Tatsache, dass Beschuldigte die von ihnen genutzten Handys von Strohmännern und sog. Handygebern anmelden lassen, sinnvoll.

besondere die Ermittlungsrichter, für einen scheinbar zu gefälligen Einsatz einer grundrechtsintensiven Eingriffsmaßnahme angegriffen.

Als Kernkritik hinsichtlich der TKÜ erweist sich die Forderung an den Ermittlungsrichter, deutlich seiner Überprüfungs- und Kontrollpflicht nachzukommen. Allgemein wird ihm dabei jedoch weniger Unvermögen zum Vorwurf gemacht als eine systemimmanente und justizorganisatorische Schwäche gerügt. Weiterhin wird im Rahmen der Diskussion um die Kontrolle der TKÜ auch die schlechte Benachrichtigungsmoral der Strafverfolgungsbehörden angegriffen.

In Kenntnis dieser Situation fordern etwa die Datenschutzbeauftragten des Bundes und der Länder eine Ergänzung des § 100b StPO um eine einzelfallbezogene Darlegung der gesetzlichen Voraussetzungen.[164] Ähnliche Erwägungen finden sich im Antrag der FDP-Fraktion sowie in dem Positionspapier von Bündnis 90 / Die Grünen.[165] Andere Stimmen melden sich mit Rufen nach einer Wiedereinführung des Untersuchungsrichters zu Wort und sehen die Lösung auch in einer Aufwertung und Professionalisierung der Position des Ermittlungsrichters.[166]

Jüngst erklärte der Parlamentarische Staatssekretär *Hartenbach* zur Reformüberlegungen der Bundesregierung[167]:

> „(...) Außerdem steht die Reform der Telekommunikationsüberwachung auf der Agenda. (...) Die starre und unübersichtliche Auflistung von Anlasstaten, wie sie bisher im § 100a StPO steht, gehört auf den Prüfstand. Wir können uns vorstellen, diese Auflistung durch einen Katalog materieller Wertkriterien zu ersetzen. Solche Kriterien könnten zum Beispiel sein: die Schwere der Straftat und die besondere Erforderlichkeit und Geeignetheit der Telekommunikationsüberwachung zur Aufklärung einer Straftat. (...) Wir wollen auch den Rechtsschutz im Verfahren noch besser absichern. Wir wissen aus dem Bericht des Max-Plank-Instituts, dass Richter Maßnahmen oft nur formelhaft begründen. Dem Mangel an Transparenz und rechtlichem Gehör wollen wir durch eine qualifizierte Begründungspflicht begegnen. Die Untersuchung hat uns auch vor Augen geführt, dass die Benachrichtigungspflicht leider immer noch zu selten richtig wahrgenommen wird. Wir können hier nur, wie es im Gesetz steht, an die Vertreter der Praxis appellieren und sie ermahnen, diese

---

164 66. Konferenz der Datenschutzbeauftragten des Bundes und der Länder, Leipzig 25./26. September 2003.

165 Antrag der FDP-Bundestagsfraktion vom 24. September 2003 BT-Drs. 15/1583; Positionspapier der Grünen zur Überwachung der Telekommunikation vom 15. Mai 2003 http://www.gruene-fraktion.de/rsvgn/rs_datei/0,,2501,00.pdf.

166 *Nack*, S. 67ff., der die Position des Ermittlungsrichters auch dann für erfahrene Staatsanwälte und Strafkammervorsitzende als „attraktiver" erachtet, wenn die Besoldung angehoben würde (R 3).

167 Sitzung des Deutschen Bundestages am 24. Juni 2004, http://www.bmj.bund.de/enid/bb035bb66a10efd1657f6e2733f9c9ab,0/ng.html

> Aufgabe künftig ernst zu nehmen und den Menschen, die abgehört worden sind, mitzuteilen, dass sie abgehört worden sind. Ich kann mir nichts Schlimmeres vorstellen, als dass man als Betroffener von dritter Seite erfährt, dass man abgehört worden ist, und dass man sich dagegen dann gar nicht wehren kann. (...)“

Wenn nachfolgend unter C. die Kritik an der Entwicklung der Überwachungszahlen wiedergegeben wird, so ist dies letztlich Folge einer inkongruenten Gesetzesanwendung. Die TKÜ wird in den Augen ihrer Kritiker häufig im Grenzbereich ihrer Voraussetzungen angewendet. Dabei werden diese Grenzen in einer Art und Weise gedehnt, die einen externen Betrachter unter Anerkennung aller faktischen Zwänge, denen der Ermittlungsapparat unterliegt, zur Kritik herausfordern. Es sind vor allem drei Bereiche, die sich auf Normanwendungsebene kritisieren lassen:

- die fehlende Kontrolle oder aber die fehlende Transparenz einer möglicherweise stattfindenden Überprüfung der Voraussetzungen der §§ 100a, 100b StPO durch den Ermittlungsrichter
- das Unterbleiben der Benachrichtigung nach Beendigung der Maßnahme
- und als Folge daraus der Eindruck, dass die TKÜ sich zu einer Standardmaßnahme in Anordnung und Anwendung entwickelt, die sich (und dies ist auch eine Kritik am Ermittlungsrichtersystem) als Selbstläufer durch die Entscheidungsinstanzen zu entpuppen scheint.

C. Entwicklung der Überwachung der Telekommunikation in Deutschland

Die Anzahl der TKÜ-Maßnahmen nach §§ 100a, 100b StPO und die Anzahl an Verfahren mit TKÜ hat in den letzten Jahren in Deutschland, aber auch international[168] stetig zugenommen. Grundlage dieser Aussage sind für Deutschland die Statistiken der Landesjustizverwaltungen zu TKÜ-Verfahren und Betroffenen sowie die Jahresstatistiken der Regulierungsbehörde für Telekommunikation und Post (RegTP), § 110 VIII TKG n.F.[169], die die durchgeführten Überwachungsmaßnahmen abbilden. Es handelt sich dabei im Wesentlichen um drei unterschiedliche Bezugsgrößen, die nicht kompatibel sind: so kann es in einem Verfahren mehrere Maßnahmen und mehrere Betroffene geben, so dass die Verfahrenszahlen zwangsläufig am niedrigsten unter den Gruppen ausfallen. Es wird bemängelt, dass das zur

---

168 Siehe insoweit *Albrecht/Dorsch/Krüpe*, S. 59ff.

169 § 88 V TKG a.F.

Verfügung stehende Datenmaterial zur TKÜ in Deutschland wenig aussagekräftig und nicht einmal geeignet sei, einfache Verteilungen einzuschätzen[170], die über die Feststellung deliktischer Schwerpunkte hinausgingen.

Nachfolgend werden die bekannten Erkenntnisse zusammengefasst, die im TKÜ-Gutachten des Max-Planck-Institutes bereits erläutert sind[171], und ausgewählte Erklärungsansätze zur Entwicklung der Überwachung vorgestellt. Auf eine breite Darstellung wird verzichtet und auf die Untersuchung des Max-Planck-Institutes sowie die Ausführungen von *Bizer* verwiesen.[172]

I. TKÜ: Überwachung von Anschlüssen

Die Anordnung einer TKÜ bezieht sich stets auf einen Anschluss, somit auf eine Rufnummer.[173] Es ergeht also nicht etwa ein Beschluss, der die Überwachung eines Gerätes oder einer Person mit all den Kommunikationsanschlüssen, die im Laufe der Überwachungszeit auftreten, ermöglicht. Praktiker sehen hierin eine Ursache für die ständige Zunahme der Überwachungszahlen. Jeder neu bekannt werdende Anschluss, der für eine TKÜ in Betracht gezogen wird, bedürfe einer neuen Anordnung. Da heute vermehrt über verschiedene Anschlüsse kommuniziert werde, während der Gesetzgeber im Jahr 1968 von einem Festnetzanschluss (privat und ggf. noch am Arbeitsplatz) ausgegangen sei, sei die Entwicklung der Überwachungszahlen vor allem gegen Ende der 90er Jahre zumindest auch der anschlussbezogenen Anordnung geschuldet.

II. Der Anstieg auf Grundlage der allgemeinen Daten

Der Anstieg der Überwachungsanordnungen sowie der Anzahl der überwachten Telefonanschlüsse und der durch die Maßnahme betroffenen Personen lassen sich aus den jeweiligen Statistiken deutlich ablesen. Die *Abbildungen 1* bis *3* geben die entsprechenden Entwicklungen wieder, wobei sich das Datenmaterial auf verschiedene Zeiträume bezieht.

Die Steigerungsrate bei den Anordnungen liegt in den Jahren 1990 bis 2002 bei 777% (von 2494 auf 21874) und bei den überwachten Anschlüssen im Zeitraum 1998 bis 2003 bei 127% (siehe dazu Untersuchung des Max-Planck-Institutes Seiten 42 ff., von 11272 auf 25538 Anschlüsse).

---

170 *Diederichs*, Bürgerrechte und Polizei 1994, 63-68.

171 *Albrecht/Dorsch/Krüpe*, S. 27ff.

172 *Bizer*, DuD 2002, 216ff; *Bizer*, S. 466ff.

173 Die Anordnung kann dabei hinsichtlich mehrerer unterschiedlicher Nummern erfolgen.

Abbildung 1: Entwicklung der Zahl der TKÜ-Anordnungen 1990 - 2002

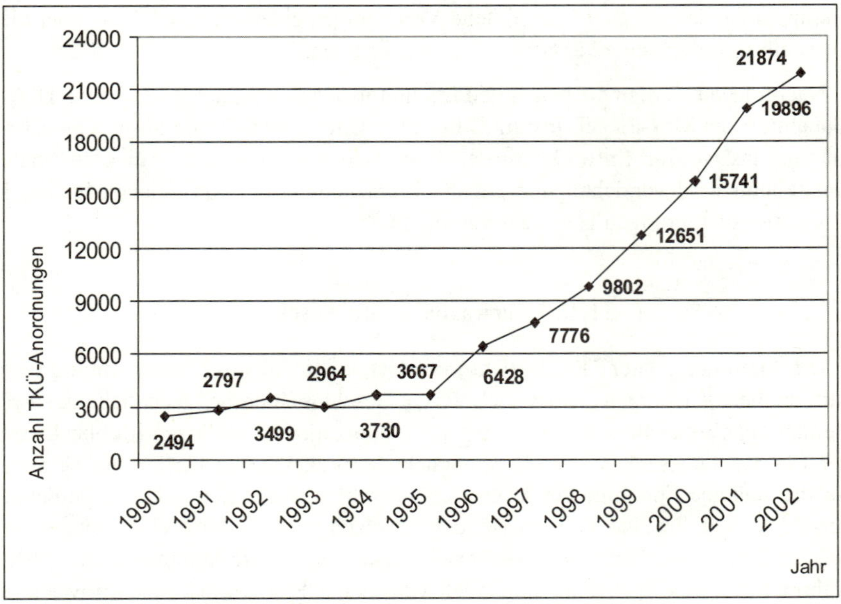

Quellen: BT-Sten.Ber. 12/30, S. 2354; Pütter, Bürgerrechte & Polizei 1995, 78 f.; BT-Drs. 12/5269; BT-Drs. 12/7116 und 12/8306; Bundesregierung zit. nach DuD 1996, 109, 227; BT-Drs. 13/618; BT-Drs. 13/3618; BT-Drs. 13/7341; BT-Drs. 13/11354; BT-Drs. 14/1522, 14/4863; BT-Drs. 14/7521; RegTP, 2. Tätigkeits-bericht 2000/2001, S. 148; die Überwachungszahlen für die Jahre 2001 und 2002 laut Auskunft des Bundesministeriums der Justiz.

Für die Entwicklung der TKÜ-Verfahren (in absoluten Zahlen ist diese *Abbildung 2* zu entnehmen) ergibt sich eine Steigerungsrate in dem Zeitraum 1996 bis 2001 von etwa 80%. Betrachtet man diesbezüglich die Entwicklung in den einzelnen Bundesländern, so weisen nach absoluten wie relativen Zahlen Bayern, Baden-Württemberg, Hessen, Niedersachsen und Nordrhein-Westfalen im Zeitraum 1996-2001 die meisten Verfahren mit TKÜ-Maßnahmen aus. Die größten Steigerungsraten im Zeitraum 1997 bis 2001 finden sich jedoch bei den Bundesländern Bremen, Sachsen, Sachsen-Anhalt, Nordrhein-Westfalen und Brandenburg. Weitere Ausführungen zu der Verteilung der Verfahren über die Bundesländer insbesondere unter Einbeziehung demographischer Faktoren sind in der Untersuchung des Max-Planck-Institutes enthalten.[174]

174 *Albrecht/Dorsch/Krüpe*, S. 47ff.

Abbildung 2: Entwicklung der TKÜ-Verfahren 1996-2001

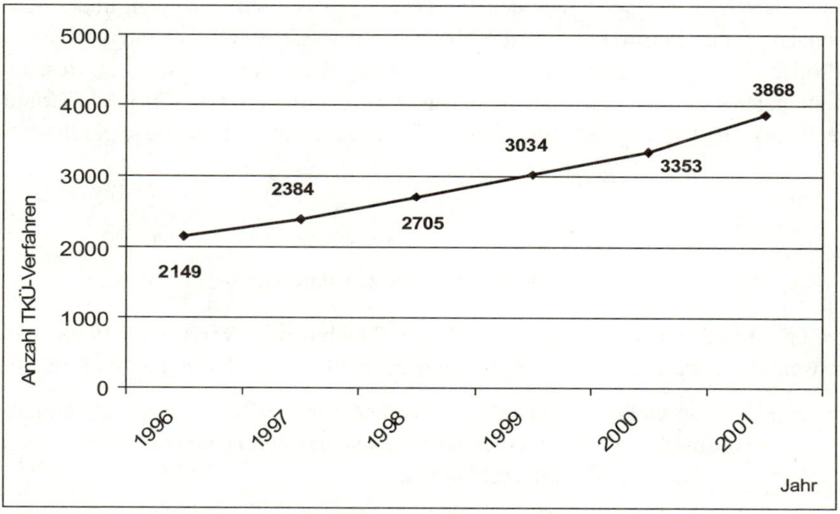

Quellen: Bundesregierung, zit. nach DuD 1997, 493; DuD 1998, 605; DuD 1999, 733; BT-Drs. 14/4863, 14/7521, 14/10001.

Abbildung 3: Anzahl der von TKÜ-Maßnahmen Betroffenen 1994-2001

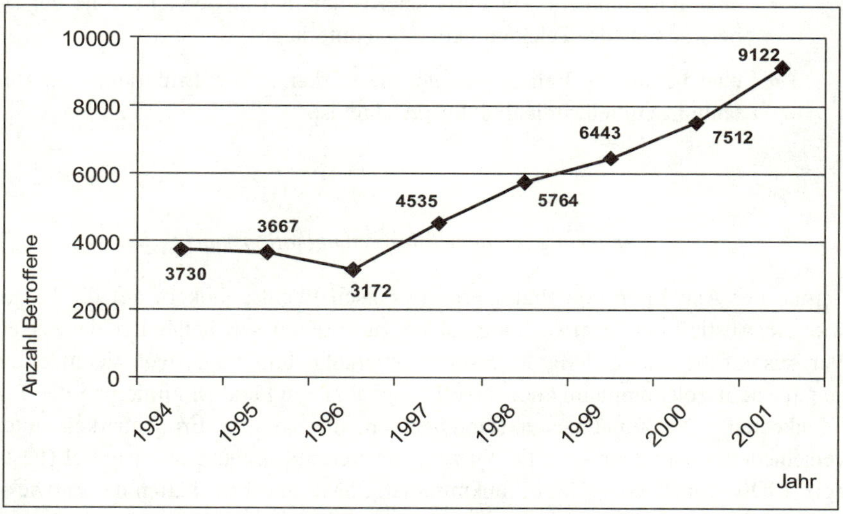

Quellen: Bundesregierung, nach DuD 1999, 733; BT-Drs. 14/4863, 14/7521, 14/10001; Bericht des Strafrechtsausschusses, vorgetragen anlässlich der Herbstkonferenz der Justizministerinnen und -minister am 6.11.1997 in Bonn.

Die Steigerungsrate hinsichtlich der durch TKÜ-Maßnahmen betroffenen Personen liegt im Zeitraum 1994 bis 2001 bei 101% (*Abbildung 3*). Dieser Anstieg ist eine logische Konsequenz aus den Entwicklungen bei den Verfahren und Anordnungen. Unter Betroffenen werden die in § 100a S.2 StPO genannten Personen, also Beschuldigte, Nachrichtenmittler und Dritte, deren Anschlüsse durch Beschuldigte genutzt werden, verstanden. Dagegen werden die ebenfalls in ihrem Grundrecht aus Art. 10 I GG verletzten Gesprächspartner nicht als Betroffene gezählt.

III. Erklärungsansätze für den Anstieg

Für die oben wiedergegebenen deutlichen Zunahmen im Verlauf der 1990er Jahre werden verschiedene Erklärungsansätze ins Feld geführt. Es sind dies vor allem:

- die sprunghafte und massive Veränderung auf dem Telekommunikationsmarkt mit einer erheblichen Zunahme des Handyaufkommens und der Nutzung neuerer Technologien
- die Änderung der Kommunikation im Sinne eines häufigeren, umfassenderen und öffentlicheren Gesprächsverhaltens
- die Einschätzung der TKÜ als bequeme und leicht zu ergreifende Ermittlungsmöglichkeit sowie ein generell stärkerer Rückgriff auf technologische Kontrollformen
- eine angenommene Zunahme der Kriminalität in Bereichen, die der Überwachung der Telekommunikation unterliegen
- eine veränderte Polizeistrategie, die stärker an der Ermittlung von Betäubungsmittelkriminalität ausgerichtet ist.

1. Änderung auf dem Telekommunikationsmarkt

Eine der Antworten von Praktikern, aber auch Rechtspolitikern auf die Frage, wie der Anstieg der Überwachungszahlen zu erklären sei, beinhaltet den steten Verweis auf die Entwicklung des Mobilfunkverkehrs und die übrigen Veränderungen auf dem Telekommunikationsmarkt (Digitalisierung und Minimierung der Telefonkosten). Die Zunahme an Handygeräten, die ständige Erreichbarkeit unter verschiedenen Rufnummern, die Nutzung mehrerer Kommunikationsmittel (Festnetz, ISDN, verschiedene Mobilfunknummern, SMS und Fax) hätten die Entwicklung zu einem guten Teil mit zu verantworten. Dieser Einschätzung nachzugehen, ist mit Blick auf die von der RegTP vorgelegten Zahlen zur Entwicklung des Telekommunikationsmarktes teilweise möglich.

Tabelle 2: TKÜ-Anordnungen/Mobilfunk, Zahl der Mobilfunkteilnehmer und jeweilige Steigerungsraten 1997 - 2002

Jahr	AOen/ Mobilfunk	Steigerungs-rate (%)	Mobilfunkteilneh-mer (in Tsd.)	Steigerungs-rate (%)
1997	3828		8276	
1998	6391	67	13913	68
1999	8862	39	23446	69
2000	13028	47	48202	106
2001	18110	39	56245	17
2002	20902	15	59200	5
1997-2002		446		615

Quellen: RegTP Tätigkeitsbericht 1998/1999, S.95, 2. Tätigkeitsbericht 2000/2001, S. 148; die Zahl der Überwachungsanordnungen für die Jahre 2001 und 2002 laut Auskunft des Bundesministeriums der Justiz.

Es zeigt sich dabei[175], dass der Anstieg nicht auch mit einem Ansteigen des Festnetz-Verbindungsvolumens erklärt werden kann. Andererseits finden sich auf dem Mobilfunkmarkt Steigerungsraten, die noch über denen bei der Entwicklung der Überwachung der Telekommunikation liegen (siehe *Tabelle 2*).

Da sich die TKÜ in den letzten Jahren zudem vermehrt auf Handys konzentriert hat, kann ein Einfluss dieser Entwicklung auf die Anordnungspraxis der TKÜ angenommen werden. Bezieht man etwa die Überwachungen von Mobiltelefonen auf die Anzahl angemeldeter Mobiltelefone, dann lässt sich im Zeitraum 1997 bis 2002 ein Rückgang der Überwachungsdichte von 0,46 pro 1000 auf 0,35 pro 1000 Mobiltelefone beobachten. Allerdings bedeutet die Zunahme des Handysprechverkehrs nicht kausal die Zunahme verstärkter krimineller Kommunikation via Telefon, so dass dieser Erklärungsansatz die Antwort auf die Frage schuldig bleiben muss, ob auch vermehrt kriminelle Aktivität am Mobiltelefon verfolgt wird.

2. *TKÜ als leicht einzusetzende Ermittlungsmethode*

Die Annahme, dass es sich bei der TKÜ um eine leicht und bequem einzusetzende Ermittlungsmethode handelt, kann nach Auffassung der abhörenden Stellen, insbesondere der Polizei und der Staatsanwaltschaft, aber auch nach Einschätzung

---

175 *Albrecht/Dorsch/Krüpe*, S. 33ff.

von Richtern und Verteidigern nicht als Erklärungsmodell herangezogen werden: die Erfassung und Auswertung der TKÜ bedeuten für alle beteiligten Personen einen immensen und teilweise kaum zu bewältigenden Arbeitsaufwand. Dies ergibt sich insbesondere aus den Interviews mit Experten und den Ergebnissen der Schriftlichen Befragung der Untersuchung des Max-Planck-Institutes.

3. *Vergleich der Entwicklungen bei TKÜ und Betäubungsmittelkriminalität*

Betrachtet man die Zahlen zur Kriminalitätsentwicklung und zu den Veränderungen des Telekommunikationsmarktes[176], ergibt sich, dass der Anstieg der TKÜ-Anordnungen nicht mit dem Ansteigen der BtM-Kriminalität erklärt werden kann. So erreicht die Steigerungsrate der BtM-Delikte in den Jahre 1990 bis 2001 und dabei die des Anteils der vermuteten Katalogstraftatbestände des § 100a Nr. 4 StPO nicht annähernd das Niveau der Steigerungsrate der TKÜ-Anordnungen.[177]

IV. Zusammenfassung

Die Entwicklung der TKÜ kann nicht losgelöst von der Zunahme insbesondere des Mobilfunkverkehrs betrachtet werden. Die Ausbreitung dieser Kommunikationsform schlägt sich auch in der Zunahme der Überwachungsaktivität nieder.[178] Zu beachten ist jedoch, dass allein ein vermehrtes Kommunikationsaufkommen nicht bedeutet, dass auch verstärkt kriminelle Aktivität über die Telekommunikation gesteuert wird.

Eine wirklichkeitsnahe Einschätzung der Kontroll- bzw. Überwachungsdichte ließe sich daher erst dann durchführen, wenn es gelänge, die Verbreitung von Kommunikationsmitteln in den sozialen Räumen zu ermitteln, auf die sich verdeckte Ermittlungsmaßnahmen und damit die Überwachung der Telekommunikation konzentrieren. Gerade hier führen Praktiker an, dass sich das Täterverhalten in den letzten Jahren geändert habe: durch die Minimalisierung der Technik bei geringeren Kosten werde vermehrt via Handy kommuniziert. Die Täter nutzten mehrere Anschlüsse, wechselten permanent die SIM-Karten und machten so zwangsläufig immer neue Anordnungen notwendig. Das ursprüngliche Bild des Gesetzgebers von 1968 der Überwachung eines privaten, maximal eines zweiten, beruflich genutzten, Festnetzanschlusses der Täter sei mit den Verhältnissen der heutigen Zeit nicht mehr vereinbar.

---

176 Hierbei werden die Daten der PKS sowie die mitgeteilten Daten der RegTP zugrunde gelegt.

177 *Albrecht/Dorsch/Krüpe*, S. 31ff.

178 Zu weiteren Analyse in diesem Zusammenhang, Fragen der Mobilfunkentwicklung und des Festnetzverkehrs siehe *Albrecht/Dorsch/Krüpe*, S. 27ff.

D. Strafprozessuale Erwägungen

Die Überwachung der Telekommunikation ist in der StPO geregelt und damit als repressive Maßnahme qualifiziert. In neuerer Zeit beginnen die Länder, in den Polizei- und Gefahrenabwehrgesetzen ein Äquivalent auf präventiver Ebene zu schaffen.[179] Damit geschieht, was für andere verdeckte Maßnahmen bereits eingetreten ist: eine Doppelung der Ermittlungsmöglichkeiten bei Gefahrenabwehr und Strafverfolgung. Interessant ist in diesem Zusammenhang vor allem, wie die TKÜ eingesetzt wurde und wird, ehe „echte" präventive Überwachungen der Telekommunikation möglich waren bzw. sind. Insbesondere *Kinzig*[180] hat hierzu für den Bereich organisierter Kriminalität erkenntnisreiche Ausführungen gemacht, die durch die Untersuchung des Max-Planck-Institutes bei marktförmiger Kriminalität und dort vor allem im Bereich der Betäubungsmitteldelikte eine Bestätigung fanden.

Aus diesem Grund wird nachfolgend unter dem Topos strafprozessualer Erwägungen proaktives und präventives polizeiliches Vorgehen erörtert.

I. Proaktion

Die vorliegende Arbeit beschäftigt sich mit der strafprozessualen Überwachung der Telekommunikation, mithin einer repressiv einzusetzenden Maßnahme. Sind auch mit dieser Aussage die Rahmenbedingungen klar, erscheint die Zuordnung in der Praxis als wesentlich verworrener. Hierbei handelt es sich zum einen um die bekannte Schwierigkeit der Abgrenzung von repressiver und präventiver Polizeitätigkeit, zum anderen aber auch um die Frage, ob die auf §§ 100a, 100b StPO gestützte TKÜ nach derzeitiger Handhabung nicht auf der Grenze zwischen Gefahrenabwehr und Strafverfolgung zu einer proaktiv eingesetzten Methode der begleitenden[181] Überwachung geworden ist. In den Worten zweier Praktiker in den Expertengesprächen der Untersuchung des Max-Planck-Institutes:

> *„Bei Mord haben Sie die Leiche und suchen den Täter mittels TKÜ, bei BtM kennen Sie den Täter und wollen das Umfeld erforschen."*

---

[179] § 34a I Thüringer Gesetz zur Änderung des Polizei- und Sicherheitsrechts vom 20. Juni 2002, GVBl Thüringen 3/7, 27. Juni 2002, S. 247; §33a NGefAG, LT-Drs. Niedersachsen, 15/240 vom 17. Juni 2003, LT-Drs. 15/599 vom 25. November 2003; Rheinland-Pfalz LT-Drs. 14/2287 vom 24. Juni 2003, Gesetzesentwurf.

[180] *Kinzig,* S. 449ff., insbesondere S. 457 ff., S. *508; Kinzig,* StV 2004, 13f.

[181] Siehe auch *Nack,* S. 50ff., der von einer „Gemengelage" spricht.

„Bei Mord hat man eine Straftat, die aufgeklärt werden muss, ebenso bei Einbruchserien. Man weiß dann, nach welchem Muster die ablaufen. Bei BtM ist das nicht so, auch nicht bei der OK. Dort wird verdeckt und konspirativ vorgegangen. Man hat zwar einen konkreten Verdacht, aber die kriminalistische Erfahrung ist wichtig, denn man muss sich die Straftaten erst holen, das ist bei Mord anders."

Nicht allein am Inhalt, auch an den gewundenen Erklärungen wird deutlich, dass hier Gesetz und Anwendungsbereich nicht deckungsgleich erscheinen.

Um das Problem zu skizzieren, wird ein aus den Akten als „typisch" einzustufender BtM-Fall dargestellt.

Über eine TKÜ in einem anderen Verfahren wird die Telefonnummer eines BtM-Zulieferers bekannt. An diesen wird eine VP oder ein VE herangeführt, man kommt ins Geschäft, der Händler wird in größerem Umfang BtM liefern. In der Folgezeit wird dessen Kommunikation überwacht, man wartet auf die große Lieferung und damit die Hintermänner, die unter Überwachung der Telekommunikation und Observation bei der Übergabe auch ankommen. Sodann werden die Beschuldigten festgenommen, die Betäubungsmittel sichergestellt.

Die auf §§ 100a, 100b StPO gestützte TKÜ tritt folgendermaßen in Erscheinung:

- als Aufklärungsmittel für bereits getätigte Geschäfte
- im Rahmen des Tatverdachtes der strafbaren und von § 100a StPO erfassten Vorbereitung einer Straftat
- als Begleitung des Geschehens bis und während des in Erfahrung gebrachten Handels.

Es zeigt sich zudem das spezifische Problem von Betäubungsmittelkriminalität beim Merkmal des Handeltreibens: ist diese Überwachung repressiv, weil „Handel" bedeutet, dass der Täter immer handelt, somit immer Straftaten begeht und auch die Vorbereitung des Handels „immerwährend" strafbar ist?[182] In diesem Fall ließe sich das Gefühl einer inkongruenten Sachverhalts- und Gesetzeslage mit dem weiten Begriffsverständnis des Handeltreibens wenn schon nicht rechtfertigen, so doch erklären. Es blieben jedoch etwa in Fällen des schweren Menschenhandels und der Schleusung vergleichbare Konstellationen ohne diesen Erklärungsansatz.

---

182 Siehe *Endriss/Kinzig*, NJW 2001, 3218f.

Ist die Überwachung präventiv, dient sie also der Abwehr der Gefahr eines großen Deals und der Verbreitung der Betäubungsmittel? Diese Einordnung erscheint schwierig, da das Geschäft ja stattfinden soll und zudem die Maßnahme in den Augen ihrer Anwender repressiv eingesetzt wird.

Oder aber handelt es sich um proaktive Ermittlungstätigkeit, die durch unabhängige Vor- und Strukturermittlungen eingeleitet wird? Hierfür spricht, dass – wenn man von repressiver Tätigkeit ausgehen wollte – das Anlassdelikt die Vorbereitung der schweren Straftat gewesen sein muss, diese aber regelmäßig in der Folge weder in Anklage noch Urteil eine Rolle spielt. Auch die Anordnungsformulierungen in vergleichbaren Fällen mögen einen Hinweis auf diese Verfahrensausrichtung geben:

> *„Mit Hilfe der TKÜ wird es möglich sein, vergangene Geschäfte und durch diese zukünftige Rauschgifthandel nachzuweisen.“*[183]

Es stellt sich nicht die Frage, ob ein solches Vorgehen der Ermittler möglich sein muss: es ist notwendig, nachvollziehbar und findet auf Grundlage der §§ 100a, 100b StPO in dieser Form statt. Vielmehr ist zu klären, ob die unter diesen Umständen entstehenden Friktionen hinzunehmen sind oder eine eigenständige gesetzliche Grundlage für die Fälle proaktiver Ermittlungstätigkeit zu schaffen ist.

Die Diskussion um die „Verpolizeilichung des Strafprozessrechts“ und diejenige um die sog. Vorfeldermittlungen ist somit auch hinsichtlich der TKÜ zu führen; sie ist jedoch nicht Gegenstand dieser Arbeit. *Kinzig* spricht insoweit von einer „Verschleifung“ zwischen Polizei- und Strafprozessrecht und fordert eine Auseinandersetzung mit dieser Problematik durch den Gesetzgeber ein.

II. Prävention

In der Diskussion steht gegenwärtig auch die Einführung präventiver TKÜ durch die Landespolizei- und -gefahrenabwehrgesetze. Auch wenn sich Sachverhaltskonstellationen bei Suizidfällen, Entführungen, Geiselnahmen und Erpressungen denken lassen, in denen die TKÜ zur Abwehr einer akuten Gefahr geeignet erscheint, ist klar zu trennen, ob es sich um Gefahrenabwehr oder vorbeugende Verbrechensbekämpfung handeln soll. So wie erstere unter Umständen wünschenswert erscheinen mag, ist bei letzterer Uferlosigkeit zu befürchten. Diese Besorgnis besteht insbesondere dann, wenn die Voraussetzungen für eine TKÜ in den

---

[183] Siehe auch *Kinzig*, StV 2004, 7f., 9, der darlegt, wie sich die zeitliche Verschiebung in den Ermittlungen auf das Vorfeld auch auf die Formulierung des Verdachts und der Ziele der Überwachung in den Begründungen niederschlägt.

Polizeigesetzen gegenüber denen der StPO heruntergesetzt sind, so dass unterhalb der Schwelle des Anfangsverdachtes zu erleichterten Bedingungen überwacht werden könnte. Die vorliegende Arbeit beschränkt sich jedoch auf die repressive TKÜ; eine Auseinandersetzung mit Diskussion und Inhalten der Präventivüberwachung (insbesondere zu Fragen der Dauer und des Richter-/ Behördenvorbehalts) erfolgt daher nicht.

F. Zusammenfassung und Untersuchungsausblick

Aus der vorgestellten breiten inhaltlichen Kritik ergibt sich, dass in der Vorstellung vieler Rechtspraktiker, Wissenschaftler und Politiker, Recht und Wirklichkeit inkongruent erscheinen. Dies wird mit der schweren Folge einer angenommenen zunehmend uferlosen und standardisiert eingesetzten TKÜ in Verbindung gebracht. Etliche Befürchtungen sowie die Erkenntnisse aus der Untersuchung des Max-Planck-Institutes und der Studie der Universität Bielefeld haben sich bereits in Gesetzgebungsvorhaben, Anträgen und Entschließungen niedergeschlagen.[184]. Während etwa eine Initiative der Länder Bayern und Hessen eine Ausweitung der Telefonüberwachung anstrebt (Aufnahme weiterer Delikte in den Katalog, Überwachung anhand der Gerätekennung und Standortbestimmung des Mobiltelefons), sieht ein Entwurf des Landes Baden-Württemberg eine Absenkung der gesetzlichen Maximalfrist der TKÜ von drei auf zwei Monaten pro Anordnung und die Aufgabe des Kataloges zugunsten einer allgemeinen Schwereformulierung (Straftaten von erheblicher Bedeutung) vor. Reformüberlegungen der Bundesregierung werden in Äußerungen der Bundesjustizministerin *Zypries*[185] wie auch des Parlamentarischen Staatssekretärs *Hartenbach*[186] deutlich.

---

[184] 66. Konferenz der Datenschutzbeauftragten des Bundes und der Länder am 25./26. September 2003 in Leipzig, abrufbar unter http://www.bfd.bund.de/information/DS-Konferenzen/66dsk_ent2.pdf; Positionspapier der Grünen zur Überwachung der Telekommunikation vom 15. Mai 2003 abrufbar unter http://www.gruene-fraktion.de/rsvgn/rs_datei/0,,2501,00.pdf; Antrag der FDP-Bundestagsfraktion vom 24. September 2003 BT-Drs. 15/1583; Gesetzesantrag der Länder Hessen und Bayern „TKÜ-Verbesserungsgesetz" BR-Drs. 163/04 vom 23. Februar 2004; zum Entwurf eines Getzes des Landes Baden-Württemberg Positionspapier der damaligen Justizministerin *Werwigk-Hertneck* vom 15. Juli 2004, abrufbar unter http://www.baden-wuerttemberg.de. Kritisch gegenüber dem Entwurf der Länder Bayern und Hessen auch Justizminister *Mertin*, Rheinland-Pfalz, in: NJW-aktuell Heft 14/2004, Seite XIV.

[185] Veranstaltung des „Netzwerk Berlin" am 16. Oktober 2003 (abrufbar unter http://www.bmj.bund.de/enid/89449e0e5c0251ba2857f548f6ca0f3a,0/fv.html) sowie in der Pressemitteilung anlässlich der Vorstellung des Gutachtens des Max-Planck-Institutes vom 15. Mai 2003.

[186] Sitzung des Deutschen Bundestages am 24. Juni 2004, abrufbar unter http://www.bmj.bund.de/enid/bb035bb66a10efd1657f6e2733f9c9ab,0/ng.html

Angesichts dieser Entwicklung soll die hier vorgelegte Arbeit vor allem in den folgenden Punkten neue und gegenüber der Untersuchung des Max-Planck-Institutes detailliertere Erkenntnisse erbringen:

- Grunddaten zur Überwachung der Telekommunikation im **Dritten Teil** und Ausführungen zum Straftatenkatalog des § 100a StPO
- Darstellung der Überwachungsintensität anhand der Betroffenen des § 100a S.2 StPO und der Dauer der Maßnahme im **Vierten Teil**
- Ausführungen zur Kontrolle der TKÜ durch den Ermittlungsrichter, Tatgerichte und nach Benachrichtigung im **Fünften Teil**
- Untersuchung von Zusammenhängen einzelner Variablen mit den den Anordnungen zugrunde gelegten Katalogtaten oder den Bundesländern, in denen die Maßnahmen angeordnet wurden.

Im Folgenden soll die Kritik anhand von Erkenntnissen aus Aktenanalyse, schriftlichen und mündlichen Befragungen überprüft werden. Da im TKÜ-Gutachten des Max-Planck-Institutes hierzu bereits allgemein die Handhabung der Maßnahme beschrieben ist, wird sich diese Arbeit mit der Untersuchung der Überwachungsintensität und Überwachungsdichte beschäftigen. Anhand einer vertieften Analyse der erhobenen Daten wird dabei die Streuwirkung der TKÜ betrachtet (**Vierter Teil**). Daneben (**Fünfter Teil**) wird der Frage nachgegangen, wie die ermittlungsrichterliche vorbeugende Kontrolle, aber auch nachgeordnete Kontrollmöglichkeiten durch das Tatgericht und / oder nach einer Benachrichtigung greifen.

Der Untersuchungsgegenstand bezieht sich damit im Wesentlichen auf die Frage, wie entscheidungsfreudig die Ermittlungsbehörden zur TKÜ greifen und ob und wie sich eine Streuwirkung der Überwachung feststellen lässt. Daneben wird untersucht, inwieweit sich katalogtat- und bundeslandspezifische Unterschiede in der TKÜ-Handhabung feststellen lassen.

Zweiter Teil

Methode

Diese Arbeit orientiert sich an der methodischen Vorgehensweise der Untersuchung des Max-Planck-Institutes zur Überwachung der Telekommunikation. Das Forschungsdesign gliederte sich dabei im Wesentlichen in drei Bestandteile. Von entscheidender Bedeutung sind die Daten der Aktenanalyse und der Befragungen, die schriftlich und mündlich erfolgten. In diesem Teil wird die Methode im Überblick wiedergegeben; im Übrigen sei auf die Ausführungen bei *Albrecht/Dorsch/Krüpe* verwiesen.

A. Aktenanalyse

I. Vorbemerkung

Die Analyse von 647 strafrechtlichen Verfahrensakten bildet die Basis und den Ausgangspunkt dieser Untersuchung. Die ausgewerteten Verfahren betreffen dabei eine Vielzahl von Straftaten des Kataloges nach § 100a StPO und beinhalten die dort vorgesehenen Maßnahmen der Überwachung der Telekommunikation.

Anhand eines standardisierten Fragebogens wurden dabei die zum Teil sehr umfangreichen Verfahrensakten ausgewertet. Die Aktenanalyse ist die wohl am häufigsten verwendete quantitative Forschungsmethode in der Kriminologie und hat auf diesem Gebiet einen ähnlichen Stellenwert wie das Interview in der Sozialwissenschaft und das Experiment in der Psychologie.[1]

Aus den Akten konnten unter anderem der Verfahrensverlauf, der jeweilige Ermittlungsstand und die eingesetzten Ermittlungsmittel, insbesondere Maßnahmen der Telekommunikationsüberwachungen, sowie der Verfahrensausgang entnommen werden. Das zur Verfügung gestellte Aktenmaterial war teilweise sehr umfangreich und stellte daher an die Bearbeitung erhebliche Anforderungen. Obwohl

---

[1] Vgl. *Herman*, in: Kaiser/Kury/Albrecht (Hrsg.), Kriminologische Forschung, S. 863.

die Akten überwiegend vollständig zur Verfügung standen und gut strukturiert waren, bedurfte es in einigen Fällen zum Teil langwieriger Nachforderungen einzelner Aktenbestandteile. In wenigen Fällen ist eine Vervollständigung des Aktenmaterials bis zum jetzigen Zeitpunkt nicht gelungen. Zu beachten ist auch, dass in der Strafakte immer nur ein Ausschnitt des gesamten polizeilichen und justiziellen Ermittlungsverfahrens dokumentiert ist und dass die Dokumentation nicht immer vollständig erfolgt. Im Übrigen ist sie immer mit der subjektiven Einschätzung des Bearbeiters behaftet. Dennoch erbrachte die Aktenanalyse im Rahmen der Untersuchung einen soliden und umfassenden Datenbestand, der geeignet war, die aufgeworfenen Fragestellungen mit der gebotenen Tiefe zu beantworten.

II. Stichprobe

Für die vorliegende Untersuchung war die Analyse von 1000 Strafverfahren aus dem Jahr 1998 vorgesehen, in welchen Maßnahmen nach den §§ 100a, 100b StPO zum Einsatz kamen. Ausgehend von einem TKÜ-Aufkommen im Jahr 1998 von 2705 Verfahren entspricht dies knapp 37% der durchgeführten Verfahren mit TKÜ-Bezug.

Um diese 1000 Verfahren auszuwählen, hätte die Möglichkeit einer einfachen Zufallsstichprobe bestanden. Diese Vorgehensweise hätte allerdings das Risiko beinhaltet, dass bestimmte, relativ seltene Merkmalskombinationen der unabhängigen Variablen (Bundesland, Katalogtat) als potentielle Stichprobenelemente eine entsprechend relativ geringe Wahrscheinlichkeit besessen hätten, in die Auswahl aufgenommen zu werden und damit eine zu geringe Fallzahl entsprechender Verfahren – im Grenzfall auch gar keines – im Rahmen der Analyse berücksichtigt worden wäre.

Um zu gewährleisten, dass auch Verfahren, in denen wegen seltener Katalogdelikte ermittelt wurde, in die Stichprobe Eingang finden, wurden diese bei der Ziehung der Stichprobe entsprechend übergewichtet. Der sich hieraus ergebende Vorteil, auch Abhängigkeiten von seltenen Merkmalskombinationen analysieren zu können, beinhaltet jedoch auch den Nachteil, dass die Deliktsverteilung vor allem bezüglich der BtM-Delikte nicht repräsentativ ist. Bei Verteilungen, die von den Delikten abhängen, ist damit der Einfluss der BtM-Delikte etwas abgeschwächt. Da jedoch Verfahren mit Verstößen gegen das BtMG trotzdem den weitaus größten Anteil aller Verfahren in der Stichprobe darstellen (vgl. *Abbildung 8*, Dritter Teil), fällt diese Einschränkung nicht entscheidend ins Gewicht.

Grundlage für die Stichprobenziehung bildeten die Erhebungsbögen, mit welchen durch die Staatsanwaltschaften die durchgeführten TKÜ-Maßnahmen an die Landesjustizverwaltungen gemeldet wurden. In diesen war das jeweilige Katalogdelikt des § 100a StPO aufgeführt.

Es wurden insgesamt 813 Verfahren ausgewählt und bei den zuständigen Staatsanwaltschaften Akteneinsicht beantragt.[2]

Von den angeforderten 813 Verfahren wurde nur ein Teil durch die Staatsanwaltschaften übersandt oder vor Ort zur Verfügung gestellt. Die übrigen Verfahren waren teilweise noch nicht abgeschlossen oder aus anderen Gründen, wie kriminaltaktische Erwägungen oder Sicherheitsbedenken, nicht verfügbar.

Tabelle 3: Übersicht der Anzahl an Verfahren, Anordnungen und Anschlüsse über die Bundesländer

	Verfahren	**Anordnungen**	**Anschlüsse**
A	135	417	660
B	91	273	490
C	8	15	23
D	4	27	32
E	26	100	174
F	73	247	361
G	12	29	43
H	33	89	127
I	100	413	633
J	34	111	158
K	11	28	51
L	26	80	130
M	22	82	110
N	17	78	123
O	15	37	50
GBA	4	9	11
Summe	**611**	**2035**	**3176**

2 Die Differenz zu den ursprünglich angestrebten 1000 Verfahren resultiert insbesondere daraus, dass die notwendigen Erhebungsbögen teilweise bereits vernichtet waren und sich darüber hinaus die gemeldeten Zahlen und Aktenzeichen der Landesjustizverwaltungen nicht realisieren ließen, vgl. ausführlich *Albrecht/Dorsch/Krüpe*, S. 133.

Dem Gutachten von *Albrecht/Dorsch/Krüpe* konnten daher 523 Strafverfahren zugrunde gelegt werden. Für vorliegende Untersuchung konnten insgesamt 647 Strafverfahren ausgewertet werden. In die Analyse fanden 611[3] Verfahren Eingang. Ihre Verteilung über die Bundesländer lässt sich *Tabelle 3* entnehmen.

III. Fragebogenkonzeption

Die Analyse der Akten erfolgte anhand eines standardisierten Fragebogens. Zunächst wurde ein Fragebogen entwickelt, der, einer linearen Struktur folgend, auf das Ermittlungsverfahren als Grundinformation abstellte. Alle den Akten zu entnehmenden Informationen wurden mit Bezug auf dieses Verfahren, das durch das staatsanwaltschaftliche Aktenzeichen gekennzeichnet ist, aufgenommen. Wurde unter einem Aktenzeichen gegen mehrere Beschuldigte ermittelt, musste der Fragebogen für jeden Beschuldigten ausgefüllt und die Akten mit Blick auf jeden einzelnen Beschuldigten ausgewertet werden.

Nach einer ersten Anwendung dieses Konzeptes zeigte sich jedoch, dass die Vorgehensweise dem Untersuchungsgegenstand nicht vollumfänglich gerecht wurde. Gegenstand der Untersuchung ist die TKÜ-Maßnahme, von der es in einem Verfahren mehrere geben kann und die sich zudem gegen nur eine oder gegen mehrere Personen richten kann. Der lineare Aufbau des Fragebogens erwies sich als ungeeignet, die komplexe Struktur dieser Verknüpfungen von Verfahren, Maßnahme und Beschuldigten wiederzugeben. Zudem barg er die Gefahr, Daten zu duplizieren, da im Falle mehrerer Beschuldigter der Fragebogen wiederholt auszufüllen war und so „virtuelle" TKÜ-Maßnahmen entstehen konnten.

Der zu entwickelnde Fragebogen musste also gewährleisten, dass er die Verbindungen zwischen Verfahren, TKÜ-Maßnahmen und betroffenen Beschuldigten entsprechend der Aktenrealität abbildete und später diese Beziehungen auch wieder aufgeschlüsselt werden konnten. Daher wurden die Informationen zu den *TKÜ-Maßnahmen* und *Beschuldigten* in einem jeweils eigenen Modul erfasst, das dann mit dem übergeordneten Modul *Verfahren* verknüpft wurde. Dabei konnten sowohl mehrere Beschuldigte wie auch mehrere Maßnahmen einem Verfahren zugeordnet werden. Die einzelnen Module und ihre Verknüpfungen wurden in Form einer relationalen Datenbank realisiert. Hierbei wurde das Modul *TKÜ-Maßnahme* in die Bereiche *Beschluss* (*Schleife*) und *Anschluss* aufgeteilt, da in einem Beschluss die Überwachung mehrerer Anschlüsse angeordnet werden kann und somit unterschiedliche Informationen bezogen auf diese Anschlüsse aufgenommen werden mussten (siehe *Abbildung 4*).

---

3 Siehe dazu Dritter Teil.

Abbildung 4: Verbindung der Kernelemente des Fragebogens Aktenanalyse

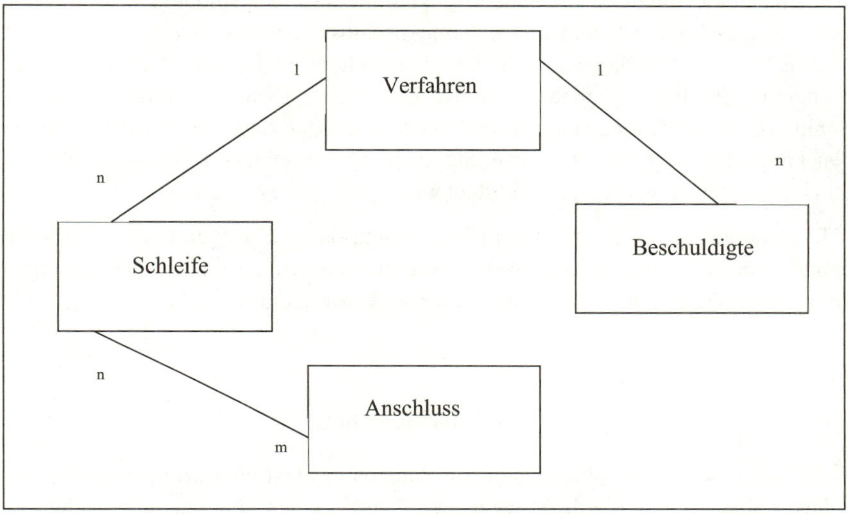

Abbildung 5: Verbindung aller Elemente des Fragebogens Aktenanalyse

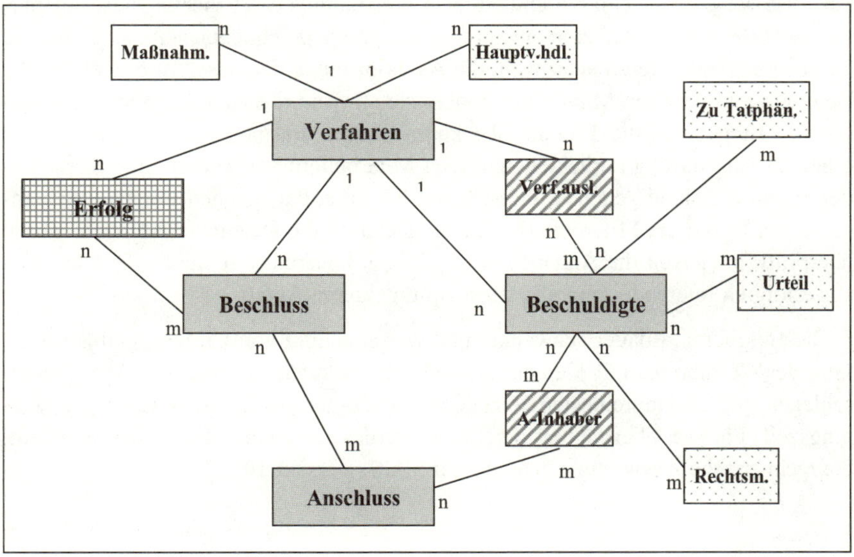

Neben diesen vier Hauptmodulen wurden weitere Module geschaffen (*Abbildung 5*), die entweder der Ergänzung der Hauptmodule dienen (Maßnahmen, Hauptverhandlung, Anklage- und Verurteilungsdelikt, Rechtsmittel) oder aber die Verbindungen zwischen diesen weiter aufhellen (Anschlussinhaber, Verfahrensauslösung, zu Tatphänomenologie). Eine Sonderrolle nimmt das Erfolgsmodul ein. Den Akten war häufig nicht zu entnehmen, welchem Anschluss oder Beschluss ein bestimmter „Erfolg" oder eine Erkenntnis aus der Überwachungsmaßnahme zuzuordnen war. Es musste allerdings möglich sein, auch diese Information aufnehmen zu können. Somit wurde das Erfolgsmodul dem Verfahrensmodul zugeordnet, konnte aber in den Fällen der weiteren Spezifizierung auch dem Beschluss zugewiesen werden, durch den die Überwachung angeordnet wurde.

Der Fragebogen umfasst etwa 400 Variablen; da aber aufgrund seiner Struktur einige Module mehrfach ausgewertet werden mussten oder aber ganz entfallen konnten, schwankte der Umfang des Erhebungsinstrumentes von Fall zu Fall.

IV. Durchführung

Die Akten wurden größtenteils in den Räumen des Institutes ausgewertet. In einzelnen Fällen war es allerdings wegen des Umfangs des Materials notwendig, die Analyse in Räumen der entsprechenden Staatsanwaltschaften vorzunehmen. Mit der Auswertung waren neun studentische Hilfskräfte (ausnahmslos Studentinnen und Studenten der Rechtswissenschaft), fünf Referendarinnen, eine Assessorin und ein Assessor befasst. Um ein einheitliches Verständnis des Erhebungsinstrumentes zu gewährleisten, fanden zum einen regelmäßige Besprechungen statt, zum anderen übernahmen zwei Referendarinnen, die Assessorin und der Assessor die inhaltliche Betreuung der übrigen Mitarbeiter, indem sie alle von diesen ausgewerteten Akten vor der Eingabe in die Datenmaske kontrollierten und bei Unstimmigkeiten zur erneuten Auswertung zurückleiteten. Den Mitarbeitern war zudem eine Kommentierung an die Hand gegeben, die sich mit häufig auftauchenden Fragen auseinandersetzte. Durch die Mitarbeiterin, die die Daten in die Datenmaske eingab, wurde überprüft, inwieweit die Angaben in den Bögen kohärent erschienen. Darüber hinaus erfolgten Intercoderreliabilitätstests mit mehreren Akten.

Die Bearbeitungsdauer schwankte und war abhängig von Umfang und Komplexität des Verfahrens. Für kleinere Akten[4] war mitunter nur eine Stunde zu veranschlagen, die umfangreichsten Verfahren[5] benötigten bis zu zehn Tagen Auswertungszeit. Für die Übertragung der Daten wurde eine Access-Datenmaske erstellt, die rechnerische Auswertung erfolgte mit SPSS (Version 10).

---

4 Ein Band mit etwa 50 Blättern.

5 Mehrere Bände und zum Teil bis zu 150 Leitzorder, mehrere Umzugskartons oder auch mehrere Raummeter.

V. Auswertung der Daten / Analysemethoden

Die in den nachfolgenden Teilen vorgestellten Erkenntnisse sind deskriptiver, also beschreibender Natur. Diese „Aufbereitung" der Daten bedeutet, sie zu ordnen, zusammenzufassen und darzustellen. Die Darstellung der Daten erfolgt über die Kennwerte (hier den Median, das arithmetische Mittel und Streuungsmaße; zudem Korrelationsanalysen), über Tabellen und Abbildungen sowie etwa in Form von Stabdiagrammen. Unter 1. bis 5. wird erläutert, wie die Auswertung der erhobenen Daten vorgenommen wurde.

1. Univariate Analyse

1.1 Verteilungen

Im Rahmen dieser Untersuchung wurden zunächst Häufigkeitsverteilungen erstellt. Sie werden als Tabellen oder Abbildungen, dabei in absoluten oder relativen Zahlen wiedergegeben. Bei dieser univariaten Analyse empirischer Verteilungen wird jeweils nur ein Merkmal betrachtet, somit die Verteilung der Ausprägungen einer einzelnen Variablen.[6]

1.2 Kennwerte

Weiterhin werden als Parameter der Verteilungen ihre typischen Werte (Maße der zentralen Tendenz, Kennwerte)[7] angegeben. Sie bezeichnen die Lage einer Merkmalsausprägung auf der Messwertskala. Die Beobachtung des gesamten Ergebnisses wird mittels der Kennwerte durch einen typischen Repräsentanten ersetzt – mit dem Nachteil, dass „fast alles weggelassen wird".[8]

a. Median

Der Median kennzeichnet die exakte Mitte einer Verteilung, bei aufsteigend angeordneter Größe der Werte.[9] Er kann auf mindestens ordinalskalierte Daten angewendet werden.[10] Der Vorteil des Median liegt darin, dass er gegenüber Extremwerten und Ausreißern stabil ist: sind an den Verteilungsenden extrem niedrige

---

6 *Kühnel/Krebs*, S. 41.

7 *Kühnel/Krebs*, S. 67.

8 *Lorenz*, S. 40.

9 *Kühnel/Krebs*, S. 68.

10 Zu den Skalen siehe *Bortz/Döring*, S. 71ff. Zu beachten bleibt, dass auf jedem Skalenniveau neben den jeweils spezifischen Kennwerten auch die der niedrigeren Skala zur Verfügung stehen, *Lorenz*, S. 42f.

oder hohe Werte festzustellen, wirken sich diese bei der Berechnung des Median nicht aus.[11]

b. arithmetisches Mittel

Daneben wird das arithmetische Mittel angegeben (ungenau in dieser Arbeit auch als Mittelwert oder Durchschnitt benannt). Es kann auf mindestens metrisch skalierte Daten berechnet werden.[12] Dieser Wert ist die Summe aller Messwerte dividiert durch die Anzahl der eingehenden Werte.[13] Das arithmetische Mittel ist der bekannteste Kennwert und enthält – verglichen mit dem Median (und dem Modalwert als weiterem Maß der zentralen Tendenz) – die meisten Informationen über eine Verteilung, da er alle Messwerte umfasst.[14] Damit ist er aber auch anfällig für extreme Messwerte.[15] Bei extrem schiefen Verteilungen[16] ist er damit stets deutlich größer („linksschief") als Median und Modalwert.

c. Streuungsmaße

Die Maße der zentralen Tendenz beschreiben Verteilungen jedoch nicht vollständig. Wird etwa das arithmetische Mittel angegeben, hat man keine Information über die Streuung der Einzelwerte um diesen Mittelwert. Daher werden so genannte Streuungsmaße angegeben. Sie stehen nicht für die typischen Merkmale der Verteilung, sondern für die Variabilität ihrer Werte. Als einfachstes Streuungsmaß kann der Range[17] als Differenz zwischen dem größten und kleinsten Messwert einer Verteilung (Minimum und Maximum der Werte) betrachtet werden.[18]

Der Range basiert jedoch allein auf zwei (Extrem-)Werten. Das weitaus gebräuchlichste Maß für die Variabilität eines Datensatzes ist die Standardabweichung (s)[19], die auch den metrischen Informationsgehalt jedes einzelnen Messwer-

---

[11] *Kühnel/Krebs*, S. 81.

[12] Zu den Skalen siehe *Bortz/Döring*, S. 71ff. Zu beachten bleibt, dass auf jedem Skalenniveau neben den jeweils spezifischen Kennwerten auch die der niedrigeren Skala zur Verfügung stehen, *Lorenz*, S. 42f.

[13] *Bortz/Döring*, S. 684.

[14] *Kühnel/Krebs*, S. 82.

[15] *Kühnel/Krebs*, S. 82.

[16] Von einer schiefen Verteilung spricht man, wenn die Klassenhäufigkeiten mit wachsendem Messwert zunächst schnell ansteigen und jenseits des Gipfels langsam abfallen („linkssteil" im Gegensatz zu einem langsamen Anstieg und schnellem Abfall, „rechtssteil"), *Lorenz*, S. 36.

[17] Auch Spannweite oder Variationsbreite.

[18] *Benninghaus*, S. 52. $R=x_{max} - x_{min}$; in dieser Arbeit wird nicht R angegeben, sondern allein Minimum und Maximum der Verteilung.

[19] *Bortz/Döring* , S. 690.

tes nutzt[20]. Sie ist definiert als die Quadratwurzel aus der Varianz (s^2). Die Varianz gibt die Unterschiedlichkeit einer Menge von Messwerten an: sind alle Werte identisch, nimmt sie den Wert 0 an. Je größer jedoch die Differenzen zwischen den einzelnen Messwerten ausfallen, umso größer wird die Varianz.[21] Im Text wird sie vereinzelt angegeben.

2. Multivariate Verfahren

Während bei der univariaten Analyse ein einziges Merkmal betrachtet wird, berücksichtigen multivariate Verfahren, dass sich die Ausprägungen einiger und unter Umständen aller Merkmalskomponenten gegenseitig beeinflussen können.[22]

2.1 Bivariate Analyse

Bivariate Analysen untersuchen Zusammenhänge zwischen zwei Variablen. Bei der Untersuchung solcher Zusammenhänge lassen sich völlige Abhängigkeit, völlige Unabhängigkeit und der Fall unterscheiden, dass die Variablen weder völlig abhängig noch unabhängig sind.[23] Angegeben werden Koeffizienten, die – entsprechend den Kennwerten bei der unvariaten Analyse – bestimmte Aspekte einer Verteilung in einer Zahl zusammenfassen. Sie beschreiben die Stärke[24] des Zusammenhangs zwischen zwei Variablen. In der Regel variiert der Koeffizient zwischen 0 (keine Beziehung) und 1 (perfekte Beziehung).[25]

Dabei ist zu beachten, dass sich das Zusammenhangsmaß nach dem Messniveau der untersuchten Daten richtet. Verwendet wird in dieser Arbeit der Koeffizient Cramers V, der auf der Maßzahl χ^2 beruht. Er beschreibt Beziehungen zwischen nominal skalierten Daten und kann damit auch auf Daten mit höherem Messniveau angewendet werden.[26]

---

20 *Lorenz*, S. 47.

21 *Bortz/Döring*, S. 693: Die Varianz einer Stichprobe als s^2 wird berechnet, indem man von jedem einzelnen Messwert den Stichprobenmittelwert abzieht, die Differenz quadriert und über alle Messwerte aufsummiert. Diese Quadratsumme wird sodann durch die Anzahl der Fälle (n) geteilt. Die Varianz wird daher auch als durchschnittliches Abweichungsquadrat bezeichnet. Siehe auch *Lorenz*, S. 47f.

22 *Lorenz*, S. 51.

23 *Buttler/Fickel*, S. 237.

24 In bestimmten Fällen auch die Richtung des Zusammenhangs.

25 Bei Koeffizienten, die auch eine Richtung wiedergeben, zwischen -1 (perfekte negative Beziehung) und +1 (perfekte positive Beziehung). Siehe *Benninghaus*, S. 66.

26 Daten höheren Niveaus können behandelt werden, als handele es sich um Daten niedrigeren Messniveaus, siehe *Benninghaus*, S. 68.

a. Cramers V und Chi-Quadrat-Test

Der Zusammenhang zwischen Variablen wird in dieser Arbeit mit dem Koeffizienten Cramers V angegeben. Er beruht auf der Maßzahl Chi-Quadrat (χ^2). Bei einer bivariaten Häufigkeitsverteilung erhält man Informationen darüber, mit welcher Häufigkeit die Ausprägungskombinationen beider Merkmale auftreten.[27]

Der Chi-Quadrat-Test vergleicht die Häufigkeiten der Kontingenztabelle mit den Häufigkeiten der Indifferenztabelle, die die Verteilung wiedergibt, die man erwarten würde, wenn keine Beziehung zwischen den Variablen besteht.[28] Je größer die Differenz zwischen den Häufigkeiten der Tabellen ist, desto größer ist der Wert von χ^2 und damit die Abweichung von der statistischen Unabhängigkeit und der Grad der Verknüpfung zwischen den Variablen.[29] Inwieweit die Abweichung signifikant ist, ergibt sich aus dem unter **3.** erläuterten p-Wert.[30] Damit wird jedoch nur eine Tendenz angegeben, die keine Aussage über die Kausalität umfasst. Da χ^2mit dem Umfang der Stichprobe variiert, muss ein auf χ^2 basierendes Zusammenhangsmaß die Anzahl der Fälle n berücksichtigen.[31] Cramers V wird bestimmt, indem der aus den Daten ermittelte χ^2-Wert einer Kreuztabelle durch den maximal möglichen χ^2-Wert dividiert und im Anschluss die Wurzel daraus gezogen wird.[32] Je näher V an 0 liegt, desto schwächer ist der Zusammenhang, je näher er sich 1 annähert, desto stärker, wobei Werte in der Nähe von 1 äußerst selten sind.

b. Standardisierte Residuen

Cramers V gibt an, ob und in welchem Umfang – bezogen auf eine Kreuztabelle – ein Zusammenhang zwischen einzelnen Variablen besteht. Dagegen erlaubt er keine Aussage darüber, aus welchen einzelnen Beziehungen dieser Zusammenhang resultiert. Hierzu bedarf es eines Vergleichs des jeweils gefundenen mit dem jeweils erwarteten Wert in den einzelnen Zellen der Tabellen. Betrachtet man eine Kreuztabelle, lassen sich die beobachteten und die erwarteten Werte (Häufigkeiten) mit Hilfe der standardisierten Residuen[33] analysieren, die die Abweichung der Werte wiedergeben. Die standardisierten Residuen werden aus der Differenz zwi-

---

27 *Kühnel/Krebs*, S. 307.

28 *Benninghaus*, S. 104. Die Kontingenztabelle ergibt sich aus der bivariaten Häufigkeitsverteilung, die darüber informiert, mit welcher Häufigkeit die Ausprägungskombinationen der betrachteten Variablen vorkommen, *Kühnel/Krebs*, S. 307.

29 *Benninghaus*, S. 104f. Zum Ganzen und zur Berechnung von Chi-Quadrat siehe auch *Kühnel/Krebs*, S. 322f.

30 Zum reduzierten χ^2 (als Faustregel χ^2dividiert durch die Anzahl der Freiheitsgrade df), siehe *Grundies*, S. 18 f..

31 *Benninghaus* (1998), 110f.

32 *Benninghaus*, S. 113; *Kühnel/Krebs*, S. 355f.

33 Im Text als standardisierte Residuen oder std. Residual angegeben.

schen beobachtetem und erwartetem Wert, dividiert durch den statistischen Fehler, berechnet.[34] In dieser Arbeit wird als Maßstab eine Abweichung im Bereich kleiner -3 und größer +3 herangezogen, da in diesen Fällen sicher davon ausgegangen werden kann, dass es sich um so genannte Überzufälligkeiten handelt.[35]

c. Darstellung in dieser Arbeit

In der vorliegenden Arbeit wird auch untersucht, inwieweit die TKÜ sich mit Blick auf die sie auslösenden Katalogtaten oder die Bundesländer, in denen sie angeordnet wurden, unterschiedlich gestaltet. Um einen Zusammenhang zwischen diesen und anderen Variablen festzustellen, wird die Verteilung der mehreren Variablen gemeinsam betrachtet. Die Auswertung erfolgt über eine Kreuztabelle, ebenso die Darstellung. In den Tabellen werden die standardisierten Residuen angegeben, unter den Tabellen finden sich Angaben zu χ^2, der Anzahl der Freiheitsgrade und Cramers V, sowie zum p-Wert. Hervorgehoben in den Tabellen finden sich die Werte und standardisierten Residuen, die den Zusammenhang auslösen.

2.2 Kategoriale Regression

Multivariate Verfahren betrachten gemeinsame Verteilungen dreier oder mehr Variablen und sind sehr komplex.[36] Bei der Untersuchung von Zusammenhängen zwischen der Handhabung der TKÜ und den ihr zugrunde gelegten Katalogtaten bzw. den Bundesländern, in denen sie angeordnet wurde, ist zu beachten, dass die Katalogtaten in dieser Untersuchung nicht gleichverteilt über die Bundesländer vorliegen. Damit ist es möglich, dass aufgefundene Zusammenhänge gegebenenfalls nicht auf der jeweils betrachteten Variablen Katalogtat oder Bundesland beruhen, sondern der Effekt allein durch eine dieser Variablen ausgelöst wird. Es kann – anders ausgedrückt – zu Interferenzen zwischen den Variablen kommen. Zu Kontrollzwecken ist es notwendig, ein multivariates Verfahren durchzuführen, das eben diese beiden Variablen zusammen mit den jeweils abhängigen (Dauer der TKÜ, Inhalt der Begründungen, Umgang mit der Benachrichtigungspflicht) betrachtet. Vorliegend wurde eine kategoriale Regression gewählt. Die Regression beschreibt dabei die Beziehungen zwischen den unabhängigen Variablen (hier Bundesland

---

[34] *Grundies*, S. 25: Residuen geben die Abweichung zwischen beobachteten und erwarteten Werten wieder. Standardisiert sind sie dann, wenn sie mit dem Fehler der jeweiligen Daten gewichtet werden. Die standardisierten Residuen ergeben quadriert und aufsummiert χ^2.

[35] Bei einem Signifikanzniveau von 5% sind standardisierte Residuen mit Werten kleiner -2 und größer +2 ein Hinweis auf überzufällige Abweichungen von den erwarteten Werten, *Benninghaus*, S. 113; *Kühnel/Krebs*, S. 255f.

[36] Siehe aber *Benninghaus*, S. 251ff.

und Katalogtat) und den abhängigen Variablen. Bei der kategorialen Regression werden die Variablen unter den Annahmen eines Regressionsmodells optimal quantifiziert.[37] Diese Quantifikationen erlauben es, nichtlineare Zusammenhänge zwischen den abhängigen und unabhängigen Variablen zu modellieren.[38] Angegeben werden der R^2-Wert, der den Anteil der Varianz angibt, den die Variablen erklären, sowie der Beta-Koeffizient (β). Dieser Koeffizient gibt an, wie groß der Einfluss der einzelnen unabhängigen Variablen (Katalogtat und Bundesland) auf die abhängige Variable ist.

3. Signifikanz

Die statistische Hypothesenprüfung betrachtet immer ein Hypothesenpaar: die Nullhypothese H_0 und die Alternativhypothese H_1.[39] Nullhypothese soll bedeuten: es liegt kein Effekt vor.[40] Damit widerspricht sie der Alternativhypothese, die behauptet, dass in der Population ein Effekt vorliegt.

Bei einem Signifikanztest wird zunächst gefragt, ob das Untersuchungsergebnis durch die Nullhypothese erklärt werden kann: man ermittelt hierfür über ein Wahrscheinlichkeitsmodell einen Wert (sog. Irrtumswahrscheinlichkeit), der angibt, mit welchen bedingten Wahrscheinlichkeiten das gefundene Untersuchungsergebnis (wie auch Ergebnisse, die noch extremer ausfallen als die festgestellten) auftritt, wenn in der Population die Nullhypothese gilt.[41] Eine hohe Irrtumswahrscheinlichkeit bedeutet ein nicht signifikantes Ergebnis, die Alternativhypothese gilt als nicht bestätigt.[42] Ein signifikantes Ergebnis liegt vor, wenn ein Signifikanztest eine sehr geringe Irrtumswahrscheinlichkeit ermittelt.[43] Dies bedeutet, dass sich das gefundene Stichproben-Ergebnis nicht gut mit der Annahme vereinbaren lässt, das in der Population die Nullhypothese zutrifft. Man lehnt deshalb die Nullhypothese ab und akzeptiert die Alternativhypothese.[44] Es bleibt als Restrisiko des Irrtums, dass in der Population dennoch die Nullhypothese gilt und die in der Stichprobe gefundenen Effekte reine Zufallsprodukte aufgrund untypischer Probanden darstellen und die Nullhypothese zu Unrecht verworfen wurde.[45]

---

37 *Höfer*, S. 102.

38 Siehe zum Ganzen *Höfer*, S. 102ff., zur Interpretation von Beta-Werten 105ff.

39 *Kühnel/Krebs*, S. 253.

40 *Lorenz*, S. 152.

41 *Bortz/Döring*, S. 497.

42 *Bortz/Döring*, S. 29.

43 *Bortz/Döring*, S. 30.

44 *Bortz/Döring*, S. 496.

45 *Bortz/Döring*, S. 497.

Ob das Stichprobenergebnis signifikant ist, entscheidet sich danach, welchen Wert die Irrtumswahrscheinlichkeit p im Vergleich zum so genannten Signifikanzniveau α annimmt. α bedeutet das Risiko, H_o irrtümlich zu verwerfen.[46] Das Signifikanzniveau ist per Konvention auf 5% bzw. 1% festgelegt, wobei im Forschungsbereich das 5%-Niveau üblich ist.[47] In der vorliegenden Arbeit wird ein empirisch aufgefundenes Ergebnis dann als signifikant bezeichnet, wenn $p < 0{,}05$.

B. Schriftliche Befragung

Empirische Arbeiten, die eine Aktenanalyse beinhalten, sehen sich häufig mit dem Vorwurf konfrontiert, veraltete Daten wiederzugeben. Dies gilt auch für die Untersuchung des Max-Planck-Institutes und die Studie der Universität Bielefeld, die sich auf TKÜ-Maßnahmen in Verfahren Ende der 90er Jahre beziehen. Dieser „Makel" (wenn man denn tatsächlich annimmt, dass sich die Rechtspraxis bereits fünf Jahre später vollständig anders darstellt) wird in beiden Fällen jedoch vor allem dadurch abgeschwächt, dass die Befragungen (schriftlich und mündlich) sich im Wesentlichen auf das Jahr 2003 beziehen.

Nachdem durch die Aktenanalyse ein umfassender Datenbestand erfasst wurde, sollten durch die schriftliche Befragung von Praktikern subjektive Einschätzungen zur TKÜ erfragt werden. Im Mittelpunkt standen die Auffassung der Rechtsanwender zu den normativen Grundlagen der TKÜ, Kritik an ihr und Modifikationsvorschläge. Im Rahmen dieses Untersuchungsteils wurden 6256 Fragebögen an Vertreter der Polizeien und der Staatsanwaltschaften sowie an Richter an Amts- und Landgerichten versendet. Auch Fachanwälte für Strafrecht wurden um eine Beantwortung des Fragebogens gebeten.

I. Stichprobe

Für die Schriftliche Befragung wurde aus den in Deutschland in den Bereichen Justiz und Polizei beschäftigten Personen eine Zufallsstichprobe gezogen und der Fragebogen an die ausgewählten Personen versendet. Die Stichprobenziehung orientierte sich an den Staatsanwaltschaften.[48]

---

46 *Lorenz*, S. 156.

47 *Bortz/Döring*, S. 690.

48 Zur Berücksichtigung der Größe der Bundesländer und des unterschiedlichen Deliktsaufkommens siehe *Albrecht/Dorsch/Krüpe*, S. 137ff.

Ausgehend von den Staatsanwaltschaften wurden die mit diesen korrespondierenden Landgerichte und die in den Landgerichtsbezirken liegenden Amtsgerichte in die Befragung einbezogen. Nach Ermittlung der Anzahl der an den ausgewählten Gerichten tätigen Strafrichterinnen und Strafrichter anhand der Geschäftsverteilungspläne erfolgte die Versendung des Fragebogens an diese Personen.

Die Befragung der Polizeibeamtinnen und Polizeibeamten orientierte sich ebenfalls an den ermittelten Staatsanwaltschaften. Die für die ausgewählten Staatsanwaltschaften zuständigen Polizeidienststellen wurden mit Hilfe der Innenministerien der Länder ermittelt. Dabei gestaltete sich allerdings problematisch, dass die Zuständigkeitsbereiche nicht in allen Fällen mit den Zuständigkeitsbereichen der ausgewählten Staatsanwaltschaften identisch waren. Hier wurde durch Quotenbildung der Entstehung von Divergenzen gegengesteuert. Darüber hinaus wurde der Fragebogen auch an die Landeskriminalämter, das Bundeskriminalamt, die Zollfahndungsämter und die Gemeinsamen Ermittlungsgruppen Rauschgift versendet. In Absprache mit den Innenministerien der Länder und den Leitern der Dienststellen wurden allerdings nur Mitarbeiter aus geeignet erscheinenden Abteilungen befragt. Einbezogen wurden die Bereiche OK, Rauschgiftkriminalität, Schleusung, Menschenhandel, Delikte am Menschen, Staatsschutz, Terrorismus und – sofern vorhanden – verdeckte Ermittlungen / Telekommunikationsüberwachung.

Die Befragung der Strafverteidiger erstreckte sich unabhängig von den ausgewählten Staatsanwaltschaften auf alle Fachanwälte für Strafrecht in Deutschland (n=1091), die im Anwaltsverzeichnis 2002/2003 des Deutschen Anwaltsverlages ausgewiesen waren.

II. Erhebungsinstrument

Auch im Rahmen der Schriftlichen Befragung kam – wie bei der Aktenanalyse – ein Fragebogen zum Einsatz, der den ausgewählten Personen zugesendet und von diesen ausgefüllt wurde. Enthalten waren sowohl standardisierte Fragestellungen, welche durch „Ankreuzen“ bearbeitet werden konnten, als auch Freitextfelder für eigene Anmerkungen der Bearbeiter.

Nach ersten Erfahrungen mit der Aktenauswertung wurden Fragestellungen entwickelt, die über die aus den Akten zu entnehmenden Informationen hinausgingen und damit für die Befragung von Praktikern geeignet erschienen. Zusätzlich wurde ein Fragenkatalog zu den normativen Grundlagen der TKÜ erarbeitet. Diese beiden Quellen fanden neben aktuellen rechtspolitischen Fragestellungen Eingang in den Fragebogen, dessen erste Rohfassung in einem *pretest* im Max-Planck-Institut beschäftigten Wissenschaftlern sowie mehreren Richtern, Staatsanwälten und Polizeibeamten zur Beantwortung vorgelegt und anhand der so gewonnenen Erkenntnisse überarbeitet wurde.

III. Rücklauf

Der Rücklauf der schriftlichen Befragung gestaltete sich sehr erfreulich und übertraf insbesondere bei den Polizeibeamten bei weitem die Erwartungen. Nachfolgender *Tabelle 4* sind die Anzahl der versendeten Fragebögen sowie die Rücklaufquoten zu entnehmen.

Insgesamt wurden 6256 Fragebögen verschickt. Davon entfielen 1667 auf die Dienstellen der Polizei, einschließlich der Landeskriminalämter, des Bundeskriminalamtes, des ZKA und der ZfA sowie der GER. Hiervon wurden 1357 Fragebögen bearbeitet zurückgesendet, was einem prozentualen Anteil von 81,4 entspricht.

Tabelle 4: Versendete Fragebögen und Rücklauf

	Verschickt	**Zurück absolut**	**Zurück relativ**
Polizei	1667	1357	81,4 %
Staatsanwaltschaft	1958	727	37,1%
Gerichte	1539	520	33,7%
Fachanwälte	1092	362	33,2%
Berufsgruppe n.f.		47	
Gesamt	6256	3013	48,16%

Von den 1958 an die Staatsanwaltschaften versendeten Fragebögen kamen 727 bearbeitet zurück (37,1%).

Bei den an die Gerichte verschickten 1539 Fragebögen lag der Anteil des Rücklaufs bei 33,7% (520).

Schließlich wurden von den 1091 in der Untersuchung berücksichtigten Fachanwälten für Strafrecht 362 Fragebögen bearbeitet und zurückgeschickt, was einer Quote von 33,2% entspricht.

Für 47 Fragebögen konnte nicht festgestellt werden, aus welcher Berufsgruppe der antwortende Teilnehmer stammte.

IV. Auswertung

Für die Auswertung gelten die Ausführungen unter **A V** entsprechend. Zusammenhänge wurden hier zwischen einzelnen Variablen und der Zugehörigkeit zu einer Berufsgruppe untersucht. Zu beachten ist dabei, dass nicht alle Befragungsteilnehmer Angaben zu ihren Berufen gemacht haben, so dass nicht stets alle Fragebögen in diese Analyse aufgenommen werden konnten.

C. Expertengespräche

Im Anschluss an Aktenanalyse und Schriftliche Befragung wurden Gespräche mit Experten im Bereich der TKÜ geführt. 51 Personen erklärten sich dabei bereit, zu virulenten Fragen Stellung zu nehmen.

Während dieser Projektphase wurden Praktiker aus Justiz, Strafverfolgung und Strafverteidigung befragt. Das berufliche Tätigkeitsfeld der Teilnehmer liegt in den Ländern Baden-Württemberg, Bayern, Hessen, Niedersachsen, Nordrhein-Westfalen, Hamburg, Berlin und Sachsen.

Die Interviews erfolgten zum Teil vor Ort, teilweise telefonisch. Stets wurden sie durch zwei Mitarbeiter geführt, von denen einer das Gespräch leitete, während es der andere protokollierte. Die Zusammenfassungen der Interviews wurden im Anschluss an diese durch den Protokollanten gefertigt und dem Gesprächsführer zur Kontrolle vorgelegt. Da die schriftliche Befragung sich an einen umfangreichen Adressatenkreis richtete, konnten Fragestellungen, die einen versierten Umgang mit TKÜ-Maßnahmen erforderten und ein entsprechendes Detailwissen bzw. ausreichende praktische Erfahrung voraussetzten, nicht berücksichtigt werden. Daher zielte die dritte Evaluationsstufe darauf ab, im Umgang mit TKÜ-Maßnahmen befasste Praktiker zu den Erfahrungen, dem Einsatz und den Erfolgen sowie den Möglichkeiten dieser Maßnahmen im operativen Einsatz und ihrer Einschätzung der rechtlichen und tatsächlichen Rahmenbedingungen mündlich zu befragen.

Tabelle 5: Übersicht über die Teilnehmer an den Expertengesprächen

	Polizei	**Staatsanwaltschaft**	**Richter AG**	**Richter LG**	**Fach-anwälte**
Anzahl	18	10	6	10	7

Das Tätigkeitsfeld der befragten Polizisten lag im Schwerpunkt in den Bereichen OK (12) und BtM (10).[49] Zwei der Befragungsteilnehmer waren bei LKÄern tätig. Die Dienstzeit der Polizisten lag zwischen 12 und 38 Jahren (Mittelwert 25,9 Jahre, Median 25 Jahre). Durchgängig maßen sie der TKÜ in ihrer Tätigkeit einen sehr hohen Stellenwert bei.

Sechs der Staatsanwälte waren in OK-Dezernaten tätig. Die übrigen hatten ihren Tätigkeitsschwerpunkt bei BtM (4), politischen Strafsachen (1) sowie Terrorismus (1).[50] In einem Fall bestand zudem eine Sonderzuständigkeit für TKÜ. Die Teilnehmer aus diesem Berufsfeld waren im Mittel seit 15,8 Jahren als Staatsanwälte

[49] Hierbei sind auch Kombinationen in den Dezernaten enthalten (OK / BtM).

[50] Hierbei sind auch Kombinationen in den Dezernaten enthalten.

tätig (Median 16, Min. 1,5, Max. 30). Zwei der Befragungsteilnehmer bewerteten den Stellenwert der TKÜ in ihrer Tätigkeit eher zurückhaltend als „nicht unbedeutend“ bzw. „etwa in 25% der Fälle“. Die übrigen verwiesen auf eine sehr hohe Bedeutung dieser Überwachungsmaßnahme in ihrer beruflichen Praxis.

Ein Teilnehmer gab dabei ein Aufkommen von etwa „drei Vierteln aller meiner Fälle“ an, ein anderer formulierte „naturgemäß und seit jeher sehr hoch“.

Die sechs Ermittlungsrichter gaben ihre Dienstzeit mit 1,5 bis 20 Jahre an, der Mittelwert liegt bei etwa sieben, der Median bei 3,5 Jahren. Der Stellenwert der TKÜ in der Tätigkeit wurde als hoch eingeschätzt.

Vier der Richter am Landgericht waren in BtM-Kammern tätig, zwei in Wirtschaftsstrafkammern, einer in einer Staatsschutzkammer.[51] Die Dienstzeit lag zwischen 12 und 30 Jahren (Mittelwert etwa 20,8 Jahre, Median 22,5). Drei der Teilnehmer sahen bei ihrer Tätigkeit nur einen geringen Stellenwert der TKÜ („etwa in 5% bis 10% der Fälle). Die übrigen gaben an, dass die Überwachung nach §§ 100a, 100b StPO eine große Rolle spiele. Zwei Richter führten dabei aus, dass etwa ein Drittel ihrer Fälle bzw. die Hälfte bis drei Viertel erheblichen TKÜ-Bezug aufwiesen.

Tabelle 6: Übersicht über die Arbeitsfeldbeschreibung der Teilnehmer, nach Schwerpunktantworten

	Dienstzeit (Md) / Jahre	**Dezernat / Tätigkeitsfeld (Schwerpunkt)**	**Stellenwert TKÜ**
Polizei	25	OK	Ausnahmslos sehr hoch
Staatsanwaltschaft	16	OK	Überwiegend sehr hoch
Ermittlungsrichter	3,5	/	hoch
Richter LG	22,5	/	hoch
Strafverteidiger	20	/	Gering bis sehr hoch

Zwei der Verteidiger bewerteten den Stellenwert der TKÜ in ihrer Tätigkeit als „relativ gering“, zwei weitere als „mittel“. Ein Strafverteidiger sah in seiner Praxis eine abnehmende Tendenz, nachdem er nun vermehrt mit Wirtschaftsstrafrecht befasst sei. Zwei Teilnehmer maßen der TKÜ einen sehr hohen Umfang in ihrer

---

[51] Im Übrigen allgemeine Strafsachen und Vollstreckungskammern.

Arbeit bei, wobei eine Teilnehmerin für das Steuerstrafrecht ausführte, dass sie hier eine vermehrte Anwendung der Geldwäschestraftatbestände ausgemacht habe. Ein anderer bezog sich auf sein schwerpunktmäßiges Tätigkeitsfeld, die Verteidigung in BtM-Verfahren.

Die Verteidiger waren im Mittel seit 20 Jahren als Anwälte tätig (Median 18, Min. 7, Max. 33).

Im Text dieser Arbeit werden Antworten der Teilnehmer anonymisiert unter **P1-P18**, **S1-S10**, **R1-S16** und **V1-S7** wiedergegeben.

Dritter Teil

Grunddaten und Verfahrensverlauf

Ehe in den nachfolgenden Teilen Vier und Fünf die Überwachungsintensität und Kontrolle bei der TKÜ betrachtet werden, stehen in diesem Teil die Grunddaten und Informationen zu den untersuchten Anordnungen und Verfahren im Blickpunkt. Dabei wird zunächst das Datenmaterial hinsichtlich der Verfahrenszahl, der Anzahl der Anordnungen und überwachten Anschlüsse präsentiert. Es folgen Angaben zu den Beschuldigten der untersuchten Verfahren. Zudem wird der Frage nachgegangen, inwieweit sich die Ziele einer Maßnahme als abhängig von den zugrunde liegenden Katalogtaten erweisen. Weiterhin wird analysiert, wann der Einsatz einer TKÜ im Ablauf der Ermittlungen erfolgt.

A. Allgemeine Erkenntnisse der Aktenanalyse

Erkenntnisse zur TKÜ wurden in der Regel aus den Anträgen und Beschlüssen gewonnen, teilweise auch aus den Anregungen.[1] Daneben wurde das Aktenmaterial allgemein auf Informationen zur Überwachungsmaßnahme hin untersucht, so etwa polizeiliche Abschlussberichte, Anklageschriften und Hauptverhandlungsprotokolle, Urteile, Vermerke der Polizei und Staatsanwaltschaft sowie Verfügungen derselben, Rechnungsmaterial der Telekommunikationsunternehmen etc.

I. Datenmaterial für diese Untersuchung

1. Grunddaten TKÜ

Für die vorliegende Arbeit wurden 647 Verfahren mit 2306 Anordnungen[2] nach §§ 100a, 100b StPO und / oder Ersuchen nach § 12 FAG bezogen auf 3677 Anschlüsse ausgewertet. Die Verfahren wurden gegen 1547 Beschuldigte geführt.

---

[1] Unter Anregung wird die polizeiliche Anfrage bei der Staatsanwaltschaft verstanden, eine TKÜ zu initiieren. Der Antrag auf TKÜ wird stets durch die Staatsanwaltschaft beim Gericht gestellt. Das Gericht ordnet durch Beschluss eine TKÜ an bzw. bestätigt eine Maßnahme, die im Rahmen der staatsanwaltschaftlichen Eilkompetenz angeordnet wurde.

[2] Unter Anordnungen werden im Folgenden stets richterliche Beschlüsse und staatsanwaltschaftliche Eilanordnungen verstanden, während es sich bei Beschlüssen allein um die

Es wurden dabei auch Anordnungen ausgewertet, die sich allein auf Auskunftsersuchen nach § 12 FAG bezogen. Weiterhin lagen Verfahren vor, die keinerlei Anordnungen nach §§ 100a, 100b StPO beinhalteten.[3] Diese Anordnungen und Verfahren (sowie teilweise auch einzelne Anschlüsse) wurden in die nachfolgenden Betrachtungen nicht aufgenommen, da sie im Rahmen dieser Arbeit nur von untergeordnetem Interesse sind. Erkenntnisse zur TKÜ wurden daher aus 611 Verfahren gewonnen.

Abbildung 6: Anteil der Anschlussarten - in % (n=3141)

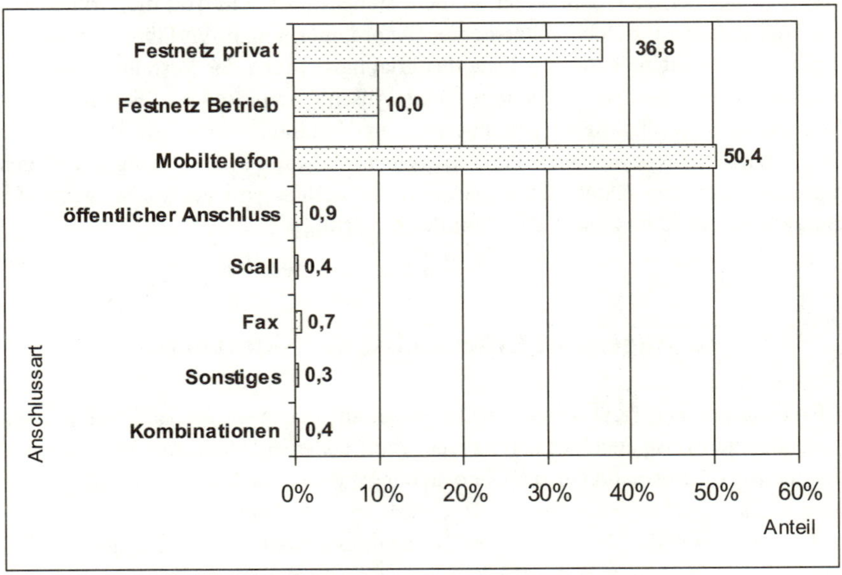

In diesen 611 Verfahren wurden 2035 Anordnungen erlassen, die sich auf Maßnahmen nach §§ 100a, 100b StPO bezogen (zum Teil parallel zu Auskunftsersuchen nach § 12 FAG). Durch sie wurden 3176 Anschlüsse überwacht.

Die Art der überwachten Anschlüsse lässt sich *Abbildung 6* entnehmen. Es zeigt sich die hohe Bedeutung der Mobilfunküberwachung bereits im Jahr 1998 mit etwa

richterlich angeordneten TKÜ handelt. Teilweise wird insoweit auch von richterlichen Anordnungen gesprochen.

[3] Es lagen entweder nur Auskunftsersuchen nach § 12 FAG vor oder aber die Ermittlungen stützten sich auf Erkenntnisse aus TKÜ-Maßnahmen in anderen Verfahren oder aber es handelte sich um Fälle (n=3), in denen von einer TKÜ noch Abstand genommen wurde, nachdem sie durch die Polizei angeregt war. Zuletzt gab es auch Fälle, in denen keinerlei Hinweise auf eine wie auch immer geartete Kotrolle der Telekommunikation vorlagen.

50% der überwachten Anschlüsse in den untersuchten Verfahren. Festnetzanschlüsse, die privat oder beruflich genutzt wurden, liegen zusammen bei etwa 47%. Öffentliche Anschlüsse, und dabei vor allem Telefonzellen und Gaststättentelefone, bilden nur knapp 1% der überwachten Kommunikationsmittel.

2. *Beschuldigte*

In den 611 Verfahren mit TKÜ-Maßnahmen wurden 1488 Personen als Beschuldigte geführt.[4] Die Verfahren richteten sich damit durchschnittlich gegen 2,4 Beschuldigte (Minimum 1, Maximum 40, Median 2, std.dev. = 3,1). Damit findet sich eine („links"-)schiefe Verteilung in der Anzahl der Beschuldigten, mit einer Mehrzahl an Verfahren mit einem oder zwei Beschuldigten und wenigen Verfahren mit vielen Beschuldigten. Dies liegt vor allem daran, dass auch so genannte Strukturermittlungsverfahren Eingang in die Untersuchung fanden. Diese nehmen eine gewisse Sonderrolle in der Betrachtung ein und erklären die zum Teil sehr hohe Anzahl an Beschuldigten, gegen die unter einem Aktenzeichen ermittelt wurde. Es handelt sich um Verfahren, die als Sammelverfahren eine Vielzahl von Beschuldigten aufweisen, wobei im Laufe der Ermittlungen gesonderte Verfahren gegen einzelne Beschuldigte eingeleitet und das Sammelverfahren selbst gegebenenfalls zuletzt eingestellt wird. Der Ausgang der neuen Verfahren gegen die Beschuldigten, die ursprünglich unter dem Aktenzeichen des Sammelverfahrens geführt wurden, ist dann den Akten mehrheitlich nicht zu entnehmen. Strukturermittlungsverfahren traten in der Untersuchung vor allem bei Verfahren nach § 129 StGB, bei BtM-Verfahren und im OK-Bereich auf.

Etwa 54% der Beschuldigten waren deutscher Staatsangehörigkeit, im Übrigen liegen 54 unterschiedliche Nationalitäten vor. Bei 88% der Beschuldigten handelte es sich um Männer, etwa 11 % waren Frauen, für 1 % war das Geschlecht anhand der Akte nicht festzustellen. Jeweils etwa ein Drittel der Beschuldigten war ledig oder verheiratet, 9% waren geschieden, knapp 1% verwitwet. Für etwa ein Viertel der Beschuldigten ließ sich der Familienstand aus der Akte nicht ermitteln. Vorbestraft waren etwa 36% der Beschuldigten, 30% wiesen keine Vorstrafen auf, für das verbleibende Drittel konnte eine entsprechende Vorbelastung nicht festgestellt, aber auch nicht ausgeschlossen werden.[5]

---

[4] Aufgenommen als Beschuldigte wurden die Personen, die in der Akte als solche geführt wurden und deren Verfahren nicht zu einem späteren Zeitpunkt abgetrennt wurden.

[5] Dies vor allem bei den Beschuldigten, gegen die die Verfahren eingestellt wurden, da in vielen Fällen die BZR-Auszüge aus den Akten entnommen waren.

II. Erkenntnisse zur TKÜ und zu den TKÜ-Verfahren

Im Folgenden wird ein Überblick über den Ablauf von TKÜ-Verfahren und zu den in ihnen eingesetzten Maßnahmen gegeben. Dabei wird zunächst der Verfahrensbeginn betrachtet und untersucht, durch welchen Hinweis die polizeilichen Ermittlungen ausgelöst wurden. Anschließend wird ein Überblick über die Verteilung der Katalogtaten der getroffenen TKÜ-Anordnungen gegeben. Sodann wird untersucht, in welchem Zusammenhang und wann die Staatsanwaltschaft erstmals mit den Ermittlungen befasst wird, ehe auch der Zeitpunkt der ersten TKÜ im Verfahren festgestellt wird. Es folgen Ausführungen zur Dauer zwischen einer ersten Überwachung und folgenden TKÜ-Maßnahmen und schließlich ein Überblick über die Ziele und Erwartungen, die mit dem Einsatz der Maßnahme verbunden werden. Zuletzt wird erörtert, inwieweit eine Überwachung der Telekommunikation als einzige Maßnahme in einem Ermittlungsverfahren eingesetzt wird.

1. Art der Kenntniserlangung des verfahrensauslösenden Sachverhaltes[6]

Die häufigsten verfahrensauslösenden Erkenntnisquellen sind mit etwa 19% und knapp 17% Hinweise Dritter und Erkenntnisse aus anderen Verfahren (siehe *Abbildung 7*). Sie stehen zudem für die unterschiedliche Ausrichtung der Ermittlungstätigkeit: Reaktion auf Anzeigen (Hinweise) einerseits und aktiv begonnene Ermittlungen bei Delikten, die sich durch fehlende Anzeigenerstatter und Hinweisgeber auszeichnen andererseits. Fasst man diese und die weiteren Quellen zusammen, die für Reaktion und Aktion stehen, werden etwa 47% der Verfahren an die Polizei und die Staatsanwaltschaft herangetragen (durch Anzeigen, Hinweise und anonyme Informationen). 40% der Verfahren beginnen durch aktive Ermittlungstätigkeit. Es bleiben weitere 11% an Verfahren, die – vor allem hinsichtlich mehrerer Beschuldigter – durch verschiedene Informationen ausgelöst wurden. Hierbei handelt es sich nahezu ausschließlich um Kombinationen aus verfahrensauslösenden Momenten, die als aktive Polizeitätigkeit zu fassen sind.[7]

6 Als Art der Kenntniserlangung wurde aus den Akten die Information aufgenommen, die zu Beginn des Verfahrens als hinweisgebendes Element begriffen werden konnte. Damit entfallen alle Informationen, die im Rahmen von Vorermittlungen gewonnen wurden, sofern diese Hinweise nicht in der Akte dokumentiert wurden.

7 In diesem Zusammenhang sind die Erkenntnisse von *Kinzig*, S. 427ff. zur Entstehung der Ermittlungsverfahren von besonderem Interesse.

Abbildung 7: Art der Kenntniserlangung bezogen auf Verfahren – in % (n=583)

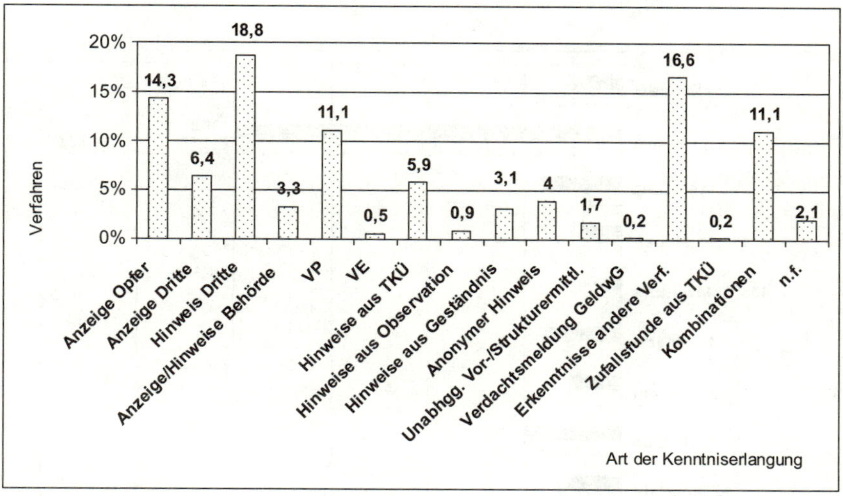

2. Verteilung der Katalogtaten

§ 100a S.1 StPO beinhaltet einen Katalog, der – in Umsetzung des Verhältnismäßigkeitsgrundsatzes – die TKÜ nur bei solchen Verfahren ermöglichen soll, in denen aufgrund bestimmter Tatsachen der Verdacht einer abschließend aufgezählten, der gesetzgeberischen Intention nach besonders schweren Straftat besteht. Den überragenden Anteil der Überwachungsmaßnahmen in der Untersuchung bildeten diejenigen, die aufgrund von Verstößen gegen das BtMG geschaltet wurden. Diese Schwerpunktbildung ist Folge der gewählten Stichprobe, die sich an den Zahlen der Landesjustizverwaltungen orientierte (vgl. *Abbildung 8*).

Als weitere große Gruppen folgen Überwachungen wegen Tötungsdelikten, Raubtaten, Hehlerei und Verstößen gegen das WaffG. Die Verteilung der Katalogtaten entspricht weitgehend derjenigen, der im Erhebungsjahr 1998 gemeldeten Verfahren. Allerdings wurde das Ausmaß der Dominanz der BtM-Verfahren im Verhältnis zu den übrigen nicht erreicht (1998: 58,6% der Verfahren, Untersuchung: 39,8%).[8] Dagegen sind Verfahren wegen anderer Katalogtaten etwas häufiger, insbesondere bei Verstößen gegen das WaffG und Menschenhandel. Dies ist nicht weiter verwunderlich, da die BtM-Verfahren in der Stichprobenziehung untergewichtet wurden.

---

[8] Siehe Teil Zwei A II zur über- bzw. unterproportionalen Gewichtung einzelner Katalogtaten bei der Stichprobenziehung und den Auswirkungen auf die Repräsentativität.

Abbildung 8: Verteilung der Katalogtaten[9] über die Verfahren – in %[10] (n_1=611, n_2=2701[11])

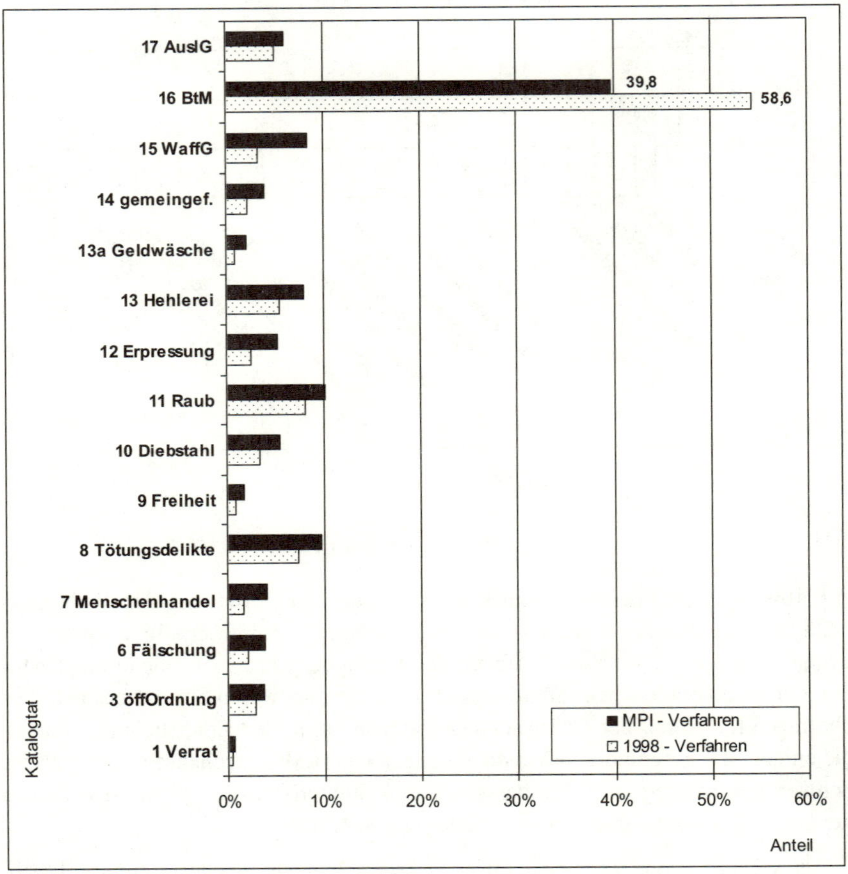

---

9 Hier wie auch in den nachfolgenden Teilen finden sich die Kürzel für die Katalogtaten, die sich anhand der Nennreihenfolge in § 100a StPO ergeben.

10 In einem Verfahren kann die Überwachung auf mehrere verschiedene Katalogtaten gegründet sein. Deshalb übersteigt die Prozentzahl der angegebenen Katalogtaten 100%. Berechnete man die Verteilung bezogen auf die Zahl der Nennungen, so lägen der Untersuchung des Max-Planck-Institutes 696 Verfahren zugrunde. Nach den Angaben der Landesjustizverwaltungen wären 2924 Verfahren zu berücksichtigen. Damit würde dann der Anteil der BtM-Verfahren in der Untersuchung des Max-Planck-Institutes auf etwa 35,4% und in den Angaben der Landesjustizverwaltungen auf etwa 54,3% absinken.

11 Ausgewiesen in den Daten der Landesjustizverwaltungen sind 2705 Verfahren, in der Abbildung fehlen vier Verfahren wegen Katalogtaten nach § 100a Nr. 1b StPO, da diese Gruppe nicht in der Auswertung erfasst wurde.

Keinerlei Rolle spielen TKÜ wegen § 100a Nr.1b StPO, § 100a Nr.1d StPO und § 100a Nr. 1e StPO. Für die Fälle der Fahnenflucht, Anstiftung zum Ungehorsam (§ 100a Nr.1d StPO) und die des § 100a Nr. 1e StPO (NATO-Truppen) begründet sich dies daraus, dass im Jahr 1998 keine Verfahren mit TKÜ wegen dieser Katalogtaten verzeichnet sind. Überwachungen wegen des Verdachtes der Geldwäsche spielen eine nur untergeordnete Rolle, die nicht zuletzt daraus resultieren dürfte, dass der Katalog erst im Laufe des Jahres 1998 um § 261 I, II, IV StGB erweitert und damit eine TKÜ aufgrund dieser Delikte erst ab diesem Zeitpunkt ermöglicht wurde.

3. Grund der ersten Einschaltung der Staatsanwaltschaft

Die Einschaltung der Staatsanwaltschaft und die erste Anregung einer TKÜ erfolgten in 57,3% der Fälle am selben Tag. Das bedeutet auch, dass die Staatsanwaltschaft mehrheitlich im Rahmen einer TKÜ erstmals mit dem Sachverhalt befasst wurde. In diesem Stadium wird das Verfahren aus den Händen der Polizei an die Staatsanwaltschaft herangetragen. Damit bestätigt sich auch die aus anderen Forschungsprojekten bekannte Selbständigkeit der Polizei bei der Ermittlungstätigkeit, die dann endet, wenn für weitere Ermittlungen Rechtsbedingungen durch die Einschaltung der Staatsanwaltschaft erfüllt sein müssen.[12] In diesem Sinne steuert die TKÜ gewissermaßen einer Verpolizeilichung der Ermittlungen entgegen. KINZIG spricht von einer „Kanalisierungsfunktion“.[13]

Falsch wäre jedoch der Rückschluss, dass die TKÜ damit in diesen Fällen auch stets die erste Ermittlungsmaßnahme gewesen wäre[14]: vielmehr ist der Überwachung durchaus und zwangsweise eine Erkenntnisphase vorgeschaltet (schon, um Kenntnis von der zu überwachenden Telefonnummer zu erhalten). Allein die Befassung der Staatsanwaltschaft mit dem Sachverhalt erfolgte erstmals mit Anregung der Überwachung.

4. Zeitpunkt der ersten TKÜ

Für die Frage, wie schnell die Ermittlungsbehörden auf die TKÜ zurückgreifen, ist zu klären, zu welchem Zeitpunkt im Verfahren sie eingesetzt wird: wann also wird die TKÜ erstmalig angeregt, beantragt oder beschlossen, und inwieweit bestehen Unterschiede nach den den Überwachungen zugrunde liegenden Katalogtaten?

---

12 Grundlegend *Blankenburg/Sessar/Steffen*; *Geisler*.

13 *Kinzig*, StV 2004, 3.

14 In diesem Sinne unter Umständen missverständlich in *Albrecht/Dorsch/Krüpe*, S. 159.

4.1 Zeitpunkt der ersten Überwachungen

Um den Beginn des Verfahrens zu fixieren, wurde der Zeitpunkt der Kenntniserlangung vom Sachverhalt durch die Polizei gewählt. Falls diese Angabe aus der Akte nicht gewonnen werden konnte, wurde auf den Moment abgestellt, in dem die Staatsanwaltschaft erstmalig mit dem Sachverhalt konfrontiert oder aber das Ermittlungsverfahren förmlich eingeleitet wurde. Unter mehreren feststellbaren Zeitpunkten wurde der früheste gewählt. Diese Vorgehensweise resultiert aus der Problematik, dass in den Akten nicht immer alle Daten fixiert waren. In der Regel war jedoch die erste polizeiliche Kenntnis der Bezugspunkt.

So konnte für 443 **richterliche (Erst-) Anordnungen** festgestellt werden, wie viel Zeit zwischen dem Beginn der Ermittlungen und der **Anregung** einer TKÜ verging. Für 464 richterliche (Erst-)Anordnungen wurde der Zeitraum zwischen Beginn der Ermittlungstätigkeit und dem **Beschluss** ermittelt (s. *Tabelle 7*).[15]

Zwischen Ermittlungsbeginn und erster Anregung lagen im Mittel 84 Tage, der Median findet sich jedoch bei 27 Tagen (Minimum 0[16], Maximum 2331 Tage). Diese große Differenz zwischen Mittelwert und Median lässt auf eine schiefe Verteilung mit einerseits vielen Fällen mit kleinen Werten (also kurzen Zeiträumen) und wenigen Fällen mit – allerdings – sehr großen Werten (also langen Zeiträumen) schließen.

Zwischen Ermittlungsbeginn und erster richterlicher TKÜ-Anordnung vergingen im Mittel 90 Tage, der Median liegt jedoch auch hier bei wesentlich niedrigeren 35 Tagen (Minimum 0[17], Maximum 2339 Tage). Damit ist auch für diese Fälle eine schiefe Verteilung gegeben. In 28 Verfahren war ein Zeitraum von mehr als einem Jahr nach Ermittlungsbeginn bis zur ersten richterlichen Anordnung einer TKÜ festzustellen.

Sofern die erste TKÜ im Verfahren eine staatsanwaltschaftliche **Eilanordnung** war, lagen zwischen Verfahrensbeginn und erster Anregung im Mittel 62 Tage, der Median beträgt 2 (Minimum 0, Maximum 1924, n=71). Zwischen der Auslösung der Ermittlungen und der Eilanordnung vergingen im Mittel 55 Tage. Der Median wurde ebenfalls bei 2 (Minimum 0, Maximum 1937, n=83) ermittelt.

---

15 Die unterschiedlichen Bezugsgrößen von 443 bzw. 464 resultieren aus der unterschiedlich gut möglichen Rekonstruktion der Daten anhand der Akten. Das Datum des Beschlusses war in der Regel festzustellen, das der Anregung hingegen nicht immer.

16 Beginn und Anregung an einem Tag.

17 Beginn und Anordnung an einem Tag.

Tabelle 7: Überblick über den Zeitraum zwischen Ermittlungsbeginn und erster TKÜ in Tagen (n_1=443, n_2=464, n_3=71, n_4=83)

Zeitraum in Tagen	RiAO[18] VB-AR[19]	RiAO VB-RiAO[20]	EilAO[21] VB-AR	EilAO VB-EilAO[22]
Median	27	35	2	2
Mittelwert	83	90	62	55
Minimum	0	0	0	0
Maximum	2331	2339	1924	1937

Die Gesamtdauer der Verfahren ist *Tabelle 8* zu entnehmen. Sie lag im Median bei 327,5 Tagen zwischen Beginn der Ermittlungen und der staatsanwaltschaftlichen Abschlussverfügung. Es zeigt sich damit, dass eine TKÜ in der Regel eher im Frühstadium der Ermittlungen eingesetzt wird. Man könnte daraus folgern, dass die gesetzgeberische Intention der TKÜ als *ultima ratio* missachtet wird. Es ist jedoch auch darauf abzustellen, mit welcher Zielrichtung und wegen welcher Tat die Überwachung erfolgt, welche Maßnahmen zuvor und parallel eingesetzt werden und wie sie allgemein in den Ermittlungsplan eingegliedert ist. [23]

4.2 Zeitpunkt der ersten Überwachung nach Katalogtaten

Fraglich ist weiterhin, ob und inwieweit sich die verschiedenen Katalogtaten auf den Einsatzzeitpunkt der TKÜ auswirken. *Tabelle 8* gibt den Median einzelner Verfahrenszeiträume nach Katalogtaten aufgeschlüsselt an. Hervorgehoben sind die Werte, die deutlich von der allgemeinen Verteilung abweichen.[24] Dabei findet sich bezüglich der Anregung und Anordnung der TKÜ vor allem bei Erpressungen

18 Richterliche Anordnung.

19 Verfahrensbeginn bis erste Anregung.

20 Verfahrensbeginn bis erster Beschluss.

21 Eilanordnung.

22 Verfahrensbeginn bis erste Eilanordnung.

23 Siehe dazu in diesem Teil unter A II 7.

24 Die Gesamtdauer der Ermittlungen wurde bei verschiedenen Delikten gemessen und ist hier im Median angegeben. Die Angaben zu den Bezugsgrößen n variieren, da nicht stets für alle Anregungen und Anordnungen Daten festgestellt werden konnten. Gleiches gilt für die Verfahrensabschlussdaten der staatsanwaltschaftlichen Abschlussverfügung und der Hauptverhandlung, wobei für letzteres hinzutritt, dass nicht jedes Verfahren in eine Hauptverhandlung mündete.

Tabelle 8: Vergleich der Verfahrensdaten bei bestimmten Katalogtaten - Median

Beginn bis / **Katalogtat**	**Erste Anregung (Md)**	**Erste Anordnung (Md)**	**Abschlussverfügung (Md)**	**Hauptverhandlung (Md)**
Öff. Ordnung (n_1=9 ,n_2=10, n_3=10, n_4=3)	65	87	604,5	678
Menschenhandel (n_1=18, n_2 =20, n_3=15, n_4=10)	**145**	**152**	395	564
Tötungsdelikte (n_1=27, n_2=30, n_3=41, n_4=20)	**11**	**12,5**	275	505,5
Diebstahl (n_1=19, n_2=20, n_3 =22, n_4=17)	46	56,5	333	412
Raub (n_1=29, n_2 =31, n_3=40, n_4=18)	**18**	**19**	154	215,5
Erpressung (n_1=20, n_2=21, n_3=20, n_4=9)	**5**	**6**	228,5	328
Hehlerei (n_1=26, n_2=27, n_3=28, n_4=20)	66	83	380,5	510,5
WaffG (n_1=21, n_2=22, n_3=25, n_4=17)	27	28,5	369	548
BtMG (n_1=177, n_2=178, n_3=184, n_4=145)	26	34,5	323	429
AuslG (n_1=27, n_2=27, n_3=26, n_4=13)	43	50	378,5	531
Allgemein[25] (n_1=443 ,n_2=464, n_3=500, n_4=329)	**27**	**35**	**327,5**	**431**

[25] Alle Verfahren, für die die Daten festgestellt werden konnten, auch inklusive der Katalogtaten, die in der Tabelle nicht gesondert ausgewiesen sind. Daher erklärt sich, dass die Summe der einzelnen Bezugsgrößen n nicht der der Kategorie „Allgemein" entspricht.

(erste richterliche AO nach 6 Tagen), Tötungsdelikten[26] (erste richterliche AO nach 12,5 Tagen) und Raubtaten (erste richterliche AO nach 19 Tagen) ein Median, der unter dem der allgemeinen Verteilung liegt. Zu beachten ist jedoch, dass die Verfahren wegen Erpressungen und Raubtaten auch einen deutlich kürzeren Zeitrahmen beanspruchten.

BtM-Verfahren finden sich auf dem Mittel, wie sich bereits aufgrund der hierzu vorliegenden Verfahrenszahlen nicht anders erwarten lässt. Hingegen ist etwa bei Fällen des Menschenhandels mit einem Median von 152 Tagen für die erste richterliche Anordnung nach Ermittlungsbeginn festzuhalten, dass der Zeitpunkt deutlich später als bei der allgemeinen Verteilung zu messen ist.

Anhand dieser Ergebnisse ist festzuhalten, dass die TKÜ in Fällen akuter Gefährdungslagen oder schwerwiegender Eingriffe in und Bedrohungslagen für Leib und Leben sehr schnell eingesetzt wird. Dies ist unter dem Gesichtspunkt einer Abwägung des Grundrechtseingriffs gegenüber der Effektivität der Strafrechtspflege bei hochrangigen Rechtsgütern nachvollziehbar.

Umgekehrt wird die TKÜ – wie das Beispiel der Menschenhandelsverfahren zeigt – bei komplexen Ermittlungsverfahren, die der Aufdeckung von Strukturen und Kommunikationswegen bedürfen, zwar ebenfalls zügig, wenn auch nicht ganz so schnell angewendet.

5. *Zeitraum zwischen erster und Folge-TKÜ*

In 63% der Verfahren wurden mehrere Anordnungen auf Überwachung der Telekommunikation getroffen. Der Zeitraum zwischen erster und dann folgender TKÜ konnte für 345 Verfahren (57%) ermittelt werden und bezieht sich in *Abbildung 9* auf denjenigen zwischen einer ersten Anordnung auf Überwachung und der dann folgenden, sofern sie nicht am selben Tag erging. Es handelt sich damit um die Daten der Anordnungen, nicht diejenigen der Aufschaltung zur Überwachung.

In 77 Verfahren (22%) ergingen Folgeanordnungen binnen einer Woche. Der Mittelwert liegt bei 59 Tagen, der Median bei 24 (Minimum 1, Maximum 4822 Tage). Damit wurden in mindestens der Hälfte der Verfahren innerhalb von gut drei Wochen Folgeentscheidungen (konsekutive und verlängernde[27]) getroffen.[28]

---

[26] Die im Vergleich zu Einsatzzeitpunkt der Maßnahme lange Verfahrensdauer bei Tötungsdelikten dürfte im Wesentlichen aus der Schwere der Straftaten resultieren. Für den langen Zeitraum bis zum Beginn der Hauptverhandlung kommt weiter die Notwendigkeit von Gutachten hinzu. Auch bei Erpressungen zeigt sich eine im Vergleich zum Einsatzzeitpunkt der TKÜ lange Verfahrensdauer.

[27] Folgeentscheidungen auf eine erste Überwachung können in Form von Verlängerungen oder neuen Anordnungen getroffen werden. Unter konsekutiven Entscheidungen werden im Folgenden Anordnungen verstanden, die nicht die erste TKÜ in einem Verfahren betreffen und keine Verlängerung einer Maßnahme beinhalten. Verlängerungsanordnungen

Sofern in einem Verfahren also mehrere TKÜ geschaltet werden, wird dieser Entschluss verhältnismäßig zügig gefasst. Weiterhin wird deutlich, dass Folgeanordnungen zum Teil schneller erfolgen, als die erste Überwachungsmaßnahme andauert.

Abbildung 9: Zeitraum zwischen erster und nächster Anordnung einer TKÜ in Wochen – absolut (n=345)

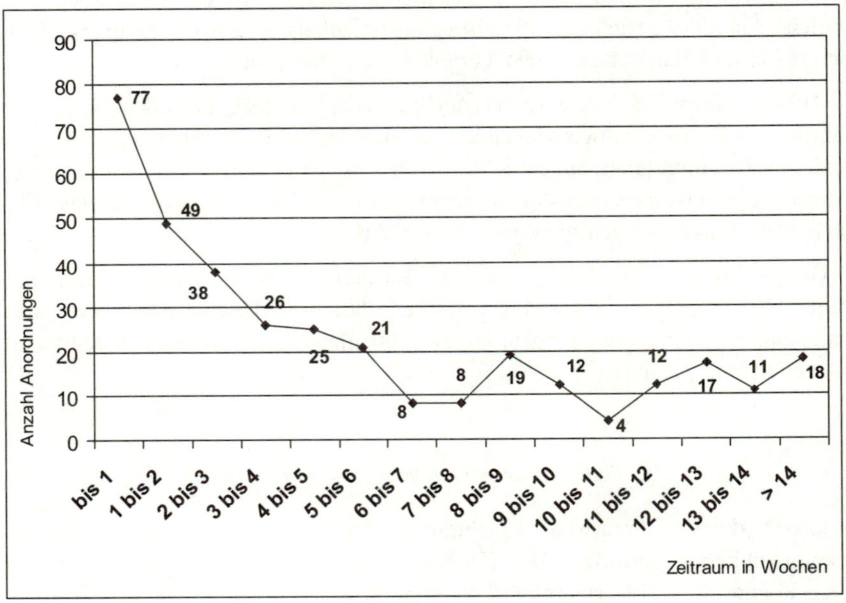

Der Umstand, dass Folgeentscheidungen die Regel sind und diese wiederum regelmäßig in kurzem Abstand zur Erstanordnung ergehen, hängt auch mit den Erkenntnissen zusammen, die aus einer TKÜ gewonnen werden. Im Gutachten des Max-Planck-Institutes hat sich gezeigt, dass die Erkenntnisse im Rahmen einer TKÜ häufig mittelbare Wirkung besitzen und Informationen für weitere Ermittlungen bringen. So werden Telefonnummern des überwachten Beschuldigten oder neuer Tatverdächtiger oder Nachrichtenmittler bekannt, die dann in der Folge eben-

sind solche, die für einen oder mehrere Anschlüsse eine bereits bestehende Maßnahme verlängern. Verlängerungen sind damit ebenfalls konsekutive Entscheidungen, beziehen sich aber in mindestens einem Anschluss auf eine bereits bekannte Erreichbarkeit der Täter.

[28] Für die Anregungen zeigt sich, dass zwischen der Anregung der ersten TKÜ und der darauf folgenden im Mittel 70 Tage vergingen (Median 30 Tage, Minimum 1, Maximum 4809, n=307).

falls abgehört werden. Etwa 58% der „Erfolge" einer TKÜ bestehen in Erkenntnissen für weitere Ermittlungsansätze als Teil der so genannten mittelbaren Erfolge.[29] In diesen Fällen wiederum werden als weitere Ermittlungsmethoden zu 50% neue TKÜ angeordnet und aufgeschaltet.[30] Allerdings wird damit auch deutlich, dass ein weiterer[31] Streueffekt der Maßnahme in den nahezu zwangsweise erfolgenden weiteren Überwachungsmaßnahmen liegt.

6. Ziele der Maßnahmen

Gemäß § 100a StPO kann die TKÜ zur Erforschung des Sachverhaltes und zur Ermittlung des Aufenthaltsortes des Beschuldigten eingesetzt werden. In den Anordnungen fanden sich für 86,5% der Anschlüsse Hinweise auf die Zielsetzung der Maßnahme. In den verbleibenden Fällen wurden keine Informationen zu den Erwartungen gewonnen, die die Ermittler mit der Überwachung verbanden.

6.1 Ziele der TKÜ allgemein

In den Akten fanden sich zum einen Angaben zu den Zielen und Erwartungen, die allgemein mit einer TKÜ verknüpft wurden (Sachverhaltserforschung und / oder Aufenthaltsortsermittlung). Zum Teil konnten auch genauere Angaben entnommen werden, die sich etwa darauf bezogen, Hinweise auf Mittäter oder Strukturen zu erhalten.[32] Die Ermittlung des Aufenthaltsortes spielt eine untergeordnete Rolle, wie sich *Abbildung 10* entnehmen lässt.

Sie war bei nur 4% der überwachten Anschlüsse alleiniges Ermittlungsziel, in weiteren knapp 10% wurde diese Erwartung an die TKÜ mit der Erforschung des Sachverhaltes verknüpft (*Abbildung 10*). Mit 72,6% überwiegt die Erforschung des Sachverhalts als Ziel der Überwachung.

---

29 *Albrecht/Dorsch/Krüpe*, S. 374ff.

30 *Albrecht/Dorsch/Krüpe*, S. 379f.

31 Zur eigentlichen Streuwirkung der Maßnahme bezogen auf die Wirkung auf weitere Kommunikationsteilnehmer siehe Vierter Teil A II.

32 Siehe dazu *Albrecht/Dorsch/Krüpe*, S. 160ff. und *Dorsch*.

Abbildung 10: Ziele der TKÜ bezogen auf Anschlüsse – in % (n=3071)

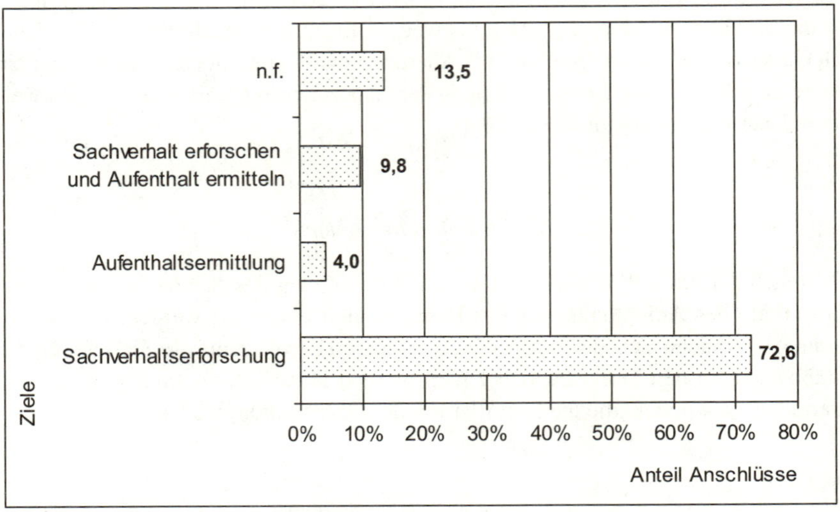

6.2 Ziele der TKÜ nach Katalogtaten

Es ist davon auszugehen, dass das Ziel der TKÜ maßgeblich durch das aufzuklärende Delikt geprägt wird. Betrachtet man die Zielsetzung der Maßnahme in Abhängigkeit der die TKÜ auslösenden Katalogtaten, zeigt sich ein signifikantes Ergebnis ($p<0,05$). Hervorgehoben in *Tabelle 9* sind die Werte der Katalogtaten, bei denen die standardisierten Residuen ihre Abweichung von der allgemeinen Verteilung bestätigen.[33] Unter Kombinationen finden sich diejenigen Anschlüsse, deren Überwachung aufgrund von Anordnungen erfolgte, die sich auf mehrere Katalogtaten des § 100a StPO stützen.

Das signifikante Ergebnis wird dabei durch TKÜ-Maßnahmen wegen Verstößen gegen die öffentliche Ordnung, Menschenhandels, Tötungsdelikten, Eingriffen in die persönliche Freiheit, Raubtaten, Erpressung, Hehlerei und Verstößen gegen das BtMG ausgelöst.

So war die Ermittlung des Aufenthaltsortes bei Tötungs- und Raubdelikten (15,9% bzw. 10,5%) von erheblich höherer Bedeutung als im allgemeinen Trend, während dementsprechend die reine Sachverhaltserforschung als Zielsetzung zu-

[33] Dabei handelt es sich um Überzufälligkeiten in der Abweichung der erwarteten von den gefundenen Werten, wenn std. Resid > +3 oder < -3, siehe Teil Zwei A V 2 b.

Tabelle 9: Ziele nach Katalogtaten bezogen auf Anschlüsse – in %

		Aufenthalt	*Aufenth.+ Sachv.t*	*Sachverhalt*	*n.f.*
Verrat (n=15)	Anteil	0	0	80	20
	std. Resid.	-,7	-1,2	,3	,7
Öff. Ordnung (n=162)	Anteil	0	**33,3**	**45,1**	22,1
	std. Resid	-2,3	**9,4**	**-4,2**	2,7
Fälschung (n=60)	Anteil	0	0	95	5
	std. Resid	-1,4	-2,4	2,0	-1,8
Mensch.hdl (n=112)	Anteil	21,8	**0**	85,7	15,3
	std. Resid	-,8	**-3,3**	1,6	-,3
Tötungsdelikte (n=276)	Anteil	**15,9**	**21**	**51,1**	12
	std. Resid	**11,8**	**5,8**	**-4,3**	-,8
Pers. Freiheit (n=56)	Anteil	3,6	1,8	53,6	**41,1**
	std. Resid	,2	-1,9	-1,7	**5,6**
Diebstahl (n=104)	Anteil	0	5,8	82,7	11,5
	std. Resid	-1,8	-1,4	1,1	-,6
Raub (n=200)	Anteil	**10,5**	**22,5**	**44**	**23**
	std. Resid	**5,8**	**5,6**	**-4,8**	**3,6**
Erpressung (n=77)	Anteil	3,9	**29,9**	61	5,2
	std. Resid	,3	**5,5**	-1,2	-2,0
Hehlerei (n=242)	Anteil	1,2	**1,7**	**92,1**	**5**
	std. Resid	-1,7	**-4,1**	**3,4**	**-3,7**
Gem.gef. (n=90)	Anteil	4,4	3,3	71,1	21,1
	std. Resid	,7	-2,0	-,2	1,9
WaffG (n=127)	Anteil	4	5,6	86,5	4
	std. Resid	,5	-1,6	1,7	-2,9
BtMG (n=1085)	Anteil	**0,5**	**6,4**	80,8	12,4
	std. Resid	**-5,1**	**-3,8**	2,9	-1,2
AuslG (n=149)	Anteil	0	10,7	75,8	13,4
	std. Resid	-2,2	,3	,4	-,1
Geldwäsche (n=19)	Anteil	5,3	0	84,2	10,5
	std. Resid	,5	-1,4	,6	-,4
Kombinationen (n=247)	Anteil	2,8	6,1	72,1	19
	std. Resid	-,3	-1,9	-,2	2,3
Allgemein (n=3020)	Anteil	**3,2**	**10**	**73,2**	**13,6**

$p<0,05$; $\chi^2=658$; df=45; Cramers V=0,27.

rückging. Bei Tötungs- und Raubdelikten[34] war zudem – ebenso wie bei Erpressungen und Straftaten gegen die öffentliche Ordnung – häufiger die Aufenthaltsortsermittlung neben der Erforschung des Sachverhaltes Zweck der TKÜ.

Für TKÜ-Maßnahmen wegen Hehlerei und Verstößen gegen das BtMG lag seltener die Kombination beider Ermittlungsziele vor, dafür war für die Hehlerei ein signifikant höherer Wert bei der reinen Sachverhaltserforschung festzustellen (92,1%). Zudem wurde eine TKÜ bei Verstößen gegen das BtMG so gut wie nie allein zur Ermittlung des Aufenthaltsortes geschaltet (nur in 0,5% der Fälle).

Damit bestätigen sich die erwarteten Verteilungen: so wie bei Tötungsdelikten die Fahndung nach dem Täter und seine Identifizierung als vordringliches Ermittlungsziel erscheinen, sind die Täter bei Verstößen gegen das BtMG oder banden- / gewerbsmäßig begangener Hehlerei häufig bekannt und die TKÜ dient vorrangig der weiteren Aufklärung der Umstände und des Umfeldes.

6.3 Einsatzzeitpunkt der TKÜ nach Zielen

Die Ziele, die mit einer TKÜ verbunden werden, können zudem den Zeitpunkt beeinflussen, zu dem eine Überwachung eingesetzt wird. Dementsprechend liegt der Median bei Verfahren, in denen nur TKÜ-Maßnahmen zur Ermittlung des Aufenthaltsortes eingesetzt werden, für die erste Überwachung bei 14,5 Tagen nach Beginn der Ermittlungen (n=12[35], Minimum 0, Maximum 2339, Mittelwert 96,6 Tage). Sofern der Aufenthalt ermittelt und der Sachverhalt erforscht werden sollte, wurde die TKÜ im Median nach 12 Tagen geschaltet (n=57[36], Minimum 0, Maximum 1048, Mittelwert 63,3 Tage). Für Verfahren, in denen die Überwachung ausschließlich der Erforschung des Sachverhalts dienen sollte, lässt sich der Median für die erste TKÜ bei 30 Tagen feststellen (n=423, Minimum 0, Maximum 1950, Mittelwert 82,9 Tage).

Damit wurden TKÜ-Maßnahmen erwartungsgemäß schneller geschaltet, wenn die Ermittlung des Aufenthaltsortes zumindest auch Ziel der Überwachung ist. Auch hier schlägt sich der Einfluss der zugrunde liegenden Delikte, so wie er unter **6.2** und unter **4.2** dargestellt wurde, nieder: die Ermittlung des Aufenthaltsortes spielt bei Verfahren wegen Taten, die Opfer hervorbringen, eine größere Rolle. Die

34 21%, std. Residual 5,8; 22,5%, std. Residual 5,6.

35 Während zuvor unter 6.2 die Ziele nach Anschlüssen betrachtet wurden, erfolgt hier eine verfahrensbezogene Auswertung. In knapp 2% aller Verfahren wurden die Maßnahmen der Überwachung der Telekommunikation allein zum Ziel der Aufenthaltsortsermittlung eingesetzt.

36 Während zuvor unter 6.2 die Ziele nach Anschlüssen betrachtet wurden, erfolgt hier eine verfahrensbezogene Auswertung. In knapp 9% aller Verfahren wurden die Maßnahmen der Überwachung der Telekommunikation zum Ziel der Aufenthaltsortsermittlung und zur Erforschung des Sachverhalts eingesetzt.

Ursache liegt in der dann gegebenen Gefährdungslage oder den Eingriffen in Leib oder Leben.

7. TKÜ und andere Maßnahmen

Bereits im MPI-Gutachten wurde deutlich, dass die TKÜ selten als einzige Ermittlungsmethode eingesetzt wird. In der Regel kann sie nicht das alleinige zielführende Mittel sein, sondern bedarf vorbereitender, unterstützender, begleitender und Folgemaßnahmen.

So wurden in 71% der in dieser Arbeit untersuchten Verfahren Zeugen vernommen (keine Vernehmung in 24%, n.f. in 5%) und in 70% der Fälle Durchsuchungen durchgeführt (keine Durchsuchung in 24% und in 6% n.f.). Fahndungen wurden in 10% der Verfahren eingeleitet, in 81% dagegen nicht (n.f. in 9%). In 261 von 611 Verfahren (43%) wurden weitere verdeckte Maßnahmen eingesetzt (insbesondere Verdeckte Ermittler und Vertrauenspersonen sowie Observationen) und / oder weitere technische Mittel verwendet (Videoüberwachungen, Peilsysteme, Mikrophone, Abhöranlagen). In 31% der Fälle wurden sonstige Ermittlungsmaßnahmen ergriffen und dabei vor allem Gutachten erstellt (daktyloskopische, chemische, biologische, toxikologische, allgemeine BtM- und Waffengutachten). Selbstverständlich ist, dass die diversen Ermittlungsmethoden häufig kumulativ durchgeführt wurden.

Auch wenn die TKÜ selten als (zeitlich gesehen) letzte Maßnahme geschaltet wird, ist sie somit noch wesentlich seltener das einzige Mittel. Dies muss auch zum Verständnis ihrer *Ultima-ratio*-Funktion beitragen, siehe dazu unter C II.

8. Verfahrensausgang

Auch in dieser Arbeit soll im Überblick dargestellt werden, welchen Ausgang die TKÜ-Verfahren genommen haben.[37]

Dabei zeigt sich zunächst, dass in 37,8% der Verfahren die Ermittlungen gegen alle Beschuldigten durch die Staatsanwaltschaft eingestellt wurden. In weiteren 45,2% wurden alle Beschuldigten angeklagt. In 12% der Verfahren ergingen bei den mehreren Beschuldigten Strafbefehle, es wurde Anklage erhoben und / oder das Verfahren eingestellt (*Tabelle 10*).

680 Beschuldigte wurden angeklagt. Für 674 Beschuldigte wurde festgestellt, wie die Hauptverhandlung endete. 633 Angeklagte wurden verurteilt (93,9%), für 20 Angeklagte endete die Hauptverhandlung mit einem Freispruch (3%). In weiteren 21 Fällen (3,1%) wurde das Verfahren in der Hauptverhandlung eingestellt.

---

[37] Vertieft in *Dorsch* und *Albrecht/Dorsch/Krüpe*, S. 343ff. und 387ff.

Tabelle 10: Ausgang des Ermittlungsverfahrens - verfahrensbezogen (n=611)

	Absolut	**Relativ**
Alle eingestellt	231	37,8
Alle n.f.	19	3,1
Teilw. eingestellt / n.f.	7	1,1
Alle Strafbefehl	5	0,8
Kombinationen[38]	73	12
Alle angeklagt	276	45,2

9. Zusammenfassung

Die TKÜ-Verfahren wurden etwa gleichermaßen durch aktive Ermittlungstätigkeit und Reaktionen auf Anzeigen und Hinweise ausgelöst (51% gegenüber 47% der Verfahren). Die Anordnungen ergingen zum überwiegenden Teil wegen Verstößen gegen das BtMG; dies ist Folge der Stichprobenziehung anhand der Katalogtatverteilung des Jahres 1998. Die Staatsanwaltschaft wurde in etwa 57% der Fälle erstmals im Rahmen einer TKÜ mit dem Sachverhalt betraut.

Die Überwachung erfolgte in der Regel sehr schnell nach Beginn der Ermittlungstätigkeit. Es bestehen dabei deutliche Unterschiede nach den den Anordnungen zugrunde gelegten Katalogtaten, die vor allem bei Bedrohungs- und Gefährdungslagen für und Eingriffen in Leib und Leben zu einem beschleunigten Einsatz der TKÜ führen. Als Ziel wurde weit überwiegend die Erforschung des Sachverhaltes zugrunde gelegt, während die Aufenthaltsortsermittlung als (alleinige) Erwartung an die TKÜ mit 4% eine untergeordnete Rolle spielte. Erwartungsgemäß finden sich hier Unterschiede bei der Betrachtung verschiedener Katalogtaten.

Zusammenfassend zeigt sich für den Einsatz der TKÜ das in *Abbildung 11* wiedergegebene Bild. Aufgetragen in Tagen findet sich der Zeitraum zwischen dem Beginn der Ermittlungen durch die Polizei und ihrem Abschluss durch die Staatsanwaltschaft (Anklage oder Einstellung) sowie der weiteren Dauer bis zum Ende der Hauptverhandlung. Der Ermittlungszeitraum beträgt im Median 327,5 Tage (n=500; Minimum 3, Maximum 3155, Mittelwert 404,5 Tage). Zwischen Ermittlungsbeginn und Urteil vergingen im Median 431 Tage (n=329, Minimum 13, Maximum 2003, Mittelwert 517 Tage). Der Median der ersten Eilanordnung liegt zwei

[38] Einstellung, Anklage und / oder Strafbefehl.

Tage nach Kenntniserlangung von dem verfahrensauslösenden Sachverhalt, die erste Anregung auf TKÜ durch den Richter findet sich nach 27 Tagen (Md). Die erste richterliche Überwachungsanordnung konnte nach 35 Tagen (Md) gemessen werden, die Aufschaltung dieser Anordnung erfolgt im Median nach 36 Tagen. Die erste Folgeanordnung liegt 59 Tage nach Beginn der Ermittlungen (Md).

Abbildung 11: TKÜ im Ablauf des Ermittlungsverfahrens bis zum Beginn der Hauptverhandlung – Median (Tage).

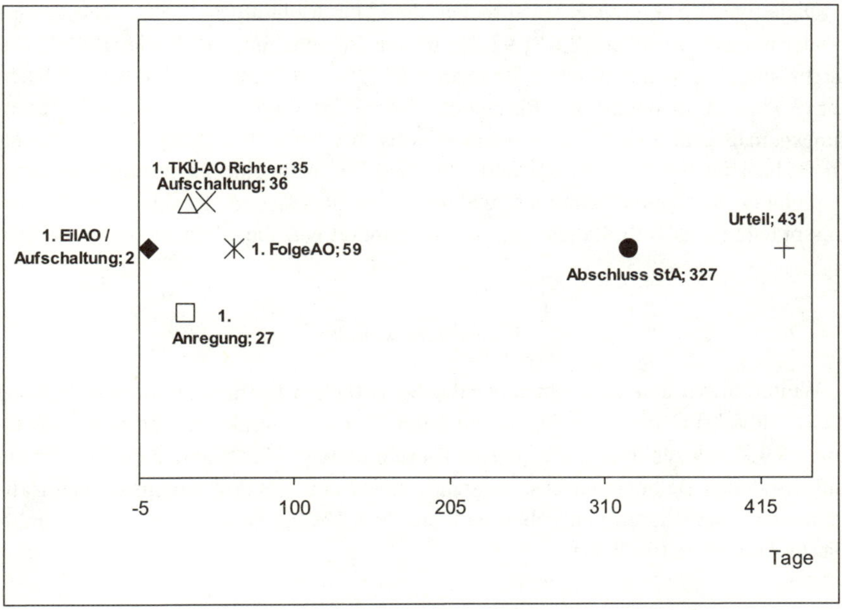

Somit wird die TKÜ in der Regel in einer frühen Phase der Ermittlungen eingesetzt und dementsprechend sinkt mit zunehmender Dauer des Verfahrens die Wahrscheinlichkeit, dass eine Überwachung noch erfolgt. Selten wird in den Ermittlungen allein auf eine TKÜ vertraut, in der Regel werden weitere Maßnahmen ergriffen.

B. Allgemeine Erkenntnisse der Befragungen

I. Schriftliche Befragung

In der Schriftlichen Befragung wurden die Praktiker unter anderem mit dem in § 100a StPO statuierten Verdachtsgrad und dem dort aufgeführten Katalog befasst.

1. *Verdachtsgrad*

Die Praktiker wurden gebeten, den in § 100a StPO festgeschriebenen Verdachtsgrad zu bewerten.[39] Dabei erklärten 90,5% der Befragten, dass der dort fixierte Verdacht beibehalten werden sollte, während sich 9,5% der Teilnehmer für eine Änderung und dabei für eine Anpassung an § 112 StPO aussprachen.

Die Antworten unterscheiden sich signifikant nach den Berufsgruppen (n=2895).[40]

Diejenigen der Polizisten entsprechen dem Durchschnitt (n=1312, 7,3% für eine Änderung, std. Residual -2,6[41]; 92,7% für ein Beibehalten, std. Residual 0,8). Dagegen sprachen sich nur sieben Staatsanwälte (1%, std. Residual -7,4) und 19 Richter (3,7%, std. Residual -4,3) für eine Änderung des Verdachtsgrades aus.[42] Erwartungsgemäß ändert sich das Antwortverhalten bei der Betrachtung der Verteidiger (n=351). Hier votierten 43,6% (std. Residual 20,7) für eine Änderung und damit Anhebung des Verdachtsgrades, während sich 56,4% (std. Residual -6,7) dafür aussprachen, das Tatbestandsmerkmal unverändert beizubehalten.

2. *Straftatenkatalog*

Weiterhin wurden die Teilnehmer der Schriftlichen Befragung mit dem Katalog des § 100a StPO befasst.[43] Dabei votierten 32,4% der Praktiker für eine Ausweitung des Kataloges und 5,4% für eine Einschränkung. 39,7% sprachen sich für ein unverändertes Beibehalten aus, während 16,4% den Katalog zugunsten einer allgemeinen Formulierung aufgeben wollten. Zu 6,1% gaben die Teilnehmer kombinierte Antworten (n=2931).

---

39 Frage: „Nach derzeitiger Gesetzeslage darf die Überwachung und Aufzeichnung der Telekommunikation angeordnet werden, wenn bestimmte Tatsachen den Verdacht begründen, dass jemand als Täter oder Teilnehmer eine Katalogstraftat begangen, oder in den Fällen, in denen der Versuch strafbar ist, eine solche Straftat zu begehen versucht hat. Sollte Ihrer Auffassung nach der Verdachtsgrad zur TKÜ-Anordnung geändert werden?" (n=2917).

40 $p<0,05$; $\chi 2=562,5$; df=3; Cramers V=0,44.

41 Es handelt sich um Überzufälligkeiten in der Abweichung der erwarteten von den gefundenen Werten, wenn std. Resid > +3 oder < -3, siehe Teil Zwei A V 2 b.

42 Staatsanwälte n = 715, „beibehalten" 99% (std. Residual 2,4); Richter n=517, „beibehalten" 96,3% (std. Residual 1,4).

43 Frage: „Derzeit darf die Anordnung einer TKÜ-Maßnahme nur erfolgen, wenn bestimmte Tatsachen den Verdacht einer in dem Straftatenkatalog des § 100a StPO abschließend aufgeführten Straftat begründen. Sollte Ihrer Auffassung nach der Straftatenkatalog des § 100a StPO ausgeweitet / eingeschränkt / unverändert beibehalten werden oder gänzlich wegfallen und ersetzt werden durch allgemeinere Formulierungen, etwa „Verbrechen mit abstrakter Mindestfreiheitsstrafe von ..." oder „schwere Verbrechen"?"

2.1 Katalog nach Berufsgruppen

Deutliche signifikante Unterschiede zeigen sich bei der Analyse von 2907 Fragebögen nach den Antworten der einzelnen Berufsgruppen.[44]

Von 1343 Polizisten sprachen sich 40,7% (std. Residual 5,2) für eine Ausweitung des Kataloges aus, nur fünf Teilnehmer (0,4%, std. Residual -7,9) für eine Einschränkung. 31,1% plädierten dafür, den Katalog unverändert beizubehalten. 20,5% der Befragten votierten für ein Wegfallen zugunsten einer allgemeinen Formulierung (std. Residual 3,7). Im Übrigen liegen Kombinationen vor.

Auch bei den Staatsanwälten (n=705) fällt die Entscheidung zwischen Ausweitung (39,9%, std. Residual 3,4) und Einschränkung (drei Staatsanwälte, 0,4%, std. Residual -5,7) zugunsten ersterer aus.[45]

Deutlich zurückhaltender werteten die Richter für eine Ausweitung (21,4 %, std. Residual -4,4). In der Mehrzahl sprachen sie sich dafür aus, den Katalog unverändert beizubehalten (57,2%, std. Residual 6,2).[46]

Auch hier ändert sich das Antwortverhalten erwartungsgemäß bei den Verteidigern (n=350) deutlich. Nur neun der Teilnehmer (2,6%, std. Residual -9,8) votierten für eine Ausweitung, während 37,1% (std. Residual 25,7) der Verteidiger ein deutliches Signal für eine Einschränkung gaben. 47,7% der Anwälte präferierten ein unverändertes Beibehalten (std. Residual 2,4), während sich nur 8% dafür aussprechen, den Katalog zugunsten einer allgemeinen Formulierung aufzugeben (std. Residual -3,9).

2.2 Vorschläge zur Erweiterung

Im Rahmen der Anmerkungen zur Erweiterung des Kataloges wurden im Wesentlichen und mit einiger Häufigkeit sämtliche Sexualdelikte, Betrug, Bestechung, Bestechlichkeit, Korruption, einfacher Menschenhandel und Pornographie benannt. Darüber hinaus fand aber nahezu jedes denkbare weitere Delikt eine Erwähnung. Besondere Empörung bestand hinsichtlich des Fehlens von Wirtschaftskriminalität, Korruptionsdelikten und Bestechung, Bestechlichkeit, die sich nicht nur aus den Wertungswidersprüchen zu § 100c StPO ergab, sondern vor allem darin äußerte, dass dieser – hochkommunikative Deliktsbereich – der TKÜ trotz Erfolgserwartungen nicht offen stehe.

---

44 $p<0{,}05$; $\chi^2=11105{,}9$ df=36; Cramers V=0,36. Kombinationsantworten bleiben außerhalb einer Einzelbetrachtung.

45 „Unverändert“ 39,6%, std. Residual 0,1; „wegfallen“ 14,8%, std. Residual 1,1; im Übrigen Kombinationen.

46 Richter n= 09; „einschränken“ 3,5%, std. Residual -1,8; „wegfallen“ 13,8%, std. Residual -1,5; im Übrigen Kombinationen.

2.3 Vorschläge zur Beschränkung

Etliche Teilnehmer gaben Vorschläge zur Beschränkung des Kataloges, die sich vor allem auf die Taten des § 100a Nr. 1a, d und Nr. 2 StPO bezogen. Es wurde angemahnt, dass es sich bei der Qualifizierung dieser Delikte als Katalogtaten um nicht mehr zeitgemäße Wertungen handele.

Als weitere zu entfernende Katalogtat wird § 129 StGB angeführt, da dieser sich als Möglichkeit der Umgehung herausgestellt habe. Ähnlich argumentierten auch diejenigen Teilnehmer, die die Geldwäsche jedenfalls ihrer derzeitigen Gesetzesform nach aus dem Katalog auslösen wollten.

Auch § 29 III BtMG (da §§ 29a, 30, 30a BtMG zur Ermittlung schwerer Formen der Betäubungsmittelkriminalität mittels TKÜ genügen würden), §§ 146, 151, 152 StGB, die Verstöße gegen das AuslG und §§ 306a, 315 II, 315b III, 316 StGB wurden zur Streichung empfohlen.

Weiterhin erklärten einige Teilnehmer, dass alle Vergehen, die das Tatbestandsmerkmal der Gewerbsmäßigkeit ausweisen, aus dem Katalog zu entfernen seien, da dieses Merkmal in der Regel am Anfang der Ermittlungen gerade nicht feststehe und durch die Überwachung ermittelt werden solle. Damit diene die TKÜ erst zur Findung ihrer Voraussetzungen, so dass sie häufig nicht im Sinne des Gesetzgebers angewendet werden könne.

Im Übrigen fand nahezu jedes Delikt des Kataloges eine Aufzählung; einzige Ausnahme bildeten die Tötungsdelikte.

2.4 Katalog und allgemeine Schwereformulierung in den Anmerkungen

Weiterhin lassen sich aus den Anmerkungen zur Abwägung zwischen Katalog und einer allgemeinen Schwereformulierung interessante und erkenntnisreiche Ansatzpunkte für eine Reform gewinnen. Angeführt werden beispielhaft nur einige der Hinweise, die differenziert nach den Berufsgruppen wiedergegeben werden.

a. Polizisten

Für die Polizisten lässt sich festhalten, dass sich etliche einem Wegfallen des Kataloges gegenüber offen zeigten, dabei aber auch Probleme wahrnahmen und äußerten.

So erkannte ein Teilnehmer den Vorteil einer allgemeinen Formulierung darin, dass Wertungswidersprüche des Kataloges durch bestimmte Kriterien vermieden werden könnten und das Ausweichen auf „passende“ Tatbestände entfiele.

Einen ähnlichen Ansatz ließ ein weiterer Teilnehmer erkennen, der erläuterte, dass Tatbestände wie §§ 129, 129a StGB für die TKÜ zunächst konstruiert und dann fallengelassen würden, und der daher die Schwere der Tat als Grenzkriterium ausreichen lassen würde.

Einige Teilnehmer verwiesen auf die Formulierungen der §§ 100g und 81g StPO und favorisierten eine Formulierung, die Straftaten von erheblicher Bedeutung erfasse. Sie sahen durch eine solche Vorgehensweise auch einen Schritt zu einer genaueren Einzelfallprüfung.

Ein weiterer Polizist führt dazu passend aus, dass sichergestellt werden müsse, „dass die Maßnahme im konkreten Einzelfall geboten und verhältnismäßig ist. Ein Katalog verleitet dazu, dieses Erfordernis aus dem Blick zu verlieren und in eine Automatik umzuwandeln." Der Hinweis auf einen gewissen Automatismus in der Wahl der TKÜ bei Vorliegen einer Katalogtat und ohne besonderen Blick auf das Vorhandensein weiterer Kriterien insbesondere im Bereich der Betäubungsmittelkriminalität fand sich mehrfach in den Bögen.

Weiterhin wurde die Aufzählung als hinderlich, starr und unübersichtlich kritisiert und der Vorteil einer allgemeinen Schwereklausel darin gesehen, dass die ständige Anpassung des Kataloges entfallen könne. Eine derartige Klausel erleichtere in den Augen einiger Teilnehmer die Reaktion auf neue Entwicklungen.

Als Vorschläge für eine entsprechende Formulierung wurden benannt:

- Verbrechen
- schwere Verbrechen
- Verbrechen und Vergehen mit einer Mindeststrafe von ...[47]
- Kombinationen aus Katalog und einer zusätzlichen allgemeinen Formulierung, deren Voraussetzungen additiv erfüllt sein müssten
- Verbrechen, deren Schwere und Sozialschädlichkeit die TKÜ als verhältnismäßig erscheinen ließen
- Ermessen der Staatsanwaltschaft und des Richters, das sich nach Schwere der Tat, Dauer des Eingriffs und dem öffentlichen Verfolgungsinteresse bemessen solle
- Verbrechen und bestimmte Vergehen, wobei letztere in einem Katalog aufgeführt werden sollten
- Verbrechen und alle Vergehen, die banden-, gewerbs- oder gewohnheitsmäßig begangen werden könnten
- ein Katalog, ergänzt um die Möglichkeit, bei allen banden-, gewerbs- oder gewohnheitsmäßig begangenen Vergehen eine TKÜ anordnen zu können[48]

---

47 Angeführt wurden ein Jahr, zwei und fünf Jahre.

Weiterhin wurden aber auch Warnungen hinsichtlich einer Auflösung des Kataloges ausgesprochen. So erscheine die Verwendung abstrakter Rechtsbegriffe zwar als „verführerisch", berge aber die Gefahr, dass sie unterschiedlich ausgelegt würden und Rechtsunsicherheit hervorriefen.

So ergänzte dann auch ein anderer Teilnehmer, dass eine allgemeine Formulierung Rechtsunsicherheit bei den Anwendern nur dann vermeiden könne, wenn genau definierte Kriterien vorlägen.

Zuletzt machte ein Polizist den Vorschlag, einen überarbeiteten Katalog beizubehalten, diesem aber ein „insbesondere" voranzustellen.

b. Staatsanwälte

Auch einige Staatsanwälte konnten sich einen reformierten § 100a StPO ohne Katalog vorstellen. Dabei führten sie jedoch den Hinweis an, dass eine Vereinheitlichung der Eingriffsnormen in diesem Bereich von großer Bedeutung sei.

Sie erklärten weiterhin, dass so auch die Umgehung des Kataloges durch § 129 StGB und andere begrenzt werden könne.

Als Beispiele wurden angeführt:

- Verbrechen
- schwere Verbrechen
- Straftaten von erheblicher Bedeutung
- Kombinationen aus Katalog und Klausel
- Schwere des Deliktes und die mutmaßlich zu erwartende Strafe als Kriterien

Ein Staatsanwalt führte aus, dass sich die Grenze der TKÜ de lege ferenda allein aus dem Verhältnismäßigkeitsgrundsatz ableiten lassen solle, während ein anderer ein Wegfallen des Kataloges nur dann als sinnvoll erachtete, wenn für eine strengere Kontrolle und eine Begrenzung der Dauer Sorge getragen werde.

Zuletzt sei ein Teilnehmer mit der Formulierung zitiert, dass eine allgemeine Schwereformulierung „denkbar, aber angreifbar" erscheine.

---

[48] Den beiden letztgenannten Möglichkeiten wohnt die Schwierigkeit inne, die weiter oben bereits durch einen Polizist angeführt wurde: häufig soll die TKÜ erst feststellen, ob eine solches Merkmal in der Begehungsform vorliegt.

c. Richter

Einige der Richter begründeten ihr Votum für eine allgemeine Formulierung damit, dass dann „der oft betriebene Etikettenschwindel“ entfalle. Auch hier wurde § 129 StGB als Auffang- und Umgehungstatbestand kritisiert.

Als Vorschläge fanden sich folgende Anregungen:

- Verbrechen und eine kritische Prüfung der Eignung der Maßnahme im konkreten Fall
- abgestufte Ausweitung nach Art der Überwachung (Verbindungsdaten, Gesprächsinhalte)
- Straftaten, die im Höchstmaß mit einer Freiheitsstrafe von fünf Jahren belegt sind[49]
- bei allen Straftaten, dabei aber eine strenge Schärfung der Kontrolle der Verhältnismäßigkeit
- entscheidend seien die Deliktsschwere und die Wiederholungsgefahr.

Ein Richter führte aus, dass es wichtig sei, die Kataloge zu vereinheitlichen, da nicht mehr nachvollziehbar erscheine, wann „welche Katalogtat zu dieser oder jener Maßnahme“ führe. Als Ausprägung des Verhältnismäßigkeitsgrundsatzes sollte zusätzlich geprüft werden, ob bei leichteren Katalogtaten bestimmte Personen von der Überwachung ausgeschlossen oder die zeitliche Dauer beschränkt werden könne.

Einige Teilnehmer lehnten einen Wegfall des Kataloges ab, da eine allgemeine Schwereformulierung zu unbestimmt sei und die Gefahr von Formularbeschlüssen ohne individuelle Prüfung beinhalte. So sei der Katalog in diesem Punkt jedenfalls klar und unmissverständlich und biete vernünftige Grenzziehungen. Ein weiterer Nachteil einer allgemeinen Schwereformulierung liege in ihrer Unklarheit sowie in divergierenden Entscheidungen und Rechtsunsicherheit.

d. Verteidiger

Die größten Vorbehalte gegen eine allgemeine Formulierung ließen sich bei den Verteidigern feststellen, die eine solche Reform als die „schlechteste aller Varianten“ erachteten. Eine derartige Lösung verstieße gegen den Bestimmtheitsgrundsatz und führe zu massiver Rechtsunsicherheit. Allenfalls könne man einer Formulie-

---

[49] Dieser Teilnehmer verwies darauf, dass die Regelung in Frankreich mit einem Maß von zwei Jahren zu weit, der Katalog in Deutschland aber zu starr und in der Auswahl zufällig sei.

rung zustimmen, die Verbrechen mit einer erhöhten Mindeststrafe von zwei Jahren und Straftaten mit konkreter Lebensgefährdung erfasse. Im Übrigen könne ein bereinigter Katalog, erweitert um den (zusätzlich erforderlichen) Verdacht einer besonders gefährlichen Begehungsweise oder eines besonders hohen Schadens Zustimmung finden.

Deutlich wird, dass die Verteidiger die Schwierigkeiten der TKÜ nicht in ihren Anordnungsvoraussetzungen, sondern in der in ihren Augen fehlenden Kontrolle sehen. So komme es „weniger auf die Delikte an, als mehr auf die Kontrolle der Maßnahme".

II. Expertengespräche

1. Typische TKÜ-Verfahren

Die Teilnehmer der Expertengespräche wurden um eine Einschätzung gebeten, ob es ihrer Auffassung nach „typische" TKÜ-Verfahren gebe.[50]

1.1 Polizisten

Siebzehn der befragten Polizisten gaben Auskunft dazu, ob es „typische" TKÜ-Verfahren gebe. Dabei benannten zehn Teilnehmer BtM-Verfahren als typisch, acht verwiesen auf Ermittlungen wegen Organisierter Kriminalität. Zudem wurden Bandendelikte (n=2), Menschenhandel (n=4), Geldfälschung (n=1) und Schmuggel (n=1) angeführt. Häufig handele es sich um Strukturverfahren. Ebenfalls als typisch wurden Sachverhalte beschrieben, bei denen mehrere Personen zusammenwirkten, Absprachen unter den Tätern zwangsläufig notwendig würden und Auslandbezug bestehe (n=3).

Die Ausgangslage gestalte sich für den BtM-Bereich häufig derart, dass der Anfangsverdacht durch den Hinweis einer VP entstehe und mit Hilfe der TKÜ versucht werde, diesem Verdacht nachzugehen (n=3). Dabei sei die TKÜ nie allein einzusetzen, da sie keinen „maximalen Beweiswert" entwickeln könne.

Ein Teilnehmer schilderte ein konkretes Milieuverfahren als typisch: dort sei es zu Beginn der Ermittlungen sehr schwierig, an die Zielperson heranzukommen. Niemand sei zu einer Aussage bereit, die Zielperson sei zudem in der Lage und jederzeit bereit, sich abzusetzen. VE und VP seien nicht einsetzbar, Vernehmungen im Milieu würden den Ermittlungserfolg zunichte machen. Durch die TKÜ gelinge ein sensibles Vorgehen, das Strukturen und Machtverhältnisse aufdecken könne, kriminelle Gewinne und Investitionen in legale Geschäfte deutlich mache. So kön-

50 „Gibt es ein „typisches" TKÜ-Verfahren?".

ne man Einblick in abgeschirmte Detailbereiche erhalten und das Umfeld der Zielperson wie auch das System der OK aufklären.

1.2 Staatsanwälte

Fünf der zehn Staatsanwälte benannten BtM-Verfahren als typisch für TKÜ-Verfahren. Daneben wurden OK-Verfahren (n=4), Menschenhandel und Schleusung (n=2) und Verfahren aufgezählt, in denen es zu „Kontaktaufnahme und Absprachen" komme.

Ein Staatsanwalt erklärte Strukturverfahren zu typischen TKÜ-Verfahren, da in Kenntnis krimineller Strukturen eine Erkenntnislage hinsichtlich einzelner Personen gewonnen werden solle. Dies erfolge über die TKÜ, das bereits vorhandene Wissen und Beschlagnahmen. Allein eine TKÜ genüge jedoch nie, um einen hinreichenden Tatverdacht zur Anklage zu begründen.

Ein Teilnehmer schilderte, dass für den BtM-Bereich typischerweise der Hinweis durch einen Abnehmer erfolge, die Nummer zugeordnet werde und dann der Einsatz der TKÜ folge.

Zwei weitere Staatsanwälte führten aus, dass die TKÜ dann Anwendung finde, wenn man mit „herkömmlichen Mitteln" nicht weiterkomme und es um die Ermittlung von Strukturen gehe.

Zuletzt sei ein Staatsanwalt zitiert, der erklärte, dass es „kein ganz typisches Verfahren" gebe, da dies abhängig von der Katalogtat sei. Tatsächlich spielten sich die meisten Verfahren im Rauschgiftbereich ab. Bei Mord habe man eine Straftat, die aufgeklärt werden müsse, ebenso bei Einbruchserien: man wisse, dass diese immer nach dem gleichen Muster abliefen (...). Bei BtM sei dies nicht so, oft im OK-Bereich auch nicht. Dort werde sehr verdeckt und konspirativ vorgegangen, zwar habe man einen konkreten Verdacht (...), müsse sich aber die konkreten Straftaten erst holen und dabei sehr kreativ sein. (...) Beweismittel in abgeschotteten Kreisen zu erlangen sei nur durch verdeckte Ermittlungsmaßnahmen möglich.

1.3 Richter

a. Ermittlungsrichter

Alle befragten Ermittlungsrichter bezeichneten BtM-Verfahren als typisch für TKÜ-Verfahren. Daneben wurden jeweils einmal Bandendelikte, Kapitalstraftaten, OK-Verfahren, Schleusungsfälle und Geldwäsche benannt. Ein Richter verwies auf den Einsatz der TKÜ bei flüchtigen Tätern. Ein weiterer Teilnehmer erläuterte, dass man in der Regel eine Grundinformation habe und eine Nummer kenne, für diese eine Überwachung schalte und weitere Nummern in Erfahrung bringe. Nur auf diese Weise könne man an die Tätergruppe herankommen.

b. Richter am Landgericht

Sieben der zehn Richter am Landgericht gaben ihren Eindruck typischer TKÜ-Fälle wieder. Sechs von ihnen benannten dabei BtM-Verfahren. Einer dieser Teilnehmer führte plakativ aus, dass man in diesem Bereich „quasi von der TKÜ lebt". Ein Richter wertete zudem Menschenhandel, ein weiterer OK-Verfahren als typisch. Zwei der Teilnehmer beschrieben, dass die TKÜ nach dem Hinweis durch eine VP „sehr am Anfang" bzw. „sehr schnell" zum Einsatz komme. Typisch sei zudem das konspirative Verhalten der Täter und ihre häufig professionelle Vorgehensweise (n=1).

1.4 Verteidiger

Die sieben Verteidiger sahen sämtlich BtM-Verfahren als typische TKÜ-Verfahren. In der Regel, so führten zwei Teilnehmer aus, seien gerade diese Ermittlungen durch einen rudimentären Anfangsverdacht eingeleitet, auf den dann sehr zügig eine TKÜ erfolge und erst im Anschluss weitere und andere Maßnahmen ergriffen würden. Es handele sich, so ein Experte, um „Großverfahren mit großem Ermittlungsaufwand und schlechter Beweislage".

Weiterhin nannten die Teilnehmer Kapitaldelikte (n=3), OK-Verfahren (n=2), Menschenhandel und Zuhälterei (n=2), Raub (n=1), Bandendiebstahl (n=1) und Terrorismus (n=1) als typische Felder für den Einsatz der TKÜ.

2. Hierarchieverhältnis zwischen den Maßnahmen / Eingriffsintensität

Die Experten wurden mit der Frage konfrontiert, ob sie die verschiedenen Ermittlungsmaßnahmen in einem bestimmten Hierarchieverhältnis zueinander verorten. Darüber hinaus wurden sie um eine Einschätzung gebeten, inwieweit es Maßnahmen gebe, die eine geringere Eingriffsintensität gegenüber der TKÜ ausweisen.[51]

[51] „Sehen Sie verschiedene Maßnahmen in einem Hierarchieverhältnis zueinander?" – „Gibt es eine Maßnahme, die eine geringere Eingriffsintensität aufweist als die TKÜ?".

2.1 Polizisten

Fünf der 18 befragten Polizisten stellten die ihrer Auffassung nach gegebenen Hierarchieverhältnisse und eingriffsschwächeren Maßnahmen dar. Dabei entstanden die folgenden Wertungen[52]:

- Observation, VE / VP, IMSI-Catcher, TKÜ, Wohnraumüberwachung
- Observation, VP, TKÜ; nach der Festnahme dann offene Maßnahmen, in der Folge Vernehmung, Durchsuchung, Beschlagnahme
- Vernehmung, Durchsuchung, Beobachtung, Observation mit technischen Mitteln, TKÜ, VE / VP
- TKÜ, kleiner Lauschangriff, großer Lauschangriff
- jedenfalls TKÜ zuletzt (n=2)
- Wohnraumüberwachung zuletzt.

Drei dieser Polizisten fügten aber an, dass dies keine abstrakt bestehende, sondern eine im Einzelfall und abhängig vom Sachverhalt und der Frage der Verhältnismäßigkeit zu bildende Rangfolge darstelle. Zudem sei in der Regel ohnehin ein paralleler Einsatz verschiedener Mittel notwendig. Aus diesem Grund verneinten zwei Teilnehmer eine Hierarchie unter den Maßnahmen schon im Grundsatz. Vier weitere erklärten, dass man keine Hierarchie bilden könne, da die Maßnahmen unterschiedlichen Zielen dienten, daher nicht vergleichbar seien und zudem etwa im Verhältnis TKÜ / Observation die Frage nach Aufwand und Nutzen zu stellen sei.

Ein Polizist erklärte im Zusammenhang mit der Frage nach dem Hierarchieverhältnis und derjenigen nach Maßnahmen mit geringerer Eingriffsintensität, dass es kein Rangverhältnis, wohl aber weniger grundrechtsintensive Maßnahmen als die TKÜ gebe, und der Einsatz einer Maßnahme allein aus der Erfahrung heraus gewählt werde. Die StPO biete viel, es sei eine Kombination der Maßnahmen notwendig, die geringere Maßnahme sei nicht immer wirkungsvoll. Handele es sich um ein Organisationsdelikt und versuche man, den „Chef" zu ermitteln, müsse man erkennen, dass dieser „spricht, der macht sich nicht handwerklich die Hände schmutzig. Das Wort ist die Tat." Dann komme man um eine TKÜ oder auch eine Wohnraumüberwachung nicht herum.

2.2 Staatsanwälte

Drei der Staatsanwälte sahen durch das Gesetz und insbesondere den Subsidiaritätsgrundsatz in § 100a StPO eine Hierarchie der Ermittlungsmittel vorgegeben. So

---

52 In Hierarchie und Eingriffsintensität jeweils von der niedrigsten / schwächsten zur höchsten / intensivsten Maßnahme.

seien etwa alle offenen Maßnahmen, aber auch die Observation als gegenüber der TKÜ geringerer Grundrechtseingriff zu werten. Zudem handele es sich bei der Subsidiaritätsklausel zwar um eine strenge Subsidiarität in dem Sinne, dass bei Gleichartigkeit der Maßnahmen die TKÜ nur eingesetzt werden dürfe, wenn das andere Mittel nicht verfügbar sei; dennoch stünden die verschiedenen Methoden nicht alternativ zueinander, sondern seien kumulativ anwendbar.

Fünf Teilnehmer verneinten die Hierarchie bzw. sahen diese nur im Einzelfall als gegeben und feststellbar an. Zwar sei eine Vernehmung oder auch eine Observation mit einem schwächer wirkenden Eingriff verbunden, dafür komme diesen Maßnahmen ein vergleichsweise geringerer Erkenntniswert zu. Zudem sei bei Ermittlungen wegen organisierter Kriminalität eine TKÜ immer und zwangsweise am Anfang notwendig.

Die Auffassung zweier Staatsanwälte sei im Folgenden wiedergegeben. Einer erklärte, man benötige für die Durchsuchung und andere Maßnahmen allein einen Anfangsverdacht, daher „bekomme" die Polizei von ihm leichter und unkomplizierter einen entsprechenden Antrag. Bei der TKÜ sei er „pingeliger", auch weil nach seinem Eindruck diese oftmals zu schnell angeregt werde. Er vermutete, dass unter dem Gesichtspunkt der Subsidiarität auch einfließe, dass nicht genug Kapazitäten für eine Observation vorhanden seien. Er prüfe eine TKÜ ähnlich wie einen Haftbefehl, „vielleicht etwas darunter". Das traditionelle polizeiliche Instrumentarium aus Durchsuchung, Observation und Vernehmung sei mit einer geringeren Eingriffsintensität verbunden. Die TKÜ werde von der Polizei häufig in einem Stadium verlangt, in der dieses Instrumentarium noch nicht ausgeschöpft sei. Zwar sei nach der Auffassung vieler eine Durchsuchung gegenüber der TKÜ unangenehmer, er sehe wegen der Heimlichkeit der Maßnahme die Probleme aber bei der TKÜ und anderen verdeckten Methoden. Eine Observation schließlich finde in der Öffentlichkeit statt, da rechne man ohnehin damit, wahrgenommen zu werden.

Ein weiterer Staatsanwalt führte aus, dass jede Maßnahme ihren Eingriffscharakter habe. So gelange der VE in die Wohnung, einen Lauschangriff „hätte ich ungern bei mir" und bei der TKÜ würden private Dinge „belauscht". Es gebe keine Hierarchie in dem Sinne, dass das eine zuerst und das andere zuletzt anzuwenden sei. Die Ermittlungen seien abhängig von der Verdachtslage und der Frage, wie man etwas aufklären könne. (...).

2.3 Richter

a. Ermittlungsrichter

Zwei der Ermittlungsrichter bildeten Rangfolgen und setzten dabei die Wohnraumüberwachung als letztes einzusetzendes Mittel an. Einer dieser Richter sah als Ablauf die Vorladung, die Durchsuchung, den Einsatz der TKÜ, körperliche Eingriffe und Haft in der Intensität des Grundrechtseingriffs als zunehmend an. Ein weiterer Richter formulierte zunächst offene Methoden und dann die TKÜ, die Wohnraumüberwachung und zuletzt den Einsatz Verdeckter Ermittler als Rangfolge mit zunehmender Eingriffsintensität.

Zwei Richter erklärten, dass eine Rangfolge schwierig, aber doch festzustellen sei und diese am Einzelfall ausgemacht werden müsse, wenn sie auch durch die Subsidiarität einzelner Maßnahmen vorgezeichnet sei.

Ein Teilnehmer vermochte auch im Einzelfall keine Hierarchie anzuerkennen.

b. Richter am Landgericht

Einer der Richter am Landgericht bildete mit der Rangfolge Observation, VE, TKÜ und Wohnraumüberwachung eine Hierarchie. Andere Teilnehmer verneinten die Hierarchie per se, vermochten aber im konkreten Einzelfall und unter Berücksichtigung der Intensität des Grundrechtseingriffs eine dann entstehende Reihenfolge anzuerkennen (n=6). Dabei müsse aber verstanden werden, dass den Maßnahmen unterschiedliche Zielrichtungen und divergierende Erkenntniswerte zukämen (n=4). Zudem sei man bei BtM-Verfahren auf die TKÜ angewiesen, da es keine Anzeigenerstatter und keine Aussagen gebe. Daher müsste man die Ermittlungen „von außen herantragen", etwa durch TKÜ, VE und Kontrollen (n=1). Auch seien konventionelle Methoden durch eine TKÜ nicht zu ersetzen, müssten aber durch sie erst vorbereitet werden.

Etlichen Teilnehmern war es wichtig zu verdeutlichen, dass man die TKÜ nicht isoliert beurteilen und einsetzen dürfe. Sie müsse, um erfolgreich zu sein, immer in Zusammenhang mit anderen Maßnahmen verwendet werden. So hingen alle Ermittlungsmöglichkeiten voneinander ab und dienten der gegenseitigen Überprüfung gewonnener Erkenntnisse.

2.4 Verteidiger

Vier der Verteidiger erklärten, dass zwar dem Gesetz nach eine Hierarchie bestehe, diese aber in der Praxis aufgrund des „inflationären" Einsatzes verdeckter Maßnahmen und insbesondere der TKÜ nicht anerkannt werde. Ein Verteidiger führte aus, dass die Hierarchie nicht abstrakt, aber im Einzelfall bestehe und in der Praxis verkannt werde.

Ein weiterer Teilnehmer erläuterte, dass der Einsatz von verdeckten Maßnahmen problematisch erscheine, da sie nur eingesetzt werden dürften, wenn andere Maßnahmen nicht erfolgversprechend seien. Dennoch stünde die TKÜ zu klassischen Methoden in einem inflationären Verhältnis, da bei jeder Maßnahme festgestellt werde, dass klassische Maßnahmen keinen Erfolg versprächen. Das Regel-

Ausnahme-Verhältnis werde damit in der Praxis verkehrt, weil verdeckt effizienter Erkenntnisse gewonnen werden könnten. Diese führten dann zu konventionellen Maßnahmen. Daher bestehe in der Praxis keine Hierarchie.

Einer der Verteidiger baute die Hierarchie folgendermaßen auf: Zeugenvernehmung, Durchsuchung, Beschlagnahme, TKÜ, Wohnraumüberwachung, „entsprechend dem polizeilichen Druckszenario".

3. Bedingungen für die TKÜ

Polizisten und Staatsanwälte wurden befragt, welche Bedingungen für die Initiierung einer TKÜ maßgeblich sind.[53]

3.1 Polizisten

Siebzehn der befragten Polizisten schilderten die Ausgangsbedingungen für die Initiierung einer TKÜ. Dabei verwiesen zwölf Teilnehmer auf die gesetzlichen Vorgaben. Weiterhin müsse man die Nummer des zu überwachenden Anschlusses kennen und sicher sein, dass dieser Anschluss auch von einem Beschuldigten genutzt werde. Zwei dieser Polizisten benannten allein den Tatverdacht und das Vorliegen einer Katalogtat als Voraussetzungen für eine TKÜ. Ein Polizist legte Wert darauf, dass über die gesetzlichen Vorgaben hinaus die Verhältnismäßigkeit zu bedenken sei. Vier der Teilnehmer gaben an, neben den gesetzlichen Voraussetzungen eine Erfolgsaussicht der Maßnahme über die Frage der Subsidiarität hinaus zu bewerten.

Zwei Polizisten machten den Einsatz der TKÜ allein von ihrer Aussicht auf Erfolg abhängig.

Drei Teilnehmer benannten Kapazitätserwägungen; die Technik müsse zur Verfügung stehen und zeitnah eingesetzt werden können. Da die TKÜ betreuungsintensiv sei und in der Folge die Umsetzung weiterer Maßnahmen nach sich ziehe, müsse „man sich auch personell fragen, ob man das leisten" könne. **P1** verwies darauf, dass „die Zeiten, in denen nur eine Rufnummer abgehört" worden wäre, vorbei seien. So liefen heute mindestens zehn Maßnahmen parallel, dies vor allem wegen ISDN- und Handyüberwachung. Das sei von ein bis zwei Personen am Tag nicht mehr zu verarbeiten.

Ein Polizist erläuterte, dass er die TKÜ zur Beweissammlung bei noch laufenden Straftaten einsetze, bei denen es noch kein „deliktisches Gut" oder einen Beschul-

---

53 „Welche Bedingungen sind für die Initiierung und Anordnung der TKÜ maßgeblich?"

digten gebe. Da müsse er erkennen, welche Absichten verfolgt würden, sofern dies dem „Schema“[54] entspreche. Es handele sich um Massendaten und einen hohen Aufwand, dies sei in Bezug auf die Straftat und die Eingriffsintensität der Maßnahme abzuwägen (**P15**).

P6 führte aus, dass die TKÜ rechtlich möglich sein müsse und dass er dabei vom Täter ausgehe. Bei einer bestimmten Person stimme etwas nicht, was also könnte vorliegen? Sofern eine Katalogtat in Betracht komme, werde überlegt, ob die TKÜ etwas bringen könnte. Bei polizeierfahrenen Tätern sei dies besonders zu prüfen, da der Trend dahin gehe, am Telefon nicht mehr Klartext zu reden. Geprüft werde zudem die wirtschaftliche Seite und die Frage der Verhältnismäßigkeit, der höchste Priorität zukomme.

P8 zeichnete folgende Erwägungen: er benötige überzeugende Hinweise, gestützt auf Zeugen oder eigene Beobachtungen. Die TKÜ müsse zu Erkenntnissen führen können, da spiele dann auch die Erfahrung des Beschuldigten eine Rolle und die Frage, ob er in früheren Jahren abgehört wurde und dort offen gesprochen hat. Dann werde u.U. nicht angeregt (...). Zur Observation sei die TKÜ ein gutes Ergänzungsmittel, da man erfahre, was die Zielperson mache und Kräfte gezielt eingesetzt werden könnten (...). Wenn der Ursprungshinweis von einer VP stamme, was keine so sichere Erkenntnisquelle sei, liefere die TKÜ ein realistisches Bild, das auch durchaus entlastend sein könne. Bevor dort Brachialgewalt eingesetzt werde, etwa durchsucht, könne man über eine TKÜ oder auch nur die Verbindungsdaten feststellen, ob Kontakt bestehe.

3.2 Staatsanwälte

Sieben der Staatsanwälte beschrieben auf die Frage nach den Bedingungen für eine TKÜ das Vorliegen der gesetzlichen Voraussetzungen (Verdacht einer Katalogtat und Subsidiarität), ergänzt um eine aus der kriminalistischen Erfahrung gespeiste Erfolgsaussicht der Maßnahme.

Ein Teilnehmer erläuterte, dass sich die Frage der Verhältnismäßigkeit nicht stelle, da die TKÜ per se nur bei Fällen der Schwerstkriminalität, ausgewiesen durch den Katalog, möglich sei. So seien dann auch bei BtM-Delikten die Rahmenbedingungen so gut wie immer gegeben.

S3 erklärte, dass es seiner Meinung nach nicht so sehr von Verdachtsgrad und Subsidiarität abhänge, da diese als Kriterien zu „wässrig“ erschienen. Er prüfe die Verhältnismäßigkeit bezogen auf die Deliktsschwere, die Professionalität und Abschottung. Eine solche kritische Prüfung setze allein an der Tatschwere an, so dass er bei Mord eher zu einer TKÜ bereit sei als bei einer „ominösen“ Tätergruppe, die

[54] Anmerkung im Protokoll durch die Mitarbeiterin: den gesetzlichen Voraussetzungen.

Autoschieberei betreibe. Mitunter würden die Fälle von der Polizei ohnehin zur Katalogtat „hochfrisiert“.

Ein weiterer Staatsanwalt zeichnete den folgenden Sachverhalt als Bedingung für eine TKÜ: abgeschottete, konspirative Kreise, bei BtM vornehmlich bestimmte Landesgruppen. Mit einer VE „kommt man nicht rein“, manchmal habe man eine VP, aber da bestehe ein nicht gerade geringes Risiko. Es dürfe kein „nur hauchdünner Tatverdacht“ sein, andererseits könne auch ein anonymer Hinweis ausreichen. **S5**

C. Zusammenfassung

I. TKÜ-Verfahren

1. Aktenanalyse

Die Aktenanalyse umfasst eine Betrachtung von 611 TKÜ-Verfahren mit 2035 Anordnungen, die für 3176 Anschlüsse eine TKÜ bewirkten. Zu etwa 50% handelt es sich um Mobilfunkanschlüsse, die Maßnahmen nach §§ 100a, 100b StPO unterzogen werden. Mit dem Auswertungsjahr 1998 liegt die Untersuchung jedoch noch deutlich vor dem großen Boom in der Mobilfunkbranche, so dass mittlerweile die Überwachung des Mobilfunkverkehrs eine noch prägnantere Rolle spielen dürfte. Die Verfahren wurden gegen 1488 Beschuldigte geführt, damit wurde im Durchschnitt gegen 2,4 Personen ermittelt (Median 2, Minimum 1, Maximum 40).

Zu etwa 51% wurden die Verfahren durch aktive Polizeitätigkeit ausgelöst, während 47%, der Fälle infolge von Hinweisen und Anzeigen entstanden.

Weiter ist Folge der TKÜ, dass die durch die Polizei in weitgehender Unabhängigkeit eingeleiteten Ermittlungen der Staatsanwaltschaft zur Kenntnis gebracht werden: in etwa 57% der Verfahren wurde die Staatsanwaltschaft – jedenfalls ausweislich der Akten – erstmals im Rahmen der TKÜ-Anregung mit Bitte um Antragsstellung bei Gericht oder dem Erlass einer Eilmaßnahme mit dem Sachverhalt befasst. In diesem Sinne weist sie einen Weg aus der Verpolizeilichung des Ermittlungsverfahrens und zeigt – wie *Kinzig* formuliert - eine „Kanalisierungsfunktion“.

Die erste Anregung und der erste Beschluss einer richterlich angeordneten Maßnahme erfolgten früh nach Beginn der Ermittlungen. So findet sich der Median der Anregungen bei 27, der der Anordnungen bei 35 Tagen (richterliche Anordnungen). Auch die nächste TKÜ schloss sich zügig an, der Median liegt bei 24 Tagen nach der ersten Anordnung. Damit wurde in wenigstens der Hälfte der Fälle die Folgemaßnahme innerhalb von gut drei Wochen nach der Erstanordnung ermöglicht. Die zügig einsetzenden Folgemaßnahmen dürften sich zu einem Gutteil daraus erklären, dass sich aus einer laufenden Überwachung häufig Erkenntnisse für eine weitere TKÜ ergeben. Man könnte diese Entwicklung als eine Fern- oder auch weitere[55] Streuwirkung der Maßnahme bezeichnen.

Der Zeitpunkt des Einsatzes der TKÜ divergiert nach den in den Anordnungen zugrunde gelegten Katalogtaten. Dabei wurde die Überwachung noch zügiger eingesetzt, wenn Eingriffe in oder Gefahren für Leib und Leben zu befürchten sind oder festgestellt wurden.

Die Ziele der Überwachung sind ebenfalls von den den Anordnungen zugrunde liegenden Katalogtaten abhängig. Es zeigt sich jedoch das deutliche Überwiegen der Erforschung des Sachverhaltes in den Erwartungen, die mit einer TKÜ verbunden werden. Nur in 4% der Fälle diente die Überwachung allein der Ermittlung des Aufenthaltsortes, während sie in 72,6% mit der ausschließlichen Erwartung eingesetzt wurde, den Sachverhalt zu erforschen.

Es zeigt sich auch hier vermutlich das Zusammenspiel von Katalogtat, Einsatzzeitpunkt, Ziel und (dazu näher im Vierten Teil) Ausübung der Anordnungskompetenz: Bei Ermittlungen wegen und TKÜ auf Grundlage von Katalogtaten, die eine Gefährdungslage für oder von bzw. Eingriffe in Leib und Leben beinhalten, werden erwartungsgemäß häufiger Eilanordnungen erlassen[56], wird die Maßnahme früher eingesetzt (Tötungsdelikte, Raub, Erpressung) und ist das Ziel häufiger (zumindest auch) die Ermittlung des Aufenthaltsortes (Tötungsdelikte, Raub, Erpressung). Auch werden TK-Maßnahmen damit erwartungsgemäß schneller eingesetzt, wenn das Ziel derselben die Ermittlung des Aufenthaltsortes ist.

Selten wurde die TKÜ als alleiniges Ermittlungsmittel genutzt. Regelmäßig wirkte sie vorbereitend für oder begleitend zu anderen Maßnahmen.

Der Ausgang der Verfahren, der in der Arbeit von *Dorsch* unter besonderer Berücksichtigung von Effizienzerwägungen betrachtet wird, stellt sich wie folgt dar: in etwa 38% der Verfahren wurden die Ermittlungen gegen alle Beschuldigten durch die Staatsanwaltschaft eingestellt, während in etwa 45% der Verfahren gegen alle Beschuldigten Anklage erhoben wurde. Im Übrigen liegen Kombinationen hinsichtlich der mehreren Beschuldigten vor oder aber der Verfahrensausgang war den Akten nicht zu entnehmen.

---

55 Zur eigentlichen Streuwirkung der Maßnahme im Sinne ihrer Auswirkungen auch auf unverdächtige Anschlussinhaber und Gesprächspartner der Beschuldigten und ihrer Nachrichtenmittler siehe Teil Vier A II dieser Arbeit.

56 Dazu Fünfter Teil BV1 (Tötungsdelikte, Eingriffe in die persönliche Freiheit, Raub).

2. Befragungen

2.1 Schriftliche Befragung

Aus der Schriftlichen Befragung ergibt sich, dass die Praktiker in der Tendenz dafür plädieren, sowohl den Verdachtsgrad als auch den Katalog des § 100a StPO unverändert beizubehalten. Erwartungsgemäß lassen sich jedoch berufsspezifische Unterschiede im Antwortverhalten ausmachen.

Sofern man die Vorschläge betrachtet, die für eine Erweiterung des Kataloges angeführt werden, lassen sich im Wesentlichen Sexualdelikte, Betrug, Bestechung, Bestechlichkeit, Korruption, einfacher Menschenhandel und Pornographie ausmachen. Blickt man dagegen auf die einschränkenden Antworten, werden vor allem die Taten des § 100a Nr. 1a, d und Nr. 2 StPO, § 129 StGB, § 29 III BtMG, §§ 146, 151, 152 StGB, die Verstöße gegen das AuslG und §§ 306a, 315II, 315bIII, 316 StGB benannt. Zudem wird darauf hingewiesen, dass alle Vergehen, die das Tatbestandsmerkmal der Gewerbsmäßigkeit auswiesen, aus dem Katalog zu streichen seien, da dieses Merkmal in der Regel am Anfang der Ermittlungen nicht feststehe und durch die Überwachung erst ermittelt werden solle. Damit diene die TKÜ zur Feststellung ihrer Voraussetzungen, so dass sie hier häufig nicht im Sinne des Gesetzgebers angewendet werden könne.

Soweit der Katalog zur Disposition gestellt wird, lassen sich einige wichtige Hinweise auf eine Ausgestaltung einer allgemeinen Schwereformulierung in den Antworten der Praktiker finden. Ein Polizist erkannte in einer allgemeinen Formulierung den Vorteil, dass Wertungswidersprüche zu anderen Katalogen entfallen und dass das Ausweichen auf „passende" Tatbestände vermieden werde. Ein anderer sah in einer offenen Klausel die Verpflichtung zu einer genaueren Einzelfallprüfung. In diesem Sinne verwies ein weiterer Polizist darauf, dass ein Katalog dazu verleite, das Erfordernis einer konkreten Einzelfallprüfung der Verhältnismäßigkeit aus dem Blick zu verlieren und in einen Automatismus zu verfallen.

Einer der Staatsanwälte sah ein Wegfallen des Kataloges nur dann als sinnvoll an, wenn für eine strengere Kontrolle und Begrenzung der Dauer Sorge getragen werde, während ein anderer Staatsanwalt eine allgemeine Schwereformulierung als „denkbar, aber angreifbar" erachtete.

Auch einer der Richter hielt ein Wegfallen des Kataloges nur dann für möglich und eine TKÜ dann bei allen Straftaten für einsetzbar, wenn eine „strenge Schärfung" der Kontrolle der Verhältnismäßigkeit erfolge. Ein anderer lehnte eine allgemeine Formulierung unter dem Hinweis ab, dass eine solche zu unbestimmt sei und die Gefahr von Formularbeschlüssen ohne individuelle Prüfung beinhalte. Zudem bestehe die Gefahr divergierender Entscheidungen und daraus resultierender Rechtsunsicherheit.

Die Verteidiger sahen ein Wegfallen des Kataloges zugunsten einer offenen Formulierung der Schwere unter den Teilnehmern am kritischsten und standen ihr ablehnend gegenüber. Auch ihr Hauptaugenmerk liegt auf einer Verbesserung der Kontrolle, nicht auf einer Änderung der gesetzlichen Voraussetzungen. So komme es „weniger auf die Delikte an als mehr auf die Kontrolle der Maßnahme".

2.2 Expertengespräche

In den Expertengesprächen wurde zunächst deutlich, dass nahezu alle Praktiker BtM-Verfahren als typische TKÜ-Fälle erachteten. Sehr plastisch formulierte ein Richter am Landgericht, dass man in diesen Verfahren *„quasi von der TKÜ lebt"*. Sofern bestimmte Abläufe als typisch geschildert wurden, verwiesen die Teilnehmer darauf, dass in diesem Bereich der Anfangsverdacht häufig durch eine VP entstehe und mit Hilfe einer zügig aufgeschalteten TKÜ versucht werde, diesem Hinweis nachzugehen. Polizisten und Staatsanwälte, aber auch Richter erklärten zudem, dass die TKÜ in der Regel nicht das einzige Mittel sei und nie allein eingesetzt werde, da sie keinen „maximalen Beweiswert" entfalten könne bzw. nicht genüge, um einen hinreichenden Tatverdacht zu begründen.

Einige der Praktiker sahen darüber hinaus ein allgemein bestehendes Hierarchieverhältnis unter den Ermittlungsmaßnahmen; dies jedenfalls dann, wenn die Intensität des Grundrechtseingriffs betrachtet werde. Andere verneinten eine Rangfolge unter den Maßnahmen, während weitere Experten eine solche in konkreten Einzelfällen ausmachen konnten. Auch hier wurde erneut angeführt, dass die TKÜ im Zusammenspiel mit anderen Maßnahmen eingesetzt werden müsse; schon aus diesem Grund seien verschiedene Ermittlungsmittel kumulativ anwendbar.

Die Experten aus Polizei und Staatsanwaltschaft nannten zudem die Bedingungen, die gegeben sein müssten, wenn sie eine TKÜ in Erwägung ziehen. Angeführt wurden neben den gesetzlichen Voraussetzungen auch Kapazitätserwägungen und eine besondere Prüfung der Erfolgsaussichten. Dabei verwiesen die Praktiker auch auf ihre kriminalistische Erfahrung. Zwei der Teilnehmer nannten als alleinige Bedingung das Vorliegen einer Katalogtat.

II. Folgerungen

1. TKÜ als ultima ratio

Aus der Kritik in Teil Eins und auch aus den Ergebnissen dieses und der hier nachfolgenden Teile könnten sich Zweifel daran ergeben, dass die TKÜ als Mittel der letzten Wahl verwendet wird. § 100a StPO formuliert, dass die Überwachung der Telekommunikation nur dann erfolgen darf, wenn die Ermittlungen ohne sie aussichtslos oder wesentlich erschwert erscheinen. Ihre Funktion ergibt sich somit aus der gesetzlichen Subsidiaritätsklausel, der verfassungsrechtlich bestehenden Notwendigkeit der Verhältnismäßigkeit und der gesetzgeberischen Intention als *ultima ratio*.

Die Ergebnisse in diesem Teil haben gezeigt, dass die TKÜ häufig sehr frühzeitig im Verfahren zum Einsatz kommt. Häufig ist sie die Wegbereiterin für weitere Maßnahmen, dabei auch weitere TKÜ-Anordnungen und geht dem Beginn offen geführter Ermittlungen zeitlich vor. Man könnte daher versucht sein, die TKÜ in der Praxis als Mittel der ersten Wahl, als *prima ratio,* zu beschreiben. Hierbei verkennt man jedoch zunächst, dass dieser frühe Einsatz maßgeblich in Verfahren erfolgt, in denen Katalogtaten in Rede stehen, die Gefährdungslagen oder Eingriffe in Leib und Leben von Personen beinhalten und daher Eilanordnungen ergehen und die zügige Ermittlung des Aufenthaltsortes Ziel der Maßnahme ist („Fahndungs-TKÜ"). Der schnelle Einsatz der TKÜ dürfte in diesen Fällen selbsterklärend sein.

„Letztes Mittel" ist weiterhin keinesfalls nur unter dem zeitlichen Aspekt zu verstehen. Vielmehr geht es um aussichtslose Ermittlungssachverhalte, um ein Weiterkommen zu einem Zeitpunkt, da einem ermittlungsklug handelnden und mit kriminalistischer Erfahrung ausgestatteten Polizisten oder Staatsanwalt andere und insbesondere offene Maßnahmen nicht zielführend erscheinen. Subsidiarität und auch die *ultima ratio* bestimmen sich daher nach einem beständig wechselnden Ermittlungsszenario.

Die Erkenntnisse in diesem Teil haben auch gezeigt, dass die TKÜ selten als einzige Maßnahme eingesetzt wird. Aus der Untersuchung des Max-Planck-Institutes ist zudem bekannt, wie die TKÜ in den zeitlichen Ablauf der eingesetzten Ermittlungsmethoden eingegliedert werden kann (siehe *Abbildung 13*). Die TKÜ wurde demnach zwar in der Regel neben anderen Maßnahmen, häufig aber vor diesen eingesetzt. Wesentlich hängt dies mit dem Umstand zusammen, dass mitunter erst durch die TKÜ Erkenntnisse gewonnen werden können, die eine Durchsuchung oder Zeugenvernehmung sinnvoll werden lassen.[57] Zudem kann die TKÜ zielführend nie allein das einzige Mittel sein. [58] Entscheidend für ihre Funktion als *ultima ratio* ist also nicht (allein) der Einsatzzeitpunkt, sondern ihre Verwendung mit Blick auf darauf folgende andere Ermittlungsmöglichkeiten. Die Prognoseentscheidung ist damit unter Einfluss des gesamten Ermittlungsplanes vorzunehmen. So ist die TKÜ mitunter völlig zu Recht das erste Mittel, wenn weitere folgen sollen; sie sollte nie das einzige sein.

---

[57] Zumal heimliche Ermittlungen häufig kaum noch Sinn machen, wenn zunächst offen durch Vernehmungen oder Durchsuchungen an die Beschuldigten herangetreten wurde.

[58] Siehe in diesem Zusammenhang *Albrecht/Dorsch/Krüpe*, S. 301f. zu den Einstellungsquoten, sofern ausschließlich eine TKÜ eingesetzt wurde und die Erkenntnisse aus den Experteninterviews zum Kombinationserfordernis verschiedener Maßnahmen mit gleichlautenden Anmerkungen der Praktiker.

In diesem Sinne ist die TKÜ nicht als *ultima* und auch nicht als *prima ratio* zu verstehen, sondern vielmehr als ein Mittel unter mehreren, dessen Einsatz sich nach der Verhältnismäßigkeit zu bestimmen hat. Jede andere Sicht mag aus rechtsstaatlichen Erwägungen wünschenswert sein, verkennt aber die Ermittlungspraxis. Vermag man dies nicht anzuerkennen, ergibt sich als Konsequenz, dass die Maßnahme nicht mehr gesetzlich zu fixieren und sie daher abzuschaffen ist.

Abbildung 13: Ermittlungsmaßnahmen im Verfahrensverlauf[59]

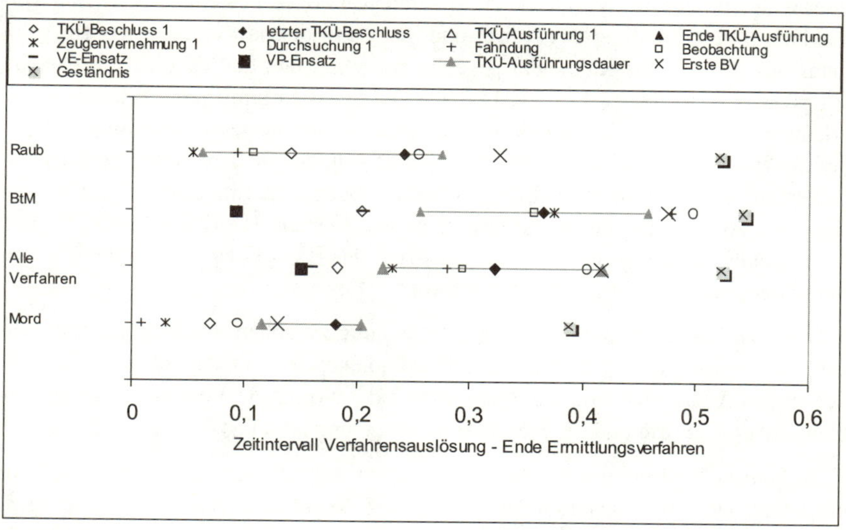

2. *Straftatenkatalog*

Als ein wesentlicher Ansatzpunkt für eine Reform des § 100a StPO hat sich der Katalog herausgestellt. Dies wird weniger durch die Aktenanalyse deutlich, wenn auch dort die überragende Bedeutung der Betäubungsmitteldelikte durch die Zahlen der Landesjustizverwaltungen belegt und die absolute Unterordnung bzw. das völlige Entfallen anderer Deliktsbereiche festzustellen ist. Im Rahmen der Planung einer Kontrollgruppe von Verfahren mit Katalogtaten, in denen auf den Einsatz

[59] Entnommen aus *Albrecht/Dorsch/Krüpe,* S. 313. Es handelt sich um einen Vergleich der Mittelwerte beim Einsatz verschiedener Ermittlungsmöglichkeiten. Aufgetragen wurden Verfahren mit TKÜ wegen Tötungsdelikten („Mord"), Raubtaten, Verstößen gegen das BtMG sowie die übrigen Verfahren. Die aus den Akten gewonnen Eckdaten der Ermittlungstätigkeit wurden in eine Zahl zwischen 0 und 1 umgewandelt. Das Zeitintervall wird durch den Beginn der Ermittlungen (0 auf der x-Achse) und ihr Ende (1 auf der x-Achse, markiert durch polizeilichen Abschlussbericht oder staatsanwaltschaftliche Schlussverfügung) bestimmt. Es handelt sich um ein bloßes Modell, da die Fallzahlen deutlich differieren und selbstverständlich nicht in allen Verfahren alle Ermittlungsmöglichkeiten zum Einsatz kommen. Weitere Erläuterungen a.a.O.

einer TKÜ verzichtet wurde und die in der Arbeit von DORSCH zur Überprüfung von Effizienzergebnissen vorgestellt wird, wurde zudem deutlich, dass es – insbesondere im Verhältnis zu sonstigen Katalogtaten – nur wenige Verfahren gibt, in denen eine Katalogtat nach BtMG vorliegt und keine TKÜ geschaltet wurde.[60]

Der Reformansatz „Katalog" wird vielmehr und im Wesentlichen durch die Befragungen deutlich. Es zeigt sich, dass die Heterogenität in der Aufzählung des § 100a StPO durch die Praktiker bemängelt wird, wichtige Bereiche außer Acht bleiben (Wirtschaftskriminalität, Bestechung, Bestechlichkeit, Korruption) und Wertungswidersprüche im Vergleich zu anderen Katalogen bestehen. Weiterhin vermeldeten selbst Praktiker bei Polizei und Staatsanwaltschaft einen gewissen Automatismus, sobald eine Katalogtat gegeben erscheint, und die Möglichkeit, das Katalogsystem etwa über § 129 StGB oder § 261 StGB zu umgehen. Daneben wurde erläutert, dass im Bereich der Bandenkriminalität und der gewerbsmäßigen Begehungsformen die TKÜ häufig erst dazu dienen soll, das für ihre Anordnung eigentlich erforderliche Merkmal zu klären. Im Zusammenhang mit der ständigen Anpassung und Ausweitung des Kataloges zeigt sich hier ein Handlungsbedarf für den Gesetzgeber, der nicht zuletzt durch das Urteil des BVerfG zur akustischen Wohnraumüberwachung[61] mitgeprägt werden wird.

Dabei ist zunächst eine Grundsatzentscheidung zwischen Katalog und einer allgemeinen Formulierung zu treffen. Als grundlegende Aspekte vor allem im Fall der letzten Alternative sind die Bestimmtheit der Norm, die Vereinheitlichung vergleichbarer Eingriffe und die Stabilität der Regelung zu sehen.

Niehaus hat sich in einer umfassenden Arbeit mit dem Katalogsystem auseinandergesetzt und dabei insbesondere auch die Erkenntnisse von *Welp* einbezogen. Beide begreifen den Katalog infolge der Grundrechtsrelevanz des Eingriffs als Ausprägung des Verhältnismäßigkeitsgrundsatzes[62] und damit als eine gesetzliche Generalisierung[63] von Eingriffsbeschränkungen. Im Rahmen der Verhältnismäßigkeit müssen der Grundrechtseingriff und die Effektivität der Strafrechtspflege in

---

60 So sollte die Kontrollgruppe vorrangig aus 150 BtM-Verfahren bestehen. Um Vergleiche ziehen zu können, hätte es Verfahren bedurft, in denen eine TKÜ hätte eingesetzt werden können, somit jedenfalls der Verdacht einer Straftat nach §§ 29 III S.2 Nr. 1, 29a, 30 I Nr.1, 2, 4, 30a, 30b BtMG vorgelegen hat. Da in den Staatsanwaltschaften bei der Registrierung der Ermittlungsverfahren in der Regel nicht der Paragraph, sondern allein etwa die Formulierung „Handel mit BtM" aufgenommen wurde, war eine einfache Stichprobenziehung aus allen BtM-Verfahren nicht möglich. So wurden bei verschiedenen Staatsanwaltschaften die Handakten darauf untersucht, ob es sich bei Verfahren ohne TKÜ-Maßnahmen um solche mit Katalogtaten handelte. Von 369 so untersuchten Handakten konnten nur in zwölf Fällen eine Katalogtat nach § 100a StPO festgestellt werden. In etlichen Fällen war anstelle der TKÜ nach §§ 100a, 100b StPO ein Auskunftsersuchen nach § 12 FAG eingereicht worden. Zur Bewertung dieser Ergebnisse siehe *Dorsch*.

61 BVerfG NJW 2004, 999-1022

62 *Welp*, Überwachung und Kontrolle, S. 89; *Niehaus*, S. 189f.

63 *Welp*, Überwachung und Kontrolle, S. 89; *Niehaus*, S. 189f.

Ausgleich gebracht werden. Dabei streiten auf Seiten des Grundrechtseingriffs[64] die abstrakte Wertigkeit des Art. 10 I GG, die Dauer der Maßnahme, ihr Umfang, die bei der TKÜ deutlich gegebene Streuwirkung der Maßnahme auf (unbeteiligte) Dritte[65] und nicht zuletzt die Heimlichkeit der Maßnahme. Die Effektivität der Strafrechtspflege wird anhand der Tatschwere, der Rechtsfolgenerwartung, des Strafrahmens und der Eignung der Maßnahme zur Tataufklärung gemessen. Weiterhin kann ein erhöhtes kriminalpolitisches Bedürfnis von Bedeutung sein.[66]

Ausgehend von dieser Situation und der geäußerten und in der Diskussion bekannten Kritik am Katalogsystem lassen sich für eine Reform des § 100a StPO im Wesentlichen drei Ausgestaltungen denken: der gänzliche Verzicht auf einen Katalog, die Überarbeitung des Kataloges und Kombinationsmodelle aus Katalog und allgemeiner Formulierung.

2.1 Kein Katalog

Verzichtete man in Zukunft auf einen Katalog, stellte sich die Frage, inwieweit dem – selbstverständlich ohnehin bestehenden – Grundsatz der Verhältnismäßigkeit Rechnung getragen werden könnte. Der Katalog formalisiert und generalisiert die Abwägung zwischen dem intensiven Grundrechtseingriff und der Verfolgung schwerer Straftaten, indem er letztere durch eine Aufzählung definiert.[67]

Zukünftig könnte man auf eine solche generelle Zuweisung von Tatschwere gänzlich verzichten und den Einsatz der TKÜ durch die Erläuterung der Schwere der aufzuklärenden Tat ermöglichen. Damit verbliebe es bei Polizei, Staatsanwaltschaft und Gericht, im Einzelfall – und losgelöst von einem formelhaften Verweis auf den Katalogcharakter der Tat – diese als schwer und den Eingriff in Art. 10 I GG damit als verhältnismäßig zu qualifizieren. Ohne Frage wäre bei einer solchen Lösung dafür Sorge zu tragen, dass die weiteren Kriterien in §§ 100a, 100b StPO zur Wahrung der Verhältnismäßigkeit (insbesondere Tatverdacht und Subsidiarität) gewahrt blieben. Weiterhin wäre das Augenmerk auf eine funktionierende Kontrolle der Voraussetzungen zu lenken.[68]

Als Alternative zu einer völligen Loslösung von Kriterien der Tatschwere ist sodann zu überlegen, welche Merkmale hier als Anknüpfungspunkt in Betracht kommen. Diese dürften im Wesentlichen sein:

---

64 Dazu bereits im Ersten Teil, A III.

65 Dazu insbesondere Vierter Teil und Erster Teil.

66 Siehe zum Ganzen Erster Teil und *Niehaus*, S. 202ff.

67 Auch wenn man an der Schwere der Taten im derzeitigen Katalog in einigen Bereichen zweifeln mag.

68 Zu Zweifeln an der Intensität der derzeitigen Kontrolle siehe vor allem im Fünften Teil.

- der Verbrechenscharakter einer Tat
- die konkrete Straferwartung
- das Mindeststrafmaß
- das Höchststrafmaß

Niehaus hat zu diesen Kriterien die Vor- und Nachteile zusammengefasst[69] und kommt zu dem Ergebnis, dass im Grundsatz dem Vorschlag zu folgen sei, dass prozessuale Eingriffsmaßnahmen bei den Delikten zulässig sein sollten, die als Verbrechen i.S.d § 12 StGB zu qualifizieren seien.[70] Weiterhin sei eine entsprechende Klausel um eine (erhöhte) Mindeststraferwartung von zwei Jahren zu ergänzen.[71] *Welp* erklärt bereits 1974, dass dem System der Katalogtaten angesichts von Wertungswidersprüchen und Zweifeln an der Schwere der aufgenommenen Taten eine Gesetzestechnik vorzuziehen wäre, die die zur Überwachung berechtigenden Straftaten durch die Angabe einer Mindest- oder Höchststrafe indizierte, wobei die für Verbrechen vorgesehene Strafmarge nicht unterschritten werden sollte.[72]

Anders als *Niehaus*, der darüber hinaus kein weiteres Kriterium als erforderlich erachtet[73], sieht die Verfasserin in der Aufklärungseignung eine sinnvolle Präzisierung der Klausel. Auch wenn diese Voraussetzung von jedem taktisch und ermittlungsklug handelnden Praktiker ohnehin mitbedacht werden wird, schadete es weder der gesetzlichen Klarheit noch einer späteren Nachvollziehbarkeit der Entscheidung, den Katalog in einem reformierten § 100a StPO durch eine Formulierung zu ersetzen, die auf die Tatschwere, gemessen am Verbrechenscharakter und der Mindeststraferwartung, und die Eignung der TKÜ zur Erforschung des Sachverhaltes oder Ermittlung der Aufenthaltsortes abstellt. Der Vorteil einer solchen Lösung läge in der Auflösung des starren Kataloges und der Vermeidung von Automatismen durch eine zwangsläufig höhere Begründungslast.[74] Als Nachteil verbleiben wie zuvor Rechtsunsicherheit und divergierende Entscheidungen sowie das Fortwirken der einstigen Katalogzugehörigkeit in den Entscheidungen.

---

69 *Niehaus*, S. 237ff.

70 *Niehaus*, S. 240.

71 *Niehaus*, S. 242f.

72 *Welp*, Strafprozessuale Überwachung, S. 65. Er führt weiter aus, dass in einer solchen Technik auch ein wirksamer psychologischer Schutz vor der Versuchung zu sehen sei, dem Verlange nach wirksamer Kriminalitätsbekämpfung durch die Erweiterung strafprozessualer Überwachungsvollmachten zu entsprechen.

73 *Niehaus*, S. 241.

74 Vorbehaltlich der Arbeit mit Textbausteinen.

2.2 Katalog

Sofern an einem Katalog festgehalten wird, ist dieser zu überarbeiten. Dabei erscheinen die in § 100a Nr. 1a, 1d und 1e StPO aufgezählten Delikte weitgehend verzichtbar. Zumindest zu überdenken sind die Delikte, die im Bereich der Betäubungsmittelkriminalität nicht zwischen Konsumenten- und Händlerebene unterscheiden. Gleiches gilt für die Ausdehnung der Überwachung durch das OrgKG auf Bereiche, die Alltagsvermögenskriminalität beinhalten.[75]

In gleichem Maße sollten jedoch die Wirtschaftskriminalität, Bestechung, Bestechlichkeit, Korruption in den Katalog einbezogen werden, da in Anbetracht ihrer Strukturen und der typischen Begehungsweisen die TKÜ nicht nur als erfolgversprechend, sondern in Teilen als allein zielführend anzusehen sein und es sich in vielen Fällen um hohe Schadenssummen handeln dürfte.[76]

2.3. Kombinationsmodelle

Viele Praktiker und vor allem Verteidiger sehen in einer Auflösung des Kataloges eine massive Gefahr für die Wahrung der Verhältnismäßigkeit und eine weitere Ausweitung der TKÜ. Auch wenn diese Befürchtung in Anbetracht der reflexartigen alljährlichen Ausweitungen des Kataloges durch seine Abschaffung kaum steigerungsfähig sein dürfte, handelt es sich vor allem unter dem Gesichtspunkt der Bestimmtheit und einheitlichen Rechtsanwendung um eine ernst zu nehmende Sorge.

Damit ist zu überdenken, inwieweit Kombinationsmodelle aus Katalog und allgemeiner Formulierung die Aufzählung einerseits flexibel gestalten könnten, andererseits Automatismen verhindern und der Wahrung der Verhältnismäßigkeit gerade größere Aufmerksamkeit zukommen lassen. Denkbar wäre es, die TKÜ bei Verbrechen mit einer Mindeststraferwartung von zwei Jahren und einer darzulegenden Aufklärungseignung zuzulassen und diese Klausel katalogartig um – insbesondere – Verbrechen mit geringerer Mindeststraferwartung und Vergehenstatbestände, bei denen möglicherweise ein erhöhtes kriminalpolitisches Interesse besteht, zu erweitern. Allerdings sähe sich ein Kombinationsmodell, unabhängig, in welcher Form es ausgestaltet wäre, dem Vorwurf ausgesetzt, die durch die Klausel

---

[75] Siehe *Niehaus*, S. 216ff.

[76] Hier ist die TKÜ aus rechtlichen Gründen nicht durchführbar. Der Einsatz verdeckter Maßnahmen bleibt jedoch häufig auch aus faktischen Gründen auf bestimmte Deliktsbereiche beschränkt, obwohl er in anderen Feldern und insbesondere im Bereich der Wirtschaftskriminalität erfolgversprechend wäre. Dies gilt namentlich für den Einsatz von VE und VP, die vorwiegend bei Ermittlungen wegen Rauschgiftkriminalität eingesetzt werden. Siehe insoweit *Weigand/Büchler*, S. 89ff. Möglicherweise findet diese Beschränkung ihrer Ursache darin, dass geeignete Personen zur Heranführung an die beschuldigte Wirtschaftskriminelle fehlen.

gewonnene einfache Struktur aufzugeben und den Katalog mit all seinen Nachteilen (Automatismus) mitzuschleppen. Denkbar erscheinen Anordnungen des Inhalts, dass, wenn bereits bei der im Katalog benannten Tat x eine TKÜ möglich sei, aus Gründen der Verhältnismäßigkeit bei der schwereren Tat y der Überwachung nichts entgegenstehen könne. Aus diesen Gründen spricht wenig für ein kombiniertes Modell, zumal es der geforderten Klarstellung und dem Ruf nach Einzelfallbegründungen zuwider liefe.

Vierter Teil

Überwachungsintensität

Wie im Ersten Teil dargestellt, wird die Entwicklung des Umfangs der TKÜ seitens ihrer Kritiker als beängstigend, das Ansteigen der Überwachung als flächendeckend und uferlos empfunden. Einhergehend besteht die Befürchtung einer immer weiter zunehmenden Streuwirkung der Maßnahme auf Dritte und damit einer Steigerung der Überwachungsintensität.

Angaben zum Überwachungsausmaß bei Maßnahmen nach §§ 100a, 100b StPO werden auf Grundlage der Zahlen der Landesjustizverwaltungen und der Regulierungsbehörde für Telekommunikation und Post zur Entwicklung der TKÜ getroffen.[1] Verschiedentlich werden zudem Schätzungen vorgetragen, nach denen pro Jahr etwa eine Millionen Menschen in Deutschland im Rahmen von Telefonüberwachungen „belauscht" würden.[2]

Die Crux dieser Vermutungen und Befürchtungen liegt darin, dass die Datengrundlage kaum eindeutige Aussagen zum tatsächlichen Überwachungsumfang zulässt. Dies zeigt sich vor allem in der Tatsache, dass die Überwachung eines oder auch mehrerer Täter stets auch eine unbekannte und nicht einzuschätzende Zahl von Personen betrifft, die dieser im Verlauf der Überwachung telefonisch kontaktiert: seien es Verwandte, Bekannte, Freunde, Dienstleister, Geschäftpartner, tatsächliche oder auch nur falsch vermutete Mittäter. Diese Personen tauchen in keiner Statistik auf und nur, wenn sie und ihre Verbindung zum Beschuldigten klar erfasst wären, ließen sich valide Angaben zur realen Überwachungsdichte und Drittbetroffenheit tätigen.

---

[1] Siehe dazu Erster Teil C.

[2] Für solche Schätzungen werden regelmäßig Zahlen aus den USA herangezogen, die von etwa 101 Betroffenen pro Fall ausgehen. Diese 101 Betroffenen werden dann mit der Anzahl der Anordnungen auf Überwachung verrechnet. Aus dieser Rechnung entsteht dann für das Jahr 1994 die Annahme der Überwachung von etwa 500.000 Personen, für spätere Jahre von 1.000.000 Betroffenen. Teilweise wird in Schätzungen auch von 1.500.000 überwachten Personen ausgegangen. *Welp*, StV 1994, 162; *Hirsch,* S. 134; *Frehsee*, S. 22; *Thommens*, StV 1997, 658; *Müller-Heidelberg*, S. 112 (dort 1,5 Mio. Betroffene).

Im hier folgenden Kapitel sollen die Anzahl der Maßnahmen und Betroffenen sowie die Dauer der Überwachung (auch im Bundeslandvergleich und unterschieden nach Katalogtaten) betrachtet werden.

A. Erkenntnisse aus der Aktenanalyse

Für die vorliegende Arbeit wurden 647 Verfahren mit 2306 Anordnungen nach §§ 100a, 100b StPO und / oder § 12 FAG bezogen auf 3677 Anschlüsse ausgewertet, die gegen 1547 Beschuldigte geführt wurden. Die nachfolgenden Ausführungen beziehen sich – wie im Dritten Teil erläutert - in der Regel allein auf die Verfahren, Anordnungen und Anschlüsse, in denen (zum Teil neben § 12 FAG) §§ 100a, 100b StPO Grundlage der Maßnahmen waren. Erkenntnisse für diese Untersuchung wurden damit aus 611 Verfahren gewonnen.

Bei den ausgewerteten Verfahren handelte es sich um Akten sehr unterschiedlichen Umfanges und unterschiedlicher inhaltlicher Vollständigkeit. Teilweise lagen einbändige Verfahren mit etwa 50 Blättern vor, zum Teil mehrere Raummeter mit bis zu 150 Leitzordnern. Regelmäßig waren den Akten aus datenschutzrechtlichen Gründen die Gesprächsprotokolle sowie vergleichbare Aufzeichnungen zu den Kommunizierenden zur Auswertung nicht beigefügt. So war es nicht möglich, die Gesprächspartner der ins Ziel der Überwachung genommenen Beschuldigten „auszuzählen" oder genaue Angaben zur Anzahl der überwachten Gespräche, der Protokollordner oder der Gesprächsminuten zu machen. Andererseits boten einige Akten eine Zusammenfassung aller TKÜ-relevanten Informationen, die durch die Staatsanwaltschaft oder die Polizei gefertigt waren und Ausführungen etwa der folgenden Art enthielten:

„Die TKÜ wurde für die folgenden Anschlüsse durchgeführt:

A1: Nummer und Aufschaltungsbeginn und -ende (Beschluss vom ...)

A2: Nummer und Aufschaltungsbeginn und -ende (Beschluss vom ...)

A3: Nummer und Aufschaltungsbeginn und -ende (Beschluss vom ...).

Die Gesamtkosten der Überwachung beliefen sich auf ...

Im Rahmen der Überwachung des Anschlusses 1 konnten ... Gespräche überwacht werden, für Anschluss 2 ... Gespräche. Anschluss 3 wurde bereits nach zwei Tagen abgeschaltet, da keine Gespräche aufgezeichnet werden konnten. Eine Rückfrage beim Dienstanbieter ergab, dass aufgrund nicht gezahlter Rechnungen der Anschluss abgeschaltet wurde.

Die TKÜ blieb ohne Ergebnis."

Der Zustand der Akten lässt sich als sehr unterschiedlich beschreiben. So waren insbesondere umfangreiche Akten i.d.R. sehr übersichtlich und lagen vollständig vor. Teilweise wurden einzelne fehlende Bände auch auf Nachforderung nicht zugesandt. Weiterhin waren vereinzelt aufgrund der Durchführung der Vernichtung i.S.d § 100b VI StPO Gesprächsprotokolle und Inhaltszusammenfassungen der Akte bereits entnommen.[3] Insgesamt jedoch ließen sich die für die Untersuchung primär relevanten Informationen aus den Akten entnehmen.

Angaben zu den Kosten der Überwachung waren aus den Akten nur sehr schwer bis gar nicht zu rekonstruieren. Zum Teil waren Kostenaufstellungen enthalten, wobei die entsprechenden Informationen für die TKÜ und zu dort evtl. angefallenen Übersetzungskosten keine Aufschlüsselungen in Einzelpositionen wie Sach- und Personalkosten erfuhren. Für Dolmetscherkosten waren mitunter Stundenzahlen angegeben, nicht jedoch die Anzahl der Gespräche benannt, die in dieser Zeit übersetzt wurden. Meist war nicht einmal die Maßnahme in Beziehung gestellt, für die die Übersetzungstätigkeit erfolgte.

Häufig beinhalteten die Akten Rechnungen der Dienstanbieter, die ebenfalls keine präzise Anbindung an eine Maßnahme beinhalteten. Auch war den Akten in der Regel nur zu entnehmen, dass um die Höhe der Rechnung zwischen Polizei und Netzanbietern Streit entstand. So waren zwar eine Vielzahl von Rechnungen der Dienstanbieter sowie eine Unzahl an Mahnungen enthalten, aber häufig keinerlei Hinweise auf Übernahme der angefallen Kosten. Die Rechnungen enthielten meist keinen Hinweis auf die Maßnahme, für die die Kosten angefallen waren, mitunter nicht einmal auf das Verfahren. In diesem Zusammenhang sei etwa auf die folgende Äußerung eines Staatsanwaltes im Rahmen der Expertengespräche hingewiesen:

> „Sie[4] schicken völlig diffuse Rechnungen an das Amtsgericht, weil von dort der Beschluss stammt. Das Gericht schickt die Rechnungen an die Staatsanwaltschaft und wir an die Polizei. Dort tauchen dann jahrelang unklare Rechnungen auf und keiner weiß, wer es zahlen soll."

In etlichen Fällen wurden für die TKÜ externe Geräte angemietet, entsprechende Rechnungen waren den Akten beigefügt.

---

3 Ohne in den Ausführungen auf dieses Problem weiter einzugehen, sei angemerkt, dass sich deutliche Unterschiede in der Handhabung der Vernichtungsregelung feststellen ließen. In *Albrecht/Dorsch/Krüpe*, S. 184 ist festgehalten, dass eine Vernichtung in etwa zwei Dritteln der dort untersuchten Fälle nicht aus den Akten zu erkennen war. Daneben wurde auch deutlich, dass die Anweisungen zur Vernichtung sich durchaus sehr unterschiedlich gestalteten. Mitunter wurden allein die Bänder, in anderen Fällen auch die Gesprächsprotokolle, in wieder anderen Fällen auch die Inhaltsprotokolle oder gar Aktenblätter mit Vermerken zur TKÜ zur Vernichtung freigegeben.

4 Die Dienstanbieter (Anmerkung der Verfasserin).

Eine seriöse Kostenerhebung unter Rückführung auf einzelne Maßnahmen (anschluss- oder anordnungsbezogen) war somit nicht möglich. Eine Angabe der Kosten zu den Verfahren, die Gesamtsummen für die TKÜ (und Übersetzungen) beinhalteten, ist dem Gutachten des Max-Planck-Institutes und der Arbeit von DORSCH zu entnehmen.[5] Welche Posten dort jeweils in die Summe mit eingeflossen sind (Sach- und Personalkosten, Mietzins), war in den Aufstellungen nicht gelistet.

I. Anzahl der Maßnahmen

1. TKÜ-Anordnungen

In den 611 Verfahren wurden 2035 Anordnungen[6] erlassen, die sich auf Maßnahmen nach §§ 100a, 100b StPO bezogen (zum Teil parallel zu Auskunftsersuchen nach § 12 FAG). Im Mittel ergingen 3,33 Anordnungen pro Verfahren (richterliche Anordnungen, Eilanordnungen durch die Staatsanwaltschaft und Verlängerungsanordnungen). Der Median liegt bei 2. Das Minimum findet sich bei einer Anordnung, das Maximum bei 49 Anordnungen in einem Verfahren. In 224 Verfahren erging nur eine Anordnung auf Überwachung der Telekommunikation, damit sind auch 224 Anordnungen Einzelmaßnahmen ohne Verlängerungen und Folgeanordnungen.

1.1 TKÜ- und FAG-Anordnungen

521 der Anordnungen bezogen sich neben der Überwachung der Telekommunikation auch auf Auskunftsersuchen nach § 12 FAG. In den übrigen Fällen und damit bei etwa drei Viertel der Anordnungen lagen ausschließlich Überwachungen nach §§ 100a, 100b StPO vor (*Abbildung 14*). Sofern die Auskunftsersuchen parallel zur TKÜ erfolgten, handelte es sich in der Mehrzahl der Fälle um eine begleitende Datenerfassung, der nur eine geringe eigenständige Bedeutung zukam.[7]

---

5 *Albrecht/Dorsch/Krüpe*, S. 185; *Dorsch*.

6 Richterliche Beschlüsse wie auch staatsanwaltschaftliche Eilmaßnahmen.

7 Auskunftsersuchen nach § 12 FAG, die sich allein auf eine Feststellung des Anschlussinhabers bezogen, haben keinen Eingang in diese Untersuchung gefunden.

Abbildung 14: TKÜ-Anordnungen und Kombinationen mit § 12 FAG – in % (n=2035)

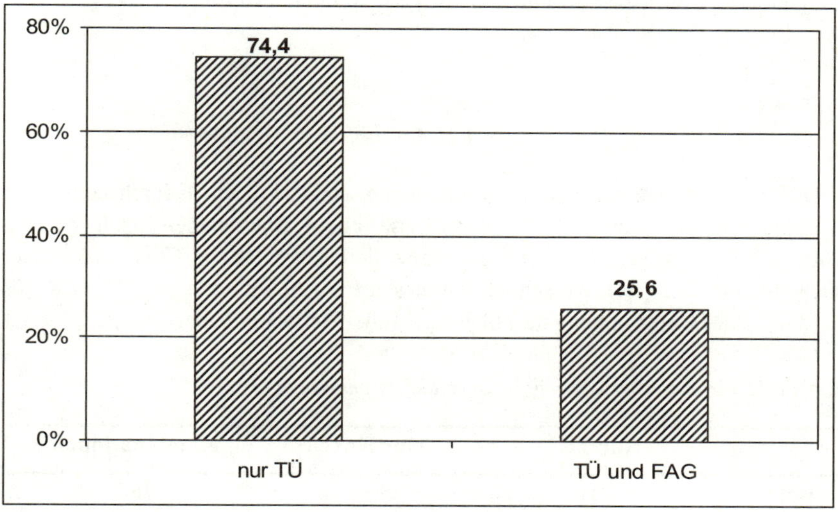

1.2 Anzahl Anschlüsse pro Anordnung

Die 2035 Anordnungen bezogen sich zu etwa 71% auf einen Anschluss, der Mittelwert liegt bei 1,56 Anschlüssen, der Median bei einem Anschluss. Maximal wurden mittels einer Anordnung 19 Anschlüsse überwacht.

1.3 Folgeentscheidungen

Folgeentscheidungen auf eine erste Überwachung können in Form von Verlängerungen oder neuen Anordnungen getroffen werden. Unter konsekutiven Entscheidungen werden im Folgenden Anordnungen verstanden, die nicht die erste TKÜ in einem Verfahren betreffen und keine Verlängerung einer Maßnahme beinhalten. Verlängerungsanordnungen sind solche, die für einen oder mehrere Anschlüsse eine bereits bestehende Maßnahme verlängern. Verlängerungen sind damit ebenfalls konsekutive Entscheidungen, beziehen sich aber in mindestens einem Anschluss auf eine bereits bekannte Erreichbarkeit der Täter. 224 Anordnungen sind Einzelmaßnahmen ohne Folgeentscheidungen (11%). 271 Anordnungen sind Erstanordnungen, auf die weitere TKÜ-Entscheidungen folgen (13%). 296 Anordnungen stellen Verlängerungen bereits ergangener Entscheidungen dar (15% aller Maßnahmen). Zum Teil handelt es sich hierbei um wiederholte Verlängerungen bzgl. eines Anschlusses. 1244 Anordnungen sind konsekutive Entscheidungen (ohne Verlängerungen; 61% der Maßnahmen). Auch hier zeigt sich die im **Dritten**

Teil angesprochene Fernwirkung der Maßnahme, die darin besteht, dass aus den Erkenntnissen der Überwachung weitere TKÜ-Maßnahmen folgen.

2. TKÜ-Anschlüsse

Differenziert man nicht nach Anordnungen, sondern nach dadurch betroffenen Anschlüssen, so wurden 2410 Anschlüsse allein Maßnahmen nach §§ 100a, 100b StPO unterzogen. Für 766 Anschlüsse liefen parallel zur TKÜ Auskunftsersuchen nach § 12 FAG. Ausschließlich diesen Ersuchen unterlagen 501 Anschlüsse, die bei der Untersuchung im Folgenden außer Betracht bleiben.

Tabelle 11: Art der Überwachung bezogen auf Anschlüsse (n=3677)

	Nur TKÜ	Nur FAG	Kombinationen
absolut	2410	501	766
relativ	66%	14%	21%

In den 611 Verfahren wurden im Mittel 5,2 Anschlüsse Maßnahmen nach §§ 100a, 100b StPO zugeführt. Der Median liegt bei drei Anschlüssen. Im Minimum erfolgte die Überwachung eines Anschlusses, in einem Verfahren wurden 74 Anschlüsse kontrolliert. Insgesamt wurden **3176 Anschlüsse** überwacht.[8]

Für 85% der Anschlüsse war in den Akten die Aufschaltung der Überwachung ausdrücklich vermerkt. Hingegen wurden 3% der Anschlüsse von Beginn an nicht überwacht. Für die übrigen 12% war in den Akten nicht niedergelegt und für die Auswerter auch anderweitig nicht nachvollziehbar, ob die Maßnahme nach §§ 100a, 100b StPO geschaltet wurde.

II. Anzahl der Betroffenen[9]

Von besonderem Interesse für die Bewertung der TKÜ ist die Frage, welche Personen durch die Überwachung betroffen sind. Dabei handelt es sich durchaus um

[8] Es war bei der Datenaufbereitung nicht möglich, die abgehörten Anschlüsse daraufhin zu trennen, ob es sich um erst- und einmalig überwachte Anschlüsse handelte oder ein Anschluss mehrfach im Rahmen von Verlängerungsanordnungen einer TKÜ unterzogen wurde. Daher sind es nicht zwangsläufig verschiedene Anschlüsse, die überwacht wurden.

[9] Als Betroffene einer TKÜ werden im Folgenden sowohl Beschuldigte als auch Dritte verstanden, die überwacht werden, sei es als Inhaber oder Nutzer des Anschlusses.

verschiedene Gruppen von Betroffenen, wie in den folgenden Ausführungen erläutert werden wird.

1. Zielsubjekte der Überwachung: Beschuldigte, Anschlussinhaber, Anschlussnutzer, Nachrichtenmittler

Die TKÜ kann sich gemäß § 100a S. 2 StPO gegen den Beschuldigten richten oder gegen Personen, „von denen aufgrund bestimmter Tatsachen anzunehmen ist, dass sie für den Beschuldigten bestimmte oder von ihm herrührende Mitteilungen entgegennehmen oder weitergeben oder dass der Beschuldigte ihren Anschluss benutzt". Nach Auffassung der Kommentarliteratur muss, ohne dass das Gesetz dies ausdrücklich bestimmen würde, die durch bestimmte Tatsachen begründete Annahme bestehen, dass durch die Überwachung der Telekommunikation des Unverdächtigen der Sachverhalt aufgeklärt oder der Aufenthaltsort ermittelt werden kann.[10] Für diejenigen Personen, die Mitteilungen für den Beschuldigten entgegennehmen oder weitergegeben haben, wird in der Regel der Begriff des Nachrichtenmittlers verwendet. Damit ergeben sich folgende Überwachungssubjekte im Sinne des § 100a S. 2 StPO:

- der Beschuldigte, der als Inhaber seinen eigenen Anschluss nutzt
- der Dritte als Nachrichtenmittler
- der Beschuldigte, der einen Anschluss nutzt, dessen Inhaber ein Dritter ist (Nutzung i.S.d § 100a S. 2 StPO)
- der Dritte als Anschlussinhaber, dessen Anschluss sowohl von ihm selbst als auch einem Beschuldigten genutzt wird (Nachrichtenmittler / Nutzung i.S.d § 100a S. 2 StPO)

Zwangsläufig sind von einer TKÜ jedoch auch Mitinhaber, Mitnutzer und Gesprächspartner der überwachten Anschlüsse betroffen und in ihrem Grundrecht aus Art. 10 I GG verletzt, da der Eingriffscharakter keine finale, also zielgerichtete Überwachung voraussetzt. *Abbildung 15* verdeutlicht, dass die Konstellationen des § 100a S. 2 StPO zwangsläufig einen weiten Kreis an Betroffenen bedeuten können, der sich in der Regel vor der Überwachung auch nicht kalkulieren lässt. Dieser Betroffenenkreis zieht sich ringförmig um diejenigen, die einen Anschluss innehaben oder ihn nutzen. Er wird vor allem dadurch ausgedehnt, dass ein Anschluss von mehreren Nichtbeschuldigten (Familienangehörigen, Mitbewohnern, Kollegen, im Fall öffentlicher Anschlüsse vollkommen Unbekannten) mitgenutzt werden kann,

---

[10] *Nack*, in: KK, § 100a Rn. 25.

und alle Kommunizierenden (ob beschuldigt oder nicht) auch Telefonate mit nichtbeschuldigten Gesprächspartnern führen.

Sofern es sich bei dem zu überwachenden Anschluss um eine Rufnummer handelt, die auf einen Beschuldigten angemeldet ist und dieser Anschluss auch von ihm genutzt wird, erscheint die TKÜ als zielgerichteter Eingriff in seine Kommunikation. Es bleiben als Mitbelastete der Überwachung (einkalkulierte) Nächste des Beschuldigten als Mitnutzer des Anschlusses oder Gesprächspartner. Ebenfalls in diese Kategorie fallen Sachverhalte, in denen der Anschluss zwar auf Dritte angemeldet ist, der Beschuldigte sie aber (auch) nutzt.

Als Gegenposition erscheinen Überwachungen, die sich auf Anschlüsse von Dritten beziehen, die auch ausschließlich von diesen genutzt werden. Nach der gesetzlichen Vorgabe in § 100a S. 2 StPO dürfte es sich dabei ausschließlich um Nachrichtenmittler handeln. Eine ausdrückliche Auseinandersetzung mit der Position eines abgehörten Dritten als Nachrichtenmittler fand in den ausgewerteten Verfahren jedoch nur selten ihren Niederschlag.[11]

Abbildung 15: Ausdehnung der Betroffenen

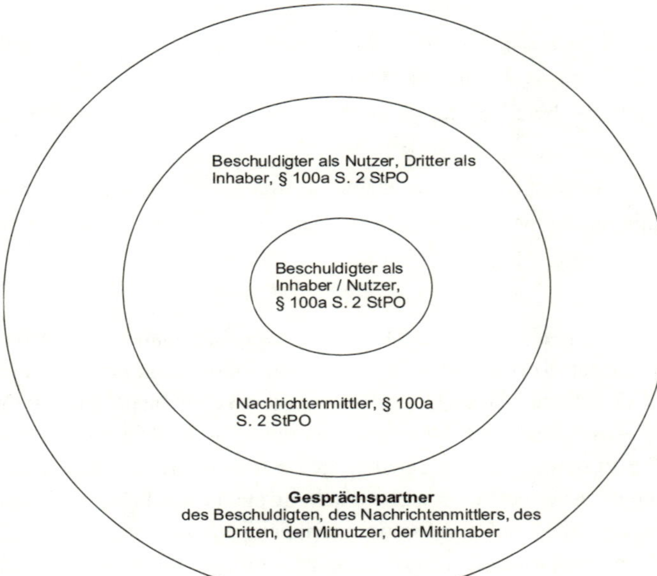

11 Siehe ebenso *Kinzig*, S. 462f. und unten 1.2, 1.3.

Von besonderem Interesse für die Untersuchung der Überwachungsintensität erscheinen somit die folgenden Fragen:

- wer ist Inhaber des Anschlusses, wer sein Nutzer?
- wenn es sich um Fälle von Drittanschlüssen handelt, die ausschließlich von Dritten genutzt werden, somit Nachrichtenmittlunsgverhältnisse anzunehmen sind: in welchem Verhältnis stehen Beschuldigter und Dritter?
- inwieweit sind von der Überwachung Personen betroffen, die sich auf ein Zeugnisverweigerungsrecht nach §§ 52, 53 StPO berufen könnten?

1.1 Anschlussinhaber

Gemäß § 100b II S. 2 StPO sind in der Anordnung Name und Anschrift des Betroffenen, gegen den sich die Maßnahme richtet und die Rufnummer oder eine andere Kennung seines Telekommunikationsanschlusses aufzuführen. Sofern der Anschluss eines Unbeteiligten überwacht werden soll, sind auch dessen Name und Anschrift anzuführen. Auf dieser Grundlage wurde aus den Anordnungen ermittelt, ob es sich bei dem zu überwachenden Anschluss um eine Rufnummer eines der Beschuldigten oder eines Dritten handelte.

Für etwa 42% der überwachten Anschlüsse waren als Inhaber Beschuldigte des Verfahrens verzeichnet.[12]

Hingegen waren 56% der Anschlüsse auf Personen angemeldet, die nicht als Beschuldigte geführt wurden.

Für 2% der Anschlüsse war in den Akten vermerkt, dass der Inhaber nicht festgestellt werden konnte.

Es zeigt sich somit ein Übergewicht der Überwachung von Dritt- gegenüber Beschuldigtenanschlüssen. Allein diese Feststellung genügt jedoch den tatsächlichen Gegebenheiten nicht, da vermutet werden muss, dass die Mehrzahl der Drittanschlüsse zumindest auch durch den Beschuldigten genutzt werden (siehe dazu unten 1.2).

Sofern der Anschlussinhaber nicht festgestellt werden konnte, handelte es sich in 88% der Fälle um die Überwachung von Mobiltelefonen, etwa 10% dieser Anschlüsse führten in ein Festnetz.[13] Es dürfte sich hier vornehmlich um die Fälle sogenannter Handygeber und Strohmänner handeln, d.h. um Personen, die bei Ver-

---

[12] Ein gutes Drittel dieser Anschlüsse wurde nicht allein mit Blick auf den beschuldigten Inhaber, sondern auch hinsichtlich weiterer Beschuldigter der Verfahren überwacht.

[13] Im Übrigen Fax, E-mail, Scall, Mailbox.

tragsschluss angegeben werden, um die Identität des tatsächlichen Inhabers und Nutzers zu verschleiern. So ist es etwa in den Fällen der kriminellen Vereinigungen oder der organisierten Kriminalität in der Regel nicht vorstellbar, dass auf Führungsebene Personen über ein auf sie selbst angemeldetes Handy kommunizieren.

In den Fällen, in denen Anschlüsse von Beschuldigten mit Maßnahmen nach §§ 100a, 100b StPO belegt wurden, handelte es sich zu etwa 48% um Mobiltelefone, zu 41% um private Festnetzanschlüsse und zu 9% um betrieblich genutzte Festnetzanschlüsse.[14]

Für die Fälle der Überwachung von Anschlüssen Dritter zeichnet sich das folgende Bild: etwa 52% der Anschlüsse sind Mobilfunknummern, 36% private und 11% betrieblich genutzte Festnetzanschlüsse. In diese Kategorie fallen sodann auch öffentlich nutzbare Anschlüsse mit etwa 1%.

1.2 Anschlussnutzer

Für etwa 78% aller Anschlüsse konnte aus den Akten festgestellt werden, wer Inhaber und wer Nutzer eines Anschlusses war. *Abbildung 16* gibt wieder, mit jeweils welchen Anteilen die verschiedenen Konstellationen aus Nutzern und Inhabern vorlagen.

Abbildung 16: Nutzer- / Inhaberverhältnis – in % (n=2472)

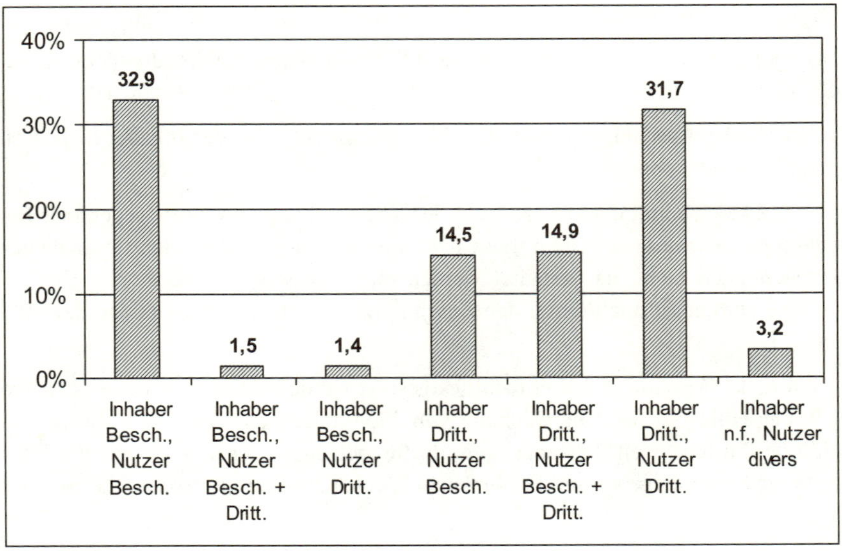

14 Im Übrigen Fax, E-mail, Scall, Mailbox.

Mit jeweils etwa einem Drittel sind die Fälle verzeichnet, in denen Inhaber und Nutzer des überwachten Anschlusses einer der Beschuldigten war, sowie diejenigen, in denen ein Dritter als Inhaber und alleiniger Nutzer des Anschlusses vermerkt wurde. Ebenfalls in etwa identisch bei Werten um die 15% sind weitere Fälle eines Dritten als Inhaber aufgenommen, wobei in einer Variante allein der Beschuldigte den Anschluss nutzte, in der anderen auch der Dritte über die Rufnummer kommunizierte (Fälle des § 100a S. 2 StPO). Eine untergeordnete Rolle spielten die Anschlüsse, für die ein Beschuldigter als Inhaber gemeldet war und die auch oder ausschließlich von Dritten genutzt wurden (1,5% bzw. 1,4%).

Man kann die vorstehenden Ergebnisse jedoch auch nach den Vorstellungen des § 100a S. 2 StPO gruppieren, indem die Säulen 1 und 2 sowie 4 und 5 der *Abbildung 16* zusammen betrachtet werden. Dabei ergibt sich das in *Abbildung 17* wiedergegebene Bild, sofern man davon ausgeht, dass dort die Säulen 2 und 5 die Fälle der Nachrichtenmittlung erfassen. Dies muss jedoch dahinstehen, da sich zu dieser Annahme in der Akte häufig weder in der Anordnung noch an anderer Stelle ein Hinweis auf dieses Nachrichtenmittlungsverhältnis finden ließ. Anders gewendet: in diesen Fällen könnte auch die Konstellation vorgelegen haben, dass die Ermittlungsbehörden davon ausgingen, die Kommunikation des Beschuldigten selbst mittels der TKÜ zu überwachen, und dann feststellen mussten, dass es sich um Dritte handelte. Auch aus diesem Grund ist es von Interesse, nähere Angaben zum Inhaber-/ Nutzungsverhältnis in den Fällen der Drittnutzung zu erhalten.

Abbildung 17: Nutzer- / Inhaberverhältnis – in % (n=2472)

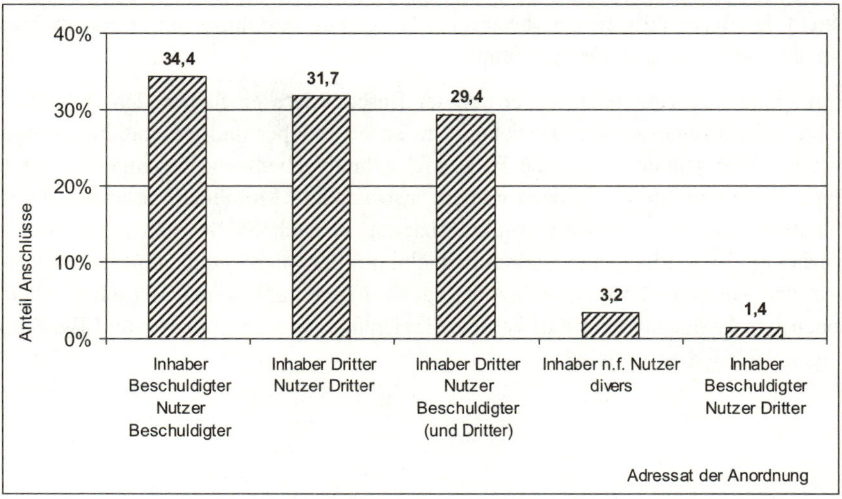

Ein Beispiel für eine Anordnung, in der Inhaber und Nutzer des Anschlusses und Beschuldigter auseinander fielen, fand sich etwa in folgender Form in den Akten:

> *„In dem Verfahren gegen **X** wegen ... wird nach §§ 100a, 100b StPO die Überwachung und Aufzeichnung des Fernmeldeverkehrs (...) für den Telefonanschluss ..., Netzbetreiber ..., des **Y**, wohnhaft in ... angeordnet.*
>
> *Die Anordnung gilt für drei Monate. Aufgrund der Ermittlungen, insbesondere der Angaben des ..., besteht gegen den Beschuldigten der Verdacht, folgende Katalogtat begangen zu haben: .... Inhaber des oben genannten Anschlusses ist **Y**. Die Überwachung ist unentbehrlich, weil andere Aufklärungsmittel nicht zur Verfügung stehen."*

Es zeigt sich, dass in dem Fall des Auseinanderfallens von Beschuldigtem und Inhaber / Nutzer in der Anordnung kein Hinweis erfolgt, ob die Überwachung aufgrund der Nutzung des Anschlusses durch den Beschuldigten oder wegen der Nachrichtenmittlereigenschaft des Inhabers geschieht. Somit sind auch Ausführungen zu den von der Kommentarliteratur geforderten Tatsachen in der Regel nicht gegeben.

1.3 Verhältnis Dritter und Beschuldigter

Nach § 100a S. 2 StPO kann sich die TKÜ gegen Nachrichtenmittler oder diejenigen Personen richten, deren Anschlüsse durch Beschuldigte genutzt werden. Wie bereits ausgeführt, war den Anordnungen in der Regel nicht zu entnehmen, ob die Überwachung sich gegen einen Nachrichtenmittler richtete.[15]

Im Fall des Nachrichtenmittlers ist jedoch anzunehmen, dass zwischen ihm und einem der Beschuldigten eine bestimmte Beziehung besteht, wenn er Nachrichten von ihm oder für ihn entgegen nimmt.

Auch für die Konstellation, in der der Beschuldigte einen fremden Anschluss nutzt, scheint eine gewisse Beziehung zwischen Inhaber und Beschuldigtem notwendig. Hier jedoch finden die Fälle sog. „Handygeber" und Strohmänner ihren Platz: Personen, die allein dazu dienen, insbesondere Mobiltelefone anzumelden, mit denen dann Beschuldigte kommunizieren. Je nach Sachverhalt kann es sich hierbei um reine Phantasiegestalten handeln, um Personen, die dazu bestimmt werden, den Anschluss zu vermitteln, oder auch um (noch unbekannte) Mittäter. Abgesehen von letztgenanntem Fall ist eine Beziehung zwischen Inhaber und Beschuldigtem häufig nicht gegeben.

---

[15] Es sei jedoch ausdrücklich darauf hingewiesen, dass Unterschiede in den Anordnungen festgestellt werden konnten und einige Staatsanwaltschaften explizit auf diese Form der TKÜ hinwiesen. Daneben war insbesondere in den Fällen, in denen bloße Vordrucke verwendet wurden, in diesen die Angabe zu § 100a S.2 StPO enthalten.

Abbildung 18: Verhältnis Nutzer / Inhaber bei Anschlüssen, die auf Dritte angemeldet sind, bezogen auf Anschlüsse – in % (n_1=783, n_2=357, n_3=368)

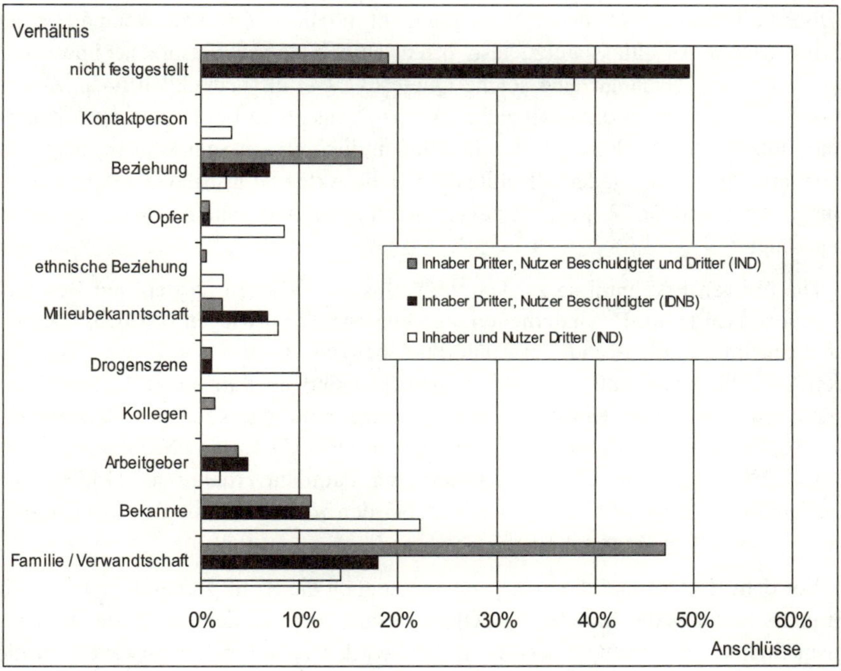

Im Rahmen der Informationen, die aus der Akte gewonnen werden konnten, wurde das Verhältnis zwischen Beschuldigten und Dritten untersucht. Hierbei gibt der jeweils obere Balken in *Abbildung 18* die Fälle wieder, in denen Inhaber und Nutzer des überwachten Anschlusses ein Dritter war (im Folgenden als IND bezeichnet). Der jeweils mittlere Balken bezieht sich sodann auf die Anschlüsse, für die ein Dritter als Inhaber eingetragen war, die Nutzung aber durch Beschuldigte erfolgt (IDNB). Die unteren Balken stellen sodann die Verhältnisse für die Fälle dar, in denen der Anschluss eines Dritten sowohl von diesem als auch dem Beschuldigten genutzt wurden (IDNA).

Zunächst fällt auf, dass unabhängig von der Frage, wer den Anschluss des Dritten nutzte, für das Verhältnis zwischen Beschuldigten und Dritten als häufigste Kategorie „nicht feststellbar“ angegeben wurde. Dies bedeutet, dass in der Akte nicht vermerkt war, wie sich die Beziehung desjenigen, dessen Anschluss überwacht werden soll, zum Zielsubjekt der Ermittlungen, dem Beschuldigten, kategorisieren lässt. Auch wenn man davon ausgehen muss, dass der Sachbearbeiter eine wesentlich weitergehende Kenntnis des Sachverhaltes besitzt, als sie in der Akte abgebildet wird, erscheint diese „Informationslücke“ als bedenklich. Wenn von dem Anschluss Informationen bezogen auf den oder die Beschuldigten erhofft und erwartet werden, muss deutlich sein, wer (zumindest potentiell) von der Überwachung mitbetroffen sein kann. Jedoch ist dies in 37,9% der IND-Fälle, in 49,6% der IDNB-Fälle und in 19% der IDNA-Fälle nicht möglich. Vor allem wenn allein der Dritte seinen Anschluss nutzt, also offensichtlich dessen Gespräche überwacht werden sollen, erscheint eine solche Quote (37,9%) als bedenklich hoch. Davon ausgehend, dass nach der gesetzlichen Vorgabe eigentlich bei Dritten als Inhabern und Nutzern nur die Fälle der Nachrichtenmittlung erfasst sein können, mag verwundern, dass dann – jedenfalls mit Blick in die Akte und insbesondere die Anordnung – kein Verhältnis zwischen dem Beschuldigten und seinem „Boten" zu bestehen scheint.

Die übrigen Erkenntnisse zu den Verhältnissen zwischen Dritten und Beschuldigten weisen kaum Besonderheiten aus. Insgesamt überwiegen deutlich Überwachungen im Familien- und Verwandtschaftsbereich, dabei mit 47% vor allem bei den Anschlüssen, die auf einen Dritten gemeldet sind, aber auch von Beschuldigten genutzt werden. Diese Konstellation nimmt auch unter der Kategorie „Beziehung" mit 16,3% den dort höchsten Wert ein. Unter den IND-Fällen überwiegen jedoch mit 22,2% die Bekanntschafts- gegenüber den Familienverhältnissen (14,2%) und Beziehungen (2,6%). Es findet sich dort bei den Kontakten aus der Drogenszene ein weiterer hoher Wert mit 10,1%.

Vor dem Hintergrund dieser Ergebnisse ist auch die Kritik zu betrachten, die die Streubreite der Maßnahme betrifft. Diese ist unter dem Gesichtspunkt der Verhältnismäßigkeit nur hinzunehmen, wenn klar wird, wer aus welchem Grund in die Maßnahme mit einbezogen wurde. Daraus folgt für die verfassungsrechtliche Evaluierungspflicht auch und besonders, die Maßnahme auf ihre Auswirkung auf Unbeteiligte hin zu untersuchen. Gerade an dieser Stelle bietet es sich an, zur Verbesserung der Erkenntnissituation eine genauere Erfassung der betroffenen Personen als Nachrichtenmittler oder völlig unbeteiligte Dritte zu erwägen.

1.4 Zeugnisverweigerungsrecht

Sofern eine Überwachung von Anschlüssen Dritter erfolgte, die ausnahmslos oder zumindest auch von diesen Dritten genutzt wurden, bestand in etwa 22% der Fälle ein Zeugnisverweigerungsrecht im Verhältnis zu einem der Beschuldigten. Die Zeugnisverweigerungsrechte beruhten dabei ausnahmslos auf Familien- und Verwandtschaftsverhältnissen. Solche des § 53 StPO spielten keine Rolle; Journalisten waren nicht betroffen. Allerdings handelt es sich hierbei nur um die erfassten Nutzer des Anschlusses, nicht um die Gesprächspartner der Beschuldigten. Bei etwa einem Drittel der hier erfassten Anschlüsse bestand das Zeugnisverweigerungsrecht nur gegenüber einem von mehreren Beschuldigten.

2. Über wie viele Anschlüsse werden die Beschuldigten, die in den Anordnungen benannt werden, überwacht?

Die Intensität der Überwachung schlägt sich jedenfalls auch in der Dichte der Überwachung eines Beschuldigten nieder. Vor diesem Hintergrund wird nachfolgend dargestellt, mit wie vielen Anschlüssen Beschuldigte in eine Überwachungssituation gerieten. Dabei ist zu beachten, dass die TKÜ nicht immer der Überwachung eines jeden Beschuldigten in den entsprechenden Verfahren dient.

Etwa 30% der Beschuldigten wurden in den Anordnungen nicht als Zielsubjekt der Maßnahme benannt. In diesen Fällen wird die TKÜ gegen andere Beschuldigte des Verfahrens geschaltet, wobei aber aus ihr auch Informationen hinsichtlich der nicht genannten Beschuldigten gewonnen wurden oder werden sollten.

18% der Beschuldigten wurden durch die Überwachung eines Anschlusses kontrolliert, 16% durch die Überwachung zweier und weitere 11% durch die Überwachung dreier Anschlüsse beobachtet. Minimum und Maximum der Anschlüsse, die mit Blick auf einen Beschuldigten überwacht wurden, liegen somit bei null bzw. bei 74. Im Mittel wurde ein Beschuldigter über 3,8 Anschlüsse überwacht, der Median findet sich bei 2 Anschlüssen.

Diese Ergebnisse sind unter der Maßgabe zu betrachten, dass keine Aussage dazu getroffen werden kann, wie viele Anschlüsse den Beschuldigten zur Verfügung gestanden haben und ob insoweit ihr einziges Kommunikationsmittel mit einer TKÜ-Maßnahme überzogen wurde oder ihnen noch weitere, nicht überwachte Anschlüsse zugänglich waren.

3. Ausmaß der Überwachung 1998

Wie bereits in der Einleitung zu diesem Teil festgehalten, werden Daten zur Entwicklung der Überwachung veröffentlicht[16] und darauf basierend Schätzungen zum Überwachungsausmaß vorgenommen.

Betrachtet man die Anzahl der Betroffenen, so wird diese für das Jahr 1998 ausweislich der Daten der Bundesregierung mit 5764 angegeben.[17] Dabei handele es sich um die in § 100a S.2 StPO genannten Personen, also Beschuldigte, Nachrichtenmittler und Dritte, deren Anschlüsse von Beschuldigten genutzt werden. Bezieht man diese Anzahl auf eine Wohnbevölkerung von etwa 82.000.000 im Jahr 1998[18], ergibt sich ein Anteil von 0,007%, der von einer TKÜ betroffen war. Völlig außer Betracht bleiben hier jedoch die Gesprächspartner der überwachten Personen.

---

16 Siehe dazu auch Teil Eins C.

17 DuD 1999, 733.

18 Bevölkerungszahlen nach Angaben des Statistischen Bundesamtes Deutschland in Statistisches Jahrbuch 2002, S. 45.

Dagegen gestellt seien die Schätzungen, die unter Einbeziehung der Daten aus den amerikanischen *wiretap-reports* zu der Annahme gelangen, dass etwa 1.500000 Menschen pro Jahr von TKÜ-Maßnahmen betroffen seien.[19] Unter Bezugnahme auf eine Wohnbevölkerungszahl von etwa 82.000.000 gelangt man zu einem Belastungsanteil von 1,8%. Hier ist natürlich anzumerken, dass, anders als in den Daten der Bundesregierung, in diese Schätzung auch Gesprächspartner der überwachten Personen Eingang finden.

Ausgehend von den Daten dieser Untersuchung ergibt sich das folgende Bild: Im Mittel wurden die Verfahren gegen 2,4 Beschuldigte geführt. Weiterhin wurden im Mittel pro Verfahren 4,8 nicht beschuldigte Personen überwacht. Aufgrund der Anonymisierung in der Aktenanalyse lässt sich nicht mehr feststellen, ob es sich in den Verfahren jeweils um unterschiedliche (nicht beschuldigte) Anschlussinhaber handelte. Es ist damit davon auszugehen, dass der hier angegebene Wert von 4,8 tatsächlich etwas niedriger liegen dürfte. [20] Unter Addition von Beschuldigten und nicht beschuldigten Personen gelangt man zu einem Wert von 7,2 überwachten Personen pro Verfahren (ohne Gesprächspartner). Ausgehend von 2705 TKÜ-Verfahren im Jahr 1998[21], sind damit 19.476 Personen[22] von einer Überwachung erfasst worden. Bezogen auf eine Wohnbevölkerung von etwa 82.000.000 macht dies einen Anteil von 0,02% aus.

Weder sollen die genannten Zahlen das Ausmaß der Überwachung durch die Bezugsgröße verkleinern, noch könnte eine von ihnen Anspruch darauf erheben, ein tatsächliches Bild der Telekommunikationsüberwachung in Deutschland wiederzugeben. Sie zeigen damit in ihren unterschiedlichen Ergebnissen eines sehr deutlich: es bedarf einer anderen Art statistischer Erfassung, um einen seriösen Eindruck davon zu erhalten, wie viele Personen neben den Beschuldigten und ihren Nachrichtenmittlern von einer TKÜ so betroffen sind, dass auch sie zu dem Kreis der abgehörten Personen zu zählen sind. Damit ist auch deutlich, dass die Diskussion um die Erfassung und Evaluation der TKÜ auch auf die Notwendigkeit von Berichtspflichten auszuweiten ist.

---

19 *Müller-Heidelberg*, S. 112.

20 In Anbetracht der Tatsache, dass es sich um eine Schätzung handelt, die weiterhin vor allem dazu dienen soll, die Notwendigkeit einer umfassenden Berichtspflicht auch hinsichtlich der Betroffenenzahlen deutlich zu machen, wird diese Ungenauigkeit hingenommen.

21 Bundesregierung, zitiert nach DuD 1999, 733.

22 Beschuldigte, Nachrichtenmittler und Anschlussinhaber sowie, in einem weiteren Verständnis des Begriffs des Betroffenen als er in § 100a S.2 StPO verwendet und den Daten der Bundesregierung zugrunde gelegt wurde, alle Personen, die einen überwachten Anschluss nutzten (nicht jedoch die Gesprächspartner).

III. Dauer der Maßnahmen

Auch die Dauer der Maßnahme laut ihrer Anordnung und ihrer tatsächlichen Aufschaltung nach ist in die Diskussion um eine zu exzessive Überwachungstätigkeit einzustellen. Im Folgenden sollen daher die bereits in der Untersuchung des Max-Planck-Institutes vorgestellten Erkenntnisse konkretisiert werden.

1. Angeordnete Überwachungsdauer

Zunächst ist dabei zu untersuchen, auf welchen Zeitraum die TKÜ in der Anordnung festgesetzt wird. Das gesetzliche Maximum für eine (wenn auch stets verlängerbare) richterliche Anordnung liegt bei drei Monaten, § 100b II S. 4 StPO. Eine staatsanwaltschaftliche Eilanordnung kann ohne richterliche Bestätigung für drei Tage aufgeschaltet werden, § 100b I S. 3 StPO.

1.1 Richterliche Anordnungen

a. Anträge der Staatsanwaltschaft

Betrachtet man die Anschlüsse[23], für die die Staatsanwaltschaft einen Antrag auf richterliche Anordnung der Überwachung stellte (n=2313[24]), so findet man in den Anträgen eine Präferenz für glatte Zahlen (ein, zwei oder drei Monate). 75,4% der beantragten TKÜ-Maßnahmen waren auf drei Monate und damit das gesetzlich maximal Mögliche gerichtet. Der Mittelwert findet sich bei 74 Tagen, der Median bei 90. Das Minimum in den Anträgen auf Überwachung liegt bei einem Tag, das Maximum bei 90 Tagen. Die Summe der in den Anträgen gestellten Überwachungsdauer beträgt 171369 Tage. Neben der deutlichen Fixierung auf die gesetzliche Maximalfrist treten allein die Anträge auf 30 bzw. 60 Tage (7,3% bzw. 6,6%) häufiger auf. In 10,8% der Anträge war die Dauer mit einem Enddatum angegeben oder auf einen spezifischen Zeitraum beschränkt.

---

[23] Im Fünften Teil B I beziehen sich die Angaben zum Verhältnis richterliche Anordnung / Eilmaßnahme auf Anordnungen, nicht auf Anschlüsse.

[24] In weiteren 199 Anträgen auf richterliche Anordnung fanden sich keinerlei Angaben zur Dauer der Maßnahme.

b. Richterliche Anordnung

Der Richter muss in seiner Anordnung dem Antragsinhalt nicht entsprechen. In den untersuchten Fällen (n=2512[25], bezogen auf Anschlüsse) tat er dies jedoch in 90,3% der Fälle. Insoweit wurde auch die durch die Staatsanwaltschaft beantragte Dauer in der richterlichen Anordnung übernommen. In 0,4% der Fälle lehnte der Richter die TKÜ ab, in 5% kam es zu Änderungen oder Ergänzungen, die sich auf die Dauer oder den Umfang der Überwachung bezogen.[26] In den übrigen Fällen konnten keine Angaben gewonnen werden, in der Regel, weil Antrag und Beschluss nicht miteinander abgeglichen werden konnten (aufgrund ihres Fehlens oder auch telefonischer Anträge).[27]

Sofern die Richter die Maßnahme wie beantragt erlassen hatten (n=2269[28]), fand sich in den Anträgen in 75,2% der Fälle eine Dauer von drei Monaten, in 7,2% eine Dauer von einem Monat und in 6,7% der Fälle eine Dauer von zwei Monaten. In 10,9% der Anträge lag in dieser Konstellation eine spezifizierte Dauer vor. Sofern die Richter Anträge auf TKÜ ablehnten (n=11[29]), waren dort in sieben Fällen 90 Tage als Überwachungszeitraum angegeben, in zwei Fällen zwei Monate und in einem Fall 14 Tage.

Allgemein ist festzuhalten, dass sich Antrags- und Anordnungsinhalt hinsichtlich der Überwachungsdauer in der Regel decken und dabei das gesetzlich zulässige Maß meist voll ausschöpfen.

---

[25] Anträge auf richterliche Anordnungen wurden in 2526 Fällen gestellt, in 14 Fällen blieb die Auswertung missing, so dass diesen Ausführungen zur Dauer der Maßnahme bei richterlich angeordneten TKÜ 2512 Fälle zugrunde gelegt werden.

[26] Bei 40 von 46 Änderungsfällen wurde die Dauer in der Anordnung gegenüber dem Antrag modifiziert, dabei in 33 Fällen auf einen kürzeren Zeitraum abgesenkt. Ergänzungen beziehen sich in 66 von 80 Fällen auf die Dauer der Maßnahme, die dann im Antrag regelmäßig nicht benannt worden war.

[27] Es erklären sich die unterschiedlichen Bezugsgrößen n in **a** und **b** somit aus dem Umstand, dass in 199 Fällen keine Angaben zur Dauer der TKÜ laut Antrag gewonnen werden konnten (keine Angaben in den Anträgen, fehlende Anträge oder auch telefonische Anträge der Staatsanwaltschaft).

[28] Davon 44 Fälle missing, somit keine Angabe zur Dauer im Antrag.

[29] Davon ein Fall missing, somit keine Angabe zur Dauer im Antrag. Sofern es sich um Änderungen (n=46) und Ergänzungen (n=80) des Antragsinhaltes handelte, lag in zwei bzw. in 72 Fällen keine Angabe zur Dauer vor. In den Fällen, in denen keine Anordnung zur Auswertung vorlag (n=21, „Beschluss fehlt"), war eine Antragsdauer in 10 Fällen nicht festzustellen; sofern keine Angaben zum Abgleich Antrag / Beschluss gemacht werden konnten (n=85), war in 70 Fällen keine Antragsdauer festgestellt worden, So ergeben sich mit den Angaben aus Fußnote 28 die unter **a**. in Fußnote 27 aufgeführten 199 Fälle.

1.2 Eilmaßnahmen

Hinsichtlich der Anschlüsse, die im ersten Zugriff einer staatsanwaltschaftlichen Eilmaßnahme zur Überwachung unterliegen, richtete sich die Anordnung in 46% der Fälle auf ein dreitägiges Mithören. Für 37% der Anschlüsse verband der Staatsanwalt seine Eilmaßnahme mit einem Antrag beim Richter auf weitergehende Überwachung, in der Mehrzahl dieser Fälle gerichtet auf weitere 90 Tage. In drei Fällen war die Eilmaßnahme auf einen Tag beschränkt. In den übrigen Fällen konnten keine Angaben zur Dauer der eigentlichen Eilmaßnahme gewonnen werden, da diese als Antrag auf richterliche Anordnung mit einer entsprechend längeren Dauer (beginnend ab fünf Tagen bis drei Monate) gefasst war.

2. Tatsächliche Überwachungsdauer

Sowohl in der Untersuchung des Max-Planck-Institutes als auch in der Studie der Universität Bielefeld wurde festgestellt[30], dass die tatsächliche Dauer der Überwachung regelmäßig unter der angeordneten Überwachungszeit liegt. Auch insoweit soll hier im Folgenden eine Differenzierung dieser Ergebnisse erfolgen.

2.1 Richterliche Anordnungen

Minimum und Maximum der überwachten Tage bezogen auf Anschlüsse lagen bei 0[31] bzw. 112 Tagen pro Anschluss (ohne Verlängerungen, nur richterliche Anordnungen, n=1194). 71% der Anschlüsse wurden faktisch nicht länger als zwei Monate überwacht. Der Mittelwert lag bei 41 Tagen, der Median bei 33. Damit dauerte mindestens die Hälfte der Überwachungen bezogen auf Anschlüsse maximal einen guten Monat.

Wenn somit die Antrags- und Anordnungsdauer regelmäßig drei Monate beträgt, spiegelt sich dies in der tatsächlichen Ausführung der Überwachung nicht wider. Die Summe der überwachten Tage beträgt 48874 (gegenüber beantragten 171386 Tagen).

2.2 Eilmaßnahmen

Betrachtet man die tatsächliche Überwachungsdauer bei Anschlüssen, die Gegenstand staatsanwaltschaftlicher Eilmaßnahmen waren (hier ist für 191 Anschlüsse die tatsächliche Überwachungsdauer bekannt), so liegt das Minimum an über-

---

30 *Albrecht/Dorsch/Krüpe*, S. 170f. und *Backes/Gusy*, S. 51 und 59ff.

31 Entspricht einem Tag, da Auf- und Abschaltung an einem Kalendertag erfolgten.

wachten Tagen bei 0[32], das Maximum bei 115 Tagen. Der Mittelwert beträgt 21, der Median findet sich bei 9 Tagen. Hierbei sollte nicht irritieren, dass die Dauer der Überwachung die Dreitagesfrist der Eilmaßnahmen übersteigt. Aufgenommen wurde die Dauer einer TKÜ nach einer staatsanwaltschaftlichen Eilmaßnahme, der gegebenenfalls eine richterliche Bestätigung und weitere Anordnung auf einen längeren Zeitraum nachfolgte.

Etwa die Hälfte der als Eilüberwachungen begonnenen Maßnahmen endete spätestens nach einer Woche (12,6% wurden am Tag der Aufschaltung abgeschaltet, nach einem Tag endeten 6,8% der Überwachungen, nach drei Tagen 7,3%, nach vier Tagen 10,5%, nach fünf Tagen 3,7%, nach sechs Tagen 6,3% und nach sieben Tagen 2,6%).

2.3 Tatsächliche Überwachungsdauer in einem Verfahren

Weiterhin ist es möglich, die gesamte Überwachungszeit innerhalb der einzelnen Ermittlungsverfahren festzustellen. Allerdings wird hier nur der Zeitraum zwischen der ersten Aufschaltung einer TKÜ in einem Verfahren und dem Ende der letzten Überwachung wiedergegeben. Sofern dazwischen „überwachungsfreie" Tage liegen, wird dies durch die nachstehenden Ausführungen und in der *Abbildung 19* nicht erfasst.

Es gelingt für 428 Verfahren, das Datum der Ausführung der ersten TKÜ und das Ende der Ausführung der letzten TKÜ zu ermitteln.

Der Mittelwert der überwachten Tage pro Verfahren liegt bei 72, der Median bei 41. Damit dauerte die Überwachung in der Hälfte der Verfahren maximal etwa sechs Wochen an. Das Minimum überwachter Tage in einem Verfahren findet sich bei 0 (was bedeutet, dass die Überwachung am selben Tag auf- wie abgeschaltet wurde), das Maximum bei 961 Tagen. Insgesamt wurde in neun Verfahren die Überwachung der Telekommunikation länger als ein Jahr aufrechterhalten.[33]

Abbildung 19 gibt sodann die relative Häufigkeit der Überwachungsdauer einschließlich aller Verlängerungen und Folgemaßnahmen in einem Verfahren wieder. 39% der Verfahren beinhalteten Überwachungsmaßnahmen, die bis zu einem Monat geschaltet sind. Weitere 23,6% bzw. 17,3% der Verfahren weisen Überwa-

32 Entspricht einem Tag, da Auf- und Abschaltung an einem Kalendertag erfolgten.

33 Das entspricht einem Anteil von etwa 2%. *Backes/Gusy* weisen auf Seiten 59ff. einen Anteil von 0,9% (entspricht einem Verfahren) aus, in dem die Überwachung länger als neun Monate andauerte. Nimmt man die 39% an Verfahren mit TKÜ bis zu einem Monat und die weiteren 23,6% an Verfahren mit TKÜ zwischen einem und zwei Monaten zusammen, kommt man zudem zu einem Anteil von 62,6% an Verfahren mit TKÜ bis zu zwei Monaten. *Backes/Gusy* weisen insoweit auf S. 59 in Graphik 41 einen Anteil von 60% aus.

chungszeiten von einem bis zu zwei bzw. von zwei bis zu drei Monaten aus. Damit wurde in knapp 80% der Verfahren die Kommunikation der Tatverdächtigen maximal bis zu drei Monaten kontrolliert. Nur ein geringer Prozentsatz (3,7%) weist eine faktische Überwachungsdauer auf, die ein dreiviertel Jahr übersteigt.

Abbildung 19: Tatsächliche Überwachungsdauer bezogen auf Verfahren – in % (n=428)

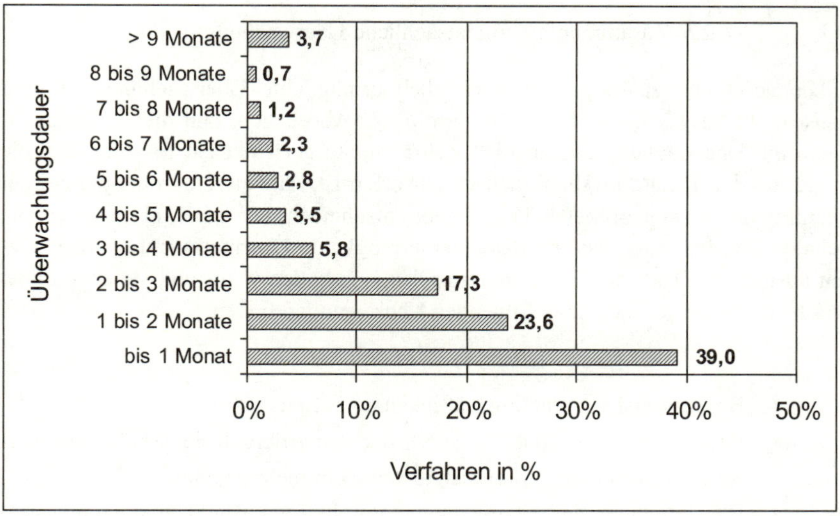

2.4 Anordnungsdauer und Abbrüche der Maßnahmen

Für etwa 39% der überwachten Anschlüsse (n=3078, richterliche Anordnungen und Eilmaßnahmen) erfolgte ein Abbruch der Maßnahmen. Etwa 26% der Anschlüsse wurden für die gesamte Zeit der angeordneten Überwachung abgehört, für 35% ließ sich nicht feststellen ob – und damit nicht ausschließen, dass – die Maßnahme vorzeitig beendet wurde.

Sofern Gründe für den Abbruch der Akte zu entnehmen waren, handelte es sich in 45% der Fälle um die Erkenntnis, dass aus der Überwachung keine Ergebnisse mehr zu erwarten sind. Für 15% der Anschlüsse wurde keine Gesprächsaktivität mehr gemessen. 14% der Anschlüsse wurden nicht für die gesamte angeordnete Zeit überwacht, weil die TKÜ das angestrebte Ermittlungsergebnis erbracht hatte. In etwa 10% der Fälle wurde das Ziel der TKÜ durch andere Ermittlungsmaßnahmen erreicht. Als weitere Abbruchgründe wurden angegeben: Überwachter stellt sich auf die TKÜ ein (2%), Tatverdacht wegen Katalogtat entfällt (6%), Anschluss wurde abgestellt (5%), Aufklärung des Sachverhaltes mit den zur Verfügung stehenden Mitteln nicht möglich (2%), Unterbrechung der Überwachung für einige Tage (2%).[34]

Die Überwachung von Anschlüssen, für die keine glatten TKÜ-Zeiträume angeordnet wurden (n=247), wurden seltener abgebrochen. So ist für 43% dieser Anschlüsse ein Abbruch ausgeschlossen. In 22% dieser Fälle konnte ein vorzeitiges Ende der TKÜ nicht festgestellt, aber eben auch nicht ausgeschlossen werden.

2.5 Zusammenfassung tatsächliche Überwachungsdauer

Die gesetzlich zulässige und gerichtlich ermöglichte Überwachungszeit wird meist nicht ausgeschöpft. Häufig kommt es zu Abbrüchen, und dies umso mehr, wenn die Überwachung auf „glatte" Zeiträume ausgerichtet ist. Es stellt sich die Frage, ob den Ermittlungsbehörden vorzuwerfen ist, dass sie zu großzügig bei der beantragten und angeordneten TKÜ-Dauer entscheiden, oder aber, ob ihnen zugute gehalten werden muss, dass sie das ihnen ermöglichte Übermaß nicht bis zum letzten ausnutzen. Dass eine TKÜ selten so lange gehalten wird, wie sie angeordnet wurde, dürfte seine Ursache in folgenden Überlegungen finden:

- Beachtung des Verhältnismäßigkeitsgrundsatzes
- Beachtung des § 100b IV StPO, der den Abbruch der Maßnahme vorschreibt, wenn ihre Voraussetzungen nicht mehr gegeben sind
- Beschränkung der Überwachung durch die tatsächlichen technischen Gegebenheiten (Mangel an Personal und technischen Kapazitäten)
- Ermittlungserfolge.

Es ist nicht ersichtlich, warum in der überragenden Mehrzahl der Fälle die TKÜ-Anordnung auf den gesetzlich zulässigen Maximalzeitraum ausgerichtet ist. Zwar korrigieren sich Polizei und Justiz faktisch selbst, dem Gedanken des Verhältnismäßigkeitsgrundsatzes angemessener wäre jedoch eine genügsamere Ausrichtung bei der Überwachungsanordnung. Hierbei fände sich zudem ein Gleichklang mit internationalen Regelungen. Nur in wenigen Ländern ist die TKÜ bei Verlängerungsmöglichkeiten auf drei Monate einsetzbar, nur in Frankreich ist die Überwachung auf eine Dauer von vier Monaten ausgerichtet. In den übrigen Fällen findet sich vor allem eine Begrenzung auf vier Wochen, in Italien auf zwei Wochen, in Australien auf sechs Wochen.[35]

---

34 Da die Gründe für den Abbruch kumulativ vorliegen können, liegt die Summe der angegebenen Prozentzahlen über 100.

35 Zum Ländervergleich siehe *Albrecht/Dorsch/Krüpe*, S. 107ff.

IV. Überwachte Gespräche

Von großem Interesse ist die Frage, wie viele Gespräche (unabhängig von ihrer Beurteilung als relevant für die Ermittlungen oder nicht) überwacht wurden. Diese Information ist den Akten nicht per se zu entnehmen. Insbesondere gibt es keine standardmäßigen Erfassungen.[36] Für das untersuchte Aktenmaterial lassen sich diesbezüglich die folgenden Gruppen bilden:

- Verfahren, für die auch die Protokolle der Überwachungsmaßnahmen vorlagen
- Verfahren, die eine Auflistung der Verbindungen und der geführten Gespräche enthielten
- Verfahren, in denen in Form von polizeilichen oder staatsanwaltschaftlichen Vermerken Angaben zur Anzahl der überwachten Gespräche enthalten waren.
- Verfahren, in denen nur bruchstückhaft Angaben zur Anzahl der überwachten Gespräche vorgefunden wurden (etwa in Zusammenfassungen der TKÜ: „*In Gespräch 1024 macht eine mP Angaben zu ...*“).
- Verfahren, in denen für einzelne Anschlüsse Angaben vorlagen
- Verfahren, für die die Anzahl aller überwachten Gespräche erfasst wurde, ohne dass nach verschiedenen Anschlüssen unterschieden wurde
- Verfahren ohne jegliche Angabe zur Anzahl der überwachten Gespräche

Für 521 Einzelanschlüsse konnten aus den Verfahrensakten 159969 abgehörten Gespräche ermittelt werden (Minimum 0, Maximum 4000, Mittelwert 307, Median 49). Die Feststellung, dass keine Gespräche überwacht wurden, konnte ausweislich der Akten folgende Ursachen haben:

- die Maßnahme wurde geschaltet und erst im Nachhinein festgestellt, dass der Anschluss bereits abgeschaltet worden war
- die Maßnahme wurde geschaltet, der Beschuldigte nutzt allerdings zwischenzeitlich eine andere SIM-Karte
- es bestehen Kapazitätsprobleme (18 Anschlüsse)
- es liegen technische Mängel vor (16 Anschlüsse)
- es gibt Schwierigkeiten mit den Telekommunikationsunternehmen (19 Anschlüsse)

---

36 Zur Problemstellung siehe oben unter in diesem Teil A.

- Anträge werden ohne Beschluss abgelehnt (3 Anschlüsse)
- aufgrund einer falschen Nummernangabe müssen neue Beschlüsse gefasst werden (28 Anschlüsse).

Für 437 Anschlüsse wurde weiterhin die Anzahl der Überwachungsbänder festgehalten. Danach wurden insgesamt 4857 Bänder bespielt. Der Mittelwert liegt bei elf, der Median bei 3. Minimum war erneut 0, das Maximum an Bändern für einen Anschluss liegt bei 265.

Betrachtet man die Verfahren, lässt sich für 170 die Gesamtzahl abgehörter Gespräche mit 241730 wiedergebe (Minimum 0, Maximum 30500). Der Mittelwert liegt bei 1421,94, der Median bei 384,50.

Die Anzahl der Überwachungsbänder wurde für 177 Verfahren ermittelt. In der Summe sind in diesen Verfahren 8468 Bänder aufgenommen worden (Minimum 0, Maximum 965). Der Mittelwert liegt bei 47,84, der Median bei 19 Bändern.

V. Delikts- und bundeslandspezifische Auswertungen

1. Betroffene deliktsspezifisch

In der Frage, welche Personen durch eine TKÜ betroffen werden, zeigen sich in der Deliktsverteilung anhand der den Anordnungen zugrunde gelegten Katalogtaten signifikante Ergebnisse. Hervorgehoben sind in *Tabelle12* die Werte bei den Katalogtaten, die die Unterschiede hervorrufen.[37] Unter Kombinationen finden sich diejenigen Fälle, die sich auf mehrere Katalogtaten des § 100a StPO stützen. So werden allein bei TKÜ-Maßnahmen wegen Menschenhandels häufiger Beschuldigte als Inhaber und Nutzer abgehört (64,4%).[38] Entsprechend seltener sind Dritte als Inhaber und Nutzer überwacht worden (15,3%).

---

37 Damit im Sinne der in Teil Zwei A V 2 b. vorgestellten Methode diejenigen, bei denen die std. Residuals in der Abweichung der erwarteten von den aufgefundenen Werten größer bzw. kleiner +/- 3 sind. INB = Inhaber und Nutzer Beschuldigter, IND = Inhaber und Nutzer Dritter, IDNB = Inhaber Dritter, Nutzer Beschuldigter, In.f.Nx= Inhaber nicht feststellbar, Nutzer divers, IBND = Inhaber Beschuldigter, Nutzer Dritter.

38 Es wird sich zeigen, dass bei Menschenhandel auch eher später eine TKÜ eingesetzt wird und die Begründungen insgesamt als besser erscheinen. Dies dürfte seine Ursache darin finden, dass die Tatbestände zum Menschenhandel als komplex und die Erfolgsaussichten gegenüber Ermittlungen etwa wegen Verstößen gegen das AuslG aufgrund von Beweisschwierigkeiten (Umgang mit Opferzeuginnen) als gering eingestuft werden, siehe *Herz*. Damit kann davon ausgegangen werden, dass – wenn es in Anbetracht dieser Umstände – zu Menschenhandelsverfahren kommt, diese äußerst sorgfältig geführt werden und dies ggf. auch seinen Niederschlag in den Anordnungen auf TKÜ und dem Ermittlungsplan findet.

Tabelle 12: Inhaber / Nutzer nach Katalogtaten – in %

		INB	IND	IDNB	I. n.f.Nx	IBND
Verrat (n=13)	Anteil	46,2	0	53,8	0	0
	Std. Resid.	,7	-2,0	1,6	-,6	-,4
Öff. Ordnung (n=127)	Anteil	29,9	37	22,8	**10,2**	0
	Std. Resid	-,9	1,0	-1,3	**4,4**	-1,3
Fälschung (n=48)	Anteil	37,5	31,3	29,2	0	2,1
	Std. Resid	,4	-,1	,0	-2,0	,4
Menschenhandel (n=118)	Anteil	**64,4**	**15,3**	20,3	0	0
	Std. Resid	**5,6**	**-3,2**	-1,8	-2,0	-1,3
Tötungsdelikte (n=254)	Anteil	**20,9**	**54,7**	22,4	1,2	0,8
	Std. Resid	**-3,7**	**6,5**	-2,0	-1,8	-,8
Pers. Freiheit (n=50)	Anteil	16	**70**	8	6	0
	Std. Resid	-2,2	**4,8**	-2,8	1,1	-,8
Diebstahl (n=64)	Anteil	35,9	21,9	32,8	0	**9,4**
	Std. Resid	,2	-1,4	,5	-1,4	**5,4**
Raub (n=174)	Anteil	**19,5**	**63,8**	**13,2**	2,9	0,6
	Std. Resid	**-3,3**	**7,5**	**-3,9**	-,3	-,9
Erpressung (n=71)	Anteil	19,7	**69**	11,3	0	0
	Std. Resid	-2,1	**5,5**	-2,8	-1,5	-1,0
Hehlerei (n=152)	Anteil	33,6	25	40,1	0	1,3
	Std. Resid	-,2	-1,5	2,5	-2,2	-,1
Gem.gef. (n=69)	Anteil	52,5	18,8	29	0	0
	Std. Resid	2,5	-1,9	0	-1,5	-1,0
WaffG (n=86)	Anteil	36	17,4	40,7	1,2	4,7
	Std. Resid	,3	-2,4	2,0	-1,1	2,6
BtMG (n=870)	Anteil	36,4	**21,3**	**36,3**	4,6	1,4
	Std. Resid	1,0	**-5,5**	**3,9**	2,3	,0
AuslG (n=113)	Anteil	39,8	32,7	26,5	0,9	0
	Std. Resid	1,0	,2	-,5	-1,4	-1,3
Geldwäsche (n=18)	Anteil	55,6	27,8	16,7	0	0
	Std. Resid	1,5	-,3	-1,0	-,8	-,5
Kombinationen (n=221)	Anteil	36,7	26,7	28,1	5,9	2,7
	Std. Resid	,6	-1,4	,-3	2,2	1,7
Allgemein (n=2448)	Anteil	**34,4**	**31,9**	**29,2**	**3,2**	**1,4**

$p<0{,}05$; $\chi^2=463$; df=60; Cramers V=,217.

Diese Überwachung Dritter als Inhaber und Nutzer erfolgte hingegen häufiger bei Überwachungen wegen Tötungsdelikten (54,7%), Eingriffen in die persönliche Freiheit (70%) sowie Raub- und Erpressungstaten (63,8% und 69%). In diesem Zusammenhang ist natürlich interessant und eine Erklärung, dass – wie im Dritten Teil gesehen – bei TKÜ wegen dieser Delikte auch die Ermittlung des Aufenthaltsortes in den Zielen überwiegt.[39]

Bei Verstößen gegen das BtMG schließlich sind seltener Dritte als Inhaber und Nutzer überwachter Anschlüsse betroffen (21,3), dagegen wird der Beschuldigte häufiger bei der Nutzung eines Drittanschlusses überwacht (36,3%).

In Fällen der Straftaten gegen die öffentliche Ordnung wird im Verhältnis zu den allgemeinen Verteilungen häufiger der Inhaber als nicht feststellbar in den Akten ausgewiesen (10,2%). Dies mag sich mit dem Eindruck der Praktiker decken, dass in diesen Fällen häufig Strohmänner und Scheindritte[40] als Inhaber ausgewiesen werden oder aber die Namen in der Schreibweise unklar registriert wurden.

Im Fall von Erpressungen werden natürlich in der Regel die Opferanschlüsse überwacht. Gleiches gilt für Eingriffe in die persönliche Freiheit und den dort zu erwartenden Kontaktaufnahmen zwischen Tätern und Angehörigen der Opfer. Für die Fälle der Tötungsdelikte ist dann anzuführen, dass hier die Aufenthaltsortsermittlung eine bedeutende Rolle spielt und diese häufig über die Kontaktaufnahme zwischen dem flüchtigen Täter und seinen Angehörigen oder Bekannten erfolgen kann („Fahndungs-TKÜ").

Interessant erscheint, dass in den klaren Feldern marktförmiger Kriminalität (Verstöße gegen das BtMG und Menschenhandel) seltener unbeteiligte Dritte bzw. Nachrichtenmittler überwacht wurden. Dafür steigt im BtM-Bereich die Überwachung von Anschlüssen Dritter, die der Beschuldigte genutzt hat, während in den Menschenhandelsfällen als einzigem Deliktsbereich der entscheidende Anteil bei der Überwachung des Beschuldigten als Inhaber und Nutzer zu sehen ist.

2. Dauer

Es erscheint plausibel, dass die Dauer einer Maßnahme in Antrag (und letztlich dann auch Anordnung) neben anderen Erwägungen auch nach den der Überwachung zugrunde gelegten Katalogtaten bemessen wird. Dieser Frage wird im Folgenden ebenso nachgegangen wie derjenigen nach Unterschieden in der Handhabung in den Bundesländern. In den *Tabellen 13* und *14* finden sich die unterschiedsauslösenden Fälle hervorgehoben.[41]

---

39 Für Erpressungsfälle dabei in Kombination mit der Erforschung des Sachverhaltes.

40 Der Beschuldigte unter fremdem Namen.

41 Damit im Sinne der in Teil Zwei A V 2 b. vorgestellten Methode diejenigen, bei denen die std. Residuals in der Abweichung der erwarteten von den aufgefundenen Werten größer bzw. kleiner +/- 3 sind.

2.1 Deliktsspezifisch

Tabelle 13: Dauer nach Antrag auf richterliche Anordnung, aufgeschlüsselt nach Katalogtaten, bezogen auf Anschlüsse (n=2306[42])

		Divers[43]	**1 Monat**	**2 Monate**	**3 Monate**
Verrat (n=12)	Anteil	0	**66,7**	0	33,3
	Std. Resid	-1,1	**7,6**	-,9	-1,7
Öff. Ordnung (n=119)	Anteil	5	1,7	1,7	91,6
	Std. Resid	-1,9	-2,3	-2,1	2,1
Fälschung (n=43)	Anteil	2,3	9,3	2,3	86
	Std. Resid	-1,7	,5	-1,1	,8
Menschenhandel (n=118)	Anteil	**22,0**	8,5	**15,3**	54,2
	Std. Resid	**3,7**	,5	**3,6**	-2,6
Tötungsdelikte (n=174)	Anteil	8,6	13,2	**0**	78,2
	Std. Resid	-,9	2,9	**-3,4**	,5
Pers. Freiheit (n=5)	Anteil	0	0	0	100
	Std. Resid	-,7	-,6	-,6	,6
Diebstahl (n=81)	Anteil	19,8	4,9	9,9	65,4
	Std. Resid	2,4	-,8	1,1	-1,0
Raub (n=105)	Anteil	13,3	9,5	**16,3**	61
	Std. Resid	,8	,8	**3,8**	-1,7
Erpressung (n=54)	Anteil	22,2	**20,4**	5,6	51,9
	Std. Resid	2,5	**3,6**	-,3	-2,0
Hehlerei (n=226)	Anteil	15	4,9	**0**	80,1
	Std. Resid	1,9	-1,4	**-3,9**	,9
Gem.gef. Straftaten (n=62)	Anteil	16,1	8,1	8,1	67,7
	Std. Resid	1,3	,2	,4	-,7
WaffG (n=95)	Anteil	8,4	13,7	6,3	71,6
	Std. Resid	-,7	2,3	-,1	-,4
BtMG (n=878)	Anteil	8,3	6,6	6,9	78,1
	Std. Resid	-2,2	-,7	,4	1,0
AuslG (n=128)	Anteil	8,6	3,1	8,6	79,7
	Std. Resid	-,8	-1,7	,9	,6
Geldwäsche (n=19)	Anteil	**42,1**	5,3	10,5	42,1
	Std. Resid	**4,2**	-,3	,7	-1,7
Kombinationen[44] (n=187)	Anteil	8,0	2,1	9,6	80,2
	Std. Resid	-1,2	-2,6	1,6	,8
Allgemein (n=2306)	Anteil	**10,8**	**7,3**	**6,6**	**75,3**

$p<0{,}05$; $\chi^2=266$; df=45; Cramers V=0,2.

---

42 Für 2313 Anträge konnte die Dauer der Maßnahme laut Antrag festgestellt werden, siehe oben III 1.1 a. Die Differenz zu den in *Tabelle 13* gelisteten 2306 Fällen ergibt sich aus fehlenden Angaben zur Katalogtat in der Auswertung.

43 Unter „divers“ sind die Angaben zur Dauer zusammengefasst, die sich auf ein bestimmtes Datum bezogen oder nicht einen Zeitraum von einem Monat, zwei oder drei Monaten benannten.

44 Unter Kombinationen finden sich diejenigen Anschlüsse, deren Überwachung aufgrund von Anordnungen erfolgte, die sich auf mehrere Katalogtaten des § 100a StPO stützen.

Bei keiner der Katalogtaten lässt sich feststellen, dass signifikant häufiger eine Überwachung auf drei Monate angeordnet wurde. Dagegen zeigt sich bei Überwachungen wegen Menschenhandels mit 22% ein höherer Anteil an Überwachungszeiträumen, die sich auf eine tagesspezifische Dauer (= „divers")beziehen.[45] Zudem wurden mit 15,3% Anträge häufiger auf zwei Monate bemessen. Überwachungen nach §§ 100 a, 100b StPO wegen Erpressungen wurden in 20,4% der Fälle auf nur einen Monat beantragt. Hier dürfte sich die spezifische und akute Gefährdungssituation in den ermittlungstaktischen Erwägungen niederschlagen.[46]

TKÜ-Maßnahmen wegen Tötungsdelikten und wegen Hehlerei wiesen einen niedrigeren Anteil an Anträgen auf zwei Monate aus (jeweils 0%). Mit 16,2% findet sich dieser Wert häufiger bei TKÜ-Anordnungen wegen Raubtaten.

2.2 Bundeslandspezifisch

Die TKÜ wird in den Ländern unterschiedlich häufig eingesetzt, wie sich aus den veröffentlichten Daten zeigt.[47] Damit sind auch Unterschiede in der Handhabung nicht ausgeschlossen und letztlich auch zu erwarten, da sich solche auf allen Ebenen der Entscheidungen beobachten lassen.[48]

Für die Dauer der TKÜ im Antrag konnten signifikante Ergebnisse je nach Bundesland beobachtet wurden. Dabei fallen zunächst die niedrigen Anteile bei den Anträgen auf drei Monate in A (52,1%) und E (50%) auf. Während dann bei A die Anträge mit spezifizierter Dauer (25%) und auf zwei Monate (12,8%) steigen, liegt der Anteil an Anordnungen auf nur einen Monat in E deutlich höher (19,4%).

Für A lassen sich zudem regionalspezifische Beobachtungen anstellen, wenn man eine große Staatsanwaltschaft gesondert betrachtet. Bei dieser Staatsanwaltschaft besteht eine besondere Handhabung in der Anordnung einer TKÜ.[49] Damit sind für A (n=294) ohne diese Staatsanwaltschaft folgende Werte festgestellt: in 7,1% wird als TKÜ-Dauer ein spezieller Zeitraum gewählt, in 12,9% bzw. 11,2% ein bzw. zwei Monate. In 68,7% der Fälle werden TKÜ für drei Monate beantragt. Diese weichen damit nicht von den erwarteten Ergebnissen ab. Besagte Staatsanwaltschaft (n=207) weist jedoch zu 50,2% Überwachungszeiträume aus, die nicht auf glatte Zeiträume fixiert sind. 6,3% der Anträge beziehen sich auf eine TKÜ von

---

45 Ein ähnliches Bild zeigt sich bei TKÜ wegen Geldwäsche (42,1%), hier liegt jedoch mit 19 Fällen eine sehr geringe Anzahl an TKÜ vor.

46 Ebenfalls einen höheren Anteil an TKÜ auf einen Monat weisen Anträge wegen Verrates aus (66,7%). Eine Fallzahl von zwölf macht aber auch hier eine eindeutige Bewertung unmöglich.

47 Siehe im Überblick für die Jahre 1996 bis 2001 *Albrecht/Dorsch/Krüpe*, S. 47ff.

48 *Albrecht*, Strafzumessung; vgl. BVerfG NJW 1994, 1577ff. (Cannabisentscheidung).

49 Siehe Fünfter Teil B V.

einem Monat Dauer, 15% auf zwei Monate. Nur in 28,5% dieser Anträge findet sich die gesetzliche Maximalfrist ausgeschöpft.

Tabelle 14: Dauer nach Antrag auf richterliche Anordnung, aufgeschlüsselt nach Bundesländern, bezogen auf Anschlüsse (n=2313)

		Divers	1 Monat	2 Monate	3 Monate
A (n=501)	Anteil	**25,0**	10,2	**12,8**	**52,1**
	Std. Resid	**9,7**	2,4	**5,4**	**-6,0**
B (n=381)	Anteil	**2,6**	**,8**	**2,4**	**94,2**
	Std. Resid	**-4,8**	**-4,7**	**-3,2**	**4,2**
C (n=16)	Anteil	6,3	0	0	93,8
	Std. Resid	-,5	-1,1	-1,0	,8
D (n=29)	Anteil	3,4	13,8	3,4	79,3
	Std. Resid	-1,2	1,3	-,7	,2
E (n=124)	Anteil	17,7	**19,4**	12,9	**50**
	Std. Resid	2,4	**5,0**	2,7	**-3,3**
F (n=244)	Anteil	6,6	4,9	4,1	84,4
	Std. Resid	-2	-1,4	-1,5	1,6
G (n=26)	Anteil	0	0	15,4	85,6
	Std. Resid	-1,7	-1,4	1,8	,5
H (n=87)	Anteil	**23**	2,3	**18,4**	56,3
	Std. Resid	**3,5**	-1,7	**4,3**	-2,1
I (n=460)	Anteil	**4,1**	3,7	**0,9**	**91,3**
	Std. Resid	**-4,3**	-2,8	**-4,8**	**3,9**
J (n=127)	Anteil Std. Residual	2,3	3,9	0,8	92,9
		-2,9	-1,4	-2,5	2,3
K (n=49)	Anteil	**26,5**	16,3	6,1	76,3
	Std. Resid	**3,4**	2,4	-,1	,1
L (n=54)	Anteil	**25,9**	16,7	13	44,4
	Std. Resid	**3,4**	2,6	1,8	-2,6
M (n=90)	Anteil	**0**	**21,1**	4,4	74,4
	Std. Resid	**-3,1**	**4,9**	-,8	-,1
N (n=97)	Anteil	5,2	9,3	9,3	51
	Std. Resid	-1,7	,7	1,0	-2,0
O (n=28)	Anteil	0	17,9	14,3	67,9
	Std. Resid	-1,7	2,1	1,6	-,5
Allgemein (n=2313)	Anteil	**10,8**	**7,3**	**6,6**	**75,4**

$p<0,05$; $\chi^2=535$; df=42; Cramers V=,28.

Gerade entgegengesetzt zu A und E lassen sich für B (94,2%) und I (91,3) höhere Quoten bei Anträgen unter Ausschöpfung der gesetzlichen Maximalfrist beobachten.

Für B zeigen sich dann bei allen übrigen Kategorien niedrigere Anteile, während in I weitaus seltener für zwei Monate (0,9%) oder gar tagesspezifiziert (4,1%) überwacht wurde.

Für H lassen sich erhöhte Anteile bei spezifizierten Anordnungen der Dauer (23%) und bei Fristen von zwei Monaten (18,4%) feststellen. Häufiger wurden bestimmte Fristen weiterhin für K (26,5%) und L (25,9%) ermittelt, wobei hier auf die niedrigeren Fallzahlen verwiesen sei. In M wurde ein erhöhter Wert von TKÜ-Anordnungen auf einen Monat beobachtet (21,1%), dabei aber kein Fall einer speziell fixierten Dauer festgehalten.

Tabelle 15: Dauer nach Antrag auf richterliche Anordnung nach Bundesländern – Vergleich

Bundesland	**Mittelwert**	**n**
A	68,6	501
B	87,9	381
C	85,3	16
D	78,1	29
E	63,6	124
F	81,8	244
G	85,4	26
H	66,7	87
I	86,4	460
J	86,3	127
K	73,4	49
L	61,9	54
M	76	90
N	81,2	97
O	75	28

Ein Vergleich der Mittelwerte in den Anträgen zeigt das vorstehend in *Tabelle 15* wiedergegebene Bild.

2.3 Auswirkungen der Katalogtatverteilung über die Bundesländer

Unter 2.1 und 2.2 wurde dargelegt, dass die beantragte Dauer der TKÜ nach der ihr zugrunde gelegten Katalogtat differiert und zudem auch bei der Betrachtung der Bundesländer Unterschiede auszumachen sind. Im Zweiten Teil dieser Arbeit ist darüber hinaus dargestellt worden, dass die Katalogtaten in dieser Untersuchung nicht gleichverteilt über die Bundesländer vorliegen. Damit können sich Interferenzen zwischen den Variablen Bundesland und Katalogtat in Bezug auf die Auswertung der Dauer ergeben, und es besteht die Möglichkeit, dass die aufgezeigten Zusammenhänge zwischen Katalogtat und Dauer bzw. Bundesland und Dauer nicht eine jeweilige Abhängigkeit aufzeigen, sondern tatsächlich nur eine Variable den Effekt auslöst. Aus diesem Grund wurde zur Kontrolle der Ergebnisse ein multivariates Verfahren (kategoriale Regression) durchgeführt. Es zeigte sich, dass sich die Varianz zu 22% aus den Variablen Katalogtat und Bundesland erklärt ($R^2 = 0{,}22$).[50] Dabei ergibt sich weiter, dass dieser Anteil zu etwa einem Drittel aus der Katalogtat ($\beta = 0{,}25$) und etwa zwei Dritteln aus dem Bundesland ($\beta = 0{,}4$) folgt.

Die unter 2.1 und 2.2 dargestellten Zusammenhänge zwischen den Variablen zeigen sich dabei auch in der Durchführung der Regression. Bei den Bundesländern fallen A, E, H, L und K durch eine kürzere Dauer in den Anträgen auf, während B, C und G (letztere aber durch niedrige Fallzahlen vertreten) eher eine längere Dauer in den Anträgen ausweisen.

Bei den Katalogtaten findet sich eine kürzere Antragsdauer vor allem[51] bei TKÜ wegen Erpressungen, während eine längere Dauer bei den Eingriffen in die persönliche Freiheit auszumachen ist. Letzteres verwundert, da in diesen Fällen mit schnellen Ermittlungen gerechnet wird und TKÜ-Maßnahmen über einen langen Zeitraum ungewöhnlich anmuten. Das aufgefundene Ergebnis resultiert aber aus der sehr niedrigen Fallzahl[52], die hier die TKÜ-Anträge wegen Straftaten gegen die persönliche Freiheit umfasst, in denen die Überwachung nicht im Wege einer Eilmaßnahme erfolgte.

Bei Menschenhandelsfällen weist die Analyse eine nur leicht kürzere Antragsdauer aus.

---

50 Der verbleibende Anteil ist unklar, wobei auch die Verteilung über große und kleine Staatsanwaltschaften in ländlichen und städtischen Gegenden von Einfluss sein dürfte.

51 Auch bei den Fällen des Verrates, § 100a Nr. 1 StPO, dort ist aber die äußerst niedrige Fallzahl zu beachten.

52 Nur fünf Fälle, in denen sämtlich auf drei Monate beantragt wurde.

B. Erkenntnisse aus der Schriftlichen Befragung

Im Rahmen der Schriftlichen Befragung wurden die Praktiker verschiedentlich um eine Einschätzung der Überwachungsintensität gebeten, indem ihnen Fragen zur Anordnungsdauer, zur Einsatzbereitschaft der Überwachung bei den Strafverfolgungsbehörden und Richtern gestellt wurden und sie die Häufigkeit und Länge einer Überwachung in der Praxis bewerten sollten.

I. Anordnungsdauer der TKÜ nach Gesetz

Nach Auffassung von 10% der befragten Praktiker könnte die Dauer einer TKÜ auf einen Monat beschränkt werden.[53] Weitere 2,2% würden eine Absenkung der gesetzlichen Maximalfrist auf zwei Monate begrüßen. Für ein unverändertes Beibehalten der in § 100b StPO genannten dreimonatigen Frist votieren 78,7% der Teilnehmer. Für eine Erweiterung sprachen sich 8,8% der Befragten aus. In 0,2% der Fälle finden sich Kombinationsantworten. Insgesamt konnten zu dieser Frage 2926 Fragebögen ausgewertet werden.

Für 2902 dieser Fragebögen gelingt eine Differenzierung nach Berufsgruppen, die erwartungsgemäß signifikante Ergebnisse zeigt.[54]

Dabei wird zunächst die Ablehnung der Strafverfolgungsbehörden und der Richter gegenüber einer Beschränkung der TKÜ auf einen Monat deutlich. Nur 1,1% der Polizisten (std. Residual -10,3), 1,3% der Staatsanwälte (std. Residual -7,4) und 5,1% der Richter (std. Residual -3,6) wählten diese Kategorie. Abweichend fiel das Votum der Verteidiger zu 67,9% (std. Residual 34,4) auf diese Antwort, die zudem zu 7,3% (std. Residual 6,4) für eine Beschränkung der Frist auf zwei Monate plädierten.[55]

Die Staatsanwälte sprachen sich mit 89,3% signifikant häufiger dafür aus, die Frist des § 100b StPO unverändert beizubehalten, während diese Antwort nur bei 24,3% der Verteidiger (std. Residual -11,6) festgestellt werden konnte.[56]

---

53 Frage: „Nach der derzeitigen Gesetzeslage ist die Anordnung einer Maßnahme zur Überwachung der Telekommunikation auf höchstens drei Monate zu befristen. Eine Verlängerung um jeweils nicht mehr als weitere drei Monate ist zulässig, soweit die in § 100a StPO bezeichneten Voraussetzungen fortbestehen. Sollte die Dauer der erstmaligen Anordnung einer TKÜ-Maßnahme auf einen Monat beschränkt / auf zwei Monate beschränkt / unverändert beibehalten / erweitert werden?".

54 $p<0{,}05$; $\chi^2=1614{,}2$; $df=21$; Cramers $V=0{,}43$. Polizisten n=1323, Staatsanwälte n=711, Richter n=510, Verteidiger n=358. Kombinationen in den Antworten waren möglich und bleiben bei der Einzelbetrachtung außer Acht.

55 Polizisten 1,4% (std. Residual -2,1), Staatsanwälte 0,7% (std. Residual -2,7), Richter 2,9% (std. Residual 1,1).

56 Polizisten 85,2% (std. Residual 2,7), Richter 84,7% (std. Residual 1,6).

Schließlich votierten 11,9% der Polizisten (std. Residual 3,7) für eine Erweiterung, die naturgemäß mit 0,6% (std. Residual -5,3) bei den Verteidigern nur zwei Fürsprecher fand.[57]

II. Bereitschaft zum TKÜ-Einsatz seitens der Ermittlungsbehörden und des Ermittlungsrichters

Alle Teilnehmer der Schriftlichen Befragung wurden gebeten, für alle Beteiligten am Anordnungsprozess eine Einschätzung der Bereitschaft zum TKÜ-Einsatz abzugeben.[58]

Tabelle 16: Bereitschaft zum Einsatz der TKÜ – in %

	Polizei	**Staatsanwaltschaft**	**Ermittlungsrichter**
Zu niedrig	2	2	3
Niedrig	3	5	11
Eher niedrig	22	31	**39**
Eher hoch	**36**	**38**	33
hoch	26	17	11
Zu hoch	10	6	4

36,3% der Teilnehmer der Befragung gaben an, dass die Bereitschaft der Polizei zum Einsatz der TKÜ als „eher hoch" einzuschätzen sei. 26,4% bewerteten sie als „hoch", 10,2% als „zu hoch". Als „zu niedrig" wurde die Einsatzbereitschaft von 1,5% der Teilnehmer und von weiteren 3,4% als „niedrig" erachtet. „Eher niedrig" empfanden 21,5% der Befragten die Bereitschaft der Polizei zum TKÜ-Einsatz (im Übrigen sonstige, Gesamt-n = 2845).

Ein ähnliches Bild zeigt sich, wenn man die Einschätzung für die Staatsanwaltschaft betrachtet (n=2797). 38,4% bewerten die Bereitschaft der Staatsanwälte zur TKÜ als „eher hoch", 16,7% als „hoch" und 5,8% als „zu hoch". „Zu niedrig" wurde die Einsatzbereitschaft von 2% der Befragten eingestuft. 5,4% empfanden sie als „niedrig", 31,3% als „eher niedrig".

Eine Verschiebung ergibt sich dann, wenn man die Antworten der Teilnehmer hinsichtlich der richterlichen Einsatzbereitschaft untersucht (n=2734). Hier geht

---

57 Staatsanwälte 8,4% (std. Residual -0,3), Richter 7,3% (std. Residual -1,2).

58 Frage: „Wie schätzen Sie die Bereitschaft zum Einsatz der TKÜ im Vergleich zu anderen Ermittlungsmethoden bei folgenden Institutionen ein?".

mit 38,7% die Mehrzahl der Befragten von einer eher niedrigen Bereitschaft zur TKÜ aus, 32,5% werteten mit „eher hoch“. Eine niedrige Einsatzfreude beobachteten 10,5% der Teilnehmer, eine hohe 11%. „Zu hoch“ empfinden 3,9% der Befragten den Willen zur TKÜ bei den Richtern, 3,3% bewerteten diesen mit „zu niedrig“.

Während im Vergleich der grundsätzlichen Einstellung gegenüber der TKÜ (Bereitschaft zu niedrig / niedrig / eher niedrig 53% gegenüber zu hoch / hoch / eher hoch 47%) für den Ermittlungsrichter ein ausgeglichenes Bild festzustellen ist, findet sich für die Strafverfolgungsbehörden ein Überwiegen der positiven Bereitschaft zum Einsatz der TKÜ (etwa 3/4 zu 1/4 Polizei; etwa 2/3 zu 1/3 Staatsanwaltschaft). Es mag sich hieran auch verdeutlichen, dass für den Ermittlungsrichter trotz aller Vorwürfe an seine Kontrollintensität jedenfalls von einer eher neutralen Position gegenüber der TKÜ ausgegangen wird.

Wie zu erwarten, zeigen sich signifikante Unterschiede in der Bewertung, wenn man die Berufsgruppen betrachtet. So gibt die Polizei bezogen auf ihre eigene Berufgruppe häufiger (26,7%, std. Residual 4,1) an, eine eher niedrige Einsatzbereitschaft zur TKÜ aufzuweisen, während die Verteidiger seltener von dieser Kategorie ausgingen (3,9%, std. Residual -7,2).[59]

Auch die Staatsanwälte stellen sich ein deutlich anderes Einsatzverhalten aus, als es die Anwälte erkennen wollen. So werteten 41% der Staatsanwälte (std. Residual 4,5) für ihren eigenen Berufsstand mit „eher niedrig“ und kein einziger mit „eher hoch“ (std. Residual -6,2). In den Augen der Anwälte verkehrt sich dieses Bild, da sie nur zu 4,2% (std. Residual -9,2) von einer eher zurückhaltenden Bereitschaft ausgehen, während sie sich zu 40,5% (std. Residual 27,2) von einer „eher hohen“ Bereitschaft überzeugt zeigten. Interessant ist zudem, dass 3,4% der Polizisten (std. Residual 3,7) eine „zu niedrige“ Einsatzbereitschaft zur TKÜ bei der Staatsanwaltschaft feststellten und bemängelten, während nur fünf Teilnehmer (0,4%, std. Residual -8,1) eine zu hohe Einsatzbereitschaft attestierten.[60]

Für die Ermittlungsrichter[61] zeigte sich zudem in den Augen der Anwälte seltener eine niedrige (4%, std. Residual -3,8) bzw. eher niedrige (15,3%, std. Residual -7,0) Bereitschaft zum Überwachungseinsatz. Abweichend zur allgemeinen Verteilung erfolgte dann die Wertung im Bereich „zu hoch“. Während nur zwei Polizisten (0,2%, std. Residual -6,7), ein Staatsanwalt (0,2%, std. Residual -4,8) und fünf

59 Deutlich dann auch die Einschätzung in der Kategorie „eher hoch“. Polizei 1,4% (std. Residual –10) und Verteidiger 56,4% (std. Residual 27,5). Polizisten n=1323; Verteidiger n=358. $p<0,05$; $\chi^2=1044,5$; df=39; Cramers V=0,35. Es lagen auch Kombinationen in den Antworten vor.

60 $p<0,05$; $\chi^2=1062,1$; df=33; Cramers V=0,36; es lagen auch Kombinationen in den Antworten vor. Staatsanwälte n=668; Verteidiger n=358; Polizisten n=1278.

61 $p<0,05$; $\chi^2=710,1$; df=24; Cramers V=0,3; es lagen auch Kombinationen in den Antworten vor. Polizisten n=1249; Staatsanwälte n=650; Richter n=462; Verteidiger n=352.

Richter (1,1%, std. Residual -3,1) diese Kategorie wählten, schlossen sich dieser 27,8% (std. Residual 22,8) der Verteidiger an.

3. Einschätzung des tatsächlichen Einsatzes der TKÜ

Die Praktiker wurden darüber hinaus gebeten, den Einsatz der TKÜ in der Ermittlungspraxis zu bewerten.[62]

15% der Befragten gaben an, dass die TKÜ zu häufig eingesetzt werde, 67% gingen von einem angemessenen Einsatz aus. 17,3% der Teilnehmer vermerkten, dass die TKÜ zu selten angewendet werde (0,6% Kombinationsantworten; n=2740).

Nach Auffassung von 14,6% der Befragten wird die TKÜ zu lange angewendet. 81,3% gingen von einer angemessenen Dauer aus, während 3,5% einen zu kurzen Einsatz attestierten (0,2% Kombinationsantworten; n=2339).

Deutlich finden sich Unterschiede bei der Betrachtung des Antwortverhaltens nach Berufsgruppen bei 2721 analysierten Fragebögen.[63] Polizisten (3,8%, std. Residual -10,3) und Staatsanwälte (2,3%, std. Residual -8,5) gingen weitaus seltener davon aus, dass die TKÜ in der Praxis zu häufig eingesetzt werde. Die Richter liegen in dieser Kategorie mit 12,8% und einem std. Residual von -1,2 auf einem erwarteten Wert. Dagegen kritisierten 86% der Anwälte (std. Residual 33,5) den in ihren Augen zu häufigen Einsatz.[64]

Ein vergleichbares Ergebnis findet sich für die Länge der Überwachung. Nur 7,2% der Polizisten (std. Residual -6,4) und 3,7% der Staatsanwälte (std. Residual -6,9) empfanden den Einsatz der TKÜ als zu lang. Diese Kritik übten jedoch 85,5% der Verteidiger (std. Residual 28,1). Die Annahme, dass die TKÜ zu kurz eingesetzt werde, weicht bei keiner der Berufsgruppen von dem erwarteten Wert ab (Polizisten 4,6%, std. Residual 1,7; Staatsanwälte 2,5%, std. Residual -1,4; Richter 3,4%, std. Residual -0,1, Verteidiger 1,8%, std. Residual -1,5).[65]

---

62 Frage: „In letzter Zeit wird zunehmend Kritik an der steigenden Anzahl der TKÜ-Maßnahmen geübt. Wie wird die TKÜ Ihrer Ansicht nach in der Ermittlungspraxis eingesetzt?“.

63 $p<0{,}05$; $\chi^2=1630.6$; df=15; Cramers V=0,45; es lagen auch Kombinationen in den Antworten vor. Polizisten n=1275; Staatsanwälte n=664; Richter n=447; Verteidiger n=335.

64 „angemessen“: Polizisten 68,7% (std. Residual 0,7), Staatsanwälte 85,5% (std. Residual 5,8), Richter 76,3% (std. Residual 2,4), Verteidiger 11,3% (std. Residual -12,4); „zu selten“: Polizisten 26,5% (std. Residual 7,9), Staatsanwälte 11,7% (std. Residual -3,4), Richter 10,3% (std. Residual -3,6), Verteidiger 2,7% (std. Residual -6,4). Im Übrigen jeweils Kombinationen.

65 „angemessen“. Polizisten 87,5% (std. Residual 2,3), Staatsanwälte 93,1% (std. Residual 3,2), Richter 86,3% (std. Residual 1,1), Verteidiger 12,7% (std Residual -11,5).

C. Zusammenfassung

I. Aktenanalyse

In einem TKÜ-Verfahren ergingen im Median 3,3 Anordnungen auf Überwachung nach §§ 100 a, 100 b StPO. Die Anordnungen erfolgten zu etwa einem Viertel in Kombination mit Auskunftsersuchen nach § 12 FAG. Der Median bei den Anschlüssen liegt bei 5,2, es wurden 21% der Anschlussüberwachungen mit einem § 12 FAG-Ersuchen kombiniert. 11% der Anordnungen ergingen als einzige TKÜ-Maßnahme in einem Verfahren, 13% sind Erstanordnungen, auf die weitere folgten. 15% der Anordnungen stellten Verlängerungen dar (auch wiederholt), während 61% der Anordnungen schließlich konsekutive Entscheidungen waren, bei denen es sich nicht um die Verlängerung der TKÜ für einen bereits überwachten Anschluss handelte.

Mit Blick auf die kritisierte Streuwirkung der Maßnahme wurden sodann die überwachten Personen untersucht. Es war nicht möglich, eine „Auszählung" aller überwachten Telefonkontakte mit Blick auf die unbeteiligten, aber von der TKÜ betroffenen Gesprächspartner, Mitinhaber und Mitnutzer vorzunehmen. Zu etwa 34% wurden Anschlüsse überwacht, die von Beschuldigten als Inhabern genutzt wurden. Dieser Anteil stellt zugleich denjenigen mit der geringsten Streuwirkung dar. Zu jeweils etwa einem weiteren Drittel (etwa 32% bzw. etwa 30%) wurden Anschlüsse von Dritten als Inhabern überwacht, die von den Dritten oder neben diesen auch von Beschuldigten genutzt wurden. Als problematisch erscheinen die Fälle, in denen allein Dritte als Inhaber und Nutzer überwacht wurden. Zwar dürfte es sich hier in den meisten Fällen um den Sachverhalt der Nachrichtenmittlung handeln, der in § 100a S.2 StPO ausdrücklich vorgesehen ist, es findet sich jedoch in den Akten und insbesondere den Anordnungen kaum eine Dokumentation der Tatsachen, die zur Annahme eines solchen Verhältnisses führten. Dies steht in deutlichem Gegensatz zu den Anforderungen aus der Kommentarliteratur und mag den Vorwurf der Streuwirkung als zumindest „unkontrolliert" stützen.

Zum Ausmaß der Überwachung lassen sich auch aufgrund dieser Untersuchung nur grobe Schätzwerte angeben, die sich in die Angaben der Bundesregierung zu den Betroffenen (umgerechnet auf die Wohnbevölkerung 0,007%) und die Schätzungen[66] unter Zugrundelegung der Daten der *wiretap-reports* (umgerechnet auf die Wohnbevölkerung 1,8%) einreihen lassen. Ausgehend von im Mittel 2,4 Beschuldigten und 4,8 nicht beschuldigten Dritten (als Anschlussinhaber oder Anschlussnutzer) pro Verfahren und 2705 TKÜ-Verfahren 1998 ergeben sich 19.476 überwachte Personen (ohne Gesprächspartner) und damit eine Anteil von 0,02% der Wohnbevölkerung, der von TKÜ-Maßnahmen betroffen wurde.

N=2322: Polizisten = 1118, Staatsanwälte = 597, Richter = 379, Verteidiger = 229. Kombinationen in den Antworten möglich. $p<0{,}05$; $\chi^2=1049{,}3$; df=15; Cramers V= 0,39.

[66] *Müller-Heidelberg*, S. 112.

Weiterhin wurde die Dauer der Maßnahme mit Blick auf ihren in den Augen der Kritiker zu exzessiven Einsatz betrachtet. Die TKÜ wurde in den Fällen richterlich angeordneter Maßnahmen in der Regel unter Ausschöpfung der gesetzlichen Maximalfrist auf drei Monate beantragt (75,4% der Fälle, n=2313, Median 90 Tage) und durch den Richter auf diesen Zeitraum angeordnet (dem Antrag wurde in 90,3% der Fälle auch hinsichtlich der beantragten Dauer entsprochen). Sofern die Richter die Maßnahme wie beantragt erlassen hatten (n=2269), fand sich in den Anträgen in 75,2% der Fälle eine Dauer von drei Monaten, in 7,2% eine Dauer von einem Monat und in 6,7% der Fälle eine Dauer von zwei Monaten. In 10,9% der Anträge lag in dieser Konstellation eine spezifizierte Dauer vor. Im Übrigen findet sich in den Anträgen und Anordnungen eine Präferenz für „glatte" Zahlen bei der Festsetzung des Überwachungszeitraumes.

Die tatsächliche Dauer richterlich angeordneter TKÜ konnte für 1197 Fälle ermittelt werden und lag im Median bei 33 Tagen. Damit dauerte mindestens die Hälfte der Überwachungen maximal einen guten Monat, 71% der Anschlüsse wurden faktisch nicht länger als maximal zwei Monate überwacht. Es ergibt sich eine deutliche Diskrepanz zwischen Anordnungs- und Überwachungsdauer. Mit Blick auf die gesamte Überwachungszeit in den Verfahren lässt sich für 428 Fälle feststellen, dass diese im Median bei 41 Tagen liegt, das Minimum bei Null (Auf- und Abschaltung an einem Tag) und das Maximum bei 961 Tagen.

Aus den Akten waren darüber hinaus nur wenige und keine umfassenden Erkenntnisse zur Anzahl überwachter Gespräche, Gesprächsminuten oder bespielter Bänder zu entnehmen.

Die Dauer der Überwachung ist sowohl von den den Maßnahmen zugrunde gelegten Delikten abhängig als auch von dem Bundesland, in dem die TKÜ beantragt wurde. Die Varianz erklärt sich zu 22% (R^2=0,22) aus diesen Variablen und dabei zu etwa einem Drittel (β=0,25) aus der Katalogtat und zu etwa zwei Dritteln (β=0,4) aus dem Bundesland.

II. Schriftliche Befragung

Aus der Schriftlichen Befragung wurde sodann deutlich, dass erwartungsgemäß unter den Strafverfolgungsbehörden und den Richtern Einigkeit darüber und eine Präferenz dafür besteht, die gesetzliche Maximalfrist der TKÜ bei einmaliger Anordnung (und Möglichkeit zur Verlängerung) auf drei Monaten zu belassen. Daneben schätzten diese Berufsgruppen ihre Bereitschaft zum Einsatz der Maßnahme und auch die tatsächliche Anwendungsdichte nicht als zu hoch ein. Ein anderes Bild sowohl zur Frage der gesetzlichen Überwachungsfrist als auch der Intensität des Einsatzes zeigt sich erwartungsgemäß in den Antworten der Verteidiger.

III. Folgerungen

1. Ausmaß und Streuwirkung

Es gestaltet sich schwierig, Aussagen zur Intensität der TKÜ zu machen, da es nicht möglich ist, die Überwachung eines Anschlusses mit der einer bestimmbaren Anzahl an Personen zu verknüpfen. Diese Schwierigkeit ergibt sich aus der Eigenart der Kommunikation, aus der gesetzlichen Vorgabe, die die Überwachung Nichtbeschuldigter zulässt[67], und vor allem auch aus der Tatsache, dass aus den Akten nicht deutlich wird, warum Dritte in die Überwachung einbezogen wurden. Zuletzt konnten im Rahmen der Untersuchung keine Auszählungen der Gespräche erfolgen. Der Eingriff in Art. 10 I GG wiegt auch deshalb so schwer, weil Unbeteiligte betroffen sein können. Wie wenig diese Unbeteiligten aber im Blickpunkt der Entscheidung über eine Überwachung stehen, zeigt sich daran, dass sie in der Akte im Grunde nicht existieren. Eine Verbesserung dieser Situation ist durch eine deutliche Darlegung der Tatsachen in der Anordnung herbeizuführen, die etwa das Nachrichtenmittlungsverhältnis begründen.

Da man die Streuwirkung der Maßnahme nicht zu beziffern vermag, muss gerade dieser im Dunkeln verbleibende Effekt der Überwachung kritisiert werden. Aber auch das Ausmaß der Überwachung der in § 100a S.2 StPO genannten Personen lässt sich nicht eindeutig ausmachen. Es zeigt sich, dass die vorliegenden Daten der Bundesregierung, Erkenntnisse aus anderen Ländern (*wiretap-reports*) und auch die Daten dieser Untersuchung zu gänzlich unterschiedlichen Einschätzungen des Überwachungsausmaßes führen können. Daher ist für eine seriöse Darstellung der Intensität des Grundrechtseingriffs eine Berichtspflicht zu fordern, in der das Ausmaß der Überwachung (Anzahl der Gespräche, aufgeschlüsselt nach ermittlungsrelevanter Kommunikation zwischen Beschuldigten und Kontaktpersonen) im Verfahren zu beziffern ist. Eine derartige Pflicht sollte dabei jedoch nicht als Effizienzkriterium verstanden werden, sondern allein als Aussage über das Ausmaß der Überwachung bezogen auf die Personen des § 100a S.2 StPO sowie über die Streuwirkung der Maßnahme.

2. Dauer

Es stellt sich die Frage, ob angesichts der faktischen Überwachungszeit die gesetzliche Maximalfrist bei der TKÜ von drei auf zwei Monate abgesenkt werden könnte und sollte. Eine solche Reform ließe die Möglichkeit einer Verlängerung bestehen. Diese Änderung könnte zum einen eine Annäherung im internationalen

---

[67] Mag man bei Nachrichtenmittlern auch über ihren Täter- oder Teilnehmerstatus streiten, sind unbeteiligte Dritte, deren Anschlüsse (auch) von Beschuldigten genutzt werden, fraglos in der Regel nicht als Beschuldigte anzusehen.

Vergleich herstellen[68], zum anderen als Ausfluss des Verhältnismäßigkeitsgrundsatzes gesehen werden. Auch wenn man in einer solchen Reform die Gefahr sehen mag, dass die Überwachungszahlen aufgrund vermehrter Verlängerungsanordnungen ansteigen könnten, ist in der Untersuchung deutlich geworden, dass die richterlich ermöglichte „lange" Dauer in der Regel nicht ausgeschöpft wird und zudem konsekutive Entscheidungen eine größere Rolle gegenüber Verlängerungsanordnungen spielen.

---

[68] *Albrecht/Dorsch/Krüpe*, S. 59ff., Übersicht S. 107f.

Fünfter Teil

Kontrolle der TKÜ

Dieser Teil der vorliegenden Arbeit betrachtet die Umsetzung des Richtervorbehaltes und Schwachpunkte in der Ausgestaltung der TKÜ-Kontrolle. Die gesetzlichen Vorgaben sowie Anforderungen, die durch die Rechtsprechung formuliert wurden, werden dabei zusammenfassend in **A** wiedergegeben. Sodann werden Variablen betrachtet, die im Zusammenhang mit der ermittlungsrichterlichen Tätigkeit zu werten sind. Dies sind unter **B** vor allem das Anordnungsverhältnis zwischen richterlichen TKÜ und staatsanwaltschaftlichen Eilmaßnahmen, die Anzahl der Ablehnungen staatsanwaltschaftlicher Anträge durch den Richter, der Umfang der Auseinandersetzung mit dem Tatbestandsmerkmal der Subsidiarität sowie der Zeitrahmen der Entscheidung bei der Anordnung einer TKÜ. Weiterhin werden aus der Aktenanalyse gewonnene Erkenntnisse unter bundesland- und katalogtatspezifischen Gesichtspunkten untersucht, und es wird der Frage nachgegangen, ob nachfolgende Kontrollmöglichkeiten (tatrichterliche Kontrolle in der Hauptverhandlung und Benachrichtigungen) einen Ausgleich für die möglicherweise mangelhafte vorbeugende ermittlungsrichterliche Prüfung darstellen. Weiterhin wird der Umgang mit der Benachrichtigungspflicht auf eine unterschiedliche Handhabung in den Ländern hin betrachtet. **C** präsentiert die Erkenntnisse aus den Befragungen, und unter **D** werden die wesentlichen Ergebnisse der Studie der Universität Bielefeld sowie der OK-Untersuchung von KINZIG vorgestellt. **E** schließt eine Zusammenfassung der Erkenntnisse aus diesem Teil an.

A. Anforderungen an den Ermittlungsrichter

Bereits im Ersten Teil dieser Untersuchung wurde dargelegt, welche Aufgabe dem Ermittlungsrichter generell und im Fall der TKÜ zugesprochen wird.

Der Richtervorbehalt soll als Ausgleich für die Heimlichkeit der Maßnahme dienen und vorbeugenden Rechtsschutz sichern. Er ist mit steigender Intensität des Grundrechtseingriffs umso höher zu bewerten. Die gesetzlichen Anforderungen bei der Kontrolle der TKÜ ergeben sich aus §§ 100a, 100b, 162 III, 34 StPO:

- gemäß § 162 III StPO prüft der Richter die gesetzliche Zulässigkeit der Maßnahme und kontrolliert im Rahmen einer Rechtmäßigkeitsprüfung das Vorliegen der tatbestandlichen Voraussetzungen

- die tatbestandlichen Voraussetzungen der §§ 100a, 100b StPO, die der Richter prüfen muss, sind der Tatverdacht hinsichtlich einer Katalogtat, der Adressatenkreis des § 100a S.2 StPO und das Vorliegen der Subsidiarität[1]
- dem Ermittlungsrichter wird bei der Prüfung des Tatverdachts und der Subsidiarität der Maßnahme ein Beurteilungsspielraum zugestanden
- umstritten ist, ob der Richter weitere Überlegungen zur Verhältnismäßigkeit anstellen muss oder diesem Grundsatz mit Prüfung der Subsidiarität ausreichend Rechnung getragen ist.

Weiterhin verknüpft die höchstrichterliche Rechtsprechung folgende Anforderungen an die ermittlungsrichterliche Kontrolle:

- eine aktenmäßige Dokumentation der „Einhaltung der Maßstäbe“[2]
- der Richter muss sich eigenverantwortlich ein Urteil bilden und soll nicht etwa die Anträge der Staatsanwaltschaft auf Übermittlung der Verbindungsdaten nach einer nur pauschalen Überprüfung einfach gegenzeichnen[3]
- eine sorgfältige Prüfung der Eingriffsvoraussetzungen und eine umfassende Abwägung zur Feststellung der Angemessenheit des Eingriffs im konkreten Fall[4]
- die richterliche Anordnung des Eingriffs in das Fernmeldegeheimnis muss den Tatvorwurf so beschreiben, dass der äußere Rahmen abgesteckt wird, innerhalb dessen sich der Eingriff halten muss[5]
- der Richter unterliegt der verfassungsrechtlich begründeten Pflicht, sich die notwendige Zeit für die Prüfung eines (Durchsuchungs-)Antrages zu nehmen, sich Kenntnis von der Sache zu verschaffen sowie das erforderliche Sachwissen[6]

---

[1]Weiterhin darf die Überwachung nur auf Telekommunikation (Gesprächsinhalte, Verbindungs- und Bestandsdaten) gerichtet sein und eine Dauer von drei Monaten bei erstmaliger Anordnung nicht überschreiten (Verlängerungen um jeweils weitere drei Monate nach erneuter Anordnung sind möglich). Daneben muss die Anordnung den Anforderungen des § 100b II StPO entsprechen und den Namen und die Anschrift des Betroffenen ausführen, gegen den sich die Maßnahme richtet. Weiterhin muss die Rufnummer oder eine andere Kennung des Anschlusses verzeichnet sein. In der Anordnung sind Art, Umfang und Dauer der Maßnahme zu bestimmen.

[2] BGH NJW 2003, 368ff; BGH StV (2003), 2f.

[3] BVerfG NJW 2003, 1792; BVerfG NJW 2001, 1122.

[4] BVerfG NJW 2003, 1792. Vergleiche auch BVerfGE 103, 142, 151.

[5] BVerfG NJW 2003, 1792. Vergleiche auch BVerfGE 103, 142, 151.

[6] BVerfG NJW 2001, 1122. Zur Übertragbarkeit der Grundsätze dieser Entscheidung zur Durchsuchung auf andere Zwangsmaßnahmen *Amelung*, StV 2001, 342ff.

B. Ergebnisse der Aktenanalyse

Im Rahmen der Aktenanalyse ist es selbstverständlich nicht möglich nachzuweisen, ob ein Richter seine Kontrollaufgabe wahrnimmt oder nicht. Auch über die durchgeführten Befragungen lassen sich nur subjektive Einschätzungen feststellen; es können somit nur Anhaltspunkte für die Frage gewonnen werden, ob der Richtervorbehalt entsprechend seiner Rechtsschutzfunktion umgesetzt wurde oder nicht.

Gerade die Aktenanalyse bietet eine Vielzahl einzelner Faktoren, denen Indizwirkung für die Frage zugesprochen werden kann, ob und wie der Ermittlungsrichter seiner Kontrollfunktion gerecht wird. Die folgenden Gesichtspunkte sollen daher näher betrachtet werden:

- das Verhältnis richterliche Anordnungen / staatsanwaltschaftliche Eilmaßnahmen
- der Anteil der Ablehnungen staatsanwaltschaftlicher Anträge durch den Richter
- der Inhalt der Begründungen einer TKÜ
- der zeitliche Rahmen eine TKÜ-Entscheidung durch die Stadien der Anregung, Beantragung und Anordnung

I. Anordnungsverhältnis

Es wird als Mangel insbesondere von Durchsuchungsanordnungen gewertet, dass Eilmaßnahmen gegenüber richterlichen Anordnungen zu überwiegen scheinen und damit der richterlichen Kontrolle einiger Ermittlungsmaßnahmen der Boden entzogen werde. Für die TKÜ zeigt sich, dass 1490 Anordnungen[7] und damit 80,6% der Maßnahmen durch den Richter angeordnet wurden. Weiterhin ergingen 246 (13,3%) staatsanwaltschaftliche Eilanordnungen. Für 112 Maßnahmen (6,1%) lag nur ein richterlicher Beschluss vor, ohne dass erkennbar wurde, in welcher Form die Staatsanwaltschaft an das Gericht herangetreten war (siehe *Abbildung 20* zu den relativen Zahlen). Bei diesen Fällen handelte es sich um Akten, die teilweise nicht vollständig vorlagen, aber auch um telefonische Kontaktaufnahmen zwischen Staatsanwaltschaft und Gericht.

Es zeigt sich in den Verfahren der Untersuchungsgruppe, dass der Schwerpunkt bei den Anordnungen auf richterlichen Beschlüssen und nicht auf staatsanwaltschaftlichen Eilmaßnahmen liegt.

---

[7] Im Vierten Teil A III beziehen sich die Angaben zum Verhältnis richterliche Anordnung / Eilmaßnahme auf Anschlüsse, nicht auf Anordnungen.

Abbildung 20: Richterliche Anordnungen und staatsanwaltschaftliche Eilmaßnahmen (n = 1848) – relativ

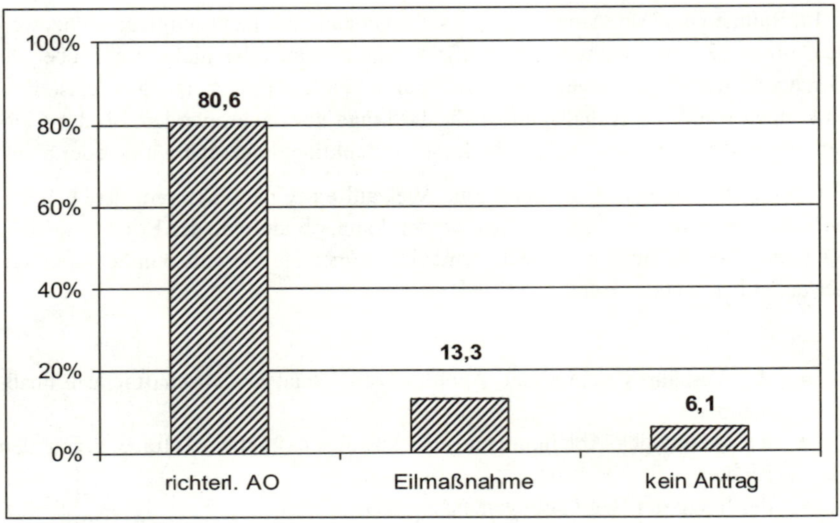

Im Zusammenhang mit dem Anordnungsverhältnis Richter / Staatsanwalt wird angeführt, dass die Überwachung als strategische Maßnahme in der Mehrzahl der Fälle gezielt und aufgrund eines umfassenden Ermittlungsplans eingesetzt werde und daher staatsanwaltschaftliche Eilmaßnahmen allein bei den selteneren Fällen der Aufenthaltsortsermittlung und bei Erpressungen eine Rolle spielten.[8] Inwieweit die die TKÜ auslösenden Katalogtaten von Einfluss auf dieses Regel-Ausnahmeverhältnis sind, lässt sich unter V. ersehen.

Die Anordnung einer TKÜ erfolgt damit in der Regel und so wie gesetzlich vorgesehen durch den Richter.

II. Ablehnungen

1. Richterliche Reaktion im Beschluss auf den staatsanwaltschaftlichen Antrag

Aus geringen Ablehnungszahlen wird seitens der Kritiker auf ein „Durchwinken" der Maßnahme in der Anordnung geschlossen. In der Studie wurden die An-

8 Siehe insoweit auch die Ergebnisse bei *Albrecht/Dorsch/Krüpe*, S. 160ff.

ordnungen mit den Anträgen verglichen und daraufhin untersucht, ob sie den Anträgen hinsichtlich Dauer, Zielperson und überwachten Anschlüssen entsprachen.

Nach Auswertung der Akten ergab sich, dass in 90% der Fälle der Richter in seiner Anordnung dem Antrag nach Umfang und Dauer unverändert stattgab und die TKÜ beschloss (siehe *Abbildung 21*). Für 5% der Anschlüsse wurden Änderungen oder Ergänzungen vorgenommen, die sich auf Dauer oder Umfang der Überwachung bezogen. Hierbei überwiegen Änderungen und Ergänzungen der Befristung der Maßnahmen.

In den Änderungsfällen wurde in 22 von 40 Fällen die Überwachungszeit gegenüber dem Inhalt des Antrags abgesenkt. Für fünf Anschlüsse wurde im Beschluss ein Datum als Endzeitpunkt benannt. In weiteren fünf Fällen ermöglichte die Anordnung einen längeren als in dem Antrag genannten Zeitraum. Im Übrigen bezogen sich die Änderungen auf den Umfang der Maßnahme.

Sofern es sich um Ergänzungen des Antrags handelte (n=86), zielten sie zu 86% auf die Dauer der Maßnahme, die in diesen Fällen durch die Staatsanwaltschaft nicht angegeben war.[9]

Abbildung 21: Richterliche Entscheidung bezogen auf Anschlüsse ohne Eilmaßnahmen – in % (n=2512)

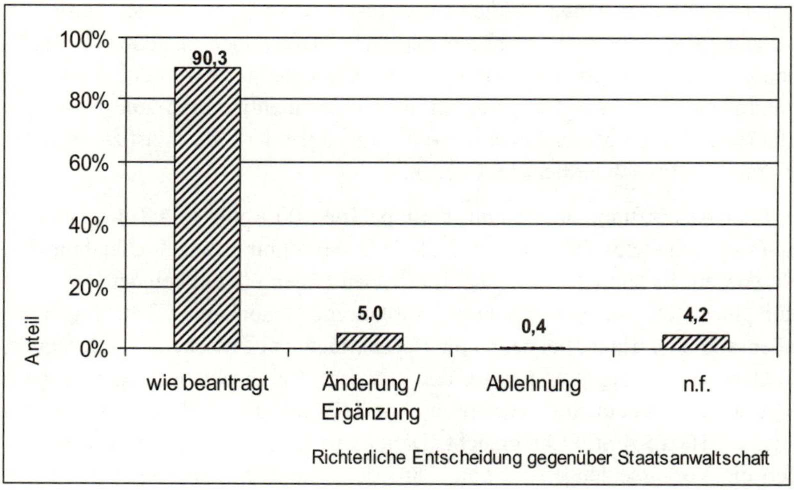

[9] Zum Inhalt der Ergänzung siehe Vierter Teil, A III 1b.

2. *Ablehnungen auf informeller Ebene*

Es entsteht der Eindruck, dass ein Ermittlungsrichter regelmäßig den Anträgen stattgibt und die TKÜ möglicherweise und in den Worten eines Praktikers ein „Selbstläufer" in der Anordnung ist.

Dagegen setzen Stimmen aus der Praxis die Einschätzung, dass es auf informeller Ebene in (häufig auch telefonischen) Vorabgesprächen[10] Ablehnungen von TKÜ-Maßnahmen gebe, die keinen Niederschlag in der Akte finden. Das wiederum habe zur Folge, dass zur Entscheidung durch den Ermittlungsrichter allein die Anträge gelangten, die bereits auf ihre Anordnungsfähigkeit hin nahezu abschließend kontrolliert seien. Tatsächlich fand sich in den Akten in einem Verfahren ein Hinweis auf solch informelle Ablehnungen. Daher wurde diesem Punkt in den Expertengesprächen nachgegangen, in denen eine solche Praxis jedoch nur in sehr geringem Umfang bestätigt wurde.[11]

3. *Verfahren mit Ablehnungen von TKÜ, in denen auch in der Folge keine Überwachungsmaßnahmen erfolgten*

Die vorliegende Aktenanalyse konnte zudem nur die Ablehnungen in den Verfahren feststellen, in denen letztlich zumindest eine TKÜ angeordnet wurde, da die Untersuchungsgruppe aus Verfahren mit TKÜ-Maßnahmen besteht. Verfahren, in denen nur Ablehnungen erfolgten, konnten nicht untersucht werden, da sie aus der Gesamtmasse aller Ermittlungsverfahren nicht zu identifizieren sind, wohingegen Verfahren mit TKÜ-Maßnahmen in Erhebungsbögen der Landesjustizverwaltungen erfasst und statistisch aufbereitet werden.

Bei der Auswertung einer Kontrollgruppe von 100 Raub- und Tötungsverfahren ohne (aufgeschaltete) TKÜ ist kein Fall einer abgelehnten Einzelmaßnahme festgestellt worden. Es handelte sich jedoch in vielen Fällen um ungeeignete Sachverhalte für eine TKÜ (so etwa flüchtige, vollkommen unbekannte Täter nach einem Straßenraub oder Taten, bei denen die Beschuldigten auf frischer Tat oder direkt im Anschluss an sie festgenommen werden konnten). Bei der Planung dieser Kontrollgruppe wurden zudem BtM-Verfahren ohne TKÜ auf das Vorliegen einer Katalogtat nach § 100a S.4 StPO untersucht. Dabei wurden kaum Verfahren ermittelt, in denen die Voraussetzungen für eine TKÜ dem Katalog nach vorgelegen hätten.[12]

---

10 Zwischen Polizei und Staatsanwaltschaft sowie zwischen Staatsanwaltschaft und Gericht.

11 Siehe dazu unten C II.

12 Aufstellung bei *Dorsch*: bei der Auswertung der Handakten dreier Staatsanwaltschaften konnten bei 369 Verfahren nur 12 Verfahren festgestellt werden, in denen die Katalog-

Mit Blick auf die Ergebnisse bei DORSCH lässt sich festhalten, dass TKÜ in jedem vierten bis fünften Verfahren mit BtM-Bezug angeordnet werden, wenn die Voraussetzung „Katalogtat" gegeben ist.[13] Sofern trotz Katalogtat keine TKÜ-Maßnahme erfolgte, konnten jedenfalls auch keine Ablehnungen einer Einzel-TKÜ festgestellt werden.[14]

III. Begründungsinhalt

Im Rahmen der Untersuchung des Max-Planck-Institutes wurden die Anordnungen auf ihre Auseinandersetzung mit der Subsidiaritätserwägung hin betrachtet. Im Gegensatz etwa zur Studie der Universität Bielefeld erfolgte jedoch keine Analyse der Vollständigkeit des Beschlusses oder der Eilanordnung.[15] Weiterhin wurde selbstverständlich keine „Rechtmäßigkeitsüberprüfung" vorgenommen, die in einer solchen Aktenanalyse nicht durchgeführt werden kann.

Gemäß § 100a StPO unterliegt die Überwachung der Telekommunikation der Voraussetzung, dass die Erforschung des Sachverhaltes bzw. die Ermittlung des Aufenthaltsortes ohne den Einsatz der Maßnahme aussichtslos oder doch wesentlich erschwert sein müssen. Es handelt sich um einen Schutzmechanismus zur Wahrung der Verhältnismäßigkeit und um ein Tatbestandsmerkmal, das durch den Richter zu prüfen ist, wenn ihm dabei auch ein Beurteilungsspielraum zugestanden wird.

In der Aktenanalyse wurde der Antrags- und Anordnungsinhalt bewertet. Wesentliches Kriterium war dabei die Feststellung, inwieweit Subsidiaritätserwägungen über die bloße Benennung dieser Voraussetzung in den Begründungen eine Rolle spielten. Die Zuordnung erfolgte anhand der Kategorien, die nachfolgender *Tabelle 17* zu entnehmen sind. In dieser Arbeit findet sich eine Zusammenfassung verschiedener Kategorien, so dass sich letztlich neben der Ausprägung „keine Angaben" für die Anträge und Eilmaßnahmen der Staatsanwaltschaft zwei, für die richterlichen Anordnungen drei Wertungsstufen finden:

- **„ohne"**, womit für Anträge / Eilmaßnahmen und richterliche Anordnungen die Fälle erfasst werden, in denen keinerlei Ausführungen zur Subsidiarität enthalten waren und die die inhaltsärmsten Dokumente darstellten

---

taten des § 100a StPO vorlagen. In einigen dieser Fälle war zumindest ein Auskunftsersuchen nach § 12 FAG erfolgt.

[13] *Dorsch*. Dort auch die Ergebnisse der Auswertung der Kontrollgruppe.

[14] Siehe dazu auch unten *Kinzig* unter D.

[15] Siehe dazu unten *Backes/Gusy* unter D.

- **„Ausfertigung“**, womit für richterliche Anordnungen die Fälle erfasst wurden, in denen der Beschluss ausgefertigt, also eine durch die Staatsanwaltschaft vorgefertigte Anordnung durch den Richter unterzeichnet oder ein staatsanwaltschaftlicher Antrag wortlautgleich durch den Richter übernommen wurde. Es finden sich entsprechend den Ausführungen der Staatsanwaltschaft umfassende wie auch unvollständige Anordnungen
- **„Subs.(idiarität)“**. In dieser Kategorie wurden die Fälle erfasst, in denen Staatsanwaltschaft oder Richter das Tatbestandsmerkmal der Subsidiarität nicht nur in Form der gesetzlichen Formulierung aufgenommen, sondern darüber hinaus auch Ausführungen zum konkreten Einzelfall oder zumindest genereller Art gefertigt haben. In diesem Sinne ist dies in dieser Untersuchung die höchste zu erreichende Einschätzung

Zur Verdeutlichung werden zwei Beispiele für Begründungen angeführt, die als substantiell auch unter dem Gesichtspunkt der Subsidiaritätsvoraussetzung gewertet wurden.

Beispiel 1:

> In der Ermittlungssache gegen …
>
> wegen gewerbsmäßigen Handeltreibens mit verbotenen Betäubungsmitteln in nicht geringen Mengen
>
> werden folgende Anordnungen getroffen:
>
> Gemäß §§ 100a Nr.4, 100d StPO in Verbindung mit §§ 1, 3, 29a I Nr.2, 29 III Nr. 1 BtMG wird für die Dauer von drei Monaten die Überwachung und Aufzeichnung des von dem Beschuldigten unter dem Anschluss … geführten Fernmeldeverkehrs angeordnet.
>
> Es besteht der dringende Verdacht, dass der Beschuldigte unter Benutzung dieses auf … angemeldeten Funktelefons mit bisher unbekannten Tatbeteiligten Lieferungen von … abspricht. Aus einer Telefonüberwachung in anderer Sache sowie einer Zeugenaussage geht hervor, dass der Beschuldigte an einem nicht festgestellten Tag in der Vergangenheit etwa … bezogen haben soll. Verkaufsgeschäfte des Beschuldigten wurden in der Größenordnung … festgestellt.

Die Erforschung des Sachverhaltes auf andere Weise erscheint aussichtslos, da der Beschuldigte die Betäubungsmittel bei einem Bekannten lagern soll.

Tabelle 17: Übersicht über die Kategorien der Begründungen und die Kriterien zur Einordnung

Kategorie	**Kriterien**
Formelhaft	Wenn nur ➢ Benennung des Tatverdachtes[16] ➢ „es wird beantragt" (=ohne Gründe) ➢ „da die Voraussetzungen des §100a gegeben sind"...
Formblatt/Vordruck	Antrag / Beschluss liegt allein in Form eines teilweise ausgefüllten Vordrucks vor
Spezielle Zielsetzung	Die Polizei führt aus, welche Ziele sie mit der TKÜ verfolgen möchte, ohne zu begründen, warum diese über die TKÜ besser als mittels anderer Maßnahmen zu erreichen sind
Verweis auf Polizeibegründung	Antrag / Beschluss verweisen allein auf die Ausführungen der polizeilichen Anregung (Im Falle des richterlichen Beschlusses auch, wenn allein Verweis auf den staatsanwaltschaftlichen Antrag)
Gesetzesformel	Wenn nur ➢ Sachverhaltserforschung / Aufenthaltsortsermittlung andernfalls aussichtslos oder wesentlich erschwert angeführt wird
Substantielle Begründung, Auseinandersetzung mit der Subsidiarität	Wenn ➢ Einzelfallbezogene Auseinandersetzung mit anderen Ermittlungsmöglichkeiten ➢ Generelle Auseinandersetzung mit anderen Ermittlungsmöglichkeiten ➢ Sachverhalt, Tatverdacht und Täterstrukturen dargelegt werden ➢ Sich die Begründung allgemein gegen formularmäßige Begründungen abhebt
Verweis auf vorherige Begründungen	Wenn die Anregung, der Antrag, der Beschluss auf zuvor ergangene Anregungen, Anträge, Beschlüsse verweist
Telefonischer Antrag	Hinweise in der Akte, dass Antrag bei Ermittlungsrichter telefonisch erfolgte
Wie Antrag ausgefertigt	Wenn Antrag und Beschluss wortlautgleich ergehen oder wenn Beschluss tatsächlich allein aus Unterschrift auf von StA vorgefertigtem Beschluss besteht
K.A. / n.f.	Wenn Anregung, Antrag oder Beschluss nicht in Akte vorhanden

16 Etwa: „... Verdacht, dass über den Anschluss Straftaten geplant werden."

Beispiel 2:

> In der Ermittlungssache gegen ...
>
> wegen gewerbsmäßigen Handeltreibens mit verbotenen Betäubungsmitteln in nicht geringen Mengen
>
> werden folgende Anordnungen getroffen:
>
> Gemäß §§ 100a Nr.4, 100d StPO in Verbindung mit §§ 1, 3, 29a I Nr.2, 29 III Nr. 1 BtMG wird für die Dauer von drei Monaten die Überwachung und Aufzeichnung des von dem Beschuldigten unter dem Anschluss ... geführten Fernmeldeverkehrs angeordnet.
>
> Gründe:
>
> Die Entscheidung ergeht in Verbindung mit §§...
>
> Nach den bisherigen Ermittlungen ist der Beschuldigte dringend verdächtig. Der dringende Tatverdacht ergibt sich aus den bisherigen Ermittlungen, insbesondere den Aussagen eines Informanten. Aus den bisherigen Ermittlungen und der Tatsache, dass aufgrund der örtlichen Gegebenheiten eine anderweitige Observation nicht möglich ist, ergibt sich, dass die Erforschung des Sachverhaltes auf andere als die beantragte Weise wesentlich erschwert würde.

Es zeigt sich für 1945 richterliche Anordnungen und 2004 staatsanwaltschaftliche Anträge und Eilmaßnahmen das folgende und in *Tabelle 18* und *Abbildung 21* wiedergegebene Bild.

In den Anträgen der Staatsanwaltschaften fanden sich zur Frage der Subsidiarität nur in einem Viertel der Fälle Ausführungen. In den richterlichen Anordnungen erfolgte eine entsprechende Erläuterung in 23% der Fälle. Daneben wurden in 24% der Fälle die Anordnungen durch den Richter entsprechend den Anträgen ausgefertigt, d.h. teilweise wurden hier Susbsidiaritätserwägungen der Staatsanwaltschaft abge- oder unterschrieben.

Dieses Ergebnis wird vor allem unter dem Gesichtspunkt bemerkenswert, dass in den übrigen Fällen der richterlichen Anordnungen formelhafte Begründungen („*Die TKÜ wird angeordnet, weil der Beschuldigte den Anschluss nutzt.*") und bloße Wiedergaben der Gesetzesformel („*Die Erforschung des Sachverhaltes ohne Einsatz des TKÜ ist aussichtslos oder wesentlich erschwert.*") vorlagen. Zu einem weiteren Teil erfolgten auch Verweise auf Aktenteile (polizeiliche Vermerke / staatsanwaltschaftliche Anträge oder vormalige Anordnungen). *Tabelle 18* gibt dabei die Anteile aller Kategorien wieder.

Tabelle 18: Inhalt der richterlichen Anordnungen - in % (= 1945)

	Inhalt richterlicher Anordnungen
Ausfertigung wie Antrag	23
Substantielle Begründung unter Auseinandersetzung mit der Subsidiarität	24
Keine Angaben möglich	6
Formelhaft	20
Vordruck /Formblatt	3
Verweise auf Polizei- oder StA-Begründungen / vormalige Anordnungen	10
Wiedergabe der Gesetzesformel	14

Allein der Inhalt solcher mangelhaften Anordnungen oder „Kopien" des Antrags müssen den Grad der Kontrolltiefe nicht widerspiegeln, auch wenn sie ein wichtiges Indiz bei diesem Vorwurf sein mögen. Der Richter mag sich dennoch mit dem Sachverhalt auseinandergesetzt, ihn ggf. mit der Staatsanwaltschaft oder der Polizei diskutiert haben. Der Mehrwert einer Anordnung kann damit nicht allein in einer gegenüber der staatsanwaltschaftlichen Antragstellung abweichenden Formulierung gesehen werden. Im **Ersten Teil** wurde jedoch darauf verwiesen, dass die Kontrolle nicht nur „im Kopf" des Ermittlungsrichters stattfinden darf.[17] Sie muss sich im Begründungstext ausmachen lassen[18]: dessen Inhalt ist es, der den unsichtbaren, da kognitiven, Kontrollvorgang sichtbar werden lässt. Diese Notwendigkeit ergibt sich aus dem Grundgesetz und der StPO, so fordern es der BGH[19] und das BVerfG.[20]

Der Betroffene muss die Anordnung in ihren Gründen nachvollziehen können. Die letztgenannten Anordnungen erfüllten diese Aufgabe regelmäßig nicht. Sehr deutlich wurde, dass in vielen Anträgen und Anordnungen mit immer gleichen Textbausteinen gearbeitet wurde und eine individuelle Auseinandersetzung mit dem konkreten Sachverhalt dem äußeren Anschein nach in der Regel nicht erfolgte.

---

17 *Bizer*, Kriminologisches Journal 2003, 286.

18 BGH StV 2003, 2, 3.

19 BGH NJW 2003, 368.

20 BVerfGE 103, 313 ff; BVerfG NJW 2003, 1787ff.

Abbildung 22: Inhalt staatsanwaltschaftliche Anträge / Eilmaßnahmen und richterliche Anordnungen – in % (n_1=1945, n_2 = 2004)

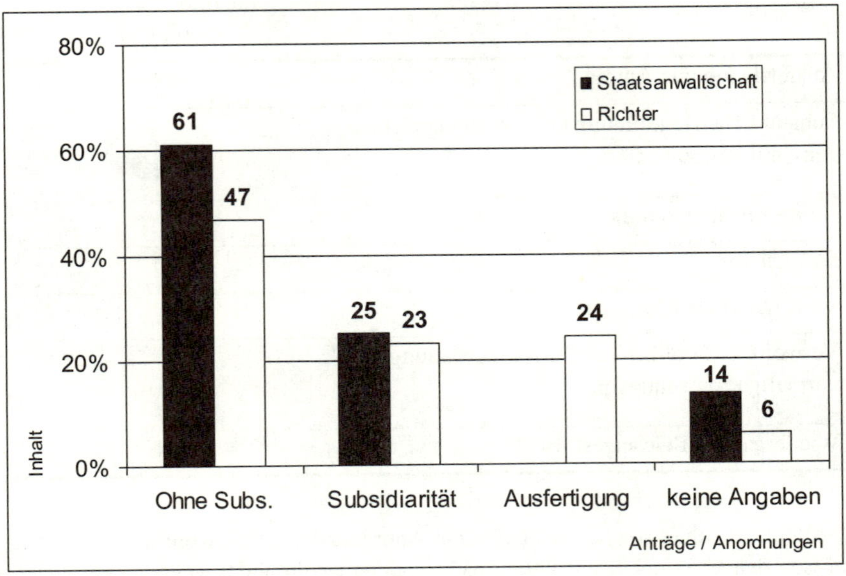

Zusammenfassend zeigt sich das in *Abbildung 22* wiedergegebene Bild: in insgesamt 47% der richterlichen Anordnungen und 61% der staatsanwaltschaftlichen Anträge und Eilanordnungen fand sich keinerlei Dokumentation der Auseinandersetzung mit Subsidiaritätserwägungen. Vielmehr erfolgten formelhafte und gesetzeswiederholende Angaben, Verweise auf Aktenteile und die Verwendung von Vordrucken. Es handelt es sich also zum überwiegenden Teil um inhaltsarme Anträge und Anordnungen.

IV. Zeitrahmen der Entscheidung

Nachdem im Dritten Teil untersucht wurde, wie sich die TKÜ zeitlich in das Ermittlungsverfahren einordnen lässt, wird im Folgenden und im Zusammenhang mit der Betrachtung des Richtervorbehalts analysiert, wie zügig die tatsächliche Anordnung und ihre Umsetzung erfolgen. Hierbei sind die folgenden Gesichtspunkte von besonderem Interesse:

- wie viel Zeit vergeht zwischen polizeilicher Anregung, staatsanwaltschaftlichem Antrag (staatsanwaltschaftlicher Eilanordnung) und richterlicher Anordnung (Bestätigung der Eilmaßnahme) einer TKÜ?

- wie verändert sich dieser Zeitraum bei konsekutiven Entscheidungen und Verlängerungsanordnungen?
- welcher Zeitraum liegt zwischen der Anordnung und der tatsächlichen Aufschaltung einer TKÜ?
- in wie vielen Fällen handelt es sich bei den Anordnungen um Entscheidungen des Bereitschaftsdienstes (Wochenende und Feiertage)[21]

1. Richterliche Anordnungen

Für einige Anordnungen (n_1=1345[22], n_2=1500[23]) konnte ermittelt werden, wie schnell die Entscheidung zur TKÜ getroffen wird. Dabei wird der Zeitraum in Tagen betrachtet, der zwischen der Anregung durch die Polizei und dem Antrag durch die Staatsanwaltschaft bei Gericht lag. Weiterhin wird auch der Zeitraum untersucht, der nach Antragstellung bis zur Beschlussfassung verging (siehe *Tabelle 19*).[24]

Tabelle 19: Überblick über den Entscheidungszeitrahmen in Tagen – richterliche Anordnungen (n_1=1345, n_2=1500)

	Anregung/Antrag	**Antrag/Beschluss**
Median	1	1
Mittelwert	3	2
Minimum	0	0
Maximum	87	131
Anteil max. 1 Tag	63 %	68 %

Der Mittelwert liegt für den Zeitraum zwischen Anregung und Antrag bei drei Tagen, der Median findet sich bei einem Tag (Minimum 0, Maximum 87). In etwa 63% der Fälle verging maximal ein Tag bis zur Antragstellung, nachdem die Polizei die Anregung zur Überwachung gegeben hatte.

---

21 Es wurde nicht evaluiert, inwieweit die Entscheidungen nach Dienstschluss und insbesondere nachts ergingen.

22 Zwischen Anregung und Antrag.

23 Zwischen Antrag und Beschluss.

24 Die Null bedeutet dabei, dass beide Vorgänge (Anregung und Antrag oder Antrag und Beschluss) am selben Tag erfolgen.

Zwischen Antrag und Beschluss findet sich in etwa 68% der Fälle ein entsprechend kurzer Zeitraum. Hier liegt der Mittelwert bei 2, der Median bei 1 (Minimum 0, Maximum 131).

Der Zeitraum zwischen Anregung und Beschluss bemisst sich im Mittel auf 5 Tage, während der Median bei 2 Tagen liegt (Minimum 0, Maximum 131; ohne Eintrag in *Tabelle 19,* n=1379[25]).

Die TKÜ durchlief damit die Stadien der Anregung, Beantragung und Anordnung durch den Richter regelmäßig sehr schnell. Dies wird auch daran deutlich, dass 236 von 1345 richterlichen Anordnungen, mithin etwa 18% dieser Fälle, die Anordnungsstationen an einem Tag passierten.

2. *Eilmaßnahmen*

Auch für die Eilanordnungen war es möglich zu untersuchen, wie viele Tage die Anordnung der Maßnahme in Anspruch nahm (n_1=176[26], n_2=173[27]).

Anregung und staatsanwaltschaftliche Eilanordnung lagen in 78% der Fälle am selben Tag, in weiteren 15% einen Tag auseinander. Der Mittelwert findet sich bei 0,4, der Median bei 0 (Minimum 0, Maximum 13).

Sofern Bestätigungs- oder Ergänzungsbeschlüsse ergingen, erfolgten diese zu 22% am Tag der Eilanordnung und zu weiteren 30,1% am darauf folgenden Tag. Der Mittelwert liegt bei 2, der Median bei 1 (Minimum 0, Maximum 13).

Tabelle 20: Überblick über den Entscheidungszeitrahmen in Tagen – Eilmaßnahmen (n_1= 176, n_2=173)

	Anregung/Eilanordnung	**Eilanordnung/Beschluss**
Median	0	1
Mittelwert	0,4	2
Minimum	0	0
Maximum	13	13
Anteil max. 1 Tag	93%	52%

25 Zwischen Anregung und Beschluss.

26 Zwischen Anregung und staatsanwaltschaftlicher Eilanordnung.

27 Zwischen staatsanwaltschaftlicher Eilanordnung und Beschluss.

Nicht weiter überraschend ist, dass Eilmaßnahmen sehr zügig nach ihrer polizeilichen Anregung durch die Staatsanwaltschaft angeordnet werden.

3. Entscheidungszeitrahmen bei Erstanordnungen, konsekutiven Entscheidungen und Verlängerungsanordnungen

Für die allgemeine Verteilung wurde festgestellt, dass die TKÜ bei richterlichen Anordnungen in 63% der Fälle spätestens am Tag nach der Anregung auch beantragt und in 68% spätestens einen Tag nach Antragstellung beschlossen wurde. Es stellt sich die Frage, ob ein Unterschied in der Entscheidungsschnelligkeit zwischen Maßnahmen besteht, die nach erstmaliger Prüfung des Sachverhalts geschaltet wurden, und solchen Überwachungen, die sich als Folgemaßnahmen und Verlängerungen darstellten und der Sachverhalt den Entscheidungsträgern bereits in seinen Grundzügen bekannt war.[28]

3.1. Erste Anordnung

Die erste richterliche Anordnung in einem Verfahren wurde im Mittel fünf Tage nach Anregung beantragt, der Median liegt bei zwei Tagen (n=414, Minimum 0, Maximum 87 Tage).

Tabelle 21: Überblick über den Entscheidungszeitrahmen in Tagen – erste richterliche Anordnung (n_1=414, n_2=450)

	Anregung/Antrag	**Antrag/Beschluss**
Median	2	3
Mittelwert	5	1
Minimum	0	0
Maximum	87	97
Anteil max. 1 Tag	49%	48%

Zwischen Antrag und Beschluss vergingen in diesen Fällen (n=450) im Mittel drei Tage, der Median findet sich bei einem Tag (Minimum 0, Maximum 87 Tage). 49% der ersten Anordnungen wurden spätestens am Tag nach der Anregung bean-

[28] In diesem Sinne äußerte sich auch ein Ermittlungsrichter in den Expertengesprächen, der darauf hinwies, dass TKÜ häufig Folgeentscheidungen darstellten, er also den Sachverhalt kenne, eine Grundentscheidung getroffen habe und Vertrauen in diese setzen müsse, siehe C II.

tragt und 48% spätestens einen Tag nach Antragstellung auch richterlich beschlossen. Man kann daraus den Schluss ziehen, dass die Entscheidung bei den ersten Anordnungen nicht ganz so zügig wie bei den späteren erfolgte.

3.2 Konsekutive Entscheidungen und Verlängerungen

Folgeentscheidungen auf eine erste Überwachung können in Form von Verlängerungen oder neuen Anordnungen getroffen werden. Unter konsekutiven Entscheidungen werden im Folgenden Anordnungen verstanden, die nicht die erste TKÜ in einem Verfahren betreffen und keine Verlängerung einer Maßnahme beinhalten. Verlängerungsanordnungen sind solche, die für einen oder mehrere Anschlüsse eine bereits bestehende Maßnahme verlängern. Verlängerungen sind damit ebenfalls konsekutive Entscheidungen, beziehen sich aber in mindestens einem Anschluss auf eine bereits bekannte Erreichbarkeit der Täter. Folgemaßnahmen könnten eines kürzeren Entscheidungsprozesses bedürfen, da die Beteiligten sich mit einem bereits bekannten Sachverhalt auseinandersetzen.

Bei 73% der konsekutiven Anordnungen verging nach der polizeilichen Anregung bis zum Antrag maximal ein Tag (Median 1 Tag, im Mittel 2 Tage, *Tabelle 22*). In 74% der Fälle erfolgte der richterliche Beschluss maximal einen Tag nach Antragstellung. Somit ergingen Folgeentscheidungen etwa in drei Viertel der Fälle binnen 24 Stunden nach Anregung / Antrag, während die ersten Entscheidungen nur etwa in der Hälfte der Fälle innerhalb dieses kurzen Zeitraums die Anordnungsstadien durchlaufen.

Folgeentscheidungen wurden damit häufig noch zügiger getroffen als die Erstmaßnahme.

Tabelle 22: Überblick über den Entscheidungszeitrahmen bei konsekutiven Entscheidungen in Tagen – richterliche Anordnungen (n_1=715, n_2=796)

	Anregung/Antrag	**Antrag/Beschluss**
Median	1	1
Mittelwert	2	2
Minimum	0	0
Maximum	61	131
Anteil max. 1 Tag	73%	74%

Bei Verlängerungen vergingen in 60% der Fälle zwischen Anregung und Antrag maximal 24 Stunden, während der Beschluss in 70% der richterlichen Anordnungen spätestens einen Tag nach Beantragung erlassen wurde. Der Median liegt bei jeweils einem Tag, der Mittelwert bei zwei Tagen bzw. einem Tag. Auch hier wird die TKÜ damit etwas schneller durch die Entscheidungsstadien geleitet als in den Erstanordnungsfällen (siehe *Tabelle 23*).

Tabelle 23: Überblick über den Entscheidungszeitrahmen bei Verlängerungen in Tagen – richterliche Anordnungen (n_1=220, n_2=252)

	Anregung/Antrag	**Antrag/Beschluss**
Median	1	1
Mittelwert	2	1
Minimum	0	0
Maximum	27	7
Anteil max. 1 Tag	60%	70%

4. *Anordnung und Aufschaltung*

Da die Anordnung der TKÜ schnell erreicht werden kann, stellt sich die Frage, ob mit solch zügigen Beschlüssen eine evtl. auftretende Verzögerung bis zur Aufschaltung und damit dem Beginn der Überwachung ausgeglichen werden soll. Eine solche Verzögerung könnte technische, logistische oder organisatorische Gründe haben.

Die Anordnung einer TKÜ und ihre Aufschaltung erfolgten in den Fällen der richterlichen Anordnungen in 38% der Fälle an einem Tag, in weiteren 15% verging ein Tag bis zum Beginn der Überwachung. Damit wurden mehr als die Hälfte der TKÜ spätestens am Tag nach ihrer Anordnung begonnen.

Tabelle 24: Überblick über den Zeitraum zwischen Anordnung und Aufschaltung (n_1=1481, n_2=226)

	Richterliche Anordnung / Aufschaltung	**Eilmaßnahme / Aufschaltung**
Median	1	0
Mittelwert	7	0,7
Minimum	-1	-1
Maximum	121	13
Anteil max. 1 Tag	53%	87%

Für sechs Anschlüsse wurde festgestellt, dass die Überwachung bereits einen Tag vor der richterlichen Anordnung am Tag der staatsanwaltschaftlichen Beantragung erfolgte. Der Median liegt bei einem Tag, der Mittelwert jedoch bei sieben Tagen (Minimum -1, Maximum 121 Tage; n=1481, bezogen auf Anschlüsse, *Tabelle 24*).

Sofern es sich um staatsanwaltschaftliche Eilmaßnahmen handelte (n=226), wurde die Maßnahme in 74% der Fälle am Tag der Anordnung geschaltet, in weiteren 13% am darauf folgenden. Die Eilbedürftigkeit der Maßnahme sieht sich damit keiner technischen Verzögerung gegenüber. Für einen Anschluss wurde der Beginn der Überwachung einen Tag vor der Eilanordnung registriert. Der Mittelwert liegt bei 0,7, der Median bei 0, also am Tag der Anordnung (Minimum -1, Maximum 13).

Damit kann nicht davon ausgegangen werden, dass es in der Aufschaltung häufig zu entscheidenden Verzögerungen kommt. Allerdings verwundert die Aufschaltung vor Anordnung. Sie hängt damit zusammen, dass die Dienstanbieter mitunter zum TKÜ-Beginn bereit sind, bevor ihnen die richterliche Anordnung vorliegt, wenn ihnen glaubhaft versichert wurde, dass diese spätestens am nächsten Tag nachgereicht werde. Solche Sachverhalte werden aber in der Regel nur dann anzutreffen sein, wenn zwischen Dienstanbieter und Ermittlungsbehörden eine vertrauensvolle Zusammenarbeit besteht. Teilweise handelt es sich nach Auskunft der Dienstanbieter auch um Fälle, in denen ihnen bereits die Beschlussausfertigung ohne richterliche Unterschrift vorliegt und die vollständige Anordnung dann am nächsten Tag nachgereicht werde.

Den Dienstanbietern soll die Anordnung ohne Gründe übermittelt werden. Nach Auskunft eines Anbieters werden die Beschlüsse jedoch in aller Regel inklusive ihrer Begründungen übersandt. Aus diesem Grund würden den Ausführenden dann häufig auch Zweifel an der Notwendigkeit der TKÜ nahezu aufgedrängt, da man die knappen Ausführungen als sehr zweifelhaft erachte. Selbstverständlich kommt den Anbietern kein materielles Prüfungsrecht der TKÜ zu, zumal nicht einmal der Ermittlungsrichter über ihre ermittlungstaktische Notwendigkeit zu befinden hat. Dennoch darf man sich wohl über die (durch Polizei und Staatsanwaltschaft) vorgeworfene Renitenz der Dienstanbieter bei der Umsetzung der TKÜ nicht weiter wundern, wenn ihnen – entgegen jeder Notwendigkeit – die mitunter marginalen Gründe zugesendet werden.

5. *Bereitschaftszeiten*

Auch die Frage, wie häufig Entscheidungen am Wochenende bzw. an Feiertagen getroffen werden müssen, könnte von Bedeutung für den Zeitraum sein, der zwischen den einzelnen Anordnungsphasen vergeht. Für die richterlichen Anordnungen wurde dabei für 1396 polizeiliche Anregungen, 1517 staatsanwaltschaftliche

Anträge und 1570 richterliche Beschlüsse festgestellt, an welchem Wochentag sie erfolgten.

Es zeigt sich, dass die Anordnungsaktivität am Wochenende mit jeweils nur etwa 1% aller Anregungen, Anträge und Beschlüsse äußerst gering ist. Die polizeilichen Anregungen erfolgten in der Mehrzahl der Fälle am Montag (24%) und nehmen dann zum Wochenende hin (Freitag 13%) weiter ab. Bei der Staatsanwaltschaft wie beim Ermittlungsrichter lag die Antrags- bzw. Anordnungshäufigkeit über die Wochentage im Wesentlichen gleich verteilt.

Zwei der richterlichen Anordnungen ergingen zudem an (bundesweiten) Feiertagen.

Betrachtet man allein die Anordnungen, die im Zuge von staatsanwaltschaftlichen Eilmaßnahmen erfolgten[29], zeigt sich folgendes Bild. Richterliche Anordnungen in Form von Bestätigungsbeschlüssen ergingen nun zu jeweils 4% am Samstag bzw. Sonntag. Staatsanwaltschaftliche Eilanordnungen selbst fanden sich in 5% der Fälle an einem Samstag. Deutlich werden Effekte, die vermutlich aus der dreitägigen Frist des § 100b StPO resultieren. Eilmaßnahmen wurden durch die Staatsanwaltschaft verstärkt am Dienstag (24%) und Freitag (23%) einer Woche angeordnet. Auch polizeiliche Anregungen lagen mit jeweils 23% vor allem an diesen Wochentagen vor. Richterliche Beschlüsse wurden dann verstärkt am Freitag (30%) und Montag (21%) festgestellt.

V. Aktenanalyse: Bundeslandspezifische Auswertung, Auswertung nach Katalogtaten

Nach den Erkenntnissen in den Teilen Drei und Vier dieser Arbeit zu den Zielen der Überwachung und zu ihrer Dauer ist davon auszugehen, dass Zusammenhänge zwischen der Handhabung der Maßnahmen und den ihr zugrunde gelegten Katalogtaten bzw. den Bundesländern, in denen sie angeordnet und umgesetzt werden, bestehen.

Anhand der Katalogtaten wird hier nachfolgend analysiert, ob das Regel-Ausnahmeverhältnis zwischen richterlicher Anordnung und staatsanwaltschaftlicher Eilmaßnahme nach dem die TKÜ auslösenden Delikt differiert, da anzunehmen ist, dass bei Katalogtaten, die Leib und Leben betreffen, schneller und damit unter Umständen häufiger im Wege einer Eilmaßnahme auf die TKÜ zurückgegriffen wird. Bereits im Dritten Teil wurde der schnelle Griff zur TKÜ bei der Messung der Verfahrensdaten deutlich; dort lag in den Fällen der TKÜ wegen Tötungsdelikten, Eingriffen in die persönliche Freiheit, Erpressung und gemeinge-

[29] 182 Anregungen, 248 staatsanwaltschaftliche Eilanordnungen, 185 Beschlüsse.

fährlichen Straftaten der Median der ersten Anregung und auch Anordnung einer TKÜ deutlich unter dem der übrigen.

Zudem werden die Begründungsinhalte und die Ablehnungsquote danach untersucht, ob sich je nach der der TKÜ zugrunde liegenden Katalogtat Unterschiede ergeben. Man könnte annehmen, dass etwa bei Verfahren wegen Verstößen gegen das BtMG aufgrund des nahezu standardmäßigen Einsatzes der Überwachung entweder besonders gute Inhalte und eine noch niedrigere Ablehnungsquote auszumachen sind oder aber die Inhalte der Begründungen durch den regelmäßigen Einsatz noch reduzierter gegenüber anderen ausfallen.

Darauf folgend werden die Inhalte der Begründungen dahingehend betrachtet, ob sich die Handhabung in den Bundesländern unterscheidet. Herangezogen werden dabei sowohl die Antrags- wie auch die Beschlussinhalte. Die Handhabung in den Bundesländern wird anonymisiert wiedergegeben. Zuletzt wird der Frage nachgegangen, ob sich eventuell auftretende Unterschiede in den Bundesländern aus der Verteilung der Katalogtaten über die Länder ergeben.

1. Anordnungsverhältnis nach Katalogtaten

Betrachtet man das Anordnungsverhältnis zwischen richterlichen Beschlüssen und staatsanwaltschaftlichen Eilmaßnahmen nach den zugrunde gelegten Katalogtaten in einer Kreuztabelle, zeigen sich signifikante Ergebnisse. Der p-Wert ist <0,05.

Nachfolgender *Tabelle 25* ist anhand der standardisierten Residuen zu entnehmen, welche Katalogtaten signifikant von der allgemeinen Verteilung abweichen (std. Residual kleiner als -3 oder größer als +3). Es handelt sich um die hervorgehobenen Fälle der TKÜ wegen Menschenhandels, Tötungsdelikten, Eingriffen in die persönliche Freiheit, Raubtaten und Verstößen gegen das BtMG.

Dabei weisen die Fälle des Menschenhandels mit 0% und der BtMG-Verstöße mit 8%, mithin Straftaten, die bestimmte Strukturen und Logistiken bei der Begehung zugrunde legen, seltener eine Eilentscheidung durch die Staatsanwaltschaft aus. Dies mag darauf zurückzuführen sein, dass es zur Ermittlung der Strukturen langfristig angelegter Strategien bedarf und die TKÜ hier in aller Regel keine Adhoc-Entscheidung darstellt.

Dagegen wurden bei Katalogtaten, die nicht zwingend spezifischer Organisation und Kommunikation bedürfen, häufiger Eilanordnungen getroffen. So erstaunt die bei Eingriffen in die persönliche Freiheit (86,4%) signifikant höhere Quote an Eilentscheidungen vor dem Hintergrund akuter Bedrohungslagen nicht. Auch bei Tötungsdelikten (24,7%) mit der dort häufig zu Fahndungszwecken eingesetzten TKÜ erscheint die höhere Quote an Eilentscheidungen nachvollziehbar. Entsprechendes gilt für die Fälle der Raubtaten (26,2%).

Tabelle 25: Anordnungen nach Katalogtaten – Anteil in % und std. Residuen[30]

		Richterl. AOen	Eilmaßnahme	Kein Antrag
Verrat (n=7)	Anteil	100	0	0
	Std. Resid	,6	-1,0	-,7
Öff. Ordnung (n=105)	Anteil	87,6	7,6	4,8
	Std. Resid	,8	-1,6	-,6
Fälschung (n=54)	Anteil	83,3	13	3,7
	Std. Resid	,2	,0	-,7
Mensch.hdl. (n=72)	Anteil	95,8	**0**	4,2
	Std. Resid	1,4	**-3,1**	-,7
Tötungsdel. (n=186)	Anteil	67,2	**24,7**	8,1
	Std. Resid	-2,0	**4,3**	1,1
Pers. Freiheit (n=22)	Anteil	**13,6**	**86,4**	0
	Std. Resid	**-3,5**	**9,5**	-1,2
Diebstahl (n=69)	Anteil	79,7	17,4	2,9
	Std. Resid	-,1	1,0	-1,1
Raub (n=130)	Anteil	61,5	**26,2**	12,3
	Std. Resid	-2,4	**4,1**	2,8
Erpressung (n=55)	Anteil	69,1	25,5	5,5
	Std. Resid	-1,0	2,5	-,2
Hehlerei (n=113)	Anteil	91,2	3,5	5,3
	Std. Resid	1,2	-2,8	-,4
Gem.gef. (n=48)	Anteil	70,8	14,6	14,6
	Std. Resid	-,8	,3	2,4
WaffG (n=92)	Anteil	83,7	15,2	1,1
	Std. Resid	,3	,5	-2,0
BtMG (n=721)	Anteil	85,6	**8,0**	6,4
	Std. Resid	1,5	**-3,8**	,3
AuslG (n=103)	Anteil	85,4	9,7	4,9
	Std. Resid	-5	-1,0	-,5
Geldwäsche (n=17)	Anteil	76,5	17,6	5,9
	Std. Resid	-,2	,5	,0
Sonstige (n=164)	Anteil	81,7	13,4	4,9
	Std. Resid	,1	,1	-,6
Allgemein (n=1936)	Anteil	80,7	13,2	6,1

30 $p<0,05$; $\chi^2=224$; df=30; Cramers V=0,24.

Das Zusammenhangsmaß Cramers V nimmt einen Wert von 0,24 an und verweist damit auf einen Zusammenhang zwischen Katalogtat und Anordnendem im mittleren Bereich.

Die Entscheidung über die Notwendigkeit einer Eilmaßnahme ist somit auch mit der der TKÜ zugrunde liegenden Katalogtat verbunden. Diese Erkenntnis entspricht der Erwartung, da Ermittlungen im Zusammenhang mit erwerbs- und bandenmäßigen Begehungsformen und Handelstätigkeit eine zielgerichtete und häufig planbare Ausrichtung einnehmen können, während in Verfahren wegen Leib und Leben gefährdender Taten ein schneller Einsatz auch verdeckter Maßnahmen notwendig werden kann.

2. *Inhaltliche Änderungen und Begründungsinhalte nach Katalogtaten*

Nachdem für den Umgang mit dem Richtervorbehalt bereits dargelegt wurde, dass er kritikwürdig erscheint, soll im Folgenden untersucht werden, ob sich diese Kritik deliktsabhängig präzisieren lässt.

2.1 Inhaltliche Änderungen

Bei den inhaltlichen Abweichungen der Anordnung vom Antrag zeigt sich allein für die Fälle der Verstöße gegen das WaffG ein höherer Anteil an Änderungen des Antragsinhaltes durch den Richter (14% im Vergleich zu einem Anteil von 5,1% über alle, std. Residual 4,1).

2.2 Begründungsinhalte

a. Anordnungen

Für die Inhalte der Begründungen bei richterlichen Anordnungen findet sich ein signifikantes Ergebnis bei der Betrachtung der zugrunde liegenden Katalogtaten (n=1933; p<0,05; χ^2=434,8; df=51; Cramers V=0,27). Bei Verstößen gegen die öffentliche Ordnung erfolgt häufiger eine Ausfertigung (43,3%, std. Residual 3,9; n=104). Dies zeigt sich auch für die Fälle des Menschenhandels mit einem Wert von 47,9% und einem standardisierten Residuum von 4,0 (n=71).

Hingegen wurde bei TKÜ-Maßnahmen wegen Tötungsdelikten (n=177) im richterlichen Beschluss ein höherer Anteil an Subsidiaritätserwägungen ausgemacht (35%; std. Residual 3,3), während hier der Anteil der Ausfertigungen zurückging (11,3%; std. Residual -3,5).

Signifikant oft konnte bei Anordnungen aufgrund von Eingriffen in die persönliche Freiheit nicht festgestellt werden, mit welchen Gründen der Beschluss gefasst wurde (60,5% der Fälle, std. Residual 14,0; n=38).

b. Anträge

Auch bei den Anträgen lassen sich Unterschiede in den Inhalten anhand der Katalogtaten feststellen (n=1992; p<0,05; χ^2=214; df=34; Cramers V =0,23). Dabei fallen Anträge wegen Verstößen gegen die öffentliche Ordnung (n=103) in 45,6% der Fälle und einem std. Residual. von 4,1 wegen ihrer Auseinandersetzung mit der Subsidiarität auf. In diesem Wert dürfte auch eine Erklärung für die häufigen Ausfertigungen durch den Richter zu sehen sein[31], die hier durchweg auf umfangreichere Ausführungen zurückgreifen können.

Bei Anträgen auf TKÜ wegen Straftaten gegen die persönliche Freiheit (n=41), konnten in 63,4% der Fälle (Std. Residual 8,7) keine Angaben zum Antragsinhalt gewonnen werden.

3. Begründungsinhalte im Vergleich der Bundesländer

Von Interesse ist weiterhin, ob sich im Vergleich der Bundesländer Unterschiede in den Begründungsinhalten bezogen auf das Tatbestandsmerkmal der Subsidiarität feststellen lassen. Die Verfahren der Generalbundesanwaltschaft (n=4) werden nicht ausgewiesen; es sei jedoch festgehalten, dass sie erwartungsgemäß in den TKÜ sehr umfangreiche und detaillierte Begründungen beinhalteten und insbesondere auch detailliert zur Frage der Subsidiarität Stellung nahmen.

3.1 Inhalt richterlicher Anordnungen

Betrachtet man alle richterlichen Anordnungen, fehlt die Subsidiaritätserwägung in etwa 47% der Fälle. In 23% erfolgten Auseinandersetzungen mit dieser Voraussetzung. In 24% der Fälle wurde die Anordnung entsprechend dem Antragswortlaut ausgefertigt oder unterzeichnet. In knapp 6% der Fälle konnten zu dieser Bewertung keine Angaben gemacht werden.[32]

Tabelle 26[33] gibt die Verteilung über die Bundesländer wieder. Dabei zeigen sich signifikante Ergebnisse (p<0,05). Hervorgehoben sind in *Tabelle 26* die Werte bei den Katalogtaten, die die Unterschiede hervorrufen.[34] Die Länder D, J, K, L, N und

---

[31] Siehe unter a.

[32] Zur Kategorienbildung siehe oben B III und *Albrecht/Dorsch/Krüpe*, S. 221f.

[33] Die Summe der Anordnungen der Bundesländer erreicht 1936 (und nicht entsprechend oben 1945), da die 18 untersuchten Anordnungen der GBA in der Tabellen nicht enthalten sind.

[34] Damit im Sinne der in Teil Zwei A V 2 b. vorgestellten Methode diejenigen, bei denen die std. Residuals in der Abweichung der erwarteten von den aufgefundenen Werten größer bzw. kleiner +/- 3 sind.

O liegen auf dem Mittel und zeigen keine signifikanten Abweichungen. C weist zwar bei den Ausfertigungen ein standardisiertes Residuum von 3,3 und somit eine höhere Quote von 66,7% aus, ist jedoch mit einer so geringen Fallzahl (n=15) aufgenommen, dass sich eine Bewertung der Signifikanz versagt. Gleiches gilt für G (n=27) und den Wert von 6 für „keine Angaben“ (33,3%).

Für A, B, E, F, H, I und M lassen sich sodann Residuen feststellen, die das signifikante Ergebnis auslösen.

E und I weisen dabei einen höheren und damit besseren Wert von knapp 55% bzw. etwa 31% bei den Anordnungen aus, die in der Begründung durch den Richter Angaben zur Subsidiarität beinhalten.

Für F ist in dieser Kategorie mit 12,4% eine schlechtere Quote verzeichnet. Entsprechend zu diesem Wert findet sich dann für F eine höhere Quote an Begründungen ohne jegliche Ausführung zur Subsidiarität mit etwa 79%.

Einen besseren Wert bei der Kategorie „ohne“ und damit niedrigere Quoten bei Anordnungen, die jegliche Auseinandersetzung mit Subsidiaritätserwägungen vermissen ließen, weisen A (23,6%) und E (23,2%) aus. Wie bereits festgestellt, ist für E ein erhöhter Wert „guter“ Anordnungen vermerkt, so dass sich daraus auch der niedrige Wert bei den „schlechten“ Inhalten erklären mag. Für A lässt sich ein entsprechend höherer Wert bei den Ausfertigungen erkennen, der bei einer Quote von 51,4% liegt. Allerdings ist zu betonen, dass in diesem Bundesland eine Staatsanwaltschaft (n=140) einbezogen wird, die eine spezielle Handhabung der TKÜ ausweist.[35] Gliedert man diese Staatsanwaltschaft aus der Analyse von A aus, liegt das Land auf dem Mittel und weist keine Abweichungen zum Durchschnitt aus. Betrachtet man sodann nur die richterlichen Anordnungen, die infolge von Anträgen dieser Staatsanwaltschaft ergingen, zeigt sich ein sehr niedriger Anteil an Beschlüssen ohne Subsidiaritätserwägungen (2,9%, std. Residual -7,6), aber auch an Anordnungen, die dieses Tatbestandsmerkmal erläutern (10,7%, std. Residual -3,0). Dagegen liegen zu 83,6% Ausfertigungen durch den Richter vor (std. Residual 14,1).

---

35 So wird die Anregung auf TKÜ durch die Polizei zunächst bei dem sachbearbeitenden Dezernat der Staatsanwaltschaft geprüft und unter Umständen befürwortet. Im Anschluss wird der Sachverhalt erneut durch ein bestimmtes Sachgebiet, welches für den Einsatz verdeckter Maßnahmen verantwortlich zeichnet, geprüft (Vier-Augen-Prinzip) und der Antrag gestellt. Die Maßnahme erhält hier ein AR-Aktenzeichen, das dem Js-Aktenzeichen zugeordnet werden kann. Von dieser Seite wird weiterhin auch das Aktenmaterial zusammengestellt, welches dem Ermittlungsrichter zur Entscheidungsfindung zur Verfügung gestellt wird. Während die Gesprächsprotokolle und TKÜ-Übersichten dem Js-Aktenzeichen zugeleitet werden, sind Auf- und Abschaltung der TKÜ durch die Polizei an das AR-Aktenzeichen zu melden. Von dort erfolgt dann die Benachrichtigung des Gerichts über Auf- und Abschaltung der Maßnahme sowie die in diesem Bundesland bestehende Berichtspflicht über die Maßnahme. Die Benachrichtigung gem. § 101 StPO hingegen obliegt in Anbetracht der inhaltlichen Entscheidung über die Gefährdung weiterer Ermittlungen allein dem sachbearbeitenden Dezernat im Rahmen des Js-Verfahrens.

Tabelle 26: Richterliche Anordnung, Inhalt nach Bundesländern – in %

		Ohne	Subsidiarität	Ausfertigung	k.A.
A	Anteil	**23,6**	20,7	**51,4**	4,2
(n = 381)	Std. Resid	**-6,6**	-,9	**10,6**	-1,3
B	Anteil	38,7	18,8	**39,1**	3,4
(n = 266)	Std. Resid	-1,9	-1,4	**4,8**	-1,6
C	Anteil	13,3	20,0	**66,7**	0
(n=15)	Std. Resid	-1,9	-,2	**3,3**	-,9
D	Anteil	48,1	48,1	0	3,7
(n=27)	Std. Resid	,1	2,7	-2,6	-,4
E	Anteil	**23,2**	**54,7**	20,0	2,1
(n=95)	Std. Resid	**-3,4**	**6,4**	-,9	-1,5
F	Anteil	**78,6**	**12,4**	**4,7**	4,3
(n=234)	Std. Resid	**7,2**	**-3,4**	**-6,1**	-1,0
G	Anteil	40,7	3,7	22,2	33,3
(n=27)	Std. Resid	-,4	-2,1	-,2	6,0
H	Anteil	61,6	20,9	**5,8**	11,6
(n=86)	Std. Resid	2,0	-,4	**-3,5**	2,3
I	Anteil	52,0	**30,9**	**9,5**	7,5
(n=398)	Std. Resid	1,6	**3,3**	**-6,0**	1,5
J	Anteil	53,6	20,0	20,0	6,4
(n=110)	Std. Resid	1,1	-,7	-1,0	,3
K	Anteil	64,3	10,7	21,4	3,6
(n=28)	Std. Resid	1,4	-1,4	-,3	-,5
L	Anteil	43,6	17,9	29,5	9,0
(n=78)	Std. Resid	-,4	-,9	-,9	1,2
M	Anteil	**70,0**	20,0	**2,5**	7,5
(n=80)	Std. Resid	**3,1**	-,6	**-4,0**	,6
N	Anteil	41,6	14,3	41,6	2,6
(n=77)	Std. Resid	-,7	-1,6	3,0	-1,2
O	Anteil	55,9	35,3	2,9	5,9
(n=34)	Std. Resid	,8	1,5	-2,5	,0
Allgemein (n=1936)	Anteil	46,6	23,0	24,5	5,8

$p<0{,}05$; $\chi^2=548$; df=42; Cramers V=0,31.

Exemplarisch wird damit deutlich, dass nicht nur zwischen den Bundesländern Unterschiede bestehen, sondern diese auch regional innerhalb eines Landes festzustellen sind und unter anderem von der Größe der Staatsanwaltschaft, der organisatorischen Handhabung der TKÜ dortselbst und natürlich auch dem Aufkommen der Katalogtaten abhängig sind.

Auch für B lässt sich ein erhöhter Ausfertigungswert feststellen (39,1%), während in F (4,7%), H (5,8%), I (9,5%) und M (2,5%) seltener nach diesem Prinzip verfahren wird.

Die Übernahme von Begründungsinhalten erfolgt ausweislich der MPI-Untersuchung „im Guten wie im Schlechten", ist also nicht zwangsläufig ein Indiz für „bessere" Inhalte: der Richter unterschreibt und kopiert, was ihm vorgelegt wird. Damit ist insbesondere für die Fälle der Ausfertigung entscheidend, wie sich die inhaltlichen Ausführungen in den staatsanwaltschaftlichen Anträgen bewerten lassen.

3.2 Inhalt staatsanwaltschaftlicher Anträge / Eilmaßnahmen

In *Tabelle 27* findet sich die Aufschlüsselung über die Bundesländer für die Antragsinhalte. Auch hier liegen signifikante Ergebnisse vor ($p<0{,}05$). Dabei finden sich B, D, G, H, I, J, K, N und O auf dem Mittel. C weist eine Abweichung auf (für die Anträge mit Ausführungen zur Subsidiarität von 80% und einen std. Residual von 4,2), ist jedoch mit einer sehr niedrigen Fallzahl (n=15) vertreten. Hervorgehoben sind die Werte der Bundesländer, für die sich signifikante Unterschiede ergeben (std. Residual kleiner als -3 oder größer als +3).

Signifikant häufiger gegenüber der allgemeinen Verteilung beinhalteten Anträge aus A (40,7%) und E (53,1%) Erläuterungen zur Subsidiarität. Erneut ist jedoch für A festzuhalten, dass eine Staatsanwaltschaft mit Spezialisierung einiger Staatsanwälte für TKÜ-Maßnahmen diese günstige Verschiebung herbeiführt. Entsprechend finden sich in A seltener begründungsarme Anträge der Staatsanwaltschaft.

In I (77,5%) wurden häufiger Anträge ohne Ausführungen zur Subsidiarität festgestellt sowie entsprechend seltener (61,1%) Angaben zu diesem Tatbestandsmerkmal in den staatsanwaltschaftlichen Ausführungen.

Für L schließlich konnten häufiger keine Angaben zur Bewertung der Antragsinhalte vorgenommen werden (10,5%), während in M die staatsanwaltschaftlichen Anträge nur in 7,3% der Fälle die Subsidiarität erläuterten.

Betrachtet man im Falle A die Verteilung ohne die bereits erwähnte Staatsanwaltschaft, finden sich die Anteile auf dem Mittel wieder. Dahingegen lässt sich für die entsprechende Staatsanwaltschaft (n=162) nur ein Anteil von 36,4% an Anträgen ohne jegliche Ausführung zu Subsidiarität messen (std. Residual -4,1) sowie ein Anteil von 59,3% an Anträgen mit einer Subsidiaritätsauseinandersetzung (std.

Tabelle 27: Anträge / Eilmaßnahmen nach Bundesländern – in %

		Ohne	Subsidiarität	Keine Angaben
A (n=413)	Anteil	**45,3**	**40,7**	14
	Std. Resid	**-4,2**	**6,1**	,5
B (n=271)	Anteil	56,1	32,1	11,8
	Std. Resid	-1,1	2,2	-,6
C (n=15)	Anteil	6,7	80	13,3
	Std. Resid	-2,7	4,2	,0
D (n=27)	Anteil	100	0	0
	Std. Resid	2,6	-2,6	-2,6
E (n=98)	Anteil	46,9	**53,1**	**0**
	Std. Resid	-1,8	**5,4**	**-3,6**
F (n=240)	Anteil	**77,5**	**8,3**	14,2
	Std. Resid	**3,2**	**-5,3**	,4
G (n=28)	Anteil	42,9	42,9	14,3
	Std. Resid	-1,3	1,8	,2
H (n=88)	Anteil	50	27,3	22,7
	Std. Resid	-1,4	,3	2,5
I (n=401)	Anteil	64,3	19,5	16,2
	Std. Resid	,8	-2,4	1,7
J (n=111)	Anteil	79,3	12,6	8,1
	Std. Resid	2,4	-2,7	-1,5
K(n=28)	Anteil	92,9	3,6	3,6
	Std. Resid	2,1	-2,3	-1,4
L (n=80)	Anteil	53,8	18,8	**27,5**
	Std. Resid	-,9	-1,2	**3,5**
M (n=82)	Anteil	84,1	**7,3**	8,5
	Std. Resid	2,6	**-3,3**	-1,1
N (n=78)	Anteil	82,1	12,8	5,1
	Std. Resid	2,3	-2,2	-2,0
O (n=35)	Anteil	62,9	25,7	11,4
	Std. Resid	,1	,0	-,3
Allgemein (n=1995)[36]	Anteil	**61,4**	**25,5**	**13,1**

$p<0,05$; $\chi^2=284$; df=28; Cramers V=0,38.

[36] Die Summe der für die Bundesländer angegebenen Daten entspricht aufgrund der fehlenden Angaben für den GBA nicht 2004, sondern 1995.

Residual 8,5). Es verbleibt eine Quote von 4,3% (std. Residual -3,1) an Anträgen, für die der Inhalt der Begründung nicht festgestellt werden konnte. In diesem Falle erweist sich also die Ausfertigung insoweit als günstig, als dass die geleistete Vorarbeit in etwa drei Fünfteln der Fälle nicht zu beanstanden war. Allerdings bleibt deutlich zu sagen, dass nicht die inhaltliche Güte der Anträge bewertet wurde, sondern allein die Vollständigkeit der Begründungen bezogen auf das Merkmal der Subsidiarität. Zudem arbeitete auch diese Staatsanwaltschaft mit Textbausteinen.

Insgesamt zeigen sich damit auch bei den staatsanwaltschaftlichen Anträgen Unterschiede im Inhalt bei der Betrachtung nach einzelnen Bundesländern. Dabei weist Cramers V einen Zusammenhang von 0,38 aus.

3.3 Auswirkungen der Katalogtatverteilung über die Bundesländer

Unter 2. wurde dargelegt, dass die Inhalte der Anträge und Anordnungen auch nach den ihnen zugrunde gelegten Katalogtaten differieren, während vorstehend erläutert wurde, dass auch bei der Betrachtung der Bundesländer Unterschiede auszumachen sind. Im Zweiten Teil dieser Arbeit ist darüber hinaus dargestellt worden, dass die Katalogtaten in dieser Untersuchung nicht gleichverteilt über die Bundesländer vorliegen. Damit können sich Interferenzen zwischen den Variablen Bundesland und Katalogtat in Bezug auf die Auswertung der Begründungsinhalte ergeben, und es besteht die Möglichkeit, dass die aufgezeigten Zusammenhänge zwischen Katalogtat und Begründungsinhalt bzw. Bundesland und Begründungsinhalt nicht eine jeweilige Abhängigkeit aufzeigen, sondern tatsächlich nur eine Variable den Effekt auslöst. Aus diesem Grund wurde zur Kontrolle der Ergebnisse ein multivariates Verfahren (kategoriale Regression) durchgeführt.

Es zeigte sich, dass sich bei den richterlichen Begründungen die Varianz zu 17% aus den Variablen Katalogtat und Bundesland erklärt (R^2=0,17).[37] Dabei ergibt sich weiter, dass dieser Anteil zu etwa einem Viertel aus der Katalogtat (β=0,14) und

[37] Der verbleibende Anteil ist unklar, wobei auch die Verteilung über große und kleine Staatsanwaltschaften in ländlichen und städtischen Gegenden von Einfluss sein dürfte. Nimmt man etwa die Variable Staatsanwaltschaft zu den Variablen Bundesland und Katalogtat in die Regression hinzu, wird die Varianz zu 36% (R^2 = 0,36) erklärt. Diese folgt sodann maßgeblich durch die Staatsanwaltschaften (β = 0,45; Katalogtat β = 0,13; Bundesland β = -0,38). Allerdings ist es mit dem vorliegenden Datenmaterial nicht möglich, auch das Gericht mit auszuwerten, das den Beschluss erließ, da dies nicht in die Auswertung aufgenommen wurde. Weiterhin ist zu beachten, dass einige Bundesländer in stärkerem Ausmaß von Ausfertigungen Gebrauch machen als andere. In diesem Sinne kann weniger eine Auswertung „ohne“ versus „Subsidiarität“ und / oder „Ausfertigung“ (als „schlecht“ versus „besser“) erfolgen, sondern vielmehr eine Auswertung „Ausfertigung“ versus „Subsidiarität“ und / oder „ohne“. Gegebenenfalls handelt es sich zudem weniger um eine inhaltliche als mehr eine organisatorische Frage, die auch von Staatsanwaltschaft/ Gericht zu Staatsanwaltschaft/Gericht schwanken dürfte. Das Augenmerk ist in den Fällen der Ausfertigung damit deutlich auf die Vorarbeit der Staatsanwaltschaft zu lenken.

etwa drei Vierteln aus dem Bundesland (β=-0,38) folgt. Bei den staatsanwaltschaftlichen Anträgen und Eilmaßnahmen wird die Varianz zu 16% aus den Variablen Katalogtat und Bundesland erklärt (R^2=0,16).[38] Diese wiederum folgt zu etwa einem Drittel aus der Katalogtat (β=-0,18) und zu zwei Dritteln aus dem Bundesland (β= -0,35).

Die unter 2.2 und 3.1, 3.2 dargestellten Zusammenhänge zwischen den Variablen zeigen sich dabei auch in der Durchführung der Regression. Bei den Bundesländern fallen A, C[39] und E dadurch auf, dass häufiger Ausfertigungen bzw. Anordnungen mit Ausführungen zur Subsidiarität vorlagen, während für F und M die Anordnungen ohne Ausführungen zur Subsidiarität gegenüber den übrigen Kategorien überwiegen. In den Anträgen und Eilmaßnahmen heben sich A, C[40] und E durch häufigere Ausführungen zur Subsidiarität ab, während die Ergebnisse für M gegenläufig sind.

Auch bei den Katalogtaten finden sich für die Anordnungen sowie die Anträge/Eilmaßnahmen entsprechende Ergebnisse. Insbesondere die Fälle wegen Verstößen gegen die öffentliche Ordnung fallen durch Anträge auf, die das Subsidiaritätsmerkmal erläutern, und durch Anordnungen, die häufig im Wege der Ausfertigung erfolgten.

VI. Überprüfung der TKÜ in Folgestadien

Ausweislich der bisherigen Darstellung gibt es wenig Anlass zu der Annahme, dass einer vorbeugenden richterlichen Kontrolle der TKÜ stets Genüge getan wird. Es ist somit auch zu fragen, ob die TKÜ jeglicher Überprüfung entzogen bleibt. Da die Möglichkeit einer inzidenten Kontrolle in der Hauptverhandlung durch den Tatrichter besteht, wird im Folgenden untersucht, wie häufig die TKÜ in die Hauptverhandlung eingeführt wurde. Von einer solchen Kontrolle können jedoch nur die Fälle erfasst werden, die überhaupt angeklagt und wegen derer die Hauptverhandlung eröffnet wird.

Es besteht weiterhin gem. § 101 StPO die Pflicht der Ermittlungsbehörden, nach Abschluss der TKÜ die an ihr Beteiligten über die Überwachung zu unterrichten. Auf diesem Wege können dann auch Beschuldigte, gegen die eine TKÜ gerichtet war und deren Verfahren eingestellt wurden, sowie Anschlussinhaber, die nicht als Beschuldigte aufgenommen wurden, von einer TKÜ Kenntnis erlangen und diese gegebenenfalls im Wege einer Beschwerde überprüfen lassen.

---

[38] Der verbleibende Anteil ist unklar, wobei auch die Verteilung über große und kleine Staatsanwaltschaften in ländlichen und städtischen Gegenden von Einfluss sein dürfte.

[39] Hier jedoch niedrige Fallzahlen.

[40] Hier jedoch niedrige Fallzahlen.

1. Tatrichterliche Kontrolle in der Hauptverhandlung

Bereits in der Untersuchung des Max-Planck-Institutes wurde erläutert, dass die TKÜ relativ selten in die Hauptverhandlung eingeführt wird. Dass dies ihren Erkenntniswert jedoch nicht zu schmälern vermag und sie zudem häufig ohnehin in unsichtbarer Form durch Geständnisse oder Sachbeweise fortwirkt, ist bei *Albrecht/Dorsch/Krüpe* sowie in der Arbeit von *Dorsch* vertieft dargestellt. Unter dem Gesichtspunkt der nachträglichen Kontrollmöglichkeit durch den Tatrichter werden dementsprechend hier nur die Zahlen angeführt, die den Anteil der Hauptverhandlungen mit TKÜ wiedergeben sowie das Ausmaß auch revisionsgerichtlicher Entscheidungen widerspiegeln.

In etwa 15% der Verfahren, in denen gegen auch nur einen von mehreren Beschuldigten Anklage erhoben wurde, wurde die TKÜ in die Hauptverhandlung eingeführt[41]. In 19 Verfahren bezogen sich Beweisanträge der Staatsanwaltschaft auf die TKÜ, und in zehn Verfahren erfolgten Beweisanträge der Verteidigung mit Bezug zur TKÜ. Insoweit wurden etwa die folgenden Anträge gestellt:

- Antrag auf Abspielen der / aller TKÜ anstelle einer Einführung von Abschriften (n=5)
- Neuübersetzung von TKÜ-Protokollen (n=2)[42]
- Unverwertbarkeit der TKÜ (n=2)

Zudem sei auf einen weiteren Antrag hingewiesen, der einige wesentliche Schwierigkeiten von TKÜ-Maßnahmen fremdsprachigen Inhalts in der Hauptverhandlung skizziert. Dort wird darum ersucht, die Ermittlungsakten so aufzubereiten, dass sie „der Aktenwahrheit, Aktenklarheit und Aktenvollständigkeit" entsprächen. So sei insbesondere darzulegen, in welchen Sprachen die aufgezeichnete Kommunikation geführt werde, wer die Gespräche übersetzt habe und welche Qualifikation der Dolmetscher vorweise. Die Übersetzungen seien schlecht und beinhalteten interpretative Teile.

Sofern die TKÜ-Erkenntnisse in die Hauptverhandlung eingeführt wurden (n=49), fanden sie sich auch zu 63,1% in der Beweiswürdigung. Dabei wurden sie zu 11,1% mit belastender Wirkung gewürdigt, in 81,5% als belastend in Zusammenhang mit weiteren Beweismitteln. In weiteren 7,4% der Fälle kam ihnen entlastende Wirkung zu (zwei Verfahren).

---

41 In den übrigen Fällen nicht oder nicht feststellbar. Gesamtzahl der Verfahren mit Anklage wenigstens eines Beschuldigten = 329.

42 In einem dieser Verfahren wurde zudem ein Antrag auf Einholung eines Stimmvergleichsgutachtens gestellt.

Eine Möglichkeit zur Überprüfung der TKÜ in der Hauptverhandlung stellt die Ausnahme dar, da die durch sie gewonnenen Ermittlungserkenntnisse nur selten unmittelbar eingeführt werden. Dies hat seine Ursachen im Wesentlichen darin, dass die Erkenntnisse aus der TKÜ in Sachbeweise umgesetzt werden konnten, aber auch darin, dass in der Regel keinem der Verfahrensbeteiligten ernsthaft daran gelegen ist, das umfangreiche Beweismittel TKÜ in die Verhandlung durch Abspielen oder Verlesen der Protokolle einzuführen. Ein Ausgleich für die teilweise fehlende vorbeugende ermittlungsrichterliche Kontrolle kann für die angeklagten Beschuldigten daher nicht in der tatrichterlichen Überprüfung gefunden werden.

Man mag den Verteidigern vorwerfen wollen, dass sie Beschlüsse auf Überwachung der Telekommunikation nicht vehement und häufig angreifen. Der Verteidiger erlangt von den Beschlüssen jedoch erst zu einem sehr späten Zeitpunkt Kenntnis. In diesem Moment sind häufig bereits Folgeentwicklungen (Geständnis, Ersatz der TKÜ durch andere Sachbeweise) eingetreten, und für einen erfolg- und aussichtsreichen „Angriff" auf eine möglicherweise auf rechtswidriger Grundlage eingesetzte TKÜ ist es zu spät.

2. *Überprüfung nach Benachrichtigung*

Nicht nur Angeklagte haben ein Interesse daran, von einer Überwachung zu erfahren, auch Personen, die als Nichtbeschuldigte (aber zum Adressatenkreis des § 100a S. 2 StPO gehörend) von der TKÜ betroffen waren, und Beschuldigte, gegen die die Verfahren eingestellt wurden, werden sicher sein wollen, dass die Überwachung rechtmäßig erfolgte. Auch aus diesem Grund ist die Frage zu stellen, wie der Umgang mit der Benachrichtigungspflicht erfolgt.

2.1 Benachrichtigung nach § 101 StPO

Wie bereits dargelegt, besteht keine Einigkeit darüber, wer als Beteiligter an einer TKÜ von der Überwachung unterrichtet werden muss.[43] Ausweislich der Untersuchungsergebnisse wurde eine Benachrichtigung im Regelfall an den Anschlussinhaber oder einen davon verschiedenen Beschuldigten gerichtet. Eine Information aller Gesprächspartner erfolgte nie, in einem Fall wurden ausgewählte unbeteiligte Dritte unterrichtet. Stellt man sich somit auf den Standpunkt, dass eine Benachrichtigung neben dem Beschuldigten gegenüber allen weiteren Nutzern des Anschlusses sowie allen Gesprächspartnern des Beschuldigten und denjenigen der Nutzer erfolgen muss[44], ist dieser Forderung in keinem der untersuchten Fälle Genüge getan worden.

---

43 Siehe *Albrecht/Dorsch/Krüpe*, S. 276ff., 279ff. und Erster Teil, B V.

44 Mit der Einschränkung, dass sie ohne Schwierigkeiten zu identifizieren sind.

Für 15,3% der Anschlüsse erfolgte eine Unterrichtung des Beschuldigten und / oder des Anschlussinhabers.[45] In weiteren 10,5% gingen die Strafverfolgungsbehörden von einer anderweitigen Kenntniserlangung (Akteneinsicht der Verteidigung; Vorhalt in Verhören) aus. Auch in diesen Fällen hat mithin keine Unterrichtung der weiteren Beteiligten stattgefunden. Zudem betraf dies nur die Fälle, in denen überhaupt ein Anwalt eingeschaltet wurde bzw. eine Vernehmung stattfand. Der Großteil der Beschuldigten, gegen die die Verfahren eingestellt wurden, sowie überwachte nichtbeschuldigte Anschlussinhaber können per se nicht von dieser Ausprägung erfasst sein.

In 6,6% wurde von einer Benachrichtigung ausdrücklich Abstand genommen, da weitere Ermittlungen als gefährdet erschienen. Somit verbleiben gut zwei Drittel an Fällen (67,6% bezogen auf Anschlüsse), für die aus den Akten nicht zu erkennen war, ob eine Benachrichtigung i.S.d § 101 StPO stattgefunden hat.

Der Benachrichtigungspflicht wird damit ausweislich der Aktenanalyse unzureichend nachgekommen. Ausgehend von diesen Daten erscheint dringend erforderlich, eine klarere und praxisbezogenere Regelung zu implementieren, die den verfassungsrechtlichen Anforderungen genügt. Sie muss klarstellen, wer zu benachrichtigen ist und unter welchen Umständen von einer anderweitigen Kenntnis ausgegangen werden darf. Die Benachrichtigung soll die Heimlichkeit der Maßnahme ausgleichen. Wenn die Beteiligten bereits um die Überwachung wissen, entfällt die Notwendigkeit, sie zu informieren. Es darf jedoch nicht per se davon ausgegangen werden, dass der Anwalt nach Akteneinsicht seinen Mandanten von der TKÜ in Kenntnis setzt. Auch die Fälle der Nachrichtenmittler sind zu bedenken, die als

---

[45] Betrachtet wurden alle Anschlüsse, n=3054, für die eine Angabe zur Benachrichtigung möglich war. Man könnte annehmen, dass auch eine Betrachtung nach Verfahren möglich und sinnvoll wäre, da die Handhabung der Benachrichtigung in den einzelnen Verfahren für jeden Anschluss gleich sein könnte. Es finden sich in etwa 55,8% der Verfahren keine Hinweise auf eine Benachrichtigung, in etwa 16,3% erfolgte die Unterrichtung, in etwa 6,1% wurde nicht unterrichtet, weil weitere Ermittlungen als gefährdet erschienen und in knapp 8,6% wurde davon ausgegangen, dass die Betroffenen anderweitig von der Überwachung Kenntnis erlangten. Für die übrigen etwa 13% lag eine nach den Anschlüssen divergierende Praxis vor. Dabei wurde in fünf Verfahren im Hinblick auf einzelne Anschlüsse von einer Benachrichtigung wegen der Gefährdung weiterer Ermittlungen abgesehen, während für die übrigen Anschlüsse eine Unterrichtung erfolgte. In 29 Verfahren wurde für einzelne Anschlüsse eine Benachrichtigung festgestellt, während für die übrigen keine Hinweise auf eine Unterrichtung vorlagen. In weiteren 29 Verfahren lagen Kombinationen aus einer sonstigen Kenntniserlangung und keinerlei Hinweisen auf eine Unterrichtung vor. In zwei Verfahren wurde hinsichtlich der mehreren Anschlüsse teilweise von einer Unterrichtung aus Gefährdungsgesichtspunkten abgesehen, teilweise von einer sonstigen Kenntniserlangung ausgegangen. In drei Verfahren lagen Kombination aus sonstiger Kenntniserlangung und Unterrichtung vor, in neun Verfahren aus keiner Benachrichtigung wegen Gefährdung der Ermittlungen und keinen Hinweisen auf eine Benachrichtigung, und in einem Verfahren fand sich die Kombination aus Unterrichtung, sonstiger Kenntniserlangung und keinen Hinweisen.

Unverdächtige in der Regel keinen Anwalt einschalten und somit von der TKÜ nicht auf diesem Weg Kenntnis erlangen werden.

Weiterhin ist zu fragen, was den Beteiligten bekannt zu geben ist, sofern sie nicht die Beschuldigten des Verfahrens waren: auch der Anlass des Verfahrens und sein Ausgang? Oder stellen diese Informationen (weitere) Eingriffe in die Persönlichkeitsrechte des Beschuldigten dar?

Zudem stellt sich die Streitfrage, ob und wie die Gesprächspartner in die Regelung einzubeziehen sind, die ebenso wie die zielgerichtet abgehörten Personen in ihrem Grundrecht auf abgeschirmte und unkontrollierte Kommunikation verletzt sind. Dem Schutz des Art. 10 I GG unterliegen die private wie auch die geschäftliche Kommunikation, dennoch: soweit es sich um reine Terminsabsprachen mit Dienstleistern handelt, besteht dann das Bedürfnis und die Notwendigkeit, diese zu unterrichten?[46]

2.2 Unterschiedliche Handhabung der Benachrichtigung nach Bundesländern

Über die allgemeinen Fragestellungen hinaus ist von Interesse, inwieweit sich bei einer Betrachtung der Bundesländer eine unterschiedliche Handhabung der Pflicht aus § 101 StPO feststellen lässt. Hierbei zeigt sich ein signifikantes Ergebnis ($p<0,05$). Dieses ergibt sich mit Blick auf die Länder A, B, C, D, E, F, G, H, J, K und L (siehe *Tabelle 28*).

Aufgrund der nur geringen Fallzahlen sollen im Folgenden C und D jedoch außer Betracht gelassen werden.

Sodann weisen G (35,7%), H (50,4%),J (35,9%) und K (58,3%) höhere Anteile an erfolgten Benachrichtigungen aus. Für H (36,4%) und J (46,4%) ergibt sich ein niedrigerer Wert an Fällen, in denen keinerlei Hinweise auf eine Unterrichtung bestanden. A (8,7%), E (8,8%) und L (4%) lassen niedrigere Anteile bei den erfolgten Benachrichtigungen erkennen. A weist zudem mit 12,9% einen höheren Wert bei den Fällen aus, in denen von einer Unterrichtung in Hinblick auf die angenommene Gefährdung weiterer Ermittlungen Abstand genommen wurde.[47] In dieser Ausprägung findet sich für B mit nur 1,9% ein niedrigerer Wert.

---

[46] Hierbei sei an Gespräche mit Sprechstundenhilfen, Taxiunternehmen, Pizzabringdiensten etc. gedacht.

[47] Für A sei erneut auf die besondere organisatorische Handhabung der verdeckten Maßnahme TKÜ bei einer Staatsanwaltschaft hingewiesen, die sich jedoch nicht auf die Benachrichtigung nach § 101 StPO bezieht, da diese von den sachbearbeitenden Dezernenten durchzuführen ist.

Tabelle 28: Benachrichtigungen nach Bundesländern – in %

		Kein Hinweis	Nicht	Benachrichtig.	Sonstige
A	Anteil	64,6	**12,9**	**8,7**	13,7
(n=642)	Std. Resid	-,9	**6,4**	**-4,3**	2,5
B	Anteil	76,5	**1,9**	11	10,6
(n=472)	Std. Resid	2,3	**-3,9**	-2,4	,1
C	Anteil	39,1	**43,5**	17,4	0
(n=23)	Std. Resid	-1,7	**7,0**	,3	-1,6
D	Anteil	**17,2**	**20,7**	**62,1**	0
(n=29)	Std. Resid	**-3,3**	**3,0**	**6,4**	-1,7
E	Anteil	61,6	**0**	20,8	17,6
(n=159)	Std. Resid	-,9	**-3,2**	1,7	2,8
F	Anteil	79,5	5,3	**8,8**	6,5
(n=341)	Std. Resid	2,7	-,9	**-3,1**	-2,3
G	Anteil	47,6	16,7	**35,7**	0
(n=42)	Std. Resid	-1,6	2,6	**3,4**	-2,1
H	Anteil	**36,4**	3,3	**50,4**	9,9
(n=121)	Std. Resid	**-4,2**	-1,4	**9,8**	-,2
I	Anteil	71	4,6	13,6	10,8
(n=610)	Std. Resid	1,0	-1,9	-1,1	,2
J	Anteil	**46,4**	6,5	**35,9**	11,1
(n=153)	Std. Resid	**-3,2**	,0	**6,5**	,2
K	Anteil	37,5	4,2	**58,3**	0
(n=48)	Std. Resid	-2,5	-,6	**7,6**	-2,2
L	Anteil	68,3	10,3	**4**	17,5
(n=126)	Std. Resid	,1	1,7	**-3,3**	2.4
M (n=108)	Anteil	87	,9	9,3	2,8
	Std. Resid	2,5	-2,3	-1,6	-2,5
N	Anteil	82	4,1	7,4	6,6
(n=122)	Std. Resid	1,9	-1,0	-2,2	-1,3
O	Anteil	70,2	4,3	17	8,5
(n=47)	Std. Resid	,2	-,6	,3	-,4
Allgem. (n=3043)	Anteil	**67,6**	**6,5**	**15,3**	**10,5**

$p<0,05$; $\chi^2=576$; df=42;Cramers V=,25.

2.3 Unterschiedliche Handhabung in der Benachrichtigung nach Katalogtaten

Tabelle 29: Benachrichtigungen nach Katalogtaten – in %

		Kein Hinweis	**nicht**	**Benachrichtig.**	**Sonstige**
Verrat (n=15)	Anteil	86,7	0	13,3	0
	Std. Resid	,9	-1,0	-,2	1,3
Öff. Ordnung (n=162)	Anteil	79,6	2,5	**4,3**	13,6
	Std. Resid	1,9	-2,0	**-3,6**	1,2
Fälschung (n=65)	Anteil	76,8	15,4	4,3	6,2
	Std. Resid	,6	2,8	-2,2	-1,1
Mensch.hdl. (n=129)	Anteil	62,8	**23,3**	11,6	2,3
	Std. Resid	-,7	**7,4**	-1,1	2,9
Tötungs-del.(n=277)	Anteil	67,1	**1,8**	**31,0**	**0**
	Std. Resid	-,1	**-3,1**	**6,6**	**-5,4**
Pers. Freiheit (n=56)	Anteil	55,4	0	**41,1**	3,6
	Std. Resid	-1,1	-1,9	**4,9**	-1,6
Diebstahl (n=104)	Anteil	83,7	12,5	**1,9**	1,9
	Std. Resid	2,0	2,4	**-3,5**	-2,7
Raub (n=192)	Anteil	80,7	3,1	11,5	4,7
	Std. Resid	2,2	-1,9	-1,4	-2,5
Erpressung (n=81)	Anteil	42,0	3,7	**39,5**	14,8
	Std. Resid	-2,8	-1,0	**5,5**	1,2
Hehlerei (n=232)	Anteil	74,1	**,4**	13,8	11,6
	Std. Resid	1,2	**-3,6**	-,6	,6
Gem.gef. (n=91)	Anteil	50,5	2,2	**41,8**	5,5
	Std. Resid	-2,0	-1,6	**6,4**	-1,5
WaffG (n=119)	Anteil	65,5	2,5	21,0	10,9
	Std. Resid	-,3	-1,7	1,6	,2
BtMG (n=1083)	Anteil	65,0	6,6	11,9	**16,5**
	Std. Resid	-1,0	,0	-2,9	**6,2**
AuslG (n=143)	Anteil	63,6	8,4	14,7	13,3
	Std. Resid	-,6	,9	-,2	1,0
Geldwäsche (n=26)	Anteil	88,5	3,8	3,8	3,8
	Std. Resid	1,3	-,5	-1,5	-1,0
Komb. (n=255)	Anteil	66,3	**14,9**	11,4	7,5
	Std. Resid	-,2	**5,2**	-1,6	-1,5
Allgemein (n=3030)	Anteil	**67,6**	**6,6**	**15,4**	**10,5**

$p<0,05$; $\chi^2=462$; df=45; Cramers V=,23.

Es steht weiterhin zu vermuten, dass die Unterrichtungen gegebenenfalls auch von der Art des zugrunde liegenden Deliktes abhängig sein könnten (*Tabelle 29*). Tatsächlich lässt sich auch insoweit ein signifikantes Ergebnis mit einem p-Wert < 0,05 verzeichnen. So wurde in den Fällen von Tötungsdelikten, Eingriffen in die persönliche Freiheit, Erpressungen und gemeingefährlichen Straftaten signifikant häufiger unterrichtet. Hier fanden sich jedoch regelmäßig Sachverhaltsgestaltungen, in denen Anschlüsse von Opfern überwacht wurden: es mag dies eine Erklärung für ein stärkeres Bemühen um nachträgliche Bekanntgabe der – dann mitunter ohnehin bekannten – Maßnahme darstellen, da die Ermittlungsbehörden hier jedenfalls keine potentiellen Täter überwachten. Diese Erklärung kann auch für die Fälle herangezogen werden, in denen die TKÜ wegen Tötungsdelikten geschaltet wurde und etwa Anschlüsse von Verwandten des Opfers oder – sofern es sich um nur versuchte Taten handelt – des Opfers selbst überwacht wurden. Signifikant seltener gegenüber dem allgemeinen Trend wurde bei TKÜ wegen Straftaten gegen die öffentliche Ordnung und wegen Diebstahls eine Information der Beteiligten festgestellt.

Weiterhin wurde bei TKÜ wegen Tötungsdelikten seltener nicht benachrichtigt oder von einer sonstigen Kenntniserlangung ausgegangen; bei Verstößen gegen das BtMG hingegen wurde besonders häufig auf eine ausdrückliche Unterrichtung verzichtet und von einer Bekanntgabe der Überwachung durch den Anwalt oder im Rahmen einer Vernehmung ausgegangen.

2.4 Auswirkungen der Katalogtatverteilung über die Bundesländer

Unter 2.2 und 2.3 wurde dargelegt, dass der Umgang mit der Benachrichtigungspflicht je nach Katalogtat differiert und zudem auch bei der Betrachtung der Bundesländer Unterschiede auszumachen sind. Im Zweiten Teil dieser Arbeit ist darüber hinaus dargestellt worden, dass die Katalogtaten in dieser Untersuchung nicht gleichverteilt über die Bundesländer vorliegen. Damit können sich Interferenzen zwischen den Variablen Bundesland und Katalogtat in Bezug auf die Auswertung der Benachrichtigung ergeben, und es besteht die Möglichkeit, dass die aufgezeigten Zusammenhänge zwischen Katalogtat und Benachrichtigung bzw. Bundesland und Benachrichtigung nicht eine jeweilige Abhängigkeit aufzeigen, sondern tatsächlich nur eine Variable den Effekt auslöst. Aus diesem Grund wurde zur Kontrolle der Ergebnisse ein multivariates Verfahren (kategoriale Regression) durchgeführt. Es zeigte sich, dass sich die Varianz zu 18% aus den Variablen Katalogtat und Bundesland erklärt (R^2=0,18).[48] Dabei ergibt sich weiter, dass dieser Anteil zu etwa einem Drittel aus der Katalogtat (β=0,25) und etwa zwei Dritteln aus dem Bundesland (β=0,33) folgt.

---

48 Der verbleibende Anteil ist unklar, wobei auch die Verteilung über große und kleine Staatsanwaltschaften in ländlichen und städtischen Gegenden von Einfluss sein dürfte.

Die unter 2.2 und 2.3 dargestellten Zusammenhänge zwischen den Variablen zeigen sich dabei auch in der Durchführung der Regression. Häufigere Benachrichtigungen finden sich bei TKÜ wegen Tötungsdelikten, Straftaten gegen die persönliche Freiheit, Erpressungen und gemeingefährlichen Straftaten, während insbesondere bei Diebstahlsfällen seltener unterrichtet wurde. Unter den Bundesländern weisen D, G, H, J und K häufiger Benachrichtigungen aus, L dagegen seltener.

3. Zusammenführung: ermittlungsrichterliche und nachfolgende Kontrolle der TKÜ

Bei der Zusammenfassung der bisherigen Erkenntnisse gewinnt man den Eindruck, dass inhaltlich schlecht oder gar nicht überprüfte Anordnungen durch den Ermittlungsrichter eine TKÜ ermöglichen, die auch in späteren Verfahrensphasen nach Benachrichtigung oder in der Hauptverhandlung keinerlei Kontrolle mehr unterzogen wird.

Im Folgenden soll dieses Szenario einer weiteren Betrachtung unterzogen werden.

Abbildung 23: Ketteneffekt fehlender / zweifelhafter Kontrolle

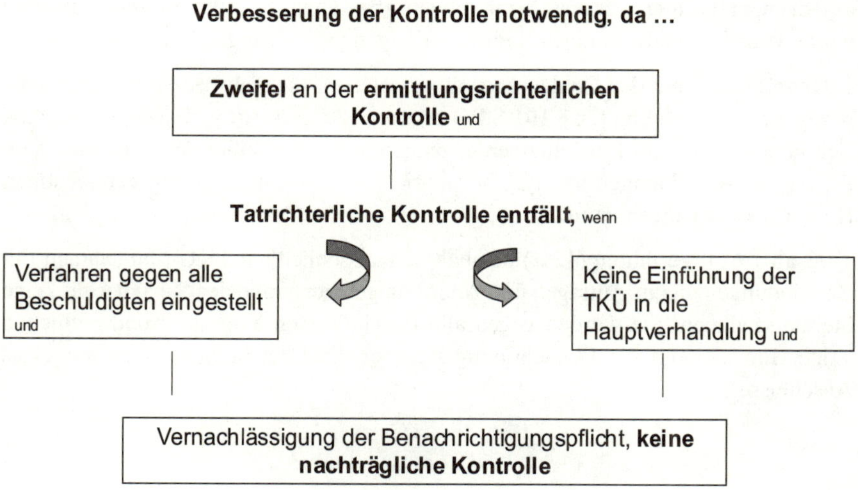

Dabei ist zunächst – wie in *Abbildung 23* – zwischen den eingestellten Verfahren und denjenigen zu unterscheiden, in denen es zu einer Hauptverhandlung kam. Die Darstellung beschränkt sich dabei auf die Verfahren, in denen die Verfahren gegen alle Beschuldigten eingestellt wurden oder gegen mindestens einen Beschuldigten Anklage erhoben wurde. Die im Dritten Teil unter A.II.8 aufgeführten sonstigen Kombinationen aus Einstellung / Anklage / Strafbefehl und nicht festgestelltem Verfahrensausgang bleiben unberücksichtigt.

3.1 Eingestellte Verfahren

Im Fall der Einstellung des Verfahrens gegenüber allen Beschuldigten kann eine TKÜ keiner tatrichterlichen Kontrolle unterzogen werden. Für den Grundrechtsschutz ist der Betroffene der Maßnahme damit auf eine gute ermittlungsrichterliche Überprüfung und auch die nachfolgende Benachrichtigung angewiesen.

Etwa 25% aller Verfahren wurden gegen alle Beschuldigten eingestellt und beinhalteten ausschließlich Anträge und Anordnungen, die keine Ausführungen zur Subsidiarität auswiesen (154 von 611 Verfahren). Hier liegen in diesem Sinne ausschließlich TKÜ mit „äußerlichen" Defiziten in der Begründung vor, und es fehlt – mangels Möglichkeit einer inzidenten tatrichterlichen Kontrolle – an einer weiteren möglichen Prüfungsinstanz. Damit käme der Benachrichtigung eine verstärkte Auffangfunktion zur Wahrung des Rechtsschutzes zu. Es lassen sich für 152 dieser Verfahren Angaben zu § 101 StPO aus den Akten entnehmen. Dabei wurden in 48% dieser Fälle keine Hinweise auf eine Unterrichtung vorgefunden. In 24,3% der Verfahren wurde benachrichtigt, in 9,2% wurde eine Benachrichtigung mit Blick auf die Gefährdung weiterer Ermittlungen abgelehnt. In 3,9% dieser Verfahren wurde von einer anderweitigen Kenntniserlangung ausgegangen.[49]

Diese Daten sind den Zahlen gegenüberzustellen, die sich bei einer verfahrensbezogenen Betrachtung für § 101 StPO ergeben (*Tabelle 30*).[50] Es zeigt sich, dass sich in den Fällen mit Einstellungen gegenüber allen Beschuldigten und defizitären Anträgen / Anordnungen häufiger benachrichtigt und seltener von einer sonstigen Kenntnis ausgegangen wurde.

73 aller 611 Verfahren (12%) beinhalteten ausschließlich TKÜ-Maßnahmen mit Begründungen, die in Anträgen und Anordnungen zur Frage der Subsidiarität keine Stellung nahmen. Sie wurden gegen alle Beschuldigten eingestellt und enthielten keine Hinweise auf die Benachrichtigung über die Überwachung auch nur eines Anschlusses.

---

[49] Im Übrigen Kombinationen, da in einem Verfahren die Benachrichtigung nach den Anschlüssen differenziert stattfinden kann – oder eben auch nicht.

[50] Dabei werden 397 Verfahren zugrunde gelegt, in denen sowohl die Anträge wie auch die Anordnungen keine Ausführungen zur Subsidiarität enthielten. Die Zahlen differieren von 2.1, da hier auf Verfahren, während dort auf Gesamtzahl aller Anschlüsse bezogen.

Tabelle 30: Vergleich der Benachrichtigungsquote bei allen Verfahren und eingestellten Verfahren (n_1=241[51], n_2=152[52]) – in %

	Verfahren ohne Einstellungen gegen alle bei defizitären AOen	**Verfahren mit Einstellungen gegen alle und defizitären AOen**
Keine Hinweise	59,8	48
Benachrichtigung	11,6	24,3
Keine Benach.	3,3	9,2
Sonstige Kenntnis	9,1	3,9
Kombinationen	16,2	15,6

3.2 Verfahren, in denen die TKÜ-Erkenntnisse nach Anklageerhebung nicht in die Hauptverhandlung eingeführt wurden

Weiterhin ist der Frage nachzugehen, wie TKÜ-Maßnahmen, die nach einer Anklage nicht in die Hauptverhandlung eingeführt werden, ihren Antrags- und Anordnungsinhalten nach zu werten sind und inwieweit hier der Benachrichtigungspflicht Folge geleistet wird.[53]

Betrachtet man die Verfahren, die zur Anklage zumindest eines Beschuldigten führten und in denen die Erkenntnisse aus der TKÜ nicht in die Hauptverhandlung eingeführt wurden, zeigt sich für die Inhalte der Anträge und Anordnungen das folgende Bild:

Die Anträge in diesen Verfahren (n=280) beinhalten zu 45,4% keine Auseinandersetzung mit dem Subsidiaritätserfordernis, das in 20,7% der Verfahren in allen dort gestellten Anträgen dargelegt wurde. In 7,5% der Verfahren ließen sich die Anträge nicht dementsprechend analysieren, in den übrigen 26,4% der Verfahren lagen Anträge unterschiedlichen Inhaltes vor.

Bezieht man sich auf die richterlichen Anordnungen (n=277) zeigt sich, dass in 29,6% der Verfahren sämtliche dort erlassenen Beschlüsse ohne die Darlegung dieses Merkmals auskamen. In 21,7% der Verfahren beinhalten alle Anordnungen

51 Missing 2.

52 Missing 2.

53 Sofern die Erkenntnisse aus einer TKÜ in die Hauptverhandlung eingeführt werden, stellt sich die Frage der Kontrolle auf nachfolgenden Ebenen nicht mit gleicher Intensität, da hier die inzidente Prüfung möglich und zumindest den Beschuldigten die TKÜ dann auch bekannt ist.

eine Darlegung der Subsidiaritätserwägung. In 19,1% der Verfahren lagen alle Beschlüsse in Form von Ausfertigungen vor, und in 2,6% der Verfahren konnten die Inhalte der Anordnungen nicht erfasst werden.[54]

Sofern die TKÜ-Erkenntnisse trotz Anklage nicht in die Hauptverhandlung eingeführt wurden, fanden sich zu 60,2% auch keine Hinweise auf die Unterrichtung über die Überwachung eines Anschlusses. In 12,2% der Verfahren ist eine Benachrichtigung für die Überwachung aller Anschlüsse erfolgt. Für 3,6% der Fälle wurde für alle Anschlüsse von einer Information der Beteiligten abgesehen, da weitere Ermittlungen als gefährdet erschienen. Schließlich wurde in 13,3% der Fälle von einer sonstigen Kenntniserlangung hinsichtlich der Überwachung aller Anschlüsse ausgegangen.[55]

Abschließend zeigt sich, dass in 104 Verfahren, in denen trotz Anklageerhebung keine Einführung in die Hauptverhandlung erfolgte und zudem ausschließlich defizitäre Anträge und Anordnungen vorlagen, für keinen der überwachten Anschlüsse ein Hinweis darauf festgestellt werden konnte, dass einer der Beteiligten von der TKÜ in Kenntnis gesetzt wurde. Bezogen auf alle Verfahren macht dies eine Quote von 17% aus, in denen keiner der gesetzlich möglichen Sicherungsmechanismen der Kontrolle gegriffen hat. Einschränkend ist anzuführen, dass die Beschuldigten durch Vernehmungen und die Anklage möglicherweise Kenntnis von der Überwachung erlangt haben und dies in den Akten nicht ausreichend deutlich wurde. Dennoch bliebe die Unterrichtung für die nicht beschuldigten Anschlussinhaber von besonderem Interesse.

VII. Zusammenfassung

1. Richterliche Kontrolle

Durch eine Aktenanalyse kann nicht abschließend festgestellt werden, in welchem Umfang die Ermittlungsrichter ihrer Prüfpflicht der Voraussetzungen der §§ 100a, 100b StPO nachkommen. Es lassen sich jedoch verschiedene Anhaltspunkte finden, an denen die Intensität der Kontrolle gemessen werden kann. Es handelt sich um die Kriterien des Anordnungsverhältnisses, der Ablehnungsquote, der Inhalte der Begründungen bezogen auf die Frage, ob sie Ausführungen zur Subsidiarität beinhalten, und den Zeitrahmen, der bis zum Erlass einer TKÜ-Anordnung seit ihrer polizeilichen Anregung vergeht. Betrachtet man die Erkenntnisse der Aktenanalyse lassen sich jedenfalls kaum Anhaltspunkte dafür finden,

54 In den übrigen 26% der Verfahren liegen Kombinationen in den Inhalten der mehreren Beschlüsse vor.

55 Im Übrigen (10,7% der Verfahren) findet sich bei der Betrachtung der einzelnen Anschlüsse eine unterschiedliche Handhabung. N=279.

dass die ermittlungsrichterliche Kontrolle so erfolgt, wie es der Intention des Gesetzgebers nach bei einer grundrechtseingriffsintensiven Maßnahme geschehen sollte. Zwar ist das Regel-Ausnahme-Verhältnis zwischen richterlicher Anordnung und Eilmaßnahmen gewahrt (81% zu 13%, bezogen auf Anordnungen), dennoch zeichnet sich in der Praxis ein deutliches Schwergewicht der Ermittlungsbehörden bei der Entscheidung über das „Ob" einer TKÜ ab: eine geringe Ablehnungsquote (0,4% bezogen auf die Überwachung von Anschlüssen, deren Überwachung durch den Richter angeordnet werden soll), 23% richterliche Anordnungen ohne Ausführungen zum Tatbestandsmerkmal der Subsidiarität sowie 24% richterliche Anordnungen, die sich als Ausfertigungen der staatsanwaltschaftlichen Vorarbeit darstellten, lassen Zweifel an der eigenständigen richterlichen Entscheidung über eine TKÜ aufkommen. Zudem wurde bereits in der Untersuchung des Max-Planck-Institutes deutlich, dass die Begründungsarbeit bei einer TKÜ zu weiten Teilen von der Polizei geliefert wird.[56]

Hinzu tritt die Erkenntnis, dass die Entscheidung über eine TKÜ die Stadien der Anregung, Beantragung und Anordnung sehr schnell durchläuft (in 63% von 1345 richterlich angeordneten TKÜ erfolgte der Antrag spätestens am Tag nach der Anregung, in 70% von 1279 richterlichen Anordnungen erging der Beschluss spätestens einen Tag nach Beantragung). Dabei wurde die Entscheidung über eine TKÜ in 18% der Fälle (richterliche Anordnungen) an einem Tag durch Polizei, Staatsanwaltschaft und Gericht getragen. Vor allem Folgeentscheidungen in einem Verfahren wurden zügiger getroffen, als die erstmalige Anordnung einer TKÜ erfolgte.

Somit erscheinen Zweifel an der Intensität der Überprüfung einer TKÜ durch den Ermittlungsrichter nicht als belegt, aber doch als angebracht.

2. *Katalogtat- und bundeslandspezifische Gesichtspunkte*

Betrachtet man die Erkenntnisse zur Kontrolle der TKÜ deliktsbezogen und nach Unterschieden in den Bundesländern zeigen sich signifikante Ergebnisse. Diese sind für die Frage des Anordnungsverhältnisses nach Katalogtaten betrachtet im Wesentlichen erwartungsgemäß, da Eilmaßnahmen in akut lebensbedrohenden oder gar -vernichtenden Situationen häufiger als bei planmäßig über einen längeren Zeitraum begangenen Taten eingesetzt werden.

Von Interesse ist auch, dass die Handhabung des Richtervorbehaltes, gemessen an der Auseinandersetzung mit dem Merkmal der Subsidiarität in Anträgen und Anordnungen, für die Bundesländer unterschiedlich zu vermerken ist. Zu beachten sind hierbei jedoch zwei Faktoren, die einen Vergleich der Länder faktisch ausschließen. Zum einen sind die Inhalte in den Anträgen und Anordnungen auch von

---

[56] *Albrecht/Dorsch/Krüpe*, S. 216ff. und unten C II.

den ihnen zugrunde gelegten Katalogtaten abhängig, so dass die Varianz nur zum Teil durch das Bundesland und daneben auch durch die Katalogtat erklärt wird. Weiterhin ist zu beachten, dass die zugrunde gelegte Variable der inhaltlichen Antrags- und Anordnungsausgestaltung nicht völlig wertungsfrei durch die Auswerter bearbeitet werden konnte.

Erwähnenswert erscheinen dennoch die Länder E und A. Bei 95 Anordnungen und 98 Anträgen für E konnten hohe Quoten (54,7%, std. Residual 6,4 und 53,1%, std. Residual 5,4) an Begründungsinhalten festgestellt werden, die Ausführungen zur Subsidiarität beinhalteten. Für A ließ sich – bedingt durch eine Staatsanwaltschaft großstädtischer Prägung mit einer speziellen Organisation beim Einsatz Verdeckter Maßnahmen und damit auch von TKÜ – in besonderem Maße das System der Ausfertigung feststellen (51,4% der richterlichen Anordnungen, std. Residual 10,6). Zudem legten die Anträge in erhöhtem Maße auch die Subsidiarität dar (40,7% der staatsanwaltschaftlichen Anträge / Eilmaßnahmen, std. Residual 6,1).

3. Nachfolgende Kontrolle in Hauptverhandlung und durch Benachrichtigung

In etwa 29% aller Verfahren liegt möglicherweise eine Überwachung vor, bei der weder auf ermittlungsrichterlicher Ebene noch in den folgenden Stadien der Hauptverhandlung durch eine dort mögliche tatrichterliche Inzidenzkontrolle oder der abschließenden Benachrichtigung von einer intensiven Überprüfung TKÜ oder auch nur der Möglichkeit einer solchen ausgegangen werden kann. Zu diesem Kontrollversagen führen vermutlich vor allem strukturelle Mängel und ein in Teilen unklar formulierendes Gesetz.

C. Ergebnisse der Befragungen

In den Befragungen wurde die Kontrolle der TKÜ unter verschiedenen Gesichtspunkten untersucht. Beginnend mit den Erkenntnissen aus der Schriftlichen Befragung werden im Folgenden die subjektiven Einschätzungen der Praktiker zu dieser Problematik vorgestellt.

I. Schriftliche Befragung

Im Rahmen der Schriftlichen Befragung wurden die Teilnehmer mit verschiedenen Aspekten der Kontrolle einer TKÜ konfrontiert.

1. Auswirkung des Richtervorbehaltes auf die Ermittlungstätigkeit

Befragt danach[57], wie sich der Richtervorbehalt auf die Ermittlungstätigkeit auswirke, schätzten ihn 40,1% der Befragungsteilnehmer als nützlich ein. 17,4% der Befragten maßen ihm verzögernde Wirkung bei, nach Auffassung weiterer 17,2% spielt er für die Ermittlungen keine Rolle. 3,3% der Praktiker stuften ihn als weniger nützlich ein, 1,8% als hinderlich (n=2917, im Übrigen Kombinationen aus den Antwortmöglichkeiten).

Interessant in diesem Zusammenhang ist das Antwortverhalten der Berufsgruppen.[58] Es zeigen sich erwartungsgemäß signifikante Ergebnisse[59], insbesondere im Vergleich der Polizisten und Rechtsanwälte.

Mit 29,4% bewerteten Polizisten den Richtervorbehalt als nützlich (std. Residual -6,2). Zu 21,8% (std. Residual 3,9) maßen sie ihm dagegen verzögernde Wirkung bei.[60] Zu 44,3% antworteten die Polizisten mit „weniger nützlich“ (std. Residual -2,3), zu 2,1% (std. Residual 0,9) mit „hinderlich“. Keine Rolle für die Ermittlungen spielt der Vorbehalt für 18,1% (std. Residual 0,8) der Befragten.[61]

Die Staatsanwälte (n=710) liegen mit ihren Antworten auf dem Mittel.[62]

60,3% der Richter bewerteten den Richtervorbehalt als nützlich (std. Residual. 7,1), und im Vergleich zu den anderen konnten ihm weniger, nämlich nur ein Anteil von 7,7% (std. Residual -5,2), keine Rolle in den Ermittlungen zuerkennen.[63]

60,7% der Verteidiger maßen dem Richtervorbehalt Nutzen bei (std. Residual 6,1) und nur 2,8% (std. Residual -6,6) der Anwälte kamen zu der Auffassung, dass er verzögernde Wirkung habe. Einbezogen wurden die Fragebögen von 354 Fachanwälten für Strafrecht.[64]

---

57 Frage: „Im Regelfall darf die Überwachung und Aufzeichnung der Telekommunikation nur durch den Richter angeordnet werden. Wie schätzen Sie diesen Richtervorbehalt im Hinblick auf die Ermittlungstätigkeit der Ermittlungsbehörden ein?“.

58 Außer Betracht bleiben die Fälle, in denen keine Angaben zum Beruf gemacht wurden. Damit verbleiben 2885 Fragebögen zur Auswertung in einer Kreuztabelle. Ohne besondere Betrachtung verbleiben die Fälle der kombinierten Antworten, die jeweils Einzelfälle darstellten.

59 $p<0{,}05$; $\chi^2=395$; df=54; Cramers V=0,21.

60 Eine erhebliche Fehleinschätzung nach unseren Ergebnissen, vgl. oben Dritter Teil. Polizisten n=1322.

61 Im Übrigen Kombinationsantworten.

62 „nützlich“ 35,5% (std. Residual -2,0); „weniger nützlich“ 4,8% (std. Residual 2,1); „verzögernd“ 19,3% (std. Residual 1,3); „hinderlich“ 2,0% (std. Residual 0,3); „keine Rolle“ 20,1% (std. Residual 1,9); im übrigen Kombinationen.

63 Richter n=506; „weniger nützlich“ 2,4% (std. Residual -1,2); „verzögernd“ 13% (std. Residual -2,3); “hinderlich” 0,8% (std. Residual -1,7); im Übrigen Kombinationen.

64 „weniger nützlich“ 6,2% (std. Residual 2,9); „hinderlich“ 1,7% (std. Residual -0,1); „keine Rolle“ 21,8% (std. Residual 2,1); im Übrigen Kombinationen.

Es finden sich erwartungsgemäße Verteilungen, die in Anbetracht der Ergebnisse der Aktenanalyse und der Expertengespräche teilweise zu verwundern vermögen.

2. *Zukunft des Richtervorbehaltes*

Weit überwiegend sprachen die Praktiker sich mit 72,3% für ein unverändertes Beibehalten des Richtervorbehaltes aus.[65] 10,4% würden ihn erweitern, 17,2% plädierten für eine Einschränkung (n=2923, 0,1% mit Kombinationen in den Antwortmöglichkeiten). Auch hier zeigen sich signifikante Ergebnisse in der Unterscheidung der Berufsgruppen und zudem ein starker Zusammenhang (Cramers V =0,46).[66]

Nur 2% der Polizisten (std. Residual -9,5) votierten für eine Ausweitung, ein erhöhter Wert von 21,2% (std. Residual 3,6) findet sich bei der Einschränkungsalternative.[67]

Von 711 Staatsanwälte erklärten sich nur zwei (0,3%, std. Residual -8,4) für eine Erweiterung des Richtervorbehaltes, während 24,1% (std. Residual 4,4) eine Beschränkung begrüßen würden. 75,7% (std. Residual 1,1) sprachen sich dafür aus, den Vorbehalt unverändert beizubehalten.

Deutlich fällt auch das Votum der 510 Richter aus, die zu 89,2% (std. Residual 4,5) die Regelung unverändert beibehalten wollen. Nur 2% (std. Residual -5,9) plädierten für eine Erweiterung, 8,4% (std. Residual -4,8) für eine Einschränkung.

Erwartungsgemäß ergibt sich ein anderes Bild bei den Verteidigern (n=356), die zu 74,4% (std. Residual 37,3) eine Erweiterung begrüßen würden. Mit 24,7% votierte ein knappes Viertel der Befragten für ein unverändertes Beibehalten (std. Residual -10,6), drei Verteidiger (0,8%, std. Residual -7,4) erklärten sich für eine Einschränkung.

Damit hat sich die Mehrheit unter den Polizisten, Staatsanwälten und den Ermittlungsrichtern dafür ausgesprochen, den Richtervorbehalt unverändert beizubehalten, während die Verteidiger zu knapp drei Vierteln eine Erweiterung präferierten.

3. *Prüfung der TKÜ-Voraussetzungen*

Weiterhin wurden die Praktiker um eine Einschätzung gebeten, wie sie die Prüfung der rechtlichen und tatsächlichen Voraussetzungen bei einer TKÜ-Maßnahme

---

65 Frage: „Sollte der Richtervorbehalt in Zukunft erweitert / unverändert beibehalten / eingeschränkt werden?“

66 N= 2898, $p<0,05$; $\chi^2=1843,5$; df=12, Cramers V=0,46.

67 Polizisten n=1321; „unverändert beibehalten“ 76,7% (std. Residual 1,9); im Übrigen Kombinationen.

bewerteten.[68] 30,5% schätzten die Prüfung als gut ein, weitere 30,6% als befriedigend. Mit ausreichend antworteten 24,6% der Teilnehmer. 13,6% werteten mit unzureichend. Weitere 0,9% gaben kombinierte Antworten. Insgesamt wurde diese Frage von 2869 Praktikern beantwortet. Die Unterschiede in den Berufsgruppen konnten anhand von 2844 Fragebögen gemessen werden.[69]

Von den 1285 Polizisten bewerteten 41,6% (std. Residual 7,4) die Prüfung als „gut“, während 45 Teilnehmer (3,5%, std. Residual -9,9) von einer unzureichenden Kontrolle ausgingen.[70]

Nur 6,3% der Staatsanwälte (n=44, std. Residual -5,3) antworteten mit „unzureichend“. 29,1% der Teilnehmer schätzten die Prüfung als „gut“ (std. Residual -0,6), 36% als „befriedigend“ (std. Residual 2,5) und 28% als „ausreichend” (std. Residual 1,8) ein. Einbezogen wurden 700 Fragebögen von Staatsanwälten, die im Übrigen Kombinationsantworten gaben.

Richter bewerteten die Prüfung in 22,4%, und damit leicht unterdurchschnittlich (std. Residual -3,2), als „gut“. 39,4% gaben hier „befriedigend“ als Antwort (std. Residual 3,5), und 37 Teilnehmer (7,4%, std. Residual -3,8) entschlossen sich zu einem „unzureichend“. [71]

Erwartungsgemäß fallen die Antworten der 359 Verteidiger erneut abweichend aus. Nur elf unter ihnen (3,1%; std. Residual -9,4) vermochten ein „gut“ zu vergeben, ebenfalls unterdurchschnittlich fällt das Ergebnis für „befriedigend“ aus (9,5%; std. Residual -7,3). Mit ausreichend votierten 13,1% der Anwälte (std. Residual -4,4). Weit überwiegend (std. Residual 30,6) beurteilten 73,5% der Verteidiger die Prüfung der TKÜ als unzureichend.[72]

4. *Unterlagen zur Kontrolle*

Die Richter wurden zudem um eine Einschätzung der Möglichkeiten zur Kontrolle gebeten, die anhand der ihnen zur Verfügung gestellten Unterlagen bewertet

---

[68] Frage: „In den letzten Jahren wird zunehmend die Frage diskutiert, ob angesichts der Arbeitsbelastung bei der Anordnung von TKÜ-Maßnahmen überhaupt noch eine effektive rechtliche Prüfung durch den Richter gewährleistet ist. Wie schätzen Sie die Prüfung der rechtlichen und tatsächlichen Voraussetzungen einer TKÜ-Maßnahme ein?“.

[69] $p<0,05$; $\chi^2=1346,4$; df=27; Cramers V=0,4.

[70] „befriedigend“ 30,5% (std. Residual -0,2); „ausreichend“ 23,8% (std. Residual -0,5); im Übrigen Kombinationen.

[71] „ausreichend“ 29,8% (std. Residual 2,4); im Übrigen Kombinationen. Richter n=500.

[72] Im Übrigen Kombinationen.

werden sollten.[73] 35,2% erachteten diese als gut, weitere 32,9% als befriedigend. Mit ausreichend votierten 23,7%, während 6,4% der Richter hier nur unzureichende Möglichkeiten feststellten. 1,8% der Befragten lieferten Kombinationsantworten. Auskunft auf diese Frage gaben 435 Richter.

5. *Notwendigkeit weiterer Kontrollinstanzen*

2907 Teilnehmer äußerten sich zu der Frage, ob sie weitere Kontrollinstanzen als notwendig erachten. 7,6% sahen insoweit eine dringende Notwendigkeit, weitere 5,4% werteten mit „notwendig". Mit 87% geht der weiter überwiegende Anteil der Teilnehmer nicht davon aus, dass solche Instanzen erforderlich sind.

Auch hier finden sich bei 2884 Fragebögen berufsspezifische Unterschiede in den Antworten.[74] Dabei sei allein darauf verwiesen, dass 58% der Verteidiger (std. Residual 34,2) weitere Kontrollinstanzen für dringend notwendig erachteten, während dies nur in den Augen von 0,5% der Polizisten (std. Residual -9,4), 0,1% der Staatsanwälte (std. Residual -7,3) und 1,6% der Richter (std. Residual -4,9) erforderlich erscheint.[75] Am anderen Ende der Bewertung als „nicht notwendig" finden sich 97,3% der Polizisten (std. Residual 4,0), 98,5% der Staatsanwälte (std. Residual 3,3), 91,2% der Richter (std. Residual 1,0), aber nur 19,4% der Verteidiger (std. Residual -13,6). Auch insoweit entsprechen die Ergebnisse den Erwartungen.

6. *Zusammenfassung Schriftliche Befragung*

In der nachfolgenden *Tabelle 31* finden sich die Mehrheitsantworten der Teilnehmer der Schriftlichen Befragung auf die oben vorgestellten Fragen.

---

73 Frage: „Den Richtern werden als Grundlage für die Entscheidung über eine TKÜ-Maßnahme von der Staatsanwaltschaft Ermittlungsunterlagen zur Verfügung gestellt. Wie schätzen Sie die Kontrollmöglichkeiten ein, die Sie aufgrund der Ihnen zur Verfügung gestellten Unterlagen haben?".

74 $p<0,05$; $\chi^2=1790,6$; df=6; Cramers V=0,56.

75 Verteidiger n=355; Polizisten n=1319, Staatsanwälte n=712, Richter n=498.

Tabelle 31: Mehrheitsmeinungen[76]

	Polizisten	Staatsanwälte	Richter	Verteidiger
Richtervorbehalt ist für Ermittlungen …	Weniger nützlich **44%**	Nützlich **36%**	Nützlich **61%**	Nützlich **61%**
Richtervorbehalt in Zukunft …	Unverändert beibehalten **77%**	Unverändert beibehalten **76%**	Unverändert beibehalten **89%**	Erweitern **74%**
Prüfung der Voraussetzungen ist …	Gut **42%**	Befriedigend **36%**	Befriedigend **39%**	Unzureichend **74%**
Unterlagen zur Kontrolle sind …			Gut **36%**	
Kontrollinstanzen sind …	Nicht notwendig **99%**	Nicht notwendig **99%**	Nicht notwendig **96%**	Nicht notwendig **56%**

II. Expertengespräche

Im Zusammenhang mit dem Vorwurf, dass die TKÜ als „Selbstläufer" in der Anordnung erscheint, und den Zweifeln an der Kontrollintensität durch den Ermittlungsrichter, wurden die Experten vor allem mit Fragen befasst, die dem Ablauf bei der Entscheidung für eine Überwachung galten, die Möglichkeit informeller, das heißt in den Akten nicht dokumentierter, Ablehnungen klären und den Umgang mit der Begründung und dem Richtervorbehalt erläutern sollten.

Zudem wurden die Praktiker auch mit den Ergebnissen der Universität Bielefeld zur fehlenden eigenständigen Begründung durch den Richter und der niedrigen Benachrichtigungsquote konfrontiert sowie mit allgemeinen Fragen zu § 101 StPO befasst.

[76] Zu den Grunddaten siehe C I 1-5.

1. Polizei

Innerhalb der Expertengespräche wurden die Praktiker bei der Polizei unter anderem um die Beantwortung folgender Fragen gebeten:

- Wie beurteilen Sie die Zusammenarbeit von Polizei, Staatsanwaltschaft (und Gerichten) im Hinblick auf Konflikte und Konsens bei Initiierung, Antragsstellung und Anordnung?
- Werden Ihre Anregungen zur TKÜ mitunter abgelehnt oder werden diese in Zusammenarbeit mir der Staatsanwaltschaft gar nicht erst gegeben?
- Wer leistet Ihrer Auffassung nach den Großteil der Begründungsarbeit bei einer TKÜ?
- Unter Bezugnahme auf die Ergebnisse der Studie der Universität Bielefeld: Drei Viertel aller TKÜ-Beschlüsse seien angreifbar, da der richterlichen Kontrollpflicht nicht nachgekommen werde. Wie bewerten Sie diese Aussage?
- Wer ist Ihrer Meinung nach zu benachrichtigen? Stellt die Benachrichtigung aller Gesprächsteilnehmer (abgesehen von der Problematik der Durchführung) Ihrer Auffassung nach möglicherweise einen weiteren Eingriff in die Persönlichkeitsrechte des Beschuldigten dar? Gibt es allgemein gültige Gründe, die gegen eine Benachrichtigung sprechen?

1.1 Zusammenarbeit

Sieben von 18 Polizisten bewerteten die Zusammenarbeit zwischen Polizei und Staatsanwaltschaft mit Blick auf die TKÜ als „sehr gut". Weitere drei qualifizierten sie als „gut" und vier Teilnehmer als „problemfrei" oder „ohne Konflikte". Ein weiterer Teilnehmer sprach von einer „engen" Zusammenarbeit und verwies wie alle anderen darauf, dass man den Konsens suche und stets in Absprache agiere.

In zwei Gesprächen wurden weitere Aspekte der Antworten zur Zusammenarbeit der Strafverfolgungsbehörden auch mit den Ermittlungsrichtern benannt. So führte ein Polizeibeamter eines Rauschgiftdezernates nachgerade begeistert aus, dass die Kooperation „zu 90% sehr gut" sei. Sofern er „jetzt um 10.20 Uhr" einen Beschluss benötige, sei dieser „um 12.30 Uhr unterschrieben hier" (**P8**). Und ein anderer Kriminalbeamter erklärte, dass es keine Konflikte gebe, wenn die Ermittlungen schlüssig vorgetragen würden. Darauf werde Wert gelegt und die Staatsanwälte prüften dies intensiv. Es lasse sich kein Automatismus feststellen, und nach seiner Wahrnehmung lese auch der Richter sorgfältig (**P17**).

Hinsichtlich der Kooperation mit den Gerichten erklärten die Polizisten, diese nur mittelbar beurteilen zu können, ihnen Konflikte aber unbekannt seien. Vereinzelt höre man von Unstimmigkeiten zwischen der Staatsanwaltschaft und dem Gericht hinsichtlich der Anordnungsdauer.

1.2 Ablehnungen

Drei von 17 befragten Polizisten berichteten, dass es Ablehnungen ihrer Anregungen nicht gebe. Weitere fünf Teilnehmer bewerteten Ablehnungen als absolute Ausnahmen, und vier weitere erläuterten, dass TKÜ-Maßnahmen dann eher in Zusammenarbeit mit der Staatsanwaltschaft gar nicht erst beim Richter beantragt und in diesem Sinne gemeinsam verworfen werden. Auch dies sei aber eine Ausnahme. Insgesamt entstand der Eindruck, dass zwischen Polizei und Staatsanwaltschaft kaum informelle Ablehnungen stattfinden. Wiedergegeben seien im Anschluss fünf Antworten zu diesem Bereich.

So erklärte ein mit Rauschgift- und OK-Ermittlungen betrauter Polizist, dass Vorabsprachen nicht stattfänden, da die Staatsanwälte hierzu zu überlastet seien. Die Anregung „gehe raus“, werde vorgetragen und besprochen. In dieser Sache sei die Staatsanwaltschaft nicht die Herrin des Verfahrens und lehne äußerst selten ab (**P13**).

Ein weiterer Teilnehmer erläuterte, dass beim Richter nie Anträge lägen, wenn der Staatsanwalt eine Ahnung hege, dass sie abgelehnt werden könnten. Da gehe es um Glaubwürdigkeit, so dass die Staatsanwaltschaft nur Anträge vorlegen würde, bei denen der Beschluss sicher sei (**P12**).

Ein Polizeibeamter eines Rauschgiftdezernates führte zu dieser Frage aus, dass man die Fälle, in denen Unklarheiten bestünden, bespräche. Dabei sei mitunter aber auch bereits mit dem Dezernatsleiter diskutiert worden. So gebe es dann nur ganz wenige Fälle, in denen kein oder ein geänderter Beschluss ergehe. Ihm sei bisher eine Anregung durch die Staatsanwaltschaft abgelehnt worden, da dieser nicht ausreichend konkrete Tatsachen zur Person des Beschuldigten vorgelegen hätten (**P8**).

Ein Dezernatsleiter (OK) berichtete, dass Anregungen nicht abgelehnt würden, da es „so gemacht wird, wie wir das wollen“. Die Polizei kenne den Fall, während die Staatsanwaltschaft nur „das Papier kennt“. Das sei dann Vertrauenssache. Beim Richter stehe es indes noch schlimmer, da dieser noch weniger als die Staatsanwaltschaft, nämlich nur den Antrag habe. Deshalb folge dieser dann stets der Staatsanwaltschaft (**P6**).

Zuletzt sei die Antwort eines Kriminalbeamten wiedergegeben, der erklärte, dass TKÜ-Maßnahmen grundsätzlich nur angeregt würden, wenn sie so fundiert seien, dass „Staatsanwalt und Richter das genauso sehen“. Er habe in 21 Jahren nur ein bis zwei Maßnahmen gehabt, bei denen die Staatsanwaltschaft zunächst observieren wollte. Nachdem die Observationen dann ein, zwei Tage gelaufen seien, hätte er doch noch „die TKÜ bekommen" (**P4**).

1.3 Begründungsarbeit

15 der befragten Teilnehmer (n=18) sahen die Polizei in der Rolle derjenigen, die die Begründungsarbeit für eine TKÜ trägt. Drei von ihnen schränkten dabei ein, dass dies jedenfalls „normalerweise" oder „überwiegend" der Fall sei.

Drei Polizisten erläuterten ihre Auffassung weitergehend. Dabei berichtete ein Gesprächsteilnehmer von einer „engen Zusammenarbeit" mit dem Staatsanwalt. Dieser erhalte die Ermittlungsberichte und die Akte und ziehe dann daraus seine eigenen Schlüsse (**P3**).

Ein anderer erklärte, dass in der Regel der Sachbearbeiter in der Begründung substantiell darlegen müsse, warum es einer TKÜ bedürfe. Diese Gründe würden sodann dem Staatsanwalt mitgeteilt und in der Regel von diesem auch übernommen. Wenn die Staatsanwaltschaft aber von sich aus tätig werde, „sieht die Sache anders aus" (**P5**).

Der dritte dieser Polizisten schließlich gab an, dass „es doch in der Natur der Sache liegt, dass die Polizei" begründet. Zwar sei die Staatsanwaltschaft Herrin des Verfahrens, so dass man telefonisch auch schon mal diskutiere. Begründen aber müsse er, weil „ich mich intensiv mit der Akte auseinandersetze" (**P10**).

1.4 Bielefelder Begründungsergebnis

Da der Untersuchung des Max-Planck-Institutes im Zusammenhang mit der Frage der Begründungsinhalte häufig Praxisferne vorgeworfen worden ist, sollen hier, wie auch nachfolgend bei den weiteren Berufsgruppen, alle Antworten wiedergegeben werden.

So erklärte **P1**, dass er diese Aussage nicht direkt nachvollziehen könne, da der Antrag (bereits im Vorfeld) geprüft werde. Der Richter bekomme die Unterlagen, und „entweder ist die Sache klar, so dass er zustimmt und z.B. die Zeugenvernehmungen nicht alle zu lesen braucht oder er fragt nach, ruft z.T. auch an". Der Staatsanwalt lege Wert darauf, dass die Anträge „Hand und Fuß" hätten. Zur Kontrolle im weiteren Verfahren merkte dieser Teilnehmer an, dass es für den Richter bei der Masse der Gespräche nicht möglich sei, alle zu lesen. Der Staatsanwalt erhalte Berichte. Im Übrigen werde die Aufschaltung der TKÜ auch durch die Rechtsanwälte nicht in Frage gestellt.

P2 gab an, keinen Fall zu kennen, in dem das Gericht nach Anregung und Antrag eine TKÜ abgelehnt hätte. Daher schätze er die gerichtliche Prüfung als nicht „so stark“ ein. Entscheidend sei die Staatsanwaltschaft.

P3 empfand den Vorwurf als in seinem Fall unzutreffend, da er während einer TKÜ wöchentlich Protokolle vorzulegen habe. Ob der Richter seiner Kontrollpflicht dann nachkomme, wisse er aber nicht.

Auch **P4** konnte das Ergebnis nicht nachvollziehen. Er lege vierteljährlich „alles“ dem Richter vor und gehe davon aus, dass er auch prüfe. Jedenfalls erhalte er die gesamte Akte für einen neuen Beschluss.

P5 vermochte keine Bewertung vorzunehmen, da er die Grundlagen der Untersuchung nicht kenne. Bekannt seien ihm aber Fälle, in denen der Richter sich telefonisch oder persönlich bei ihm gemeldet habe, um sich „mit der Sache vertraut zu machen“. Sollte das Ergebnis dennoch zutreffen, würde es ihn in der Höhe überraschen.

P6 konnte sich gut vorstellen, dass der Richter nicht die Möglichkeit habe, „das alles zu kontrollieren“. Stattdessen werde er sich wohl auf das „gewachsene Verhältnis“ verlassen. Dies jedoch nicht, weil er nicht anders wolle, sondern weil er keine Zeit habe. Es sei dann die Frage, ob die Maßnahme dadurch rechtswidrig werde. Ob die Zahlen stimmen, wisse er aber nicht.

Für **P7** versagte sich eine Bewertung. Er würde darauf achten, nicht angreifbar zu sein und sich daher so lange mit dem Staatsanwalt auseinandersetzen, bis auch der Richter nicht mehr „in Verlegenheit“ kommen könne. Er selbst vermag sich aber vorzustellen, dass sich der Richter nicht damit auseinandersetze, da die Staatsanwaltschaft die TKÜ ja bereits geprüft habe.

P8 verwies darauf, in die justizielle Seite keinen Einblick zu haben. Für seine Situation könne er aber angeben, dass sich Richter und Staatsanwaltschaft manchmal mit ihm in Verbindung setzten. Das sage ihm, dass der Richter „die Sache schon“ lese und „ja auch manchmal Nachbesserung“ verlange: es werde keine „Blankounterschrift“ gegeben.

Nach Auffassung von **P9** prüfen die Richter sehr kritisch, und wenn „es nicht ausreicht“, gebe es keine TKÜ. So kämen seiner Erfahrung nach die Richter ihrer Kontrollpflicht nach.

P10 erklärte zunächst, nichts zu diesem Vorwurf sagen zu können, dann aber auch, dass ihm durch den Richter „noch nichts“ abgelehnt worden sei. Daher unterstelle er, dass die Staatsanwaltschaft auch alles lese. Verlängerungen würden zudem in der Regel mitbeantragt, da die Verfahren länger dauern könnten. Auch das werde aber kontrolliert.

P11 formulierte deutlich, dass die Begründung von der Polizei komme und durchaus von der Staatsanwaltschaft und dem Gericht übernommen werde. Dabei zweifle er an einer eigenen rechtlichen Prüfung. Es „läuft wohl auf Vertrauensbasis ab“.

P12 bewertete die Anordnungssituation anders. Der Richter erhalte die Anträge, die bereits äußerst intensiv geprüft seien. Der Richter nehme ebenfalls Kontrolle wahr, diese sei aber überschaubar, da er durch die Vorarbeit „keiner Gefahr ausgesetzt“ sei.

P13 verglich die Situation mit früher, als die Justiz gehalten gewesen sei, ein bestimmtes Formular zu benutzen. Er gehe davon aus, dass damals dann nicht mehr kontrolliert worden sei. Mittlerweile würden aber diese Formulare nicht mehr benutzt, und die Staatsanwaltschaft sei wieder stärker in „die Mitte des Verfahrens“ gerückt. Es erfolgten gründlichere Anträge, so dass er das Ergebnis nicht nachvollziehen könne.

P14 erklärte eine Bewertung als schwierig. Jedoch lege allein der Umfang einzelner Akten diesen Schluss nahe, da „es einfach zu viel ist“.

Erstmals habe er „etwas von einem Richter wiederbekommen, führte **P15** aus. Das zeige ihm, dass Kontrolle stattfinde. Es gebe zudem kein Formblatt, so dass die Begründungen nachweisbar dargelegt werden müssten. Er könne sich vorstellen, dass Richter nichts monierten, sie müssten sich aber vielleicht die Akten kommen lassen. Das wiederum sei aber praktisch nicht möglich.

P16 bewertete drei Viertel als wohl zu hoch gegriffen. So wolle er keine Wertung abgeben, könne aber grundsätzlich zustimmen, dass der Kontrollpflicht nicht in dem Maße nachgekommen werde, wie es das Gesetz verlange.

P17 fragte gereizt, ob die Wissenschaftler „hinter dem Richter gestanden“ haben und dieser sich verweigert hätte, die Akte zu lesen. Er empfinde das Ergebnis als bemerkenswert, da „eine Aktenprüfung nicht vor einer Fußballmannschaft“ zu erfolgen habe. Er gehe von einer Prüfung durch den Ermittlungsrichter aus.

P18 konnte das Ergebnis nicht nachvollziehen. Seiner Erfahrung nach werde sehr intensiv und immer am Einzelfall geprüft. Die Richter nähmen sich ausreichend Zeit.

Allgemein sind die Polizisten auch in diesem Zusammenhang im Laufe der Gespräche an anderer Stelle der Auffassung, dass man bei der Kritik nicht realisieren würde, wie arbeitsaufwendig eine TKÜ sei. Kein Polizist betreue diese gerne, da sie enorm arbeitsaufwendig und kostenintensiv sei. Man schalte eine TKÜ nicht einfach so, weil „einem nichts Besseres einfallen“ würde.

1.5 Benachrichtigung

Im Rahmen spezifischer Fragen zum Umgang mit der Benachrichtigungspflicht antworteten 17 teilnehmende Polizisten. Dabei zeigte sich zunächst eine große Varianz in der Einschätzung, wer von der TKÜ zu unterrichten sei. Sechs Polizisten sahen nur den Beschuldigten selbst als zu benachrichtigen an, weitere zwei zudem von ihm verschiedene Anschlussinhaber. Ein Teilnehmer gab an, dass im Grunde niemand unterrichtet werden müsse, zwei dagegen sehen die Notwendigkeit, alle „abgehörten Personen" zu informieren. Ein Teilnehmer schließlich führte aus, dass derjenige zu benachrichtigen sei, gegen den die TKÜ gerichtet war: das sei dann der Inhaber oder der Nutzer eines Anschlusses.

Im Weiteren sahen vier Teilnehmer das Allgemeine Persönlichkeitsrecht des Beschuldigten als dadurch gefährdet an, dass andere Gesprächsteilnehmer von der TKÜ und damit von dem Verfahren gegen den Beschuldigten unterrichtet würden. Zwei Polizisten wiesen diesen Einwand ab, einer konnte dazu keine Einschätzung abgeben.

Befragt nach Gründen, die ganz allgemein gegen eine Benachrichtigung sprechen würden, gaben zwei Teilnehmer an, sich solche nicht vorstellen zu können. Fünf Polizisten führten eine allgemeine Verunsicherung in der Bevölkerung an, zwei weitere datenschutzrechtliche Erwägungen. Ebenfalls zwei Teilnehmer sahen kriminaltaktische Gründe im Einzelfall als einer Unterrichtung entgegenstehend an.

Wiedergegeben seien im Folgenden die Ausführungen von fünf Teilnehmern der Gespräche.

Dabei erläuterte ein Teilnehmer, dass der Beschuldigte Kenntnis erlange, wenn die TKÜ eingeführt werde. Komme es zu keiner Verhandlung, sei davon auszugehen, dass der Beschuldigte demnächst wieder abgehört werden müsse. Dann komme unter Umständen ein halbes Jahr später „etwas heraus", und man müsse ihn ja nicht mit der Nase darauf stoßen. Größtenteils werde die TKÜ aber eingeführt oder in der Vernehmung vorgehalten. Damit erlange neben dem Beschuldigten regelmäßig auch sein näheres Umfeld Kenntnis von der Überwachung. Was „neutrale Personen" anbelange, die „mal telefoniert haben", sei die Verunsicherung durch eine Benachrichtigung wesentlich größer. Solle man denn, wenn 1600 Personen telefoniert haben, jeden einzelnen darauf hinweisen? Da müsse dann auch der Beschuldigte geschützt werden, sonst könne „man gleich ein Plakat mit dem Inhalt aufhängen, dass diese Person nun im Gefängnis sitzt". Außerdem sei das für eine Staatsanwaltschaft nicht machbar, da man eine gesamte Abteilung benötige und Rückfragen entstünden, welche Gespräche abgehört wurden, wann das war, wie es verarbeitet wurde und wo gespeichert. Das sei nicht praktikabel (**P1**).

Auch **P3** verwies darauf, dass das „Problem in der Machbarkeit" bestehe. So habe er zuletzt während einer TKÜ 8500 Gespräche bei 400 bis 500 Anschlussinhabern aufgezeichnet

Für **P5** stellte nicht die Benachrichtigung, sondern das Abhören den Eingriff dar. Und aus Gründen der Kontrolle empfinde er die Unterrichtung als wichtig. Was aber sei mit den Nichtbetroffenen? Zu benachrichtigen seien der Abgehörte und derjenige, auf den sich die Anordnung bezogen habe. Für die anderen müsse nach der Verdachtslage und dem Verfahrensbezug unterschieden werden. Sei dieser ausgeschlossen, wisse er nicht, ob man sie zu benachrichtigen habe. Da sei der Gesetzgeber „nicht deutlich". Zudem sei eine Benachrichtigung aller wegen der Persönlichkeitsrechte des Beschuldigten auch nicht erforderlich und rechtlich falsch. Abgesehen davon sei sie aber ohnehin undurchführbar.

P10 wies auf das veränderte Kommunikationsverhalten der Täter hin. Wenn ein Beschuldigter fünf Handys im Monat einsetze, solle man dann alle diese fünf zur Benachrichtigung aufnehmen? Ausreichend sei, alle faktisch abgehörten Personen zu informieren, also den Beschuldigten, nicht aber seine Mutter, mit der auch telefoniert wurde. Es seien alle zu unterrichten, gegen die sich die Maßnahme richtete. So man allein den Anschlussinhaber benachrichtigte, könnte damit niemand etwas anfangen. In vier Monaten habe er etwa 6000 Verbindungsdaten und 200 verschiedene Kontakte. Den logistischen Aufwand müsse die Polizei leisten, und man stünde dann vor dem Problem, dass viele Personen mit fremden Handys kommunizierten. Eine Benachrichtigung aller würde zudem zu einer großen Verunsicherung führen und den Beschuldigten weiter belasten.

P17 verwies auf den Wortlaut des § 101 StPO, der seines Wissens nach den Anschlussinhaber ausweise. In der Regel werde auch benachrichtigt. Sollte man hingegen alle informieren, stellte sich dies in seinen Augen als wesentlich höherer Eingriff dar, als dass er dem Sinn der Regelung entspreche. Er würde es dem Täter überlassen, weiter zu informieren, z.B. Freunde. Bei den Beschuldigten selbst spreche es sich ohnehin herum.

2. *Staatsanwaltschaft*

Innerhalb der Expertengespräche wurden die Staatsanwälte unter anderem mit den folgenden Fragen konfrontiert:

- Wie beurteilen Sie die Zusammenarbeit von Polizei, Staatsanwaltschaft (und Gerichten) im Hinblick auf Konflikte und Konsens bei Initiierung, Antragsstellung und Anordnung?
- Werden Anregungen der Polizei zur TKÜ mitunter abgelehnt oder werden diese in Zusammenarbeit mit der Staatsanwaltschaft gar nicht erst gegeben? Werden Anträge der Staatsanwaltschaft mitunter in der Weise „informell" abgelehnt, dass diese gar nicht mehr in der Akte auftauchen?
- Unter Bezugnahme auf die Ergebnisse der Studie der Universität Bielefeld: Drei Viertel aller TKÜ-Beschlüsse seien angreifbar, da der richterlichen Kontrollpflicht nicht nachgekommen werde. Wie bewerten Sie diese Aussage?

- Wer ist Ihrer Meinung nach zu benachrichtigen? Stellt die Benachrichtigung aller Gesprächsteilnehmer (abgesehen von der Problematik der Durchführung) Ihrer Auffassung nach möglicherweise einen weiteren Eingriff in die Persönlichkeitsrechte des Beschuldigten dar? Gibt es allgemein gültige Gründe, die gegen eine Benachrichtigung sprechen?
- Nach einer Studie der Universität Bielefeld wird der Benachrichtigungspflicht nicht ausreichend Genüge getan. Wie bewerten Sie dieses Ergebnis? Genügt eine Kenntniserlangung durch die Akteneinsicht des Verteidigers?

2.1 Zusammenarbeit

Die zehn Staatsanwälte bewerteten die Zusammenarbeit sowohl mit der Polizei als auch mit den Gerichten als sehr gut. Das schließe nicht aus, dass „man mal anderer Meinung ist, dann muss die Polizei noch mal nachlegen, oder aber der Richter verlangt noch etwas mehr". Probleme gebe es nicht bei der Anordnung von TKÜ-Maßnahmen, sondern beim Vollzug, da mitunter mehr Beschlüsse vorlägen als Einrichtungen vorhanden seien.

Vier Staatsanwälte verwiesen für die Zusammenarbeit auch darauf, dass das Gericht kaum bzw. nie Anträge ablehne: dies wird als Beleg für eine intensive Kooperation gewertet. Ein Staatsanwalt äußerte, dass es Konflikte, wenn überhaupt, im Verhältnis Staatsanwaltschaft / Polizei gebe und dann Anregungen (im Gegensatz zu Anträgen der Staatsanwälte bei den Richtern) „auch schon mal abgelehnt" würden.

Angesprochen auf die Zusammenarbeit mit Blick auf die TKÜ erklärten drei Staatsanwälte den Ablauf zum „Selbstläufer", er „funktioniert reibungslos" und „unkompliziert". Hinsichtlich des Verhältnisses zum Gericht wurde herausgestrichen, dass die Zusammenarbeit sachverständig, gut und „vertrauensvoll" sei, mitunter telefonische Nachfragen erfolgen würden.

2.2 Ablehnungen

Sieben der zehn Staatsanwälte erklärten, dass es informelle Ablehnungen durch den Richter nicht gebe. Zum Teil wurde in diesem Zusammenhang auch angeführt, dass es das nicht gebe, weil nach der jeweiligen Erfahrung Anträge ohnehin durch den Richter nicht abgelehnt würden. Nach Auffassung eines dieser Befragten würden Anträge der Staatsanwaltschaft weder formell noch informell abgelehnt, da sie spätestens beim Landgericht „durchkommen". Ein anderer bekräftigte, dass das, was beim Ermittlungsrichter ankomme, positiv oder negativ beschieden werde. Zwar gebe es einen Erfahrungsaustausch zwischen Gericht und Staatsanwaltschaft, aber wenn ein Antrag gestellt werde, ziehe dieser auch einen Beschluss nach sich. Ein weiterer Befragungsteilnehmer wies ein solches Vorgehen von sich, da „gestellt gestellt ist und ich mir doch nichts vergebe, wenn ich nach einem ablehnenden Beschluss einen neuen, nachgebesserten Antrag stelle".

Zwei der zehn Teilnehmer sprachen davon, dass informelle Ablehnungen „kaum" vorkämen, während ein Staatsanwalt angab, dass etwa 3% an Anträgen auf informelle Weise und ohne entsprechenden Vermerk in der Akte abgelehnt oder zurückgenommen würden.

Darüber hinaus berichteten drei Staatsanwälte, dass Anregungen der Polizei durch sie nicht informell abgewiesen würden, während drei weitere Teilnehmer darauf verwiesen, dass in solchen Fällen die Anregung in Zusammenarbeit eben gar nicht erst erfolgte. Zwei Befragte gaben an, dass sie ein solches Prozedere durchführten, ein weiterer schätzte diese informellen Ablehnungen polizeilicher Anregungen auf 5%, ein anderer auf 10%. Allerdings handele es sich eher um eine gemeinsame Entscheidung für oder gegen Anregung und Antrag als um tatsächliche Ablehnungen.

Alle Befragten erklärten, dass die Polizei mitunter noch mal „nachlegen" oder „auffüllen" müsse, das liefe aber auf einer „sehr guten Ebene", nicht etwa in der Art, dass man sie „vorführen" würde.

2.3 Bielefelder Begründungsergebnis

Die Einschätzung der Staatsanwälte bezogen auf das Ergebnis der Bielefelder Studie zu den Inhalten der Begründung wird hier im Folgenden wiedergegeben.

S1 bewertete das Ergebnis als „absoluten Blödsinn" und erachtete die „Forscher als gerichtsunerfahren". So sei dann auch das Ergebnis „schlicht falsch". Wenn der Beschluss dem Antrag entspräche, bedeute dies nicht, dass der Richter nicht geprüft habe, sondern dass der Antrag ausreichend begründet gewesen sei. Ihn würde es wundern, wenn auch nur 10% der Anträge nicht substantiell begründet seien.

S2 erklärte das Ergebnis als „in der Konsequenz falsch, aber förmlich richtig". Es ließe sich anhand der Akten nachträglich nicht nachweisen, inwieweit eine Überprüfung erfolgte und welche Akten vorlagen.

S3 äußerte, „das Problem von meinen Ermittlungsrichtern" zu kennen. Im Ergebnis sei das richtig, es finde keine Einzelfallprüfung im Beschluss statt. Das sei aber nicht rechtswidrig, solange die Politik sie nicht mit der fünffachen Personalmenge ausstatte. Die Zahl der Ermittlungsrichter müsse „mindestens verdoppelt" werden. Theoretisch sei das Ergebnis also richtig, aus pragmatischen Gründen könne man aber nichts anderes machen. Er lege die Akte, die ausführliche Anregung und seinen Antrag vor. Es bestehe eine Begründungspflicht und der Richter unterschreibe nicht blind. Sicher aber lese „er die Akte nicht ab Seite 1", aber er habe ja den Antrag und die Anregung, und das Ergebnis dieser Prüfung sei dann der Beschluss. Wenn „genug Personal" da wäre, hielte er es für angebracht, „TKÜ-Beschlüsse etwas ausführlicher zu begründen". Eine Prüfung finde statt, sie werde aber nicht als ausführliche Begründung in den Beschluss aufgenommen. Die Richter würden den Tatverdacht, die Katalogtat und den Gesetzestext benennen. Daran könne man Anstoß nehmen, allerdings nur theoretisch, nicht in der Praxis.

Für **S4** ging das „Ergebnis an der Realität vorbei". Die Ermittlungsrichter seien heute sehr arbeitsüberlastet und müssten viele Anträge und Akten bearbeiten. In den letzten Jahren entstehe ein Begründungswahn. Man dürfe aber nicht aus einer individuellen Begründung auf eine genaue Prüfung schließen, individuelle Formulierungen seien nicht notwendig. Die TKÜ sei ein Massenverfahren, schon daher sei eine individuelle Form gar nicht möglich. Der Beschlussentwurf werde mitgeliefert und er bemühe sich insbesondere in Grenzfällen um individuelle Formulierungen.

S5 erachtete das Ergebnis als „falsch". Nach seiner jahrzehntelangen Erfahrung werde durch Land- und Schöffengerichte überprüft, ob die TKÜ falsch oder unzulässig war. Dabei sei ihm kein einziger Fall bekannt, bei dem dies angenommen wurde. Nur in einem Fall sei die Akte nach der Beschlussfassung verändert und nicht paginiert worden. Es sei nicht mehr zu klären gewesen, wie die Akte vorher gewesen sei und zu welchem Zeitpunkt welche Verdachtslage bestanden habe. Selbst da sei jedoch der Beschluss nicht als „ungesetzlich angesehen" worden. Er könne sich das Ergebnis nur dadurch erklären, dass extrem hohe Maßstäbe angelegt würden: niemand könne mehr „die Subsidiarität abhandeln, zwei Sätze müssen reichen". Es werde ein Formular abgefragt, so dass die Gefahr, etwas zu vergessen, geringer sei. Außerdem sei die TKÜ enorm aufwendig, man „reißt sich wegen des erforderlichen Arbeitsaufwands nicht darum". Daher werde die TKÜ nur in den Fällen angewendet, „wo es hinhaut". Dann werde aber auch ein „anständiger Beschluss" gemacht. Das Problem sei, dass es oft schnell gehen müsse, deshalb würden nicht alle Beweismittel aufgeführt und „die Subsidiarität nicht bis in alle Verästelungen dargelegt", nicht alle Uhrzeiten, Orte etc. bis ins Detail erwähnt. Deshalb erfolge mitunter eine „etwas starke Abstrahierung", aber er könne sich nicht vorstellen, dass nur ein Viertel der Beschlüsse ordnungsgemäß erfolge.

S6 orientierte sich an seiner zehnjährigen Erfahrung im OK-Bereich, in der er noch keinen Beschluss erlebt habe, der von der Verteidigung oder dem Angeklagten angegriffen worden wäre. Die Staatsanwaltschaft lege substantiierte Anträge vor, die Vorprüfung sei sorgfältig, andernfalls würde man keinen Antrag stellen.

S7 kannte die Studie nicht, erklärte aber, dass richterliche Beschlüsse auch in anderen Bereichen nicht immer den Anforderungen des BVerfG genügten. Das sei bei der „Masse der Geschäfte" auch nicht überraschend. In der Regel sei dies aber kein Problem, da die Möglichkeit zur Beschwerde bestehe. Wenn sich aber jemand beschwere, dann sei dies zumeist zwecklos.

S8 erläuterte, dass bei einer ausreichenden Begründung durch die Staatsanwaltschaft keine umfassendere Begründung durch das Gericht erforderlich sei. Die Staatsanwaltschaft habe dann alles mitgeteilt.

Nach Auffassung von **S9** ist die Tatsache, dass der Richter keine eigenständige Begründung verfasse, nicht damit gleichzusetzen, dass keine Begründung vorliege. Es bestehe keine Veranlassung für den Richter, die Begründung umzuformulieren. Diese sei bereits durch zwei mit der Sache vertraute Personen ausgearbeitet worden, auch seien die Voraussetzungen immer dieselben. Dem Richter stehe auch die Akte zur Verfügung.

S10 konnte nicht erkennen, wo im Gesetz eine eigenständige richterliche Begründung verlangt werde. Der Richter könne übernehmen, er müsse sich nur überzeugen. Wenn die Begründung der Staatsanwaltschaft gut sei, bestehe keine Veranlassung für den Richter, sich „eine andere auszudenken".

2.4 Benachrichtigung

Die Antworten der Staatsanwälte gehen in der Terminologie zum Teil weit auseinander, laufen aber auf eine enge Auffassung hinaus. Zu benachrichtigen seien:

- der Anschlussnutzer und der Anschlussinhaber, letzterer sei häufig nicht bekannt
- der Abgehörte und der Anschlussinhaber, letzterer sei im OK-Bereich zu 90% eine Phantasiegestalt oder Nichtbetroffener
- der Anschlussinhaber und der Beschuldigte sowie diejenigen Gesprächspartner, die ohne Probleme identifiziert werden können (n=2)
- der Vertragsinhaber und alle Mitbenutzer
- der „Betroffene", wobei Theorie und Praxis hier weit auseinander lägen
- diejenigen Personen, die in § 101 StPO genannt werden
- jedenfalls nicht alle Gesprächspartner, da dies in der Praxis unmöglich zu leisten sei.

Ein Staatsanwalt führte aus, dass man zwischen Festnetzanschlüssen und Handys unterscheiden müsse, bei letzteren seien nur die Anschlussnutzer zu informieren.

Ein weiterer Teilnehmer erklärte, dass theoretische Anforderungen mit der Praxis einfach nicht zu vereinbaren seien.

Zwei der Antworten zu diesem offenbar unklar geregelten Bereich finden sich nachfolgend. Dabei gab ein Staatsanwalt an, dass nach seiner Auffassung der Anschlussinhaber und der Anschlussnutzer zu benachrichtigen seien, wobei einer dieser beiden stets mit dem Beschuldigten identisch sei. Als „abenteuerlich" empfinde er die Forderung, alle Gesprächsteilnehmer zu benachrichtigen: „Da muss ich mir pro Verfahren eine Woche Urlaub nehmen und bekomme einen Nervenzusammenbruch.". Es gehe in § 101 StPO um die Unterrichtung derjenigen Personen, die von Beginn an Ziel der Maßnahme oder unausweichlich von ihr betroffen gewesen seien. „Arm dran" sei doch derjenige, dessen Geschäftspartner darüber informiert würden, dass er überwacht wurde. Noch schlimmer sei dies dann bei Gesprächspartnern von Kontaktpersonen, die nicht einmal beschuldigt waren. Wer wolle deren Kontakte „aufdröseln", nur damit bei deren Umfeld am Ende ein schlechter Eindruck „hängen bleibt". Daneben werde die Benachrichtigung häufig unterlassen, wenn VP-Informationen aus dem nahen Umfeld stammten, da dann VP und Zeugen gefährdet seien und dies in bestimmten Kreisen an Leib und Leben (**S3**).

S10 verwies für die Benachrichtigung auf den Einzelfall. Bei Ermittlungen gegen eine kriminelle Vereinigung müsse nicht zwangsläufig jeder Gesprächsteilnehmer informiert werden. Zudem sei es zweckmäßig, zwischen Handy und Festnetz zu unterscheiden. So gebe es bei Festnetzanschlüssen unter Umständen noch eher abgrenzbare Betroffene, während bei Handys häufig Strohmänner überwacht würden. Für diese entstehe weniger die Frage nach einer Benachrichtigung als die nach der Einleitung eines Verfahrens wegen Beihilfe. Zudem erführen die Beschuldigten spätestens mit Anklage von der TKÜ. Grundsätzliche Gründe gegen eine Benachrichtigung sieht er in der „immensen Unruhe" und dem Datenschutz. Zudem müsse man bei kriminellen Vereinigungen wie in der Frage der Vernichtung auch bei der Benachrichtigung vorsichtig sein und nicht zu früh aktiv werden: „die meisten Beschuldigten tauchen wieder auf".

Neun der befragten Teilnehmer stimmten der Überlegung zu, dass eine Benachrichtigung aller Gesprächspartner einen Eingriff in das Allgemeine Persönlichkeitsrecht des Beschuldigten darstelle (zum Teil mit Einschränkungen), und sahen vor allem bei Verfahren, die mit einer Einstellung endeten, Stigmatisierungsgefahren, die vermieden werden müssten. Zum Teil hänge die Beurteilung aber auch von der Frage ab, was man den Gesprächsteilnehmern mitteilen solle. In jedem Fall würde aber eine solche umfassende Unterrichtung zu schwer zu handhabenden Nachfragen der benachrichtigten Personen führen. Ein Staatsanwalt verneinte eine solche Eingriffswirkung der Benachrichtigung aller Gesprächspartner.

Als allgemeingültige Gründe gegen eine Unterrichtung benannten die Staatsanwälte Gefährdungslagen für die Ermittler (n=2), dies vor allem im OK-Bereich, Unruhe in der Bevölkerung, Datenschutzgründe („Akteneinsicht erhält ja auch nicht jeder"; n=2), Vertrauensverlust bei Unschuldigen (n=2) und ermittlungstaktische Erwägungen (n=2). Ein Teilnehmer verwies auf die Ausführungen in § 101 StPO.

2.5 Bielefelder Benachrichtigungsergebnis

Ein Staatsanwalt fand das Ergebnis für den OK-Bereich nachvollziehbar, dort würden die Benachrichtigungen hinausgezögert, zum Teil ganz unterlassen. Drei weitere konnten sich vorstellen, dass es zutrifft, sofern man eine Benachrichtigung auch aller Gesprächspartner verlangt. Das aber wäre nicht zu leisten, da die Staatsanwaltschaft dann nicht mehr mit den Ermittlungen, sondern allein mit der Identifizierung und Benachrichtigung dieser Personen beschäftigt wäre.

Gründe für seltene Benachrichtigungen wurden auch darin gesehen, dass bei *prepaid*-Karten der Inhaber häufig nicht bekannt sei.

Die zehn Befragungsteilnehmer erachteten grundsätzlich eine Kenntnisnahme durch Akteneinsicht des Verteidigers für ausreichend. Dieser sei empfangsberechtigt, damit genüge dann auch seine Kenntnis. Ein Staatsanwalt verwies darauf, in seinen Schreiben an den Verteidiger hinsichtlich Akteneinsichtsgesuchen diesen darauf hinzuweisen, dass damit auch § 101 StPO Genüge getan sei.

Ein weiterer Staatsanwalt erklärte zudem, dass bei einem Auseinanderfallen von Beschuldigtem und Anschlussinhaber dann selbstverständlich auch letzterer gesondert zu unterrichten sei.

Einige der Antworten zur Bielefelder Studie und den dort angeführten Ergebnissen zur Benachrichtigung sind im Folgenden zu finden.

So erklärte **S3** die Benachrichtigung für sich zur Routine, wenn er es auch widerwillig mache. Dennoch könne er sich vorstellen, dass „an den Ergebnissen der Bielefelder Untersuchung“ etwas dran ist. Für den Beschuldigten genüge es aber, wenn der Anwalt Kenntnis erlange, während dies bei abgehörten Kontaktpersonen und Beschuldigten ohne anwaltliche Vertretung selbstverständlich anders sei.

S10 gewann hinsichtlich der Bielefelder Untersuchung den Eindruck, dass der Begriff des Betroffenen verkannt worden sei. So sei der Gesetzgeber von der ursprünglichen Festnetzsituation ausgegangen und habe nicht an die heutigen Möglichkeiten und „Handymassen“ gedacht. Mobiltelefone seien aber nicht mehr unbedingt personenbezogen zuzuordnen.

Auch **S8** verwies auf die Schwierigkeit, bei *prepaid-Karten* nicht zu wissen, an wen sie ausgeliefert wurden, da die Namen nicht bekannt oder der Phantasie der Täter entsprungen seien. Daher sei auch die Kritik nicht berechtigt, da man nicht unterrichten könne, wen man nicht kenne. Der Gesetzgeber habe prinzipiell etwas Wichtiges geregelt, leider widerspreche es der Rechtswirklichkeit.

3. Richter

Innerhalb der Expertengespräche wurden die Richter unter anderem mit den folgenden Fragen konfrontiert:

- Wie beurteilen Sie die Zusammenarbeit von Polizei, Staatsanwaltschaft (und Gerichten) im Hinblick auf Konflikte und Konsens bei Initiierung, Antragsstellung und Anordnung?
- Werden Anträge der Staatsanwaltschaft mitunter in der Weise „informell" abgelehnt, dass diese gar nicht mehr in der Akte auftauchen?
- Unter Bezugnahme auf die Ergebnisse der Studie der Universität Bielefeld: Drei Viertel aller TKÜ-Beschlüsse seien angreifbar, da der richterlichen Kontrollpflicht nicht nachgekommen werde. Wie bewerten Sie diese Aussage?
- Welche Unterlagen werden Ihnen zur Verfügung gestellt, um den Beschluss zu fassen? Wie viel Zeit steht Ihnen zur Beschlussfassung etwa zur Verfügung?
- Wer ist Ihrer Meinung nach zu benachrichtigen? Stellt die Benachrichtigung aller Gesprächsteilnehmer (abgesehen von der Problematik der Durchführung) Ihrer Auffassung nach möglicherweise einen weiteren Eingriff in die Persönlichkeitsrechte des Beschuldigten dar? Gibt es allgemein gültige Gründe, die gegen eine Benachrichtigung sprechen?
- Nach einer Studie der Universität Bielefeld wird der Benachrichtigungspflicht nicht ausreichend Genüge getan. Wie bewerten Sie dieses Ergebnis?

3.1 Zusammenarbeit

a. Ermittlungsrichter

Die befragten sechs Ermittlungsrichter bewerteten die Zusammenarbeit unterschiedlich.

Ein Teilnehmer führte aus, dass es mitunter größere Konflikte im Verhältnis Polizei / Staatsanwaltschaft gebe, wenn die Polizei „etwas forscher auftritt, die Staatsanwaltschaft bremsen muss".

Ein Ermittlungsrichter formulierte, dass es, sofern es die Zusammenarbeit mit den OK- oder BtM-Dezernaten betreffe, „reibungslos" laufe, „man kennt sich, häufig wird vorher schon mal kurz telefoniert". Das sei Absprachesache, es existiere ein kurzer Draht, weil die Zusammenarbeit gut sei.

Ein anderer Richter bezeichnete die auftretenden Konflikte als lösbar, er unterschreibe nicht alles, mitunter werde es dann kontrovers, er rufe bei Polizei oder Staatsanwaltschaft an, um um Nachbesserung zu bitten.

Ein Befragungsteilnehmer antwortete auf die Frage nach der Zusammenarbeit mit „nicht so gut", die Polizei sehe nur das Ergebnis und schaue nicht ins Gesetz, die Staatsanwaltschaft stelle dann trotzdem den Antrag, das Gericht entscheide dann und mache „sich manchmal unbeliebt“.

Ein Ermittlungsrichter machte die Zusammenarbeit davon abhängig, was man für ein Mensch sei, „eher ein Querulant, der der Staatsanwaltschaft Knüppel zwischen die Beine werfen möchte, oder eher verfolgungsfreundlich“. Einer seiner Kollegen würde alles „zehnmal prüfen“, schicke die Sachen zurück. Er selbst empfinde die Zusammenarbeit als perfekt; wenn die gesetzlichen Voraussetzungen vorliegen, lasse er auch einmal „drei gerade sein, zumal alle Entscheidungen ja behebbar“ seien. Ein Richter schließlich bewertete die Zusammenarbeit schlicht als „gut“.

b. Richter am Landgericht

Die befragten zehn Richter der Landgerichte verwiesen darauf, dass sie - wenn überhaupt - zu dieser Frage nur mittelbar Stellung beziehen könnten. Drei Teilnehmer vermuteten eine reibungslose Zusammenarbeit, da ihnen aus den Akten keine Konflikte ersichtlich sind.

Ein Richter erklärte, da er noch nie eine Ablehnung gesehen habe, müssten die Anträge wohl Hand und Fuß haben, die Zusammenarbeit „reibungslos funktionieren“.

Ein weiterer Befragungsteilnehmer äußerte, dass ihm kein Ablehnungsfall bekannt sei, die Polizei als „Initiator“ über einen „Zeit- und Erkenntnisvorsprung“ verfüge und den Genehmigenden kaum Zeit verbleibe.

Ein Richter äußerte, dass die Zusammenarbeit „gut“ sei, zwei andere konnten keinerlei Angaben zu dieser Frage machen.

Einem Richter waren Probleme nicht bekannt, er kritisierte aber die „manchmal sehr knappe“ Begründung der Anordnung, die es schwierig mache nachzuvollziehen, „wie es zu der Anordnung kam“.

Ein weiterer Richter bewertete die Zusammenarbeit von Polizei und Staatsanwaltschaft und Staatsanwaltschaft und Gericht als einwandfrei, da die Staatsanwaltschaft bei der Polizei abschreibe und der Richter seine Unterschrift darunter setze. So habe man kein Problem. Dieses bekomme aber das erkennende Gericht, das nicht nachvollziehen könne, wie die Gründe für die TKÜ lagen (**R14**).

3.2 Ablehnungen

a. Ermittlungsrichter

Fünf der befragten Ermittlungsrichter äußerten sich zu der Frage, ob es informelle Ablehnungen von Anträgen gebe, die dann in den Akten nicht dokumentiert werden. Zwei der Richter verneinten eine solche Praxis unter dem Hinweis, dass alles und eben auch solche Ablehnungen ohne Beschluss in der Akte niedergelegt werden. Ein Teilnehmer erklärte, dass er selbst ein solches Prozedere einmal in zwölf Jahren erlebt habe. Zwei Ermittlungsrichter schließlich bejahten die Frage, einer von ihnen erläuterte dabei, dass dies wesentlich häufiger vorkomme als ein ablehnender Beschluss. Der Staatsanwalt rufe ihn an, frage nach der Aussicht auf Anordnung einer TKÜ, und er erwidere dann ggf., dass ein Antrag keinen Zweck habe: sodann werde auch kein Antrag gestellt.

Somit zeigt sich ein sehr unterschiedliches Bild in der Handhabung, das keinen Rückschluss darauf zulässt, dass Ablehnungen durch Beschluss regelmäßig auf informelle Weise zwischen Staatsanwaltschaft und Gericht vermieden werden und im Grunde von einem höheren Anteil abgelehnter TKÜ ausgegangen werden muss.

b. Richter am Landgericht

Den neun dazu befragten Richtern am Landgericht waren informelle Ablehnungen größtenteils nicht bekannt. Sie verwiesen teils darauf, dass sie in diesen Verfahrensabschnitt keinen Einblick hätten (n=3), teils verneinen sie ein solches Vorgehen, da es ihnen aus der Praxis der Akten nicht bekannt sei (n=4). Ein Richter vermutete, dass es möglicherweise einen Vorabaustausch gebe, der dann dazu führe, dass Anträge nicht gestellt würden („wohl ja, man kennt sich ja“). Auch ein weiterer Richter konnte sich informelle Ablehnungen vorstellen, relativierte aber, dass er keine gesicherte Informationsbasis hätte.

3.3 Bielefelder Begründungsergebnis

Wie bereits zuvor sollen auch die Antworten aller teilnehmenden Richter unter Hinweis auf das Bielefelder Untersuchungsergebnis zum Inhalt der Begründungen wiedergegeben werden.

a. Ermittlungsrichter

R1 konnte das Ergebnis bestätigen. Die Staatsanwaltschaft würde begründen, er es prüfen und seine Unterschrift darunter setzen, wenn er es für richtig befinde. Er sei Praktiker, und die Strafbefehle würden doch auch von der Staatsanwaltschaft geschrieben und entsprechen einem Urteil. Das sei eine völlig legitime Arbeitserleichterung, sie verführe allerdings dazu, die Begründung einfach zu übernehmen. Andernfalls würde er aber auch doppelt soviel Zeit benötigen.

Für **R7** erschien die Schlussfolgerung einer eigenständigen Begründung als nicht richtig. Die Staatsanwaltschaft liefere einen Service und habe ohnehin bessere

Textverarbeitungsprogramme. Er sei aber nicht gehindert, eine eigene Begründung zu verfassen. Prüfen müsse er ohnehin. Wenn das Vorgelegte „okay“ sei, unterschreibe er, auch wenn die Begründung vorgefertigt sei. Sollte es aber tatsächlich so sein, wie die Frage intendiere, wäre das Ergebnis verheerend, da er da seiner Überprüfungspflicht nicht gerecht werde.

R10 erklärte, dass in Bayern die Beschlüsse vorformuliert seien, nicht aber in Nordrhein-Westfalen. Wenn es sich um einen guten Vermerk handele, werde dieser auch übernommen, wenn auch die Subsumtion und die Begründung immer durch das Gericht erfolgen müssen. Er würde vorformulierte Beschlüsse ablehnen.

R12 gab verschiedene Gesichtspunkte zu bedenken. Häufig sei die TKÜ sehr eilbedürftig, etwa wenn aktuell Lieferungen für den Abend erwartet würden. Dann rufe der Staatsanwalt an und komme mit einem vorgefertigten Beschluss vorbei. Warum solle man dann doppelte Schreibarbeit erledigen? Zudem kämen die Sachen der Staatsanwaltschaft mittlerweile auch per mail und seien am PC zu verändern. Auch seien TKÜ häufig Folgeentscheidungen, er bekomme das Verfahren und prüfe es sorgfältig. Dann werde eine weitere Nummer bekannt oder eine Verlängerung notwendig. Da er das Grundverfahren kenne, setze er Vertrauen in seine Grundentscheidung.

Für **R13** „geht das in Ordnung“, wenn die Anträge „gut“ seien. So existiere bei ihnen eine Schwerpunktstaatsanwaltschaft, und dort seien die Anträge gut.

R16 äußerte, dass er dieses Ergebnis hinnehme, nicht aber bejahe. Die Beschlüsse würden begründet und auch Beschlussentwürfe der Staatsanwaltschaft kämen vor. Diese müsse er sich aber nicht zu eigen machen. Anordnungen ohne Begründungen gebe es nicht. Und auch Textbausteine kämen vor, würden aber doch von jedem selber erstellt.

b. Richter am Landgericht

Auch die Richter am Landgericht haben sich zu den Vorwürfen geäußert, die ihnen im Rahmen dieser Befragung vorgestellt wurden. Nach **R2** spricht dieses Ergebnis für die Fundiertheit der Anträge.

R3 erklärte, dass dies dem Üblichen entspreche. Wenn dabei die Staatsanwaltschaft vernünftig begründe, könne der Ermittlungsrichter das auch übernehmen. Das werde beim Haftbefehl ebenso gehandhabt.

R4 äußerte, dass sich anhand seiner Akten zeige, dass Beschlüsse teilweise pauschal begründet würden, ohne dass auf den Verdacht eingegangen werde. Es sei kein Problem, Beschlüsse vorzuformulieren, wenn die Qualität stimme. Die Begründungen stammten ohnehin von der Polizei oder der Staatsanwaltschaft, so dass es kein Problem sei, wenn ordentlich geprüft werde.

R5 sah seine praktische Erfahrung bestätigt. Die Ermittlungsrichter stünden unter „Zeit- und Erwartungsdruck“ und wollten „keine Spielverderber“ sein. Sie erhielten wenig Hintergrundinformation, oft nur den Antrag und nicht die Ermittlungsakte. Oft handele es sich bei Ermittlungsrichtern um junge Richter auf Probe mit wenig Erfahrung. Das sei veränderungsbedürftig. Aus der Begründung des Beschlusses müsse die eigene Prüfung des Richters erkennbar werden, nicht nur aus dem Antragstext.

R6 bewertete das Ergebnis als „normal und erwartungsgemäß“. So etwas komme immer vor, wenn eine Vorprüfung durch Polizei und Staatsanwaltschaft erfolge. Der Beschluss werde von „Sach- und Fachkundigen“ vorformuliert, und er sehe hier auch keinen Änderungsbedarf. Es bedeute auch nicht, dass keine Kontrolle erfolge, vielmehr sei dies der Normalfall bei der Beschlussfassung.

R8 verwies darauf, dass diese Frage bereits entschieden sei, wenn er die Akte bekomme. Er könne sich aber vorstellen, dass der Richter die Begründung der Staatsanwaltschaft, soweit sie sachgerecht und stichhaltig sei, übernehme. Warum solle man nach anderen Worten suchen, wenn es bereits gut formuliert ist?

R9 warnte vor einer Überbewertung dieses Ergebnisses. Das Problem bei diesen Beschlüssen sei, dass es normalerweise keine Beschwerde gebe, da die Betroffenen nichts davon erfahren. Aber natürlich sei klar, dass bei einem „solchen Massengeschäft mit standardisierten Begründungen gearbeitet“ werde. Das sage dennoch wenig darüber aus, wie gut und intensiv die Richter geprüft hätten. Nur sei ebenso klar, dass die Gefahr bestehe, „sich zu wenig intensiv damit zu beschäftigen“. Er habe den Eindruck, dass die Richter die Voraussetzungen gut prüften.

R11 sah die Studie auf Nordrhein-Westfalen begrenzt. Darüber hinaus sei es aber auch bei anderen Anträgen nicht unüblich, die Begründung der Staatsanwaltschaft zu übernehmen. Wenn diese „100% in Ordnung“ sei, könne man diese auch unterschreiben. Er beurteile das weder positiv noch negativ. Keinesfalls aber dürfe man den Schluss ziehen, dass die Richter die Begründung kritiklos übernehmen. Der Richter habe eine Prüfungspflicht, und er gehe davon aus, dass diese auch wahrgenommen werde.

R14 erklärte das Ergebnis zu „100% richtig“. Schlimm finde er, dass die Polizei formuliere, der Staatsanwalt übernehme und der Ermittlungsrichter erst recht kopiere. Rechtsstaatlich empfinde er dies als bedenklich, in der Praxis aber als kaum zu ändern, da die Ermittlungsrichter völlig überlastet seien.

R15 wertete das Ergebnis als zutreffend. Die Beschlüsse seien zu aufwendig, wer es ernst nehme und sich die Arbeit mache und die Zeit nehme, bekomme dies auch nicht entsprechend vergütet.

3.4 Unterlagen und Zeit zur Beschlussfassung

a. Ermittlungsrichter

Die Befragungsteilnehmer gaben an, dass sie die Unterlagen hätten, die sie benötigten. Das könne die gesamte Akte sein, die sie mitunter ohnehin als Doppel hätten. Wenn es schnell gehen müsse, stützten sie sich unter Umständen nur auf den letzten Band, ein TÜ-Sonderheft oder die aktuellen Vermerke. Letzteres sei insbesondere dann der Fall, wenn es sich um ein laufendes Verfahren handele. Ein Richter erläuterte, dass er, wenn er mit dem Sachverhalt bereits befasst gewesen wäre, unter Umständen nur Teilbände erhalte. Bei Erstanträgen liege ihm aber alles vor bzw. alles, was er benötige, um den Verdacht zu begründen (**R7**).

Befragt nach der Zeit, die ihnen zur Beschlussfassung zur Verfügung stehe, antworteten die sechs Ermittlungsrichter unterschiedlich. Zwei Teilnehmer gaben an, dass sie die Zeit hätten, die sie bräuchten, und sich auch nicht unter Druck setzen ließen. Zwar müsse es aus Sicht der Staatsanwaltschaft immer schneller gehen, aber dann rufe man an und würde sich Zeit bis zum nächsten Tag ausbitten. Auch dann lese man allerdings nicht jede Seite, aber doch das, was man zur Überzeugungsgewinnung benötige. Ein Richter erklärte, genügend Zeit zur Beschlussfassung zu haben.

Drei Teilnehmer bemerkten, dass es ihnen zeitlich nur sehr eingeschränkt möglich sei, eine TKÜ-Entscheidung zu prüfen.

Ein Ermittlungsrichter nannte dabei als Schätzwert 10 bis maximal 30 Minuten, zudem habe er zusammen mit einem Kollegen, abgesehen von Rechtshilfeentscheidungen und Haftsachen, die zusätzlich erfasst würden, 6200 Entscheidungen (TKÜ, DNA-Maßnahmen, Durchsuchungen, Beschlagnahmen etc.) im Jahr zu bewältigen.

Ein anderer Befragungsteilnehmer erläuterte, dass er Prioritäten setzen müsse, da seine Arbeitsbelastung in den letzten 10 Jahren um 40% auf 5000 Entscheidungen im Jahr gestiegen sei. Er müsse „seine Zeit da investieren, wo Entscheidungen meiner Auffassung nach tiefgreifendere Folgen nach sich ziehen“, und benannte Haftbefehle und körperliche Eingriffe. Bei einer TKÜ lägen ihm mitunter 17 Bände vor, die er „anhand verwaschener Kriterien“ prüfen solle. In diesen Fällen müsste er „10 Stunden in einen Beschluss investieren“, die Zeit habe er nicht. Es gebe „immer mehr Aufgaben“, alles werde „immer rechtsstaatlicher“, aber Gelder und Stellen seien nicht da. Der Gesetzgeber befindet sich seiner Auffassung nach in einem Spannungsfeld, einerseits viele Maßnahmen zu schaffen, andererseits die Grundrechte nicht zu gefährden: Es würden Rechte eingeführt und die Kontrolle durch die Richter verlangt, damit der Gesetzgeber ein ruhiges Gewissen habe. Es fehle an der Zeit, die Anforderungen an den Rechtsstaat seien „zu luxuriös“, solange man nicht mehr Kompetenzen auf die Polizei und die Staatsanwaltschaft übertrage. Die Zahl der Anordnungen würde seiner Auffassung nach zurückgehen, wenn man die Prüfungskompetenz an die OLGe abgebe: Die hätten Zeit „und Mitarbeiter, die noch Karriere machen“ wollten.

Ein weiterer Richter ergänzte, dass nach dem Willen der Staatsanwaltschaft wenig Zeit zur Verfügung stehe, da alles eilig sei. Er habe aber die Zeit, die er benötige, und wenn er es an einem Tag nicht schaffe, teile er dies mit. Er müsse zwar nicht jede Seite lesen, aber doch das, was zur Begründung erforderlich sei (**R7**).

b. Richter am Landgericht

Fünf der Richter am Landgericht nahmen aus ihrer Erfahrung auch Stellung zu der Frage, welches Aktenmaterial den Ermittlungsrichtern zur Beschlussfassung zur Verfügung stehe. Hierbei erklärten zwei Befragungsteilnehmer, dass den Ermittlungsrichtern die „gesamte Ermittlungsakte“ bzw. „alle Unterlagen zu den bisherigen Ermittlungen“ zur Beschlussfassung vorgelegt würden.

Drei Richter berichteten, dass sehr wenig Material zur Verfügung gestellt werde: „ Das sind gerade mal die Unterlagen, die der Richter als Minimum für seine Unterschrift braucht, so gut wie nichts und in keinem Fall alles.“.

Zudem machten vier Richter am Landgericht aus ihrer Erfahrung Angaben dazu, wie viel Zeit ihrer Einschätzung nach den Ermittlungsrichtern zur Verfügung steht, einen Beschluss zur Telefonüberwachung zu fassen.

Ein Richter am Landgericht äußerte, dass den Ermittlungsrichtern hierbei die „erforderliche Zeit“ zur Verfügung stehe.

Ein weiterer Teilnehmer der Befragung erklärte, dass es sehr schnell gehen müsse und die Polizei oder Staatsanwaltschaft „regelmäßig vor der Tür stehen und warten“ würde.

Ein anderer Richter erläuterte, dass in der Regel „Zeitdruck und Hektik“ bestehe. Die Anträge kämen „mit Rotstift“, der Richter müsse dann über die Dringlichkeit entscheiden und im Zweifel nachfragen. Man müsse „bezweifeln, dass das wirklich immer so dringend ist“.

Einer der Befragten führte aus, dass die Ermittlungsrichter „so gut wie keine Zeit“ zur Beschlussfassung hätten; wenn es um eine TKÜ gehe, dann müsse das „immer sofort sein“.

3.5 Benachrichtigung

a. Ermittlungsrichter

Fünf der befragten Richter nahmen Stellung zur Problematik der Benachrichtigungen. Nach Auffassung von drei Ermittlungsrichtern müsste jeder, der anruft und abgehört wird, benachrichtigt werden, obwohl insoweit die Umsetzung zweifelhaft erscheine. Einer dieser Richter erklärte zudem, dass in jedem Fall der Anschlussinhaber und -nutzer informiert werden müsse. Ein Teilnehmer erläuterte, dass „der Abgehörte" zu unterrichten sei, ohne jedoch auszuführen, wer unter diesen Begriff fällt. Ein Richter führte aus, dass seiner Einschätzung nach die Praxis da „lax" sei. Er habe das Gefühl, dass die Benachrichtigung hinausgezögert oder vergessen werde. Ein weiterer Richter äußerte, dass in der StPO so viele „rechtsstaatliche Vehikel" eingebaut seien, dass man „zum Eigentlichen gar nicht mehr kommt". Wenn alle Gesprächspartner benachrichtigt werden sollten, müsse man sich schon fragen, ob auch der Verfahrensausgang mitzuteilen sei und auch, ob ihr Gespräch dafür von Bedeutung war. Wenn bei einer Durchsuchung Briefe aufgefunden und gelesen würden, müsse „man die Briefschreiber ja auch nicht davon unterrichten" (**R1**).

Grundsätzliche Gründe gegen eine Unterrichtung sahen drei Teilnehmer allein in den Angaben des § 101 StPO. Zwei Richter führten aus, dass keinerlei Gründe vorstellbar seien, die gänzlich gegen eine Benachrichtigung sprechen würden.

b. Richter am Landgericht

Zwei Richter am Landgericht hatten keine Meinung zu dieser Frage, drei andere gaben an, dass man sich an der Gesetzeslage und den Rechtsprechungsgrundsätzen orientieren müsse. Ein Teilnehmer erklärte, dass der Anschlussinhaber und der Beschuldigte zu benachrichtigen seien. Ein weiterer Richter sah allein den Beschuldigten als zu informieren an.

Zwei Teilnehmer kritisierten die gesetzliche Regelung und die Diskussion um die Frage des Adressaten der Unterrichtung: „Die Debatte, wann wer wie in welchen Rechten geschützt werden soll, ist doch eine Modeerscheinung.". Ein anderer Richter erklärte: „Warum soll man alle Privatkontakte informieren und wie? Es ist passiert. Anders etwa als bei einer Beschlagnahme kann man den Betroffenen doch auch nichts mehr zurückgeben.".

Abschließend seien zwei Antworten zu diesem Punkt wiedergegeben. So ist nach Auffassung von **R5** in § 101 StPO geregelt, dass der Betroffene und seine Gesprächspartner unter den gesetzlichen Voraussetzungen zu unterrichten seien. Dieser Vorbehalt habe aber große Bedeutung, und es würde ihn wundern, wenn in der Praxis häufig unterrichtet würde.

R15 äußerte, dass im Grunde niemand benachrichtigt werden müsse. Der Beschuldigte erhalte Akteneinsicht und erlange so in jedem Fall Kenntnis. Ob auch Dritte benachrichtigt werden sollten, wisse er nicht. Es sei „doch oft Zufall, wer Betroffener ist, wenn es gar kein Ergebnis gibt". Wichtig sei eher die Vernichtung nach Ende der Ermittlungen.

Hinsichtlich der Frage, ob die Unterrichtung aller Gesprächspartner einen weiteren Eingriff in das Allgemeine Persönlichkeitsrecht des Beschuldigten darstellt, wollte einer von neun dazu befragten Richtern keine Einschätzung abgeben. Zwei Richter sahen eine solche Problematik nicht, während drei dieses Vorgehen sehr wohl als weiteren Eingriff werteten. Ein Teilnehmer mochte sich nicht abschließend äußern, sah für beide Auffassungen gute Gründe.

Allgemeine Gründe gegen eine Benachrichtigung vermochten zwei Teilnehmer nicht zu erkennen, ein weiterer konnte insoweit keine Einschätzung abgeben. Ein Richter verwies auf den Gesetzestext des § 101 StPO. Drei Befragte benannten die Gefährdung des Untersuchungszweckes, Kosten und Kräftebindung sowie den allgemein enormen Aufwand und Gefährdungslagen für die Ermittler als Gründe, die gegen eine Benachrichtigung sprechen. Zudem bestehe nach einem bestimmten Zeitablauf kein Interesse mehr an einer Unterrichtung.

3.6 Bielefelder Benachrichtigungsergebnis

a. Ermittlungsrichter

Drei der Befragungsteilnehmer sahen ermittlungstaktische Erwägungen, aber auch den organisatorischen Aufwand und die Arbeitsbelastung der Staatsanwaltschaft als Grund für die niedrige Benachrichtigungsquote. Ein Richter erklärte, dass seine Verfahren nahezu immer zur Anklage führten, da „braucht es keine Unterrichtung". Ein Teilnehmer äußerte, dass § 101 StPO eine „lästige Pflicht für die Staatsanwaltschaft" statuiere und Rückfragen provoziere. Ein Ermittlungsrichter schließlich konnte zu dieser Frage nach eigenen Angaben keine inhaltliche Stellung beziehen.

b. Richter am Landgericht

Gründe, warum der Benachrichtigungspflicht nicht ausreichend nachgekommen werde, konnten vier Teilnehmer nicht äußern, während im Übrigen die anderweitige Kenntniserlangung, Zeitablauf, ermittlungstaktische Erwägungen und Schwierigkeiten in der Ermittlung der Adressaten als Ausnahmen von der Pflicht des § 101 StPO angesehen wurden.

R5 erläuterte, dass die mangelnde Umsetzung der Benachrichtigungen durch die Praxis mit der Unübersichtlichkeit der Regelung zusammenhängen könne, unter Umständen aber auch mit Rechtsunkenntnis und ermittlungstaktischen Erwägungen. Sobald V-Leute involviert seien, sei dies für jeden Polizisten ein durchschlagendes Argument. Ob dies immer so richtig sei, erscheine aus seiner Sicht fraglich.

R15 vermutete praktische Schwierigkeiten hinter der niedrigen Benachrichtigungsquote, aber auch Arbeitsaufwand, den man sich ersparen wolle. Der Beschuldigte wisse es ohnehin oft schon. Seiner Einschätzung nach sorgfältiger erfolge der Umgang mit der Vernichtungsvorschrift des § 100b StPO.

4. Verteidiger

Innerhalb der Expertengespräche wurden die Verteidiger unter anderem mit den folgenden Fragen konfrontiert:

- Unter Bezugnahme auf die Ergebnisse der Studie der Universität Bielefeld: Drei Viertel aller TKÜ-Beschlüsse seien angreifbar, da der richterlichen Kontrollpflicht nicht nachgekommen werde. Wie bewerten Sie diese Aussage?
- Wie beurteilen Sie das Ermittlungsrichtermodell mit Blick auf die TKÜ?
- Wer ist Ihrer Meinung nach zu benachrichtigen? Stellt die Benachrichtigung aller Gesprächsteilnehmer (abgesehen von der Problematik der Durchführung) Ihrer Auffassung nach möglicherweise einen weiteren Eingriff in die Persönlichkeitsrechte des Beschuldigten dar? Gibt es allgemein gültige Gründe, die gegen eine Benachrichtigung sprechen?
- Nach einer Studie der Universität Bielefeld wird der Benachrichtigungspflicht nicht ausreichend Genüge getan. Wie bewerten Sie dieses Ergebnis? Genügt eine Kenntniserlangung durch die Akteneinsicht des Verteidigers?

4.1 Bielefelder Begründungsinhalte

Sechs Verteidiger wurden mit den Ergebnissen der Bielefelder Untersuchung zu den Inhalten der TKÜ-Begründungen konfrontiert und gebeten, die dort getroffene Aussage zu bewerten. Auch diese Antworten sollen im Ganzen[77] hier wiedergegeben werden.

So sah **V2** bestätigt, was seitens der Verteidiger bereits seit langem vorgetragen werde.

V3 erklärte, dass dieses Ergebnis seinem Eindruck entspreche. Die Richter hätten zu wenig Zeit. Der BGH habe gemerkt, dass sie es sich zu einfach machten. In der Praxis sei es aber so, dass häufig nur der Gesetzeswortlaut zitiert werde.

V4 kannte die Studie und stimmte ihr „voll zu".

Auch **V5** erachtete das Ergebnis für absolut nachvollziehbar. Man müsse sich dazu nur die Entscheidung des Bundesverfassungsgerichtes zur Gefahr in Verzug bei Durchsuchungen ansehen.

---

[77] **V1** äußerte sich nicht zur Untersuchung.

Für **V6** entsprach das Ergebnis dem der richterlichen Kontrolle bei den Durchsuchungsbeschlüssen, etwas geringer auch bei der Inhaftierung. Der Richter solle die „Wächterhand der Grundrechte" und des Rechtsstaates sein, dies werde aber in der Praxis zu schwach umgesetzt. Die Gründe seien ihm unklar, sie lägen vielleicht in einem zu hohen Arbeitspensum. Problematisch sei auch, dass „junge Richter an virulente Fragestellungen" gesetzt würden, dies müsse „mehr durch erfahrene Richter" erfolgen.

V7 empfand das Ergebnis als seinem Eindruck entsprechend.

4.2 Ermittlungsrichtermodell

Die Verteidiger wurden auch darum gebeten, das Ermittlungsrichtermodell einzuschätzen. Hierbei bewerten zwei Teilnehmer das System in seiner praktischen Umsetzung als nutzlos bzw. ineffizient. Zwei weitere Verteidiger empfinden es als sinnvoll, ein weiterer qualifiziert Richtervorbehalt und Ermittlungsrichter als „Mindestanforderung".

Zwei der Antworten seien im Folgenden wiedergegeben. So verteidigte **V3** vehement das Modell des Richtervorbehaltes, erklärte es aber auch zu einer „degenerierten Einrichtung des Verfahrens". Es gebe zu wenige Ermittlungsrichter, die zudem keine Zeit hätten, die Maßnahme, die sie anordneten, tatsächlich zu prüfen. Daher verkomme der Richtervorbehalt zur Formalie.

Auch **V6** sprach sich „unbedingt für den Richtervorbehalt aus", den man nicht hoch genug halten könne. Es sei allerdings fraglich, ob die Richter nicht zu „Urkundsbeamten der Staatsanwaltschaft" geworden seien und eine Überprüfung tatsächlich stattfinde. In der Masse der Anträge trete eine Prüfung in den Hintergrund, sie werde zur Routine und der Richter mache sich die Meinung der Staatsanwaltschaft zu eigen. In den Anträgen sei jedoch weder dokumentiert noch nachvollziehbar, warum keine anderen Ermittlungsmöglichkeiten eingesetzt werden konnten.

4.3 Benachrichtigung

Nach Auffassung der sieben Verteidiger ist jeder bzw. sind alle Beteiligten der TKÜ von ihrer Durchführung zu unterrichten.

Vier Verteidiger erkannten keinen Eingriff in das Allgemeine Persönlichkeitsrecht des Beschuldigten bei Benachrichtigung aller seiner Gesprächspartner von der TKÜ. Zwei Verteidiger sahen eine mögliche weitere Grundrechtsverletzung in Abhängigkeit davon, was inhaltlich mitgeteilt werde. Ein Teilnehmer vermutete eine möglicherweise entstehende „Prangerwirkung" als Eingriff in die Persönlichkeitsrechte.

Nach Auffassung der Verteidiger bestehen keine allgemein gültigen Gründe, die gegen eine Benachrichtigung angeführt werden könnten. Nur ein Teilnehmer sprach in diesem Zusammenhang ermittlungstaktischen Erwägungen Geltung zu („rechtsstaatlich nein, ermittlungstaktisch ja“).

4.4 Bielefelder Benachrichtigungsergebnis

Die Ergebnisse der Universität Bielefeld wurden sechs Verteidigern vorgestellt. Diese sahen ihre allgemeine Einschätzung bestätigt und vermuteten Gründe hierfür in der Massenhaftigkeit der auflaufenden TKÜ und darin, dass die Staatsanwaltschaft „primär an der Ermittlungstätigkeit interessiert ist“.

Nach Auffassung aller sechs Teilnehmer genüge die Akteneinsicht durch die Verteidigung der Pflichterfüllung nicht immer; in keinem Fall, wenn es um Nachrichtenmittler des Beschuldigten gehe. „Was, wenn der Beschuldigte einen schlechten Anwalt hat? Man kann die Benachrichtigungspflicht nicht per se auf die Anwälte abwälzen“. Bei der Benachrichtigung handele es sich um eine Pflicht der Behörde, die nicht ohne weiteres auf die Verteidiger übertragen werden könne.

D. Ergebnisse der Universität Bielefeld und Erkenntnisse aus der OK-Untersuchung von *Kinzig*

Die empirische Forschung zu strafprozessualen Maßnahmen ist nicht sehr weit gediehen[78], Erkenntnisse zur TKÜ wurden im Jahr 2003 aber sowohl durch die Untersuchung des Max-Planck-Institutes als auch durch diejenige der Universität Bielefeld veröffentlicht. Daneben hat KINZIG in seiner 2004 veröffentlichten Habilitationsschrift zur Organisierten Kriminalität auch Erkenntnisse aus seiner Aktenanalyse zur TKÜ präsentiert. Es erscheint in weiten Teilen erstaunlich und zugleich als Beleg für die Kernprobleme bei der Umsetzung der TKÜ, zu welch ähnlichen Ergebnissen die Analysen kommen.

I. Untersuchung der Universität Bielefeld

Die Bielefelder Untersuchung „Wer kontrolliert die Telefonüberwachung?“ hat im Rahmen einer Aktenanalyse 111 Verfahren mit 381 TKÜ-Maßnahmen aus den Jahren 1996 bis 1998 bei drei Staatsanwaltschaften Nordrhein-Westfalens und ei-

---

78 Siehe Überblick bei *Albrecht/Dorsch/Krüpe*, S. 110ff.

ner Staatsanwaltschaft eines Stadtstaates untersucht. Weiterhin fanden Befragungen von Praktikern sowie eine Gruppendiskussion der aufgefundenen Ergebnisse statt.

Auch in dieser Studie wurde das deutliche Überwiegen der gesetzlichen Maximalfrist in Anträgen und Anordnungen gegenüber einer einzelfallbezogenen Prüfung der Dauer deutlich.[79] Auch die faktische Ausführungsdauer entspricht mit regelmäßig (55% der Fälle, n=295) lediglich bis zu zwei Monaten[80] den Ergebnissen der Untersuchung des Max-Planck-Institutes.[81] Weiterhin überwiegt mit einem Anteil von 79,5% die Anordnung durch den Richter gegenüber staatsanwaltschaftlichen Eilmaßnahmen mit 20,5% (n=371).[82]

Bezogen auf die in diesem Teil interessierende Frage der Kontrolle der TKÜ arbeitete die Universität Bielefeld mit einem so genannten Vollständigkeitsindex, der die Anträge und Anordnungen daraufhin untersuchte, ob

- die Katalogtat benannt wurde
- einzelfallspezifische Ausführungen zum Tatverdacht vorlagen
- das Subsidiaritätsprinzip ebenfalls anhand eines konkreten Einzelfalls überprüft wurde.

Die Überprüfung anhand dieses Indexes ergab, dass 21% der Anträge als vollständig bewertet wurden, 53% als teilweise unvollständig und 26% als unvollständig (n=225).[83]

Auch die richterlichen Anordnungen wurden auf ihre Vollständigkeit hin untersucht. Hier finden sich vollständige Beschlüsse in 24,1% der Fälle, während teilweise unvollständige Anordnungen einen Anteil von 66,4% und unvollständige Anordnungen von 9,4% einnehmen (n=307).[84]

Weiterhin zeigen auch die Bielefelder Ergebnisse eine äußerst geringe Ablehnungsquote von 0,3%[85] sowie bloße Unterzeichnungen von Beschlussentwürfen (n=65).[86] Weiterhin haben die Wissenschaftler analysiert, in wie vielen Fällen wörtliche Übernahmen des Antragsinhaltes in den richterlichen Anordnungen festgestellt werden konnten. Für 154 Fälle ließ sich in 44,2% der Anordnungen keine

---

79 *Backes/Gusy*, S. 51f. und S. 59ff.

80 *Backes/Gusy*, S. 59.

81 *Albrecht/Dorsch/Krüpe*, S. 170ff. und Vierter Teil.

82 *Backes/Gusy*, S. 53.

83 *Backes/Gusy*. S. 42f.

84 *Backes/Gusy*, S. 44f.

85 *Backes/Gusy*, S. 44.

86 *Backes/Gusy*, S. 47f.

Übernahme ausmachen. 33,8% der Beschlüsse entsprachen dem Antrag wörtlich, 22,1% zumindest teilweise.[87] Weiterhin stärkt auch diese Untersuchung den Eindruck, dass die Qualität der richterlichen Anordnungen stark von der Vollständigkeit des staatsanwaltschaftlichen Antrages abhängt.[88]

Für die Frage der Benachrichtigungen kommt die Bielefelder Untersuchung zu dem folgenden Ergebnis: in 2,3% der Fälle wurde der Beschuldigte ausdrücklich informiert. Von einer sonstigen Kenntniserlangung wurde in 50,1% der Fälle ausgegangen. Für 22,5% wurde eine Unterrichtung ausgeschlossen, in 15% der Fälle war sie nicht ersichtlich. 10,1% der Verfahren waren nicht abgeschlossen.[89]

Die Autoren kommen sodann zu der Einschätzung, dass die Richter ihre durch den Gesetzgeber aufgetragenen Kontroll- und Dokumentationspflichten nur unzureichend erfüllen.[90] In der Rechtspraxis werde das mit dem Richtervorbehalt intendierte Ziel, Grundrechtseingriffe mess- und kontrollierbar zu machen, nicht umgesetzt.[91] Die Richter fühlten sich zudem auch nicht dazu berufen, bei ihren TKÜ-Entscheidungen die Belange von Beteiligten zu berücksichtigen, die über die TKÜ naturgemäß nicht informiert seien.[92]

Zuletzt werden zur Korrektur festgestellter Fehlentwicklungen Vorschläge angeboten, die sich auf die Stellung des Richters, den Inhalt seiner Anordnungen und die Einführung von Verwertungsverboten bei gravierender Fehlerhaftigkeit der Anordnungen beziehen.[93]

II. OK-Untersuchung von *Kinzig*

KINZIG hat in einem umfassenden Gutachten zur rechtlichen Bewältigung von Erscheinungsformen organisierter Kriminalität auch ein besonderes Augenmerk auf den Einsatz verdeckter Maßnahmen gelegt. Die untersuchten OK-Verfahren erwiesen sich dabei als häufig proaktiv ausgerichtet, ein Umstand, der den regelmäßig fehlenden Anzeigeerstattern geschuldet war.[94] Die Untersuchung weist – ebenso wie diejenige des Max-Planck-Institutes zur TKÜ wie auch die Bielefelder Analyse – nach, dass die Anordnungen inhaltlich zu rügen sind und dabei den gesetzlichen Vorgaben nicht entsprechen. Hierbei wird erklärt, dass regelmäßig nicht spezifiziert werde, welcher Sachverhalt welcher Katalogtat durch die TKÜ erforscht wer-

---

87 *Backes/Gusy*, S. 48f.
88 *Backes/Gusy*, S. 49f.
89 *Backes/Gusy*, S. 71f.
90 *Backes/Gusy*, S. 123.
91 *Backes/Gusy*, S. 129.
92 *Backes/Gusy*, S. 129f.
93 *Backes/Gusy*, S. 130.
94 *Kinzig*, StV 2004, 3, 7.

den solle.[95] So wie sich die Anordnung oft auf eine diffuse und durch den Ermittlungsrichter nicht nachvollziehbare Verdachtslage stütze[96], werden Ausführungen der Staatsanwaltschaft oder Polizei häufig wortlautgleich übernommen. Nach KINZIG ist dies vor allem eine Folge der Verfahrensentstehung und der fehlenden Anzeigenerstatter: die aktive Informationsbeschaffung durch die Polizei fuße regelmäßig auf vertraulichen Angaben von Informanten und Vertrauenspersonen, so dass das Erfordernis, in den Gründen für eine TKÜ die Verdachtslage substantiiert darzulegen, mit dem beabsichtigten Schutz der Erkenntnisquellen widerstreite.[97]

Nach den in der Analyse gewonnenen Erkenntnissen findet sich regelmäßig keine Erörterung des Subsidiaritätsmerkmals oder eine Abwägung gegen die Erfolgsaussichten anderer Maßnahmen.[98] Dabei weist der Autor darauf hin, dass über die Subsidiarität hinausgehende Ausführungen zur Verhältnismäßigkeit mit Ausnahme von Fällen überwachter öffentlicher Anschlüsse nicht festgestellt werden konnten.[99] Dies betrifft insbesondere auch Verfahren, in denen mehrere TKÜ-Maßnahmen geschaltet wurden oder gleichzeitig andere verdeckte Maßnahmen eingesetzt wurden.

Die Untersuchung ergab zudem keinen Fall, in dem eine beantragte TKÜ abgelehnt wurde. Dies ist insbesondere unter dem Gesichtspunkt interessant, dass sowohl die Untersuchung des Max-Planck-Institutes als auch die der Universität Bielefeld zwangsläufig durch die Wahl der Untersuchungsgruppen nur Verfahren betrachten konnte, die als TKÜ-Verfahren gemeldet wurden.[100] *Kinzig* hingegen untersuchte 52 Ermittlungskomplexe aus den Jahren 1993 bis 1997 (geführt in Baden-Württemberg), die insgesamt 263 einzelne Ermittlungsverfahren umfassten. In 38 dieser Komplexe wurde mindestens ein Telefonanschluss überwacht. Damit verbleiben 14 Komplexe ohne TKÜ, aber auch ohne Ablehnung.[101] Diese 14 Komplexe beinhalten zwar zum Teil Verfahren, die nach der Schilderung der Sachverhalte eine TKÜ schon in den Anordnungsvoraussetzungen ausschlossen[102]. Für zumindest zehn dieser Komplexe erscheint jedoch nach Durchsicht der Sachverhalte eine TKÜ nicht per se ausgeschlossen, zumal es sich in zumindest drei Fällen (auch) um BtM-Verfahren handelte.

---

95 *Kinzig*, S. 452.

96 *Kinzig*, StV 2004, 6; *Kinzig*, S. 456.

97 *Kinzig*, S. 455f; *Kinzig*, StV 2004, 7.

98 *Kinzig*, S. 460ff.

99 *Kinzig*, S. 461.

100 Siehe oben B II.

101 Verzeichnet wird jedoch ein Fall, der eine „Ablehnung" einer polizeilichen Anregung auf TKÜ durch den Staatsanwalt beinhaltet, *Kinzig*, S. 463. Auch diese informellen Ablehnungen können somit in den untersuchten Fällen nur als absolute Ausnahme gewertet werden.

102 Etwa wegen fehlender Katalogtaten, da es sich um Ermittlungen wegen Korruptionsdelikten, Betrug oder Untreue handelte, siehe *Kinzig*, S. 392ff und S. 450, Fn. 44.

Somit mag dies ein weiteres Indiz dafür sein, dass Fälle, in denen TKÜ durch Polizei oder Staatsanwaltschaft angeregt und beantragt und sodann durch die nächst höhere Ebene informell oder als einzige TKÜ in einem Verfahren abgelehnt wurden, eher als selten anzusehen sind. Die festgestellten Ablehnungsquoten dürften damit unter Einbeziehung aller Erkenntnisse mit Blick auf alle Verfahren, in denen nach den gesetzlichen Vorgaben eine TKÜ möglich gewesen wäre, nicht wesentlich nach oben zu korrigieren sein.

KINZIG weist weiterhin darauf hin, dass auch bei Verlängerungen eine qualitative Besserung in den Begründungsinhalten nicht festgestellt werden konnte.[103] Zudem führten die Ergebnisse der Untersuchung bei ihrem Autor zu der Auffassung, dass es aufgrund des großen Verwaltungsaufwandes gängige Praxis sei, die Benachrichtigungspflicht des § 101 StPO zu ignorieren.[104]

Als wesentliche Schwierigkeit der TKÜ macht *Kinzig* drei Gründe aus.[105] Zum einen sei die gesetzliche Grundlage nicht zur Gänze auf die Kriminalitätsformen zugeschnitten, die einen Großteil der Ermittlungen ausmachen, in denen TKÜ-Maßnahmen eingesetzt werden. Orientiert an einer retrospektiven Verbrechensaufklärung einer einzigen Tat werden die §§ 100a, 100b StPO heute vermehrt in Verfahren eingesetzt, in denen ein fortlaufendes kriminelles Geschehen mit der Überwachung beobachtet und begleitet wird. Schon die Benennung einer konkreten Tat werde dadurch erschwert, dass zu Beginn der Ermittlungen häufig nur ein allgemeiner Tatverdacht vorliege und die Taten noch in ihrer Genese liegen. Hinzu komme, dass sich der Ermittlungsrichter auf vage Angaben der Polizei verlassen müsse, die dem Quellenschutz der Informanten geschuldet seien. Auch die Zielsetzung der TKÜ mache deutlich, dass die Erforschung des Sachverhaltes weit interpretiert werde und auch ein erst zukünftiges deliktisches Geschehen erfasse.[106]

Als weiteren Grund für eine bedenkliche richterliche Praxis benennt *Kinzig* die fehlende Sanktionswirkung bei rechtswidrigen TKÜ-Anordnungen.[107] Zuletzt weist er auch auf das „Elend des Ermittlungsrichters"[108] und dessen organisatorisch schwach ausgestaltete Stellung hin.

Insgesamt führt das Gutachten mit großer Überzeugungskraft und Genauigkeit aus, dass so genannte OK-Verfahren häufig eine Ermittlungslage aufweisen, die bei der Anwendung der Gesetze zu Friktionen führt: hier steht die klassische Strafverfolgungstätigkeit bezogen auf den abgeschlossenen Sachverhalt einer einzigen Tat

---

103 *Kinzig*, S. 464; *Kinzig*, StV 2004, 12 und dies, obwohl mit Zunahme der zeitlichen Dauer eines Eingriffs wie der TKÜ die Begründungslast steige, so *Schumacher*, S. 241 und *Lehmann*, S. 180.

104 *Kinzig*, S. 467.

105 *Kinzig*, StV 2004, 13ff.

106 *Kinzig*, S. 457; *Kinzig*, StV 2004, 13.

107 *Kinzig*, StV 2004, 14f.

108 *Kinzig*, S. 14f.

der initiativen und begleitenden Ermittlungsarbeit bei fortlaufender, kommunikativer marktförmiger Kriminalität gegenüber.

E. Zusammenfassung zur (richterlichen) Kontrolle der TKÜ

I. Erkenntnisse aus der Untersuchung

Anhand der Aktenanalyse, den Erkenntnissen aus den Befragungen und den Ergebnissen der Studie der Universität Bielefeld zeigt sich, dass als ein Kernproblem der TKÜ die Kontrolle der Maßnahme und dabei insbesondere die Umsetzung des Richtervorbehalts als primäres Sicherungsinstrument bemängelt werden muss. Es entsteht der Eindruck, dass die TKÜ bei ihrer Anordnung nicht immer und nicht ausreichend überprüft wird. Darauf lässt sich aus dem Inhalt der Begründungen mit Blick auf das Tatbestandsmerkmal der Subsidiarität schließen, zumal die Anordnung in der Regel sehr zügig erfolgt und Ablehnungen selten festgestellt wurden. So beinhalteten 61% der staatsanwaltschaftlichen Anträge und Eilmaßnahmen und 47% der richterlichen Beschlüsse keine Ausführungen zum Tatbestandsmerkmal der Subsidiarität. Ablehnungen staatsanwaltschaftlicher Anträge durch richterlichen Beschluss ergingen in nur 0,4% der Fälle, und es finden sich keine Indizien dafür, dass informellen, d.h. in den Akten nicht dokumentierten, Ablehnungen eine entscheidende Bedeutung zukommt und damit die Ablehnungsquote höher zu vermuten wäre. Schließlich durchläuft die TKÜ in 18% der Fälle die Stadien der Anregung, Beantragung und Anordnung an einem Tag. Regelmäßig ist ein richterlicher Beschluss spätestens einen Tag nach Antragstellung zu erzielen.

Betrachtet man zudem die Erkenntnisse der Bielefelder Studie lässt sich zwar nicht belegen, dass der Richter seiner Aufgabe nicht im gesetzlich vorgesehenen Umfang[109] nachkommt, es finden sich jedoch auch kaum Anhaltspunkte dafür, dass er die ihm übertragene Kontrolle tatsächlich und umfänglich ausübt. Mögen die einzelnen Kritikpunkte für sich genommen angreifbar erscheinen, geben sie doch in ihrer Gesamtheit und vor allem unter Hinzunahme der Befragungsergebnisse Hinweise auf einen deutlichen Missstand.

Fraglich ist aber, inwieweit dieser Missstand vorwerfbar und nicht nur zwangsläufige Folge falscher Erwartungen an eine gesetzliche Regelung ist, die sich in weiten Teilen grundrechtsschützenden Charakter zuspricht, der in der Praxis nicht umgesetzt werden kann. So findet sich mit dem Richtervorbehalt eine Institution, die ihrer Anlage nach als letzte Bastion zur vorbeugenden Sicherung von Grundrechten derjenigen Personen dienen soll, die ihre Grundrechte aufgrund der Heimlichkeit der Maßnahme nicht selbst verteidigen können. Allerdings soll der Richter

---

[109] Außer Acht lassend, dass *Kühlewein*, S. 447ff. die Aufgabe des Richtervorbehaltes als wesentlich geringer erachtet.

hier über einen Sachverhalt entscheiden, der ihm in keiner Weise so gut bekannt ist, bekannt sein kann und vielleicht auch soll wie denjenigen, die die Vorarbeit zu seiner Entscheidung leisten. Kann ein solcher Richter dann überhaupt die Voraussetzungen so prüfen, wie es die Hoffnung in seine Kontrollfunktion setzt?

Hinzu tritt die Erkenntnis, dass auch auf den nachfolgenden Ebenen kaum eine Möglichkeit der Kontrolle wahrgenommen wird oder werden kann. In 12% aller Verfahren wurden bei Anträgen und Anordnungen ohne Ausführung zur Subsidiarität die Ermittlungen gegen alle Beschuldigten eingestellt, und es fanden sich keinerlei Hinweise auf die Benachrichtigung über die Überwachung auch nur eines einzigen Anschlusses. In weiteren 17% der Fälle wurde – bei Anträgen und Anordnungen ohne Ausführung zur Subsidiarität – zwar gegen alle Beschuldigten Anklage erhoben, die TKÜ jedoch nicht in die Hauptverhandlung eingeführt und erneut kein Hinweis in den Akten auf die Benachrichtigung über die Überwachung auch nur eines einzigen Anschlusses aufgefunden. In diesen Fällen blieben jedenfalls nichtbeschuldigte Kontaktpersonen der Beschuldigten ohne explizite Unterrichtung ihrer Überwachung.

Die Benachrichtigungsquote ist zudem insgesamt sehr niedrig. Ausweislich der Akten war eine Unterrichtung des Beschuldigten oder des Anschlussinhabers in nur 15% der Fälle dokumentiert. In 67% der Fälle fanden sich keinerlei Hinweise darauf, dass der Pflicht aus § 101 StPO Rechnung getragen worden wäre. In 6% der Fälle wurde auf eine Unterrichtung wegen der Gefährdung weiterer Ermittlungen verzichtet, in 12% von einer sonstigen Kenntniserlangung des Beschuldigten durch Vorhalt in Vernehmungen oder Akteneinsicht des Verteidigers ausgegangen.

Zuletzt sei auf eine Beobachtung eingegangen, die sich im Rahmen der Auswertung nach Katalogtaten ergab. Dort erschienen Menschenhandelsverfahren unter den folgenden Gesichtspunkten beachtenswert: die TKÜ wurde deutlich später im Verlauf der Verfahren angeregt und angeordnet (**Dritter Teil**), und die Anordnungen wiesen häufiger eine spezifische Dauer oder eine Frist von zwei Monaten aus (**Vierter Teil**). Es wurde häufiger der Beschuldigte als Nutzer (und Inhaber) überwacht (**Vierter Teil**), es erfolgten in den untersuchten Verfahren keine Eilmaßnahmen, und es ergibt sich eine bessere Benachrichtigungsquote (**Fünfter Teil**). Diese Feststellungen dürften sich dabei im Wesentlichen aus dem schwierigen Charakter des § 181 I Nr.2, 3 StGB ergeben. Die TKÜ ist allein bei schwerem Menschenhandel zulässig. Dieses Delikt gestaltet sich als äußerst schwierig in der praktischen Handhabung, und es wird vermutet, dass diese Schwierigkeiten in der Praxis häufig dadurch umgangen werden, dass auf die Schleusungstatbestände / Verstöße gegen das AuslG ausgewichen wird.[110] Sofern somit der Bereich des schweren Menschenhandels in den Ermittlungen erreicht scheint, haben die Strafverfolgungsbehörden bereits einen besonderen Ermittlungs- und Begründungsauf-

110 Siehe *Herz*.

wand betrieben. Dies deutet sich auch in dem verhältnismäßig späten Einsatzzeitpunkt der Maßnahme und darin an, dass allein richterliche Anordnungen festgestellt werden konnten. Unklar bleibt jedoch der deutlich bessere Anteil an Benachrichtigungen wie auch die Verteilung der überwachten Anschlüsse über Inhaber und Nutzer.

II. Folgerung

Der Ermittlungsrichter erweist sich als zentraler Punkt der Kritik. Anzumerken ist jedoch, dass andere Untersuchungen wie auch Randerkenntnisse der Aktenanalyse dieses Problem als nicht TKÜ-spezifisch, sondern den verdeckten Maßnahmen, aber auch Durchsuchungen (und unter Umständen auch Haftbefehlen) immanent erkennen lassen.

Es ist damit zu fragen, wie sich eine Verbesserung der Situation erreichen lässt. Zunächst ist die gesetzliche Vorgabe zu überprüfen, die als verbesserungs- und vor allem klarstellungsbedürftig erscheint. Allein eine umfangreichere Begründung zu fordern, erscheint angesichts der technischen Möglichkeiten und des *Copy-and-paste*-Zeitalters nicht als zielführendes Mittel. Man mag überdenken, ob dem Richter die Anträge mündlich gemacht werden müssen, damit er erst gar nicht in die Versuchung gerät, etwas ab- oder nur zu unterschreiben, unterschätzt aber dabei, dass dies wohl vor allem aus Gründen der Arbeitsbelastung der Richter, aber auch der Staatsanwälte unmöglich sein dürfte.

Eine Reform muss sich in jedem Fall an den Vorgaben der höchstrichterlichen Rechtsprechung orientieren und Sorge tragen, dass die Überprüfung so dokumentiert wird, dass sie dem Richter geglaubt werden kann und muss. Weiterhin mögen auch gesetzliche Verwertungsverbote als ein Weg zu inhaltsreichen und kontrollierten Anordnungen erscheinen. Auch hier bedarf es dann einer Einbeziehung der Vorgaben der Rechtsprechung des BGH und des Bundesverfassungsgerichts.

Zudem ist offen zu diskutieren, ob der Ermittlungsrichter in seiner heutigen Positionierung die ihm zugedachte Aufgabe angesichts seiner Ausbildung und seiner Arbeitsbelastung überhaupt erfüllen kann. Kommt man hierbei zu der Auffassung, dass ihm dies möglich sein muss, so sind Aus- und Fortbildungen der und zum Ermittlungsrichter zu erwägen sowie allgemein eine Verbesserung seiner Position: häufig sind es junge Richter und Richter auf Probe, die sich für einen nur kurzen Zeitraum mit einer Aufgabe betraut sehen, die sie dem gesamten und häufig in langen Jahren eingespielten Ermittlungsapparat gegenüberstellt.

An diesem Punkt der Diskussion ist sodann zu bedenken, ob an Stelle eines Ermittlungsrichters nicht die Staatsanwaltschaft die Anordnung der TKÜ treffen kann und die richterliche Überprüfung binnen etwa Wochenfrist durch den Richter zu erfolgen hat. Weiterhin könnte die Wiedereinsetzung eines Untersuchungsrichters erfolgen, der in die Ermittlungen eingebunden wird und ein anderes Maß an Verantwortung für die von ihm getroffenen Entscheidungen entwickeln wird.[111] Diese Institution ist 1974 ebenso wie die so genannte Voruntersuchung durch das Erste Gesetz zur Reform des Strafverfahrens abgeschafft worden.[112] Es handelte sich um besonders bestellte Richter an den Landes- und Oberlandesgerichten, die die Voruntersuchungen führten (§§ 21e I, 60, 116 GVG a.F., § 184 StPO a.F.). BADER formuliert, dass der Untersuchungsrichter nichts anderes als ein mit voller richterlicher Unabhängigkeit ausgestatteter Staatsanwalt sei.[113] Die wesentlichen Gründe für die Abschaffung der Voruntersuchung und damit auch des Untersuchungsrichters lagen darin, dass das Misstrauen gegenüber der Staatsanwaltschaft als nicht mehr gerechtfertigt empfunden wurde, der Richter entsprechend der grundgesetzlichen Gewaltenteilung von reiner Ermittlungstätigkeit entlastet werden sollte und das Vorverfahren an sich als nicht mehr erforderlich eingestuft wurde.[114] Seither liegt die uneingeschränkte Verantwortlichkeit für die Ermittlungen bei der Staatsanwaltschaft, der Ermittlungsrichter wird hier nur auf Antrag tätig.[115] Es wird zu überlegen sein, inwieweit die Gründe, die zur Abschaffung der Institution des Untersuchungsrichters geführt haben, in Ansehung der offenbar gewordenen strukturellen Probleme seiner Wiedereinführung entgegenstehen.

Als Kernpunkt ist also zu klären, was geschehen muss, damit man dem Richter glauben kann, dass er trotz seiner unter Umständen schwachen Position und trotz seiner Arbeitsbelastung vorbeugenden Rechtsschutz leistet. Gerade unter dem dabei geäußerten Aspekt des Vertrauens in seine Kontrolltätigkeit sind auch Berichtspflichten zu diskutieren, die in einem besonderen Maße zu einer nachträglichen Konfrontation mit Umfang, Kosten und Erkenntnisgewinn der angeordneten Überwachungen führen können.

Zuletzt schließlich muss auch das übrige Kontrollinstrumentarium stimmen: damit sind tatrichterliche Kontrollen und die Handhabung der Benachrichtigungspflicht in den Blickpunkt gerückt.

Die Erkenntnisse aus einer TKÜ können nicht in jeder Hauptverhandlung eine Rolle spielen, da sie häufig infolge der Ersetzung durch andere sachliche Beweismittel oder Geständnisse in den Hintergrund treten. Werden sie nicht eingeführt, wird jedoch auch der Beschluss keiner weiteren Prüfung unterzogen. Häufig liegt es nicht im Interesse der Verteidigung, die Ergebnisse der Überwachung vor Gericht abspielen oder verlesen zu lassen, da dies *„sie dem Zorn der Kammer aussetzen*

---

111 So etwa *Nack*, S. 16ff.

112 1. StVRG vom 9. Dezember 1974, am 1. Januar 1975 in Kraft getreten; BGBl. 1974 I 3393.

113 *Bader*, S. 6.

114 Siehe zum Ganzen die amtliche Begründung des 1. StVRG in BT-Drs. 7/551 sowie auch *Prechtel*, S. 11f.

115 Ausnahme § 165 StPO (richterliche Nothandlungen).

kann“[116] oder aber die Präsentation der TKÜ vor Gericht ein wesentlich schlechterer Dienst an ihrem Mandanten ist, als es das bereits abgelegte Geständnis sein kann.[117] Dennoch ist die Frage auszuwerfen, ob die Verteidiger nicht häufiger die Einführung der TKÜ-Erkenntnisse beantragen müssten, um den Weg für eine inzidente Kontrolle der Anordnung möglich zu machen.

Es bleibt der Vorwurf der fehlenden Benachrichtigungen. Sofern die Erkenntnisse der Überwachung in die Hauptverhandlung eingeführt wurden oder aber auch nur in der Anklage auf die TKÜ verwiesen wurde, hat zumindest der Beschuldigte Kenntnis von ihr. In Unkenntnis bleiben dann aber die nicht beschuldigten Anschlussinhaber, sofern die Benachrichtigung unterbleibt. Weiterhin ist die niedrige Benachrichtigungsquote vor allem auch mit Blick auf die Beschuldigten bedenklich, gegen die die Ermittlungsverfahren eingestellt wurden.

Jedoch sind die schlechten Quoten bei den Benachrichtigungen nicht allein aus diesem Grund massiv zu kritisieren. Unabhängig von der Streitfrage, wer als Beteiligter einer TKÜ von der Überwachung zu unterrichten ist und auch ungeachtet der Tatsache, dass nachvollziehbare Gründe dagegen sprechen, den Beschuldigten zu informieren, wenn sein Anwalt Kenntnis von der TKÜ hat, verstoßen die Staatsanwaltschaften hier deutlich gegen eine ihnen auferlegte Pflicht. Dies verwundert nicht, da diese Behörde sicherlich nach Abschluss einer zudem unter Umständen „erfolglosen“ Ermittlungstätigkeit[118] kein ureigenes Interesse daran haben dürfte, von dieser auch noch Bericht zu erstatten. In diesem Sinne erscheint wohl auch etwa die Äußerung eines Praktikers, der die Benachrichtigung als *„lästige Pflicht“* bezeichnete. Es bedarf jedenfalls einer klaren und praxisbezogenen Regelung, die deutlich festlegt, wer als Beteiligter zu benachrichtigen ist und unter welchen Voraussetzungen von einer sonstigen Kenntniserlangung ausgegangen werden kann.

---

116 Zitat aus den Experteninterviews im Rahmen der Untersuchung des Max-Planck-Institutes.

117 Hierbei ist nicht nur zu bedenken, dass die Gespräche aus einer TKÜ möglicherweise ein deutlicheres Bild der kriminellen Aktivität des Beschuldigten zeichnen, als es ein wohlüberlegtes und -formuliertes Geständnis vermag. Vielmehr kann der Inhalt der TKÜ auch das Erscheinungsbild des Angeklagten und sein Auftreten vor Gericht in einem anderen Licht erscheinen lassen.

118 Wobei außer Frage steht, dass auch die Strafverfolgungsbehörden nicht von Erfolglosigkeit sprechen, wenn sie den Tatnachweis nicht führen konnten, weil die als Täter verdächtigte Person offensichtlich unschuldig war.

Sechster Teil

Zusammenfassung und Schlussfolgerung

Kritiker der Überwachung der Telekommunikation bemängeln vor allem, dass die TKÜ nur unzureichend kontrolliert werde: in ihrer Anordnung bestehe hinsichtlich des Inhaltes, aber auch bereits in der Entscheidung für die Maßnahme so große Übereinstimmung zwischen Strafverfolgungsbehörden und Ermittlungsrichtern, dass von einer Überprüfung nicht ausgegangen werden könne. So weite sie sich entgegen ihrer *Ultima-ratio*-Funktion zunehmend zu einer Standardmaßnahme aus. In der anstehenden Reformdiskussion um die Überwachung der Telekommunikation wie auch die akustische Wohnraumüberwachung sind insbesondere Ansätze zu diskutieren, die für mehr Kontrolle und Transparenz sowie Nachvollziehbarkeit der Entscheidungen Sorge tragen. Nachfolgend werden die wesentlichen Erkenntnisse dieser Studie zusammengefasst und Schlussfolgerungen präsentiert.

A. Zusammenfassung

Die Überwachung der Telekommunikation stellt einen schweren Eingriff in das Grundrecht des Post-, Brief- und Fernmeldegeheimnisses aus Art. 10 I GG und damit in das Recht des Einzelnen auf abgeschirmte und unkontrollierte Kommunikation dar. Um diesen Eingriff verfassungsrechtlich zu rechtfertigen, muss insbesondere dem Grundsatz der Verhältnismäßigkeit Rechnung getragen werden. §§ 100a, 100b, 101 StPO müssen also geeignet, erforderlich und angemessen sein, die konfligierenden Interessen aus Grundrechtsschutz einerseits und Effektivität der Strafrechtspflege andererseits in Ausgleich zu bringen.

Zur Wahrung der Verhältnismäßigkeit verwendet der Gesetzgeber derzeit verschiedene materiell- und verfahrensrechtliche Sicherungsmechanismen. So beinhaltet § 100b I S.2 StPO einen Richtervorbehalt, während § 100a S.1 StPO die Anforderung an den Tatverdacht konkretisiert und einen enumerativen Straftatenkatalog einführt. Weiterhin unterliegt die Maßnahme Subsidiaritätserwägungen im Rahmen einer Prognoseentscheidung bei der Anordnung. § 100a S. 2 StPO erlaubt ferner nur die Überwachung eines begrenzten Personenkreises aus Beschuldigten, Nachrichtenmittlern und Dritten. Zudem ist in § 100b II S.4 StPO eine gesetzliche Maximalfrist von drei Monaten (bei Verlängerungsmöglichkeit) statuiert. In § 100b StPO und § 101 StPO werden Vernichtungs- und Benachrichtigungspflichten geregelt.

Diese Ausgestaltung der Überwachungsbefugnis ist bereits seit geraumer Zeit massiver Kritik aus Wissenschaft, Rechtspolitik und Praxis ausgesetzt.

So wird angenommen, dass der Richtervorbehalt als Kontrollinstrument versage. Er sei „rechtsstaatlicher Mythos“ [1] und betreibe „Augenwischerei“ [2]. Niedrige Ablehnungsquoten staatsanwaltschaftlicher TKÜ-Anträge durch den Richter, fehlende und schlechte Begründungen der Überwachung zeigten die mangelhafte Überprüfung.

Weiterhin rügen die Kritiker die Entwicklung und Zunahme der Überwachung von Telekommunikation, die sie als beängstigend und ausufernd empfinden. Mit Blick auf den Zeitraum 1990 bis 2002 in den Zahlen der Landesjustizverwaltungen zeigt sich ein Anstieg bei den Anordnungen auf TKÜ um mehr als das Siebenfache.

Es wird weiter angenommen, dass dem Katalog des § 100a StPO gerade keine begrenzende Funktion zukomme, sondern seine bloße Existenz die Forderung nach immer neuen Aufnahmen laut werden lasse.

Schließlich wird die Streuwirkung der Überwachung angegriffen. Die Maßnahme sei hinsichtlich unbeteiligter Personen entgegen der Begrenzung des Betroffenenkreises in § 100a S.2 StPO unkalkulierbar. Betroffen durch eine TKÜ seien nicht nur die Personen, die in § 100a S.2 StPO genannt werden, sondern stets auch Mitinhaber und Mitnutzer der überwachten Anschlüsse und alle Gesprächspartner.

Zuletzt besteht Streit in der Frage, wer als Beteiligter im Sinne des § 101 I S.1 StPO nach Abschluss der Maßnahme von ihr zu unterrichten ist. Die Theorie verlangt, dass nicht nur Beschuldigte, Nachrichtenmittler und bestimmte Dritte informiert werden, sondern auch Mitinhaber, Mitnutzer und alle Gesprächspartner, da in das Grundrecht aus Art. 10 I GG all dieser Personen eingegriffen werde. Die Praxis benachrichtigt entsprechend faktischer Zwänge den Beschuldigten und gegebenenfalls einen von ihm verschiedenen Anschlussinhaber, sofern sie – und dies ist der sich anschließende Vorwurf der Kritiker – ihrer Pflicht überhaupt nachkommt.

Diese Kritikpunkte bleiben selbstverständlich nicht ohne Erwiderung, und auch diese sei hier in Erinnerung gerufen. So erklären Praktiker, dass niedrige Ablehnungsquoten und schlechte oder fehlende Begründungen kein Beleg für eine mangelnde richterliche Kontrolle seien. Da man einen umfassenden Beschluss aus

---

1 *Asbrock,* ZRP 1998, 17

2 *Geppert,* DRiZ 1992, 411.

Textbausteinen zusammensetzen könne, ohne den Sachverhalt zu prüfen, und ein marginaler Begründungstext dennoch durchdacht worden sein könne, scheide der Inhalt der Begründungen als zulässiges Messkriterium für die Kontrollintensität aus.[3] Niedrige Ablehnungsquoten wiederum könnten daraus resultieren, dass die TKÜ auf Anregungs- und Antragsebene – also durch Polizei und Staatsanwaltschaft – soweit auf ihre Zulässigkeit hin überprüft werde, dass die Überwachung in der Anordnung durch den Richter dann tatsächlich „durchgewunken" werden könne.

Zuletzt mache sich kein Kritiker eine Vorstellung davon, wie arbeitsintensiv eine TKÜ sei. In den Worten eines Praktikers sei dies „nichts, was man mal so macht, weil einem gerade nichts Besseres einfällt". Angesichts fehlender personeller und sachlicher Ressourcen werde getan, was möglich erscheine, und eine Benachrichtigung aller Gesprächsteilnehmer und ein detailliertes Aktenstudium vor jeder einzelnen TKÜ-Anordnung seien nicht durchführbar.

Zwar kommt dem Gesetzgeber eine Einschätzungsprärogative bei der Ausgestaltung der Verhältnismäßigkeit zu, ihn trifft jedoch auch die Pflicht, die Wirksamkeit seiner grundrechtsschützenden Instrumentarien zu evaluieren. Vor diesem Hintergrund und in Anbetracht der Grundrechtsintensität des Eingriffs sind die Erkenntnisse dieser Studie und der Untersuchung des Max-Planck-Institutes[4] von Interesse.

I. Richterliche Kontrolle der TKÜ

Aus der Aktenanalyse konnten in Bezug auf die Kontrolle der TKÜ die folgenden Erkenntnisse gewonnen werden. Mit 80,6% überwiegen die richterlichen Anordnungen deutlich gegenüber staatsanwaltschaftlichen Eilmaßnahmen (13,3%).[5] Damit ist das Regel-Ausnahmeverhältnis, wie in § 100b StPO vorgesehen, gewahrt. 0,4% der von der Staatsanwaltschaft beantragten TKÜ-Maßnahmen wurden durch den Ermittlungsrichter abgelehnt. Aus den Befragungen, den Ergebnissen der Studie der Universität Bielefeld und der Untersuchung von KINZIG wird deutlich, dass „informelle Ablehnungen" keine bedeutende Rolle spielen und damit auch vor diesem Hintergrund die Ablehnungsquote nicht wesentlich höher zu vermuten ist.[6]

---

[3] Wobei hier verkannt wird, dass BVerfG und BGH verlangen, dass die Kontrolle dokumentiert wird.

[4] *Albrecht/Dorsch/Krüpe.*

[5] In 6,1% konnten Antrag und Beschluss nicht abgeglichen werden.

[6] Zu beachten bleiben die Ablehnungen in den Verfahren, in denen es zu keiner TKÜ kam. Ausgangspunkt dieser Untersuchung sind gemeldete TKÜ-Verfahren, mithin solche, in denen es zu mindestens einer Überwachungsanordnung kam. Damit besteht die Möglichkeit, dass es eine gewisse Anzahl an Verfahren gibt, in denen TKÜ abgelehnt wurden, keine Überwachung erfolgte und daher auch keine Meldung als TKÜ-Verfahren. Gegen die Annahme, dass es sich hierbei um eine bedeutende Zahl von Fällen handelt, spricht die

61% der staatsanwaltschaftlichen Anträge / Eilmaßnahmen und 47% der richterlichen Beschlüsse enthielten entweder keinerlei Ausführungen zum Tatbestandsmerkmal der Subsidiarität, oder sie begnügten sich mit der Wiedergabe des Gesetzeswortlautes. In 24% der Anordnungen durch den Richter finden sich Ausfertigungen dessen, was die Staatsanwaltschaft vorgelegt hat. Dabei erfolgten wörtliche Übernahmen wie bloße Unterzeichungen vorgefertigter Beschlüsse „im Guten wie im Schlechten".

Die Stadien der Anregung, Beantragung und Anordnung wurden sehr zügig durchschritten. Bei richterlichen Anordnungen lag zwischen Anregung und Antrag im Median ein Tag, zwischen Antrag und Beschluss ebenfalls ein Tag. In 18% der Fälle ergingen alle Entscheidungen an einem Tag. Für Eilanordnungen lässt sich ein Median zwischen Anregung und Eilmaßnahme von 0 feststellen (damit erfolgten sie am selben Tag), der (Bestätigungs-)Beschluss wurde im Median einen Tag nach Antragstellung gefasst.

Erste Anordnungen erfolgten etwas weniger zügig (Anregung / Antrag Median zwei Tage; Antrag / Beschluss Median drei Tage), während Folgeentscheidungen demgegenüber schneller ergingen (jeweils ein Median von einem Tag in allen Stadien). Diese Beobachtung deckt sich mit Ausführungen von Praktikern, die bei Verlängerungen und konsekutiven Entscheidungen von einer Grundkenntnis des Sachverhaltes ausgehen und „Vertrauen in die Grundentscheidung" setzen.

Die tatrichterliche Kontrolle der TKÜ in der Hauptverhandlung ist davon abhängig, dass Erkenntnisse aus der Überwachungsmaßnahme eingeführt werden. Dies stellt jedoch die Ausnahme dar, da die TKÜ als Beweismittel häufig durch Sachbeweise oder Geständnisse / Absprachen ersetzt wird.

In der Schriftlichen Befragung bewerteten[7] Verteidiger, Richter und Staatsanwälte den Richtervorbehalt als nützlich, die Polizei als weniger nützlich. Polizisten, Staatsanwälte und Richter sprachen sich zudem dafür aus, den Vorbehalt unverändert beizubehalten, während die Verteidiger ihn mehrheitlich erweitert sehen wollten. 42% der Polizisten schätzten die Prüfung der Voraussetzungen der TKÜ als „gut" ein, 36% der Staatsanwälte und 39% der Richter als „befriedigend" und 74% der Verteidiger als „unzureichend".

Aus den Expertengesprächen erscheint interessant, dass nicht nur die Verteidiger, sondern auch einige Richter, Staatsanwälte und Polizisten die Begründungsinhalte kritisierten, den Kern der Begründungsarbeit bei der Polizei verorteten und die den Richtern vorgelegten Entscheidungsgrundlagen in Teilen als zu ausgewählt

---

Tatsache, dass sich bei der Bildung der Kontrollgruppe kaum BtM-Verfahren finden ließen, in denen TKÜ abgelehnt wurden, und auch bei der Auswertung der Kontrollverfahren Raub- und Tötungsdelikte keine abgelehnten TKÜ-Maßnahmen festgestellt werden konnten. Hierzu siehe Teil Fünf B II und *Dorsch*.

[7] Wiedergegeben werden hier die Äußerungen mit dem jeweils höchsten Anteil unter den Befragten.

erachteten. Allgemein machten hier Vertreter aller Berufsgruppen auf die fehlenden personellen und sachlichen Ressourcen sowie die hohe Arbeitsbelastung aufmerksam.

II. Betroffene

In der Aktenanalyse war es nicht möglich, eine Auszählung der durch die TKÜ betroffenen Personen danach vorzunehmen, ob es sich um Beschuldigte, Kontaktpersonen, Mitnutzer, -inhaber oder (unbeteiligte) Gesprächspartner handelte.

Bei der Betrachtung der überwachten Anschlüsse ist jedoch zumindest zwischen ihren Inhabern und Nutzern zu unterscheiden. Zu 34,4% wurden Anschlüsse kontrolliert, die auf Beschuldigte als Inhaber und Nutzer gerichtet waren. In 29,4% wurden Anschlüsse, die auf Dritte liefen, zum Teil neben den Dritten auch von Beschuldigten genutzt.

Zu 31,7% fanden sich Anschlüsse, die (ausschließlich) von Dritten als Inhaber und Nutzer verwendet wurden. Beschuldigte kommunizierten nicht aktiv über diese Anschlüsse. Es ist anzunehmen, dass es sich hier um die Fälle der Nachrichtenmittlung des § 100a S.2 StPO handelt. In den Anordnungen erfolgten jedoch in der Regel keinerlei Ausführungen zur Frage des Nachrichtenmittlungsverhältnisses. Betrachtet man das Verhältnis zwischen Dritten und Beschuldigten in diesen Konstellationen und soweit es aus den Unterlagen zu erkennen war, lässt sich zu 37,9% aus den Akten nicht erkennen, ob diese in einer Beziehung zueinander stehen.

In der Aktenanalyse war es nicht möglich, eine Auszählung der durch die TKÜ betroffenen Personen danach vorzunehmen, ob es sich um Beschuldigte, Kontaktpersonen, Mitnutzer, -inhaber oder (unbeteiligte) Gesprächspartner handelte. Zum Ausmaß der Überwachung lassen sich damit nur Schätzwerte angeben, die sich in die Angaben der Bundesregierung[8] zu den Betroffenen (**5.764**, ohne Gesprächspartner) und in Schätzungen[9] einreihen lassen, die von **1.500.000** Betroffenen ausgehen. Ausgehend von im Mittel 2,4 Beschuldigten und 4,8 nicht beschuldigten Dritten (als Anschlussinhaber oder Anschlussnutzer) pro Verfahren und 2705 TKÜ-Verfahren im Jahr 1998 ergeben sich **19.476** überwachten Personen (ohne Gesprächspartner).

---

[8] DuD 1999, 733.

[9] *Müller-Heidelberg*, S. 112, der unter Zugrundelegung der Daten aus den amerikanischen *wiretap-reports* davon ausgeht, dass etwa 1.500000 Menschen pro Jahr von TKÜ-Maßnahmen betroffen seien. Anders als in den Daten der Bundesregierung, finden in diese Schätzung auch Gesprächspartner der überwachten Personen Eingang.

III. Benachrichtigung

Für 15,3% der Anschlüsse war in den Akten die Benachrichtigung des Beschuldigten oder des Anschlussinhabers dokumentiert. In weiteren 10,5% der Fälle wurde von einer sonstigen Kenntniserlangung durch Akteneinsicht oder Vorhalte in Vernehmungen ausgegangen. In 6,6% der Fälle unterblieb eine Benachrichtigung mit Blick auf die Gefährdung weiterer Ermittlungen. Für 67,6% der Anschlüsse war aus den Akten nicht ersichtlich, dass irgendeine Person von der Überwachung in Kenntnis gesetzt wurde.

In einem Fall wurden Gesprächspartner der Beschuldigten von der TKÜ informiert, da sie ohne Schwierigkeiten ermittelt werden konnten.

Die Quoten für die Benachrichtigung weisen Unterschiede bei der Betrachtung der den TKÜ zugrunde gelegten Katalogtaten und dabei insbesondere in den Fällen der Fahndungs-TKÜ und bei der Überwachung von Opferanschlüssen oder solchen von Angehörigen der Täter oder Opfer (Fälle von Tötungsdelikten, Erpressungen, Eingriffen in die persönliche Freiheit, gemeingefährlichen Straftaten) aus.

Zuletzt ist bei einer zusammenführenden Betrachtung von Begründungsinhalten (als Merkmal der ermittlungsrichterlichen Kontrolle), Einführung der TKÜ in die Hauptverhandlung (als Möglichkeit inzidenter tatrichterlicher Kontrolle) und dem Umgang mit der Benachrichtigung festzuhalten, dass in etwa 29% aller Verfahren möglicherweise eine Überwachung vorliegt, bei der weder auf ermittlungsrichterlicher Ebene noch in den folgenden Stadien der Hauptverhandlung oder der abschließenden Benachrichtigung von einer intensiven Überprüfung der TKÜ oder auch nur der Möglichkeit einer solchen Kontrolle ausgegangen werden kann.

IV. Straftatenkatalog und Dauer der Maßnahme

1. Katalog des § 100a StPO

Aus den Befragungen ergeben sich Hinweise auf die Mängel, welche Praktiker in der enumerativen Aufzählung des Kataloges sehen. Ihr werden in der derzeitigen Ausgestaltung Heterogenität und Wertungswidersprüche im Vergleich zu anderen Katalogen vorgeworfen. Zudem vermelden selbst Praktiker unter Polizei und Staatsanwaltschaft einen gewissen Automatismus in der Anregung und Beantragung der TKÜ, sobald eine Katalogtat auszumachen ist: eine Prüfung der weiteren Voraussetzungen werde in diesen Fällen häufig als nicht mehr notwendig erachtet, da allein die Katalogstellung bereits die Verhältnismäßigkeit der Maßnahme gewährleiste. Zudem beinhalte der Katalog in Gestalt der banden- und gewerbsmäßigen Begehungsweisen Deliktsformen, die häufig erst durch die TKÜ ermittelt werden sollten: die Maßnahme dient damit im Grunde der Feststellung der Voraussetzung, die zu ihrer Anordnung notwendig gewesen wäre.

Trotz der Benennung dieser Mängel votierten 39,7% der schriftlich Befragten dafür, den Katalog unverändert beizubehalten, während 16,4% diesen zugunsten einer allgemeinen Schwereformulierung aufgeben würden.[10] Unter den Berufsgruppen lässt sich ein signifikant unterschiedliches Antwortverhalten feststellen.

2. Dauer der TKÜ

Die Dauer der Maßnahme, die nach der gesetzlichen Frist auf maximal drei Monate fixiert werden kann, liegt in etwa drei Viertel der Anträge auf richterliche Anordnung und den entsprechenden Beschlüssen bei drei Monaten, der Median findet sich bei 90 Tagen. Die tatsächliche Überwachungsdauer betrug in 71% der Fälle maximal zwei Monate. Der Median liegt bei 33 Tagen, der Mittelwert bei 41 Tagen.

B. Schlussfolgerung

Die TKÜ ist ein wichtiges Erkenntnismittel, das in der Praxis durchaus zielgerichtet und erfolgsorientiert eingesetzt wird.[11] Es bestehen jedoch Zweifel an der Kontrolle der TKÜ, die sich auf die Handhabung des Richtervorbehaltes und die Umsetzung der Benachrichtigungspflicht beziehen. In Teilen handelt es sich um strukturelle Probleme. In weiten Bereichen bedarf es einer gesetzlichen Präzisierung und Klarstellung sowie eines offenen Umgangs mit „Verschleifungen"[12] zwischen Polizeirecht und Strafprozessrecht bei so genannten proaktiven Ermittlungen. Eine Reform der §§ 100a, 100b, 101 StPO darf nicht nur dem Anschein nach rechtsstaatlichen Grundsätzen genügen, sondern muss die Maßnahme auch in ihrer tatsächlichen Umsetzung verfassungsrechtlich rechtfertigen. Formulierungen wie Benachrichtigung der „Beteiligten", Vernichtung der „durch die Maßnahme erlangten Unterlagen" und die Subsidiaritätsklausel lassen die Maßnahme als abgesichert gegenüber einem unverhältnismäßigen Grundrechtseingriff erscheinen, geben aber keine praktikablen Voraussetzungen. In den Worten eines Staatsanwaltes liegt die „Zwickmühle" darin, dass man den Ermittlungsbehörden Rechte einräume und der Gesetzgeber sich mit dem „rechtsstaatlichen Ruhekissen" der richterlichen Überprüfung ein ruhiges Gewissen verschaffe, obwohl eine solche Kontrolle in Anbetracht der tatsächlichen Möglichkeiten, der Arbeitsbelastung und in langer Praxis üblich gewordenen Aufgabenteilung nicht zu leisten sei. Selbiger Staatsanwalt bezeichnete die Voraussetzungen der §§ 100a, 100b StPO als „verwaschen". Damit

---

[10] 32,4% der Teilnehmer sprachen sich für eine Erweiterung der Aufzählung aus, 5,4% für eine Beschränkung.

[11] Siehe *Albrecht/Dorsch/Krüpe* und *Dorsch*.

[12] *Kinzig*, StV 2004, 560ff.

steht die TKÜ vor der Schwierigkeit, als wichtige Ermittlungsmethode auf einer an etlichen Stellen angreifbaren Rechtsgrundlage und Rechtspraxis zu fußen.

I. Richterliche Kontrolle der TKÜ

Zunächst ist die Überprüfung der TKÜ durch den Ermittlungsrichter mit Blick auf die Begründungsinhalte und die Schnelle der Entscheidungen zumindest anzuzweifeln, wenn auch nicht völlig in Abrede zu stellen. Es liegt ein strukturelles Problem vor, das nicht allein an der TKÜ auszumachen ist. Vielmehr geht es um die Kompetenzverteilung im Ermittlungsverfahren, die Rolle des Richtervorbehaltes und die Ausgestaltung des ermittlungsrichterlichen Systems.

Aus der Aktenanalyse wird deutlich, was auch die Befragungen bestätigen: die TKÜ wird auf einem sicheren rechtlichen und tatsächlichen Fundament eingesetzt, wenn die am Anordnungs- und Durchführungsprozess Beteiligten spezialisiert sind. Es wäre durchaus zu überlegen, diese Spezialisierung auf allen Ebenen und insbesondere der ermittlungsrichterlichen zu fördern. Hierzu bedürfte es einer Ausbildung zum und einer Fortbildung der Ermittlungsrichter. Junge Assessoren sehen sich als Ermittlungsrichter der Autorität des gesamten und eingespielten Ermittlungsapparates gegenüber. Es bedarf einer Aufwertung der Stellung des Ermittlungsrichters, die sich nicht nur in den Inhalten, sondern auch in den Geschäftsverteilungsplänen und der Budgetierung ausdrücken sollte.

Als gesetzgeberischer Ansatz für eine Verbesserung dieser Situation erscheint es auch denkbar, die Begründungspflicht des Ermittlungsrichters in §§ 100a, 100b StPO deutlicher zu fixieren und durch ein Verwertungsverbot abzusichern.

Eine weitere strukturelle Schwierigkeit in der Überprüfung der TKÜ liegt in der Funktionstüchtigkeit der nachträglichen Kontrolle. Bei Zweifeln an der umfassenden ermittlungsrichterlichen Vorabsicherung kommt der inzidenten tatrichterlichen Prüfung und der Möglichkeit der Beschwerde nach Benachrichtigung besondere Bedeutung zu. Die tatrichterliche Kontrolle ist indes nur in den Fällen von Bedeutung, in denen es zur Anklage der Beschuldigten kommt. Da die Erkenntnisse aus einer TKÜ zudem in aller Regel bei erfolgter Anklage nicht in die Hauptverhandlung eingeführt werden, spielt die durch das Tatgericht vorzunehmende Prüfung der Verwertbarkeit und dabei immanent der Rechtmäßigkeit der TKÜ kaum eine Rolle. Hier wird man den Verteidigern vorwerfen müssen, die TKÜ-Erkenntnisse und damit die Anordnung nicht häufig genug anzugreifen und auf eine Einführung zu dringen.

II. Betroffene

Weiterhin ist aus den ausgewerteten Akten nicht immer erkennbar, aus welchen Gründen die TKÜ in einem Verfahren exzessiv im Sinne mehrerer Maßnahmen gegen unterschiedliche Personen eingesetzt wird, ohne dass deren Verbindung mit dem Tatvorwurf oder den Beschuldigten deutlich gemacht würde. Diesbezüglich fehlt es mitunter an der Nachvollziehbarkeit der Entscheidung zur TKÜ, auch wenn davon ausgegangen wird, dass die Sachbearbeiter bestimmte Strategien verfolgen und nicht wahl- und ziellos abhören.[13] Ist nicht nachvollziehbar, warum Personen mit Grundrechtseingriffen belastet werden und verbleibt diese Kenntnis allenfalls bei den Sachbearbeitern, kommen Zweifel an der Legitimation des breiten Einsatzes der Maßnahme auf. Daher sollte im Sinne der Kommentarliteratur die Begründung stets auch die Verbindung von überwachten Dritten zum Tatvorwurf bzw. den Beschuldigten erfassen.

III. Benachrichtigung

Es schließt sich die Kritik an der Umsetzung der Benachrichtigungspflicht an. Unabhängig von der Frage, wer zu benachrichtigen ist, kommt die Staatsanwaltschaft regelmäßig schon der Benachrichtigung der unmittelbar Betroffenen, also Beschuldigter, Anschlussinhaber und Anschlussnutzer, zu selten nach oder dokumentiert eine Unterrichtung nicht in den Akten. Somit entfällt ein weiterer Ansatz zur (nachträglichen) Überprüfung der TKÜ.

Dass die Unterrichtung durchgeführt und damit mit Nachdruck auf sie hingewirkt werden muss, steht außer Zweifel. Es bedarf jedoch hinsichtlich des Adressatenkreises sowohl bei Auskunftsgebenden wie -erhaltenden einer deutlichen Klarstellung, die verfassungsrechtlichen Grundsätzen genügen muss und dennoch praxisnah auszugestalten ist. Dies betrifft zum einen den Kreis der benachrichtigungspflichtigen Personen, zum anderen einen Ausnahmetatbestand für die Sachverhalte, in denen die Betroffenen (sicher) anderweitig Kenntnis von der Überwachung erlangt haben.

IV. Straftatenkatalog und Dauer der Maßnahme

Bereits für die Frage der Begründungsinhalte, der Verwertungsverbote und der Klarstellung der Benachrichtigungspflicht befindet man sich im Bereich der Gesetzesreform. In diesem Zusammenhang sind ausweislich der Erkenntnisse der Aktenanalyse und der Befragungen zwei weitere Gesichtspunkte zu bedenken.

---

[13] Abgesehen von rechtsstaatlichen Erwägungen und einem Grundvertrauen in die Wahrung dieser Grundsätze auch und gerade durch Strafverfolgungsbehörden und Ermittlungsrichter, spricht vor allem die Arbeitsintensität gegen einen willkürlichen und standardisierten Einsatz der TKÜ.

1. Katalog oder allgemeine Schwereformulierung

So erscheint der Katalog des § 100a S.1 StPO als reformbedürftig hinsichtlich der dort enthaltenen Straftatbestände auch im Vergleich zu anderen Katalogen in der StPO. Es schließt sich die Frage an, inwieweit die Aufzählung durch eine allgemeine Schwereformulierung ersetzt werden könnte.

Als grundlegende Aspekte vor allem im Fall der letzten Alternative sind die Bestimmtheit der Norm, die Vereinheitlichung vergleichbarer Eingriffe und die Stabilität der Regelung zu sehen. *Welp* und *Niehaus* begreifen den Katalog in Folge der Grundrechtsrelevanz des Eingriffs als eine gesetzliche Generalisierung von Eingriffsbeschränkungen, in diesem Sinne Verhältnismäßigkeitsbedingungen.[14] Im Rahmen der Verhältnismäßigkeit müssen der Grundrechtseingriff und die Effektivität der Strafrechtspflege in Ausgleich gebracht werden. Dabei streiten auf Seiten des Grundrechtseingriffs[15] die abstrakte Wertigkeit des Art. 10 I GG, die Dauer der Maßnahme, ihr Umfang, die bei der TKÜ deutlich gegebene Streuwirkung der Maßnahme auf (unbeteiligte) Dritte[16] und nicht zuletzt die Heimlichkeit der Maßnahme. Die Effektivität der Strafrechtspflege wird anhand der Tatschwere, der Rechtsfolgenerwartung, des Strafrahmens und der Eignung der Maßnahme zur Tataufklärung gemessen. Weiterhin kann ein erhöhtes kriminalpolitisches Bedürfnis von Bedeutung sein.[17]

Ausgehend von dieser Situation und der geäußerten und in der Diskussion bekannten Kritik am Katalogsystem lassen sich für eine Reform des § 100a StPO im wesentlichen drei Ausgestaltungen denken: der gänzliche Verzicht auf einen Katalog, die Überarbeitung des Kataloges und Kombinationsmodelle aus Katalog und allgemeiner Formulierung.[18]

2. Gesetzliche Maximalfrist der TKÜ

In Anbetracht der tatsächlichen Dauer der TKÜ von maximal etwa zwei Monaten im Vergleich zu der nahezu reflexartigen Anordnung auf drei Monate erscheint es sinnvoll, die Maximalfrist einer reformierten Überwachungsregelung auf zwei Monate abzusenken. Die Möglichkeit der Verlängerung sollte bestehen bleiben, sofern die Anforderungen an die Begründung auch diesbezüglich heraufgesetzt werden.

---

14 *Welp*, Überwachung und Kontrolle, S. 89, 96; *Niehaus*, S. 189f.

15 Dazu bereits im Ersten Teil, A II.

16 Dazu insbesondere Vierter Teil und Erster Teil.

17 Siehe zum Ganzen Erster Teil und *Niehaus*, S. 202ff.

18 Siehe dazu Dritter Teil C III.

V. Berichtspflichten

Die Kosten einer TKÜ ebenso wie die tatsächliche Streuwirkung der Maßnahme bleiben auch nach den Untersuchungen des Max-Planck-Institutes und der Universität Bielefeld weitgehend im Dunkeln. Daher stellt sich die Frage nach mehr Transparenz. Ein Blick in das Ausland zeigt die weite Verbreitung von begleitender Kontrolle der Überwachungsentwicklung durch Berichte an Kommissionen, Ombudsmänner, Parlamente etc.[19] Derartige Berichtspflichten erscheinen auch für die TKÜ als sinnvoll und könnten eine Übernahme politischer Verantwortung für die Entwicklung der Überwachungsintensität nach sich ziehen, die die Akzeptanz der Maßnahme durch ihre Kritiker nur steigern dürfte.

C. Reformvorschlag

(1) Die Überwachung der Telekommunikation darf angeordnet werden, wenn aufgrund bestimmter Tatsachen der Verdacht besteht, dass jemand als Täter oder Teilnehmer eine Straftat von erheblicher Bedeutung, die mit einer Mindestfreiheitsstrafe nicht unter zwei Jahren bedroht ist, begangen oder versucht hat oder eine als solche strafbare Vorbereitungshandlung zu einem solchen Verbrechen begangen hat.

(2) Die Anordnung darf sich gegen den Beschuldigten richten sowie gegen Kontaktpersonen des Beschuldigten, die für ihn oder von ihm Nachrichten entgegennehmen oder deren Anschlüsse durch den Beschuldigten genutzt werden. Gegen Personen, denen ein Zeugnisverweigerungsrecht nach § 53 StPO zukommt, ist eine Anordnung unzulässig.

(3) Die Überwachung der Telekommunikation kann nur durch den Richter des Amtsgerichts, in dessen Bezirk die Staatsanwaltschaft ihren Sitz hat, bei Gefahr in Verzug durch den Staatsanwalt angeordnet werden. Liegen die Voraussetzungen der Anordnung nicht mehr vor, ist die Maßnahme unverzüglich zu beenden. Wird die staatsanwaltschaftliche Eilanordnung nicht binnen drei Tagen bestätigt, ist die Maßnahme unverzüglich zu beenden.

(4) Die Anordnung muss die Tatsachen, aus denen sich der Verdacht der Straftat ergibt darlegen und auch, warum die Überwachung zur Erforschung des Sachver-

[19] Siehe *Albrecht/Dorsch/Krüpe*, S. 59ff., Übersicht S. 109.

haltes oder zur Ermittlung des Aufenthaltsortes auch anstelle anderer Maßnahmen geeignet erscheint. Die Anordnung muss den Namen der Person nennen, gegen die sie sich richtet, sowie die Rufnummer oder eine andere Kennung des Telekommunikationsanschlusses. Sofern Anschlüsse von Kontaktpersonen überwacht werden, ist gesondert zu begründen, auf welchen Tatsachen die Annahme beruht, dass Erkenntnisse zum Tatgeschehen über die Überwachung dieser Anschlüsse gewonnen werden können.

(5) Die Maßnahme ist auf höchstens zwei Monate zu befristen. Nach erneuter Prüfung und Darlegung der Notwendigkeit ihrer Verlängerung kann sie jeweils nach Ablauf der Frist auf weitere zwei Monate angeordnet werden.

(6) Von der Überwachung der Telekommunikation sind die Adressaten der Maßnahme zu benachrichtigen, die in (2) genannt werden, sofern dies ohne Gefährdung der öffentlichen Sicherheit, von Leib oder Leben einer Person oder weiterer Ermittlungen möglich erscheint. Sonstige Betroffene der Maßnahme sind unter den Voraussetzungen des S.1 zu benachrichtigen, wenn ihnen ein schutzwürdiges Interesse an der Unterrichtung zukommt, welches das schutzwürdige Interesse der in S.1 genannten Personen an einem Unterbleiben der Benachrichtigung überwiegt und sie ohne Schwierigkeiten zur Benachrichtigung identifiziert werden können. Soweit die Adressaten des S.1 und S.2 gesicherte Kenntnis von der Überwachung erlangt haben, ist eine Benachrichtigung nicht erforderlich.

(7) Sind die durch die Maßnahme erlangten Unterlagen zur Strafverfolgung nicht mehr erforderlich, sind die Aufzeichnungen und Inhaltsprotokolle unverzüglich zu vernichten. Über die Vernichtung ist eine Niederschrift anzufertigen.

(8) Verwertungsverbot

Erkenntnisse aus einer Überwachung, deren Anordnung die Voraussetzungen der (1) bis (5) nicht erfüllt, dürfen nicht verwertet werden.

(9) Über die Überwachung der Telekommunikation sind Berichte zu fertigen, die den jeweils zuständigen obersten Justizbehörden zuzuleiten sind. Die Berichte beinhalten Ausführungen zur Anlasstat der Überwachung, ihrem Ziel und ihrer Dauer, den im Sinne des (2) betroffenen Personen, der Durchführung der Benachrichtigung und Vernichtung, der Kosten der Maßnahme und der aus ihr gewonnenen Erkenntnisse. Die Berichte werden zur Grundlage der jährlichen Unterrichtung des Bundestages über die durchgeführten Maßnahmen gemacht und veröffentlicht.

D. Berichte[20]

AZ[1]	Lfnd. Nr[2]	Dauer[3]	Aufschalt./ Abschalt.	Grund Abbruch	Inhaber[4]	Verhältnis 100a S. 2	Drittnutzer[5]	Relevante Gespräche[6]	Irrelevante Gespräche[7]	Sachkosten[8]	Dolm.[9]
	1	3 M.	1.1.04 1.1[10]		B		Ehefrau	24	90	550 € Verf.	750 € Verf.
	2	2 M.	3.2.04 3.4.04		D	Bekannter; Nachrichten-mittler	n.f.	10	-		
	1.1	3 M.	1.4.04 5.4.04	Festnahme	B		Ehefrau	3	5		

1 Verfahren und Beschluss (Js / AR).
2 Bezogen auf Anschlüsse. Verlängerungen sind durch Zusatz 1,2,3... zu kennzeichnen.
3 Dauer der Maßnahme nach Anordnung.
4 Beschuldigter oder Dritter.
5 Wer nutzt als nicht beschuldigte Person den überwachten Anschluss neben dem Beschuldigten oder dem Nachrichtenmittler? Dabei nur die aktiven Nutzer, nicht deren Gesprächspartner.
6 Anzahl.
7 Anzahl.
8 Pro Anschluss oder bei erstem Anschluss für Gesamtverfahren.
9 Pro Anschluss oder bei erstem Anschluss für Gesamtverfahren.
10 Hinweis auf Abschaltung nach Verlängerung.

20 Als Muster zu verstehen. Insbesondere die Angaben zu den Kosten sind keine Angaben, die sich aus der Untersuchung ergeben haben.

Literaturverzeichnis

Albers, Marion, Die Determination polizeilicher Tätigkeit in den Bereichen der Straftatenverhütung und der Verfolgungsvorsorge, Berlin 2001.

Albrecht, Hans-Jörg, Strafzumessung bei schwerer Kriminalität, Berlin 1994.

Albrecht, Hans-Jörg, Rechtstatsachenforschung zum Strafverfahren, Neuwied 2005.

Albrecht, Hans-Jörg/Dorsch, Claudia/Krüpe, Christiane, Rechtswirklichkeit und Effizienz der Überwachung der Telekommunikation nach §§ 100a, 100b StPO und anderer verdeckter Ermittlungsmaßnahmen, Freiburg 2003.

Amelung, Knut, Die Entscheidung des BVerfG zur „Gefahr im Verzug" i.S. Art. 13 II GG, in: NStZ 2001, S. 337-343.

Asbrock, Bernd, Anmerkung, in: StV 2001, S. 322-324.

Asbrock, Bernd, Der Richtervorbehalt – prozedurale Grundrechtssicherung oder rechtsstaatliches Trostpflaster?, in: ZRP 1998, S. 17-19.

Arnauld, Andreas von, Grundrechtsfragen im Bereich von Postwesen und Telekommunikation – Ein Beitrag zur Geltung der Grundrechte für und gegen gemischtwirtschaftliche Unternehmen und staatliche Eigengesellschaften –, DÖV 1998, S. 437-452.

Bachmann, Gregor, Probleme des Rechtsschutzes gegen Grundrechtseingriffe im strafrechtlichen Ermittlungsverfahren, Berlin 1994.

Backes, Otto / Gusy, Christoph, Eine empirische Untersuchung von Richtervorbehalten bei Telefonüberwachungen, in: StV (2003), S. 249-252, als Dokumentation: „Wer kontrolliert die Telefonüberwachung?"

Backes, Otto / Gusy, Christoph, Wer kontrolliert die Telefonüberwachung, Frankfurt am Main 2003.

Bader, Karl, Staatsanwalt und Rechtspflege, in JZ 1956, S. 4-6.

Bär, Wolfgang, Polizeilicher Zugriff auf kriminelle Mailboxen, CR 1995, S. 489-500.

Bär, Wolfgang, Auskunftsanspruch über Telekommunikationsdaten nach den neuen §§ 100g, 100h StPO, in: MMR 2002, S. 358-364.

Benninghaus, Hans, Deskriptive Statistik, Leipzig 1998.

Bernsmann, Klaus, Anordnung der Überwachung des Fernmeldeverkehrs – Mitteilung der geographischen Daten des eingeschalteten Mobiltelefons, in: NStZ 2002, S. 103-104.

Bernsmann, Klaus, Verwertbarkeit von Erkenntnissen aus Telefonüberwachung, in: NStZ 1995, S. 510-513.

Bizer, Johann, Praxis der TK-Überwachung, in: DuD 2002, S. 216-220.

Bizer, Johann, Telekommunikation und Innere Sicherheit 2001 – Neuere Entwicklungen im Telekommunikationsrecht, in: Kubicek, H. u.a. (Hrsg.): Jahrbuch Telekommunikation und Gesellschaft 2002, Heidelberg 2002, S. 466-486.

Bizer, Johann, Die Evaluierung der Telekommunikations-Überwachung. Anmerkungen zur MPI-Studie, in: Kriminologisches Journal 4/2003, S. 280-295.

Blankenburg, Erhard / Sessar, Klaus / Steffen, Wiebke, Die Staatsanwaltschaft im Prozess strafrechtlicher Sozialkontrolle, Berlin 1978.

Bortz, Jürgen / Döring, Nicola, Forschungsmethoden und Evaluation, Berlin / Heidelberg 2002.

Buttler, Günter / Fickel, Norman, Einführung in die Statistik, Reinbek bei Hamburg 2002.

Cornils, Karin / Greve, Vagn, Landesbericht Dänemark, in: Gropp, Walter/Huber, Barbara (Hrsg.), Rechtliche Initiativen gegen organisierte Kriminalität, Freiburg 2001, S. 3-68.

*Denninger, Erhard / Hoffmann-Riem, Wolfgang / Schneider, Hans-Peter / Stein, Ekkehart (*Hrsg.), Kommentar zum Grundgesetz für die Bundesrepublik Deutschland, 3. Auflage, Neuwied, Kriftel 2001 [Stand: 2. Aktualisierungslieferung, August 2002]. Reihe Alternativkommentare.

Diedrichs, Otto, Die Telefonüberwachung, in: Bürgerrechte und Polizei 49 (1994), S. 63-68.

Dorsch, Claudia, Die Effizienz der Überwachung der Telekommunikation nach den §§ 100a, 100b StPO, Freiburg 2005.

Endriss, Rainer / Kinzig, Jörg, Neuralgische Punkte des Betäubungsmittelstrafrechts, in: NJW 2001, S. 3217-3222.

Frehsee, Detlev, Fehlfunktionen des Strafrechts und der Verfall rechtsstaatlichen Freiheitsschutzes, in: Konstruktion der Wirklichkeit durch Kriminalität und Strafe, Baden-Baden 1997.

*Geisler, Claudius (*Hrsg.), Das Ermittlungsverhalten der Polizei und die Einstellungspraxis der Staatsanwaltschaften, Wiesbaden 1999.

Geppert, Klaus, Kontroll- und Förderungspflichten des Ermittlungsrichters, in: DRiZ 1992, S. 405-414.

Grote, Rainer, Kommunikative Selbstbestimmung im Internet und Grundrechtsordnung, KritV 1999, S. 27-56.

Gercke, Björn, Bewegungsprofile anhand von Mobilfunkdaten im Strafverfahren, Berlin 2002.

Grundies, Volker, Verfahrenseinstellungen nach §§ 45, 47 Jugendgerichtsgesetz: Basisdaten und Analyse der Freiburger Kohortenstudie, Freiburg 2004.

Hall, Karl-Heinrich, Notstandsverfassung und Grundrechtseinschränkungen – Kritische Beurteilungen zu einzelnen Problemen des Regierungsentwurfs eines Gesetzes zur Ergänzung des Grundgesetzes, in: JZ 1968, S. 159-167.

Hermann, Dieter, Die Aktenanalyse als kriminologische Forschungsmethode in: *Kaiser, Günther / Kury, Helmut / Albrecht, Hans-Jörg (*Hrsg.*),* Kriminologische Forschung in den 80er Jahren, Band 35/2, Freiburg 1998.

Herz, Annette, Strafverfolgung von Menschenhandel, erscheint 2005.

Hirsch, Burkhard, Ausufernde Telefonüberwachung im Strafverfahren?, in: Grundrechte-Report 1998, S. 131-137, Hamburg 1998.

Höfer, Sven, Sanktionskarrieren, Freiburg 2003.

Hölscher, Christiane, Der Rechtsschutz und die Mitteilungspflichten bei heimlichen strafprozessualen Zwangsmaßnahmen, Frankfurt am Main 2000.

Joecks, Wolfgang, Die strafprozessuale Telefonüberwachung, in: JA 1983, S. 59-63.

Kaiser, Eberhard, Das Postgeheimnis und seine erlaubte Durchbrechung, in: NJW 1969, S. 18-20.

Karlsruher Kommentar, 4. Auflage, München 1999.

Kinzig, Jörg, Rechtliche Bewältigung von Erscheinungsformen organisierter Kriminalität, Berlin 2004.

Kinzig, Jörg, Die Telefonüberwachung in Verfahren organisierter Kriminalität: Fehler bei der Anordnung, Mängel des Gesetzes, in: StV 2004, S. 560-567.

Kleinknecht, Theodor / Mueller, Hermann/ Reitberger, Leonhard (Hrsg.), Kommentar zur Strafprozessordnung und zum Gerichtsverfassungsgesetz mit Nebengesetzen, Kostenanhang und Sachregister, 3. Auflage, Nürnberg 1954.

Kudlich, Hans, Mitteilung der Bewegungsdaten eines Mobiltelefons als Überwachung der Telekommunikation, in: JuS 2001, S. 1165-1169.

Kühlewein, Malte Rabe von, Der Richtervorbehalt im Polizei- und Strafprozessrecht, Frankfurt am Main 2001.

Kühne, Hans-Heiner, Strafprozessrecht, 5. Auflage, Heidelberg 1999.

Kühnel, Steffen-Matthias / Krebs, Dagmar, Statistik für die Sozialwissenschaften: Grundlagen/Methoden/Anwendungen, Reinbek bei Hamburg 2001.

Küpper, Georg, Anmerkung, in: JR 1996, S. 214-216.

Lammer, Dirk, Verdeckte Ermittlungen im Strafprozess: zugleich eine Studie zum Menschenwürdegehalt der Grundrechte, Berlin 1992.

Langner, Stefan, Untersuchungshaftanordnung bei Flucht- und Verdunkelungsgefahr, Baden-Baden 2003.

Lehmann, Peter, Die Grenzen der Überwachung des Fernmeldeverkehrs nach den Paragraphen 100a ff. StPO, Regensburg 1978.

Lilie, Hans, Verwicklungen im Ermittlungsverfahren, in: ZStW 111 (1999), S. 807-826.

Löwe, Ewald / Rosenberg Werner, Die Strafprozessordnung und das Gerichtsverfassungsgesetz: Großkommentar, 22. Auflage, Berlin 1971.

Löwe, Ewald / Rosenberg Werner, Die Strafprozessordnung und das Gerichtsverfassungsgesetz: Großkommentar, Riess, Peter (Hrsg.), 25. Auflage, Berlin 1999.

Lorenz, Rolf. J., Grundbegriffe der Biometrie, 2. Auflage, Stuttgart 1988.

Lücking, Erika, Die strafprozessuale Überwachung des Fernmeldeverkehrs, Freiburg 1992.

Mangoldt, Hermann von / Klein, Friedrich / Starck, Christian, Das Bonner Grundgesetz, Band 1, Präambel, Art.1.

Maunz, Theodor / Dürig, Günter: Kommentar zum Grundgesetz, Band I, GG, München 2003.

Meyer, Jürgen, Zur strafprozessualen Überwachung des Fernmeldeverkehrs aus rechtsvergleichender Sicht, in: Festschrift für Rudolf Schmitt, Tübingen 1992, S. 331-343.

Meyer-Gossner, Lutz, Strafprozessordnung, 47. Auflage, München 2004.

Meyer-Wieck, Hannes, Rechtswirklichkeit und Effizienz der akustischen Wohnraumüberwachung („Großer Lauschangriff") nach § 100c I Nr.3 StPO, erscheint 2005.

Müller, Rudolf / Wabnitz, Heinz-Bernd / Janovsky, Thomas, Wirtschaftkriminalität, 4. Auflage, München 1997.

Müller-Heidelberg, Till, Geheimer Weltrekord – Massenhafte Zunahme der Telefonüberwachung, in: Grundrechte-Report 2000, S. 111-112, Hamburg 2000.

Münch, Ingo von (Hrsg.), Grundgesetz-Kommentar, München.

Nack, Armin, Die Telekommunikationsüberwachung in der strafrechtlichen Praxis, in: Bericht über das 24. Triberger Symposium des Justizministeriums Baden-Württemberg am 13. und 14. November 2003, S. 48-69.

Neuhaus, Ralf, Die strafprozessuale Überwachung der Telekommunikation (§§ 100a, 100b, 101 StPO), in: Festschrift für Peter Riess, Berlin/New York 2002, S. 375-411.

Niehaus, Holger, Katalogsysteme als Beschränkungen strafprozessualer Eingriffsbefugnisse, Berlin 2001.

Palm, Franz / Roy, Rudolf, Der BGH und der Zugriff auf Mailboxen, in: NJW 1997, S. 1904-1905.

Paeffgen, Hans-Ullrich, Überlegungen zu einer Reform der Überwachung der Telekommunikation, in: Festschrift für Claus Roxin, 1999, S. 1299-1318.

Prechtel, Günter, Das Verhältnis der Staatsanwaltschaft zum Ermittlungsrichter : eine kritische Betrachtung der Mitwirkung des Richters im Ermittlungsverfahren, insbesondere zur Bedeutung des § 162 StPO, München 1995.

Pütter, Norbert, Telefonüberwachung (TÜ), in: Bürgerrechte und Polizei 50 (1995), S. 78-79.

Riess, Peter, Über Subsidiaritätsverhältnisse und Subsidiaritätsklauseln im Strafverfahren, in: Gedächtnisschrift für Karlheinz Meyer, Berlin 1990, S. 367-390.

Riess, Peter, Die Prüfungskompetenz des Ermittlungsrichters, in: NStZ 1991, S. 513-517.

Roggan, Frederik, Die Videoüberwachung von öffentlichen Plätzen – oder: immer mehr gefährliche Orte für Freiheitsrechte, in: NVwZ 2001, S. 134-141.

Roggan, Frederik, Moderne Telekommunikationsüberwachung: Eine kritische Bestandsaufnahme, in: KritV 2003, S. 76-95

Rohe, Peter Maria, Verdeckte Informationsgewinnung mit technischen Hilfsmitteln zur Bekämpfung der Organisierten Kriminalität, Frankfurt am Main 1998.

Rudolphi, Hans-Joachim (Mitverf.), Systematischer Kommentar zur Strafprozessordnung und zum Gerichtsverfassungsgesetz, Loseblattsammlung, Neuwied, 22. Lfg. Oktober 2000.

Rudolphi, Hans-Joachim, Grenzen der Überwachung des Fernmeldeverkehrs nach den §§ 100a, 100b StPO, in: Festschrift für Friedrich Schaffstein, Göttingen 1975, S. 343-453.

Rudolphi, Hans-Joachim, Strafprozess im Umbruch, in: ZRP 1976, S. 165-173.

Sachs, Michael (Hrsg.), Grundgesetz Kommentar, 2. Aufl., München 1999.

Schieder, Alfons, Die automatisierte Erkennung amtlicher KfZ-Kennzeichen als polizeiliche Maßnahmen, in: NVwZ 2004, S.778-788.

Schlothauer, Reinhold, Anmerkung, in: StV 2003, S. 208-210.

Schlothauer, Reinhold, Ermittlungsrichterliche Entscheidungen und ihre Revisibilität, in: StraFo 1998, S. 402-408.

Schulte-Nover, Sandra, Strafrichter in Deutschland und England: ein systematischer Rechtsvergleich im Hinblick auf die richterlichen Kompetenzen im Strafverfahren, Frankfurt am Main 2003.

Schumacher, Karlheinz, Die Überwachung des Fernmeldeverkehrs im Strafverfahren, Hamburg 1976.

Staechlin, Gregor, § 100a StPO als Seismograph der jüngeren Strafrechts- und Strafverfahrensgeschichte, in: KritJ 1995, S. 466-477.

Störmer, Rainer, Der gerichtliche Prüfungsumfang bei Telefonüberwachungen – Beurteilungsspielraum bei Anordnungen nach § 100a StPO? in: StV 1995, S. 653-659.

Thommens, Klaus, Verdeckte Ermittlungen im Strafprozess aus Sicht des Datenschutzes, in: StV 1997, S. 657-665.

van Essen, Jörg, Zahl der Telefonüberwachungen erneut gestiegen, in: DuD 1998, S. 605-606.

Wassermann, Rudolf, Kommentar zur Strafprozessordnung, Band 2/Teilband 1, §§ 94-121b, Neuwied 1992.

Weigand, Herbert / Büchler, Heinz, Ermittlungs- und Sanktionserfolge der OK-Ermittlungen in Baden-Württemberg, Stuttgart 2002.

Welp Jürgen, „Vereinfachter“ Geheimnisschutz im Strafverfahren, in: JZ 1972, S. 423-428.

Welp, Jürgen, Die Geheimnissphäre des Verteidigers in ihren strafprozessualen Funktionen, in: Festschrift für Wilhelm Gallas, Berlin, New York, 1973, S. 391-425.

Welp, Jürgen, Die strafprozessuale Überwachung des Post- und Fernmeldeverkehrs, Heidelberg 1974.

Welp, Jürgen, Strafprozessuale Zugriffe auf Verbindungsdaten des Fernmeldeverkehrs, in: NStZ 1994, S. 209-215.

Welp, Jürgen, Der SPD-Entwurf eines zweiten Gesetzes zur Bekämpfung der organisierten Kriminalität, in: StV 1994, S. 161-166.

Welp, Jürgen, Überwachung und Kontrolle – Telekommunikationsdaten als Gegenstand strafprozessualer Ermittlungen, Berlin 2000.

Welp, Jürgen, Überwachung als System, Die Entwicklung der Fernmeldeüberwachung in der Bundesrepublik Deutschland, in: Verteidigung und Überwachung, Baden-Baden 2001, S. 287-312.

Wesemann, Horst, Heimliche Ermittlungsmethoden und Interventionsmöglichkeiten der Verteidigung, in: StV 1997, S. 597-605.

Wolter, Jürgen / Schenke, Wolf-Rüdiger (Hrsg.), Zeugnisverweigerungsrechte bei (verdeckten) Ermittlungsmaßnahmen, Berlin 2002.

Zieschang, Frank, Landesbericht Frankreich, in: Gropp, Walter / Huber, Barbara (Hrsg.), Rechtliche Initiativen gegen organisierte Kriminalität, Freiburg 2001, S. 383-441.

Zimmermann, Georg, Staatliches Abhören, Frankfurt am Main 2001.

Max-Planck-Institut für ausländisches
und internationales Strafrecht

Auswahl aus dem kriminologischen Verlagsprogramm:

K 116 *Azilis Maguer*

Les frontières intérieures Schengen
Dilemmes et stratégies de la coopération policière et douanière franco-allemande

Freiburg 2004 • 388 Seiten • ISBN3-86113-060-2 € 31,00

K 119 *Markus Mayer*

Modellprojekt elektronische Fußfessel
Studien zur Erprobung einer umstrittenen Maßnahme

Freiburg 2004 • 448 Seiten • ISBN 3-86113-065-3 € 31,00

K 120 *Anna Luczak*

Organisierte Kriminalität im internationalen Kontext
Konzeption und Verfahren in England, den Niederlanden und Deutschland

Freiburg 2004 • 370 Seiten • ISBN 3-86113-066-1 € 31,00

K 121 *Imke Hotter*

Untersuchungshaftvermeidung für Jugendliche und Heranwachsende in Baden-Württemberg
Eine Bestandsaufnahme der Umsetzung in der Praxis

Freiburg 2004 • 370 Seiten • ISBN 3-86113-067-X € 31,00

K 122 *Bettina Lang*

Strafrechtsbezogene Vergangenheitspolitik
Politischer Wille und Strafrechtsrealität im Spannungsverhältnis am Beispiel von Deutschland und Südafrika

Freiburg 2005 • 616 Seiten • ISBN3-86113-068-8 € 35,00

K 123 *María Elena Zegada*

Jugendstrafrecht in Bolivien

Freiburg 2005 • 285 Seiten • ISBN 3-86113-069-6 € 31,00

K 124 *Maria Markantonatou*

Der Modernisierungsprozess staatlicher Sozialkontrolle
Aspekte einer politischen Kriminologie
Transformationen des Staates und der sozialen Kontrolle im Zeichen des Neoliberalismus

Freiburg 2005 • 322 Seiten • ISBN 3-86113-070-X € 31,00